U0451527

Jean-Louis Halpérin
Histoire
du
droit
privé
français
depuis
1804

法国私法史
从大革命到当代

〔法〕让-路易·阿尔佩兰 著
朱明哲 译

商务印书馆
The Commercial Press

Jean-Louis Halpérin
HISTOIRE DU DROIT PRIVÉ FRANÇAIS DEPUIS 1804
©**Presses Universitaires de France/Humensis, 2012**
根据法国大学出版社 2012 年版译出

中译版代序：十年后……

最新一版《法国私法史：从大革命到当代》出版至今，已经过去悠悠十载。在法国，十年也就是两个总统任期，其间我们正好经历了奥朗德（François Hollande）和马克龙（Emmanuel Macron）两位总统，也见证了一系列改革和《法国民法典》许多条文的修改。现在，《法国民法典》中仍维持1804年措辞的条款已经远不足一半了。我们不妨按照时间顺序历数那些最重要的改革：2013年5月17日的法律允许同性伴侣结婚。2014年3月17日关于消费者保护的法律重新定义了消费者。2014年8月4日关于加强男女平等的法律删除了"善良家父"的表达。2015年2月16日关于法律现代化和简约化的法律在物法部分增加了第515条第14款，明确规定动物属于"有知觉的生物"。2016年2月10日的法令除了修改债的一般规定以外，在合同部分和债务证明方面更分别修改了200多条和80多条的条文。2016年8月28日关于加强生物多样性、自然和风景保护的法律在《法国民法典》中加入了"生态损害"赔偿的制度，该法此后又被2018年4月20日的法律所修改。2019年5月22日关于企业业务增长和转型的法律在《法国民法典》中增加了第1833条，规定"企业必须依照社会利益治理，考虑其活动的社会和环境影响"。2021年8月4日关于生命伦理的法律在确认禁止代孕的同时，向同性伴侣开放了辅助生殖技术。2021年9月15日关于担保法改革的法令大幅修改了关于人保的内容。更不用说还有一系列在新冠疫情期间为了应对公共卫生危机而通过的法令了。

以上各项改革都已经成为《法国民法典》的一部分，而《法国民法典》却没有成为去法典化的受害者，反而延续了半个多世纪前卡尔博尼耶（Jean Carbonnier）院长所引入的方法，继续保持活力。"为所有人开放的婚姻"引起了广泛的争议，但是这恰好证明了支持者和反对者同样重视新法律在《法国民法典》中的象征性价值。也正如在并不遥远的过去那样，上述改革伴随着一系列不同的程序，混合了法学专业知识和政治决定。后者对于同性婚姻最终通过而言至为重要：虽然奥朗德总统和国民议会多数议员都希望引入这一制度，但不少民法学教授却以署名公开信的形式集体反对该法。在关于"善良家父"和动物权利的改革上，政治决断同样粉碎了学说的抵抗。然而，正是法学界的集体协作使得 2018 年通过法令实现的合同法改革得以实现。这一改革最早由希拉克（Jacques Chirac）总统在《法国民法典》颁布两百周年纪念之际发起。此后，卡塔拉（Pierre Catala）教授领衔的委员会研究并在 2005 年起草了第一份草案，泰雷（François Terré）教授 2008 年出具了报告书，更不用说数名教授对最终版草案的贡献，最高法院的法官、司法部官员和议员们也都参与了讨论。担保法的修改则首先应该归功于格里马尔迪（Michel Grimaldi）教授与卡皮唐协会（l'Association Henri Capitant）在 2017 年出具的草案。我们还需要注意的是，正如关于企业业务增长和转型以及应对新冠疫情的各项法律所证明的那样，经济考虑在法律修订方面的作用正变得越来越重要。

在这些改革中，尽管立法者选择了和最高法院之解释相反的立场，涉及担保和合同法技术安排的那些部分还是基本上确认了判例形成的新规则。因此，立法和判例之间的密切互动仍然是法国私法的特点。在民事责任法方面，虽然参议员们早在 2000 年就提出了法案，而且

2017年又出现了一个新草案,但改革仍未完成。这一事实也证明判例在关于《法国民法典》第1240条到1245条(过去的第1382条到1386条)的解释上占据核心地位。在数量众多的上诉案件面前显得左支右绌的最高法院仍保持了在民法解释方面的主导地位。最高法院雄心勃勃的内部改革自2019年启动,其成果却寥寥,无非就是采取了宪法委员会和最高行政法院的那种直接的风格,并在一些判决中通过借用欧洲法院模式来执行比例原则审查,丰富了关于判决理由的相关论述。

显然,同性婚姻、生育辅助技术、象征性地删除"善良家父"等一系列变化让放在我们面前的这部2022年的《法国民法典》与1804年生效时的样子相去甚远。然而,只要和邻国比较一下就会知道,这些改革其实并不那么具有创新意义。法国是第14个通过法律承认同性婚姻的国家,落后于比利时,甚至比西班牙和葡萄牙还要晚。合同法的更新让法国法更接近中欧各国的法律了。塞尔登(John Selden)曾在17世纪把普通法比作忒修斯之舟——虽然起航时所有的零件都已经换成了新的,但船还是那艘船。我们如今也可以这样评价《法国民法典》。就此意义而言,过去十年间发生的并不是一场真正的革命,而是伴随着风俗人心、经济涨落、欧洲一体化产生的大规模转型。虽然我在与奥德朗(Frédéric Audren)合作的一本书中认为并不存在一种独特的、单一的法国法文化,但在结合了法典化和判例法的法国民法中,仍可以看到很强的延续性因素。

让-路易·阿尔佩兰
2022年5月5日于巴黎

译者导读

《法国私法史：从大革命到当代》兼顾外部和内部双重视角。基于外部视角，作者分析民事立法、判例、学说等广义私法法源的变迁。基于内部视角，作者则以全局史观阐释法典化后的法国私法体系。作者以时间为序，先后探讨了为何《法国民法典》被视为私法发展历程中的集大成者、自由主义的兴起如何改变对法典的解释、1880 年至 1945 年的法律思维革新如何让法典适应新的社会发展、全新的法典何以自 1945 年延续至今等重要的问题。在这一宏大的主题下，本书有助于启发读者思考法律相对于社会的独立性和自主性。尤其是当中国进入民法典时代之后，法学将何去何从成了法学家不得不关心的问题，我们可以从这本书中获得启发。

此外，本书对我的学业和成长而言还有独特的意义。首先，2011 年我到法国开始攻读博士学位的时候，这本书和《作为一种法律渊源的学说》(中译本已由中国政法大学出版社出版)是我放在案头时常参阅的作品。阿尔佩兰教授还是我博士论文答辩委员会的主席，十年来受他指导颇多。其次，我在不经意间与作者一同经历了法国法史学研究界一场不大不小的争论。本书作者让-路易·阿尔佩兰教授在法国学界是无可争议的重量级学者，但也有不少学者对他的研究有些微词。

请不要误会，批评并不指向他使用的材料或者处理材料的方法。实际上，就连他的批评者也承认，阿尔佩兰教授的作品考据扎实，论证充分。争议的焦点其实在于，对 1789 年以后法国法的研究是否属于法史学的范畴。特别是在私法学界，正如书中承认的那样，传统意义上的法史学研究从古罗马开始推进，到《法国民法典》生效的那天戛然而止。仿佛就在共和历十二年风月三十日这天，一个全新的世界诞生于虚空之中。换言之，在很多批评者（包括阿尔佩兰教授、我的两位导师和我在内）看来，这些研究 19 世纪和 20 世纪民法与民法学变迁的人未必不是好学者，但都不在从事"法史学"的研究。这种学科割据的结果，便是属于《法国民法典》历史演变知识的空间不在法史学课堂，而在民法课堂。读者中的民法学者看到此处恐怕也会心一笑：民法课的课时那么少（指教师的主观感受，而不是与其他课程的对比），怎么还能把宝贵的时间分配给那些已经不属于现行法的规范呢？于是，作为现代法典范的《法国民法典》似乎遭遇了和它所象征的那个时代同样的宿命，进入了一个空洞、抽象、均质的时间之中，无法在世事流变中成熟、衰老、革新乃至最后退场，变成了一个既没有生命，也没有生命力的符号。

然而，成为没有生命的纪念碑绝非《法国民法典》的宿命。恰恰相反，这部只有不到一半条文还保留 1804 年原貌的法典，在两百多年的时间里与它所试图规制的社会生活一道发展和演变。阿尔佩兰教授这部作品正是要还这段复杂多变的历史以公正，把《法国民法典》从一座资产阶级革命和现代性的纪念碑还原为一部《人间喜剧》。而且，尽管这部法典以拿破仑的名字命名，皇帝却早已从舞台的中心退场，现在舞台上站立着的，是囿于意识形态成见而设计出无法适用之规则的法学家、大胆误读法律条文以适应实践生活的法官，更是农村小块土地所有者、佃农、精打细算以规避平等继承规则的财产所有者、丧偶的妇女、在父权的暴政下苟延残喘的受虐儿童、非婚生子女。作者雄辩地向我们揭示了《法国民法典》一开始是父权主义和威权主义的产物，恰恰是这些隐身于历史宏大叙事阴影之下的人物,用他们的人生和奋斗让法典迈向了"自由、平等、博爱"的方向,却从来未曾真正将理想变为现实。

平心而论,作者想写的并不是一部《法国民法典》的社会史。然而,当他把目光投向所有权及其限制、已婚妇女地位、继承权和继承份额的分配、非婚生子女的准正等制度时,城市与农村的生产形态、工业化背景下的性别分工、不同阶级的婚姻和财产安排选择乃至生育制度的变迁就自然而然地呈现在了法史学的作品之中。

同样,作者并没有试图写一部民法与现代国家共生的历史,只不过我们无论如何无法忽略法制统一与国家治理现代化之间的密切关系。现代性不仅意味着技术进步,还意味着一种新的关于时间、空间、人性的观念与现实的生产与再生产。而在观念与现实之间,存在一套法律制度,既表现了这种新观念,又让一些人可以做一些事,使观念变成现实。法史学能够做的就是展现每个特定时期的法律制度如何体现独特的时间、空间、人性的观念,人们又通过在这个制度框架内做了哪些事情把这些观念变成现实。阿尔佩兰对于《拿破仑民法典》的评论恰到好处地说明了这一点:"因为这一法案完美服务于拿破仑所追求的目的:完成并终结革命,围绕一个强大的国家加强民族团结,在为公民保障最低限度的民事自由的同时大幅削减他们的政治自由,把花岗岩一般坚实的'大众'替换为一盘散沙般的原子式个人,并以此为基座重建社会。"规定个人权利能力平等的法律不加区分地适用于全国,取代了旧制度下标志性的地方习惯法,这难道不是把个人主义的观念变成现实的第一步吗?此前可以通过凝聚成地方性共同体来抵抗国家权力的人们,如今只能孤立无助地面对庞大的共和主义国家。而缔造这个国家的伟大领袖,不也刚刚加冕为皇帝,并成为法国人民共同的父亲吗?

我们甚至可以说,《法国民法典》的历史背后还有一部环境史。作为法国大革命的革命果实的现代国家和资本主义结合体,以前所未有的规模、速度、力度开始改造空间。19世纪不但见证了民族国家的兴起,同样是一个统一的国内市场取代跨国贸易和地方市场成为主要商业空间的时代。为此,除了塑造新人的师范学院以外,国家和资本主义都需要建立路桥学院和矿业学院,为共和国提供工程师。从交通大学和矿业大学毕业的工程师即将把铁路架设到最偏远的乡村,以确保巴黎的法律、政策、军队可以通达国土的最远端,而各地的资源可以汇聚到巴黎。这些工程师需要抽干沼泽、砍伐森林、炸开矿山,于是需要有一系列关于所有权、征收征用、专有林、林地与山地资源利用、矿产权利及分成协定的法律规定。在这个意义上,一切法律本身都是生态法,而关于环境史和政治生态学的研究不应该缺少法史学的介入。

最后想要特别说明的是,本书的翻译正值中国政法大学比较法学研究院国际化法治人才实验班设立。正是因为实验班项目,我才有机会结识法语实验班的四名同学,并依托"法国法律文化"这门课完成了初稿的翻译。本课程分为两个部分:第一部分由我讲解法国法学自12世纪以来的发展历程;第二部分则按照章节顺序,每节课先由我介绍主要时代背景和法律的重要发展,再由初稿译者报告本书相应内容,最后共同探讨解决翻译中遇到的问题。所以,本书的译稿首先是国际化法治人才教学实践的产物。通过对初稿的翻译,各位同学不但培养起了对法国法的兴趣,还初步掌握了法国法发展的整体面貌,其中几位更是获得了国家留学基金委的资助,赴巴黎进一步深造,可见这一教学尝试并非全无可取之处。

本书初稿翻译的分工如下:我翻译了前言和序章,曲璇翻译了第一部分的第四章、第二部分的第三章和第三部分的第三章,唐赛翻译了第一部分的第一章、第二部分的第一章和第三部分的第一章,徐秭悦翻译了第一部分的第三章和第二部分的第二章,羊城星翻译了第一部分的第二章和第三部分的第二章。初稿翻译完成后,由我最后统稿定稿。本书的翻译获得中国翻译学会"傅雷青年翻译人才发展计划项目"的支持,特此致谢!本书翻译过程中主要参阅了李浩培、吴传颐、孔鸣岗所译《拿破仑民法典》(商务印书馆)和罗结珍所译《法国民法典》(北京大学出版社)。在具体术语翻译方面,我们请教了石佳友、李贝、李颖轶、冯嘉妍等诸位留法学友,在此一并致谢!当然,文责自然是我来承担。

朱明哲

2022 年 5 月 10 日于布鲁塞尔

目　录

前言 …………………………………………………………………… 1
序章　继往开来的《法国民法典》 ……………………………… 7
　一、法典编纂的条件 ……………………………………………… 7
　二、《法国民法典》的主导思想 ………………………………… 17
　三、拿破仑时代法背景之下的《法国民法典》 ………………… 28

第一部分　不容置疑的《法国民法典》

第一章　解经法学时期 …………………………………………… 41
　一、对《法国民法典》的尊崇 …………………………………… 42
　二、对《法国民法典》的评注 …………………………………… 53
　三、对《法国民法典》的批判 …………………………………… 66
第二章　家庭的秩序 ……………………………………………… 85
　一、夫权顶峰 ……………………………………………………… 86
　二、父权帝国 ……………………………………………………… 100
　三、平等继承 ……………………………………………………… 111
第三章　有产者的统治 …………………………………………… 130
　一、农村财产所有权 ……………………………………………… 131
　二、面对城市化的所有权 ………………………………………… 141

三、面对工业化的所有权 ·················· 148
第四章　自由主义的征服 ·················· 158
　　一、个人意志的影响 ·················· 159
　　二、以贸易和工业自由为名 ·················· 171

第二部分　顺时随俗的《法国民法典》

第一章　法律思想的革新 ·················· 189
　　一、革新的因素 ·················· 189
　　二、创新法学方法的重要人物 ·················· 199
　　三、新的法学思潮 ·················· 211
第二章　家庭法改革 ·················· 234
　　一、妇女解放发展缓慢 ·················· 236
　　二、儿童状况的改善 ·················· 248
　　三、继承法的修改 ·················· 259
第三章　特别立法之兴起 ·················· 276
　　一、农村立法 ·················· 276
　　二、住房或城镇规划立法 ·················· 283
　　三、特殊合同立法 ·················· 292
　　四、劳动立法 ·················· 299

第三部分　劫后余生的《法国民法典》

第一章　民法学守护下的民法 ·················· 319

一、立法的导向 ………………………………… 319
　　二、学说的选择 ………………………………… 327
第二章　人法的重塑 ………………………………… 341
　　一、婴儿潮背景下的家庭法 …………………… 342
　　二、五月风暴后的立法成果 …………………… 352
　　三、不确定家庭的时代 ………………………… 360
第三章　财产法的抵抗 ……………………………… 371
　　一、所有权的衰落与进步 ……………………… 371
　　二、债法的转变 ………………………………… 390

人名索引 ………………………………………………… 414
术语索引 ………………………………………………… 424

前　言

1　法律史与近代史

传统上，法国法史学家的学习和研究领域止步于《法国民法典》，他们把这部作品视为私法规则成熟和统一的漫长过程的顶点。法国私法史发端时的特定条件可以解释人们的学术选择。当法史学在19世纪成为一门完整学科时，拿破仑的时代仍未远去，所以《法国民法典》也无法成为历史研究的对象。后来，在20世纪上半叶，私法史学者们着迷于研究丰富的古代法，特别是作为其基础的那些丰富多彩的习惯法。总的来说，法史学似乎更适合于在长时段之中研究制度。法学院之内的默契分工也把概述1804年以来私法变迁的工作交给民法学家来完成，作为他们课程导言部分的内容。

如今，时过境迁，应用历史方法来研究1804年后的私法的必要性日益显现。《拿破仑法典》的制定已经是二百年前的事了，目前的《法国民法典》在内容上与1804年文本之间的差异也已经十分明显，没有人会否认《拿破仑法典》已经成为历史研究的对象。此外，20世纪史研究最近几十年的发展证明了当代史学当以研究刚刚过去的时代为天职。民法学家和历史学家在讨论19世纪和20世纪私法史时，不可避免地会采取两种不同的方法。对于民法学家而言，在法律科学自身的限制内工作不言而喻：他们主要关心各种制度中的技术性内容，并出于解释当代法的目的，从过去的要素中加以选择，并因此不可避免地忽略时代背景的差别。历史学家则和社会学家一样,对法律现象采取外部视角:他们把同一时期的政治、经济和社会事实与法律的发展放在一起观察,尽其所能地避免在时代背景上的错误。

1804年以来的私法史首先必须是一部外部历史,把重点放在这一法律部门广义的法律渊源上:民事立法,由于法国大革命以来立法本身的崇高地位而独占鳌头;判例法,由公开的判决组成并饱受关注;学说,也就是反映特定时代法律思想的法学家作品;实践,通过对法律行为的研究而得以为人所知。通过精准确定每一步发展出现的时间,历史学家得以从层累叠加、沉积而成的法律规则中确定不同地层的年代,甚至挑战更艰难的任务,即描述法律科学在每个特定时代的样态。这种方法考虑到了法律规范和法律科学之间至关重要的二元性。同样重要的是把法律现象与政治、经济和社会变革并置,从而试图理解各种意识形态力量之间的博弈和社会行为的分量。但是,正因为由果溯因的不确定性,历史学家在寻找解释法律演变的因素时不得不小心谨慎。其次,可以设想一下1804年以来法国私法的内部历史。为此,需要的不是对某些具体制度(如婚姻或买卖)甚或某些法律部门(如家庭法、物权法或债法)的研究,而是全面概述在拿破仑时期法典编纂工作中形成的法律体系之整体。我们的研究只能作为这种方法的一个初步应用,在民法和私法的局限内展开反思工作。

2 民法与私法

对民法与私法加以区分的出发点,其实是在法国已经成为教条的私法与公法之间的区隔。我们之所以无法不顾及公私法之间的区隔,是因为其自法国大革命以来在实践中的意义,特别是考虑到司法和行政这两种秩序之间的分离。此外,已经有几本关于19世纪和20世纪法国公法史的综述性作品。当然,承认公私法的二分并不意味着忽视公法对私法的影响。波塔利斯(Jean-Étienne-Marie Portalis,1746—1807)不是也曾承认"《法国民法典》在公法的庇佑之下,必须与之相协调"吗?确定私法史和民法史之间的选择标准则是一个更为微妙的工作。事实上,在1804年,民法似乎倾向于规范几乎所有构成私法主题的个人之间的关系,而《法国民法典》则是法典的典范。因此,《拿破仑法典》第7条和第8条区分了属于每个法国人的民事权利和附属于公民身份的权利。① 当19世纪上半叶的民法学家拿公法和民法做对比时,他们很少使用"私法"一词。从19世纪末开始,经历整个20世纪,私法已经多样化了(有些法学家甚至认为它已经到了四分五裂的地步),其中各个分支的特殊性也在凸显:商法或企业法、劳动法、农村法、房地产法、消费者法等,不一而足。不过,大多数学者仍然认为民法是私法中的一般法,是私人之间一般关系的参考框架。有鉴于此,把研究的范畴限制在民法的历史似乎有点过于局限。如果不考虑民法与私法其他部分的互动,就无法理解民法的演变,甚至也无法理解《法国民法典》的内容变迁。因此,我们选择以《法国民法典》为重点,将视野扩大到私法领域,舍弃了其他与本书篇幅不相称的、更适合在其他专题作品中探讨的部门法细节,如商法或劳动法的历史。

正是对《法国民法典》在更广泛的私法框架内所经历之变革的探索,启发了对其历史演变时期的划分。历史分期可能会突出演进或断裂的因素,但不能遮蔽各个时段之间的连续性。在介绍过《法国民法典》和执政府(le Consulat)及法兰西帝国时代的私法后,第一部分将涵

---

① 《法国民法典》第7条:"民事权利的行使不以按照宪法取得并保持的公民资格为条件。"第8条:"所有法国人都享有民事权利。"——译者注

盖从 1814 年到 19 世纪 80 年代这段历史时期。这一时期的特点是立法非常稳定。虽然政治体制更迭迅速,法国的经济和社会也在工业革命的推动下出现了深刻变革,但《法国民法典》本身岿然不动。民法表面上的稳定或许可以归结为旧时显贵在政治与社会生活中的主导地位尚未受到太多挑战,却绝不可以等同于僵化不变:即便《法国民法典》尚处于青年时期,人们已经意识到仅凭字面意思无法解决争议,并在对它的适用和评注中倾注了大量的心血。在一个不同于 1804 年的意识形态氛围中,特别是随着自由主义思想逐渐占据上风,对民法典的解释也在发生变化。

在本书的第二部分,我们将探讨 1880 年到 1945 年这一历史时期,它始于掌握了政治权力的共和派希望在基于普选的民主制度下实现立法(尤其是人法部分)的变革。我们以第二次世界大战的结束作为此一阶段的终点,因为第三共和国一直持续到 1940 年,而战前的种种辩论在维希政府时期依然持续。此一阶段的相对统一性也源自特别立法的发展——从合同法和劳动法,到日益城市化的法国所出现的种种住房与城市规划法等,以及"社会问题"和国家干预的发展。最后,这一时代的特征还表现为新一代法学家与前一时代决裂的决心。所有这些因素最终导致了对《法国民法典》的调整,我们将尝试评估其范畴。

最后,第三部分将涵盖自 1945 年以来的大约 50 年,而且必然会更简短,因为历史学家难以确定最近几年的支配性力量。1945 年是一个重要的年份,因为改革伴随着解放而来,当时的人们希望重新编纂法典,并质疑此前私法的划分方式。最终,民法学家群体依然存续,《法国民法典》历经翻新却没有被彻底修订,这让我们得以讨论《法国民法典》在社会中如何生存的问题。在这个社会里,福利国家的出现并未妨碍自由主义价值观在所有权和合同领域中的延续。

延展阅读

3　一般文献

目前还没有关于19世纪和20世纪法国私法历史的法语综述。从 Fr. Wieacker 的 *Privatrechtsgeschichte der Neuzeit*（Göttingen，1952）开始，关于当代法史的研究在莱茵河的另一边发展迅猛。在德语文献中，可以推荐的是 H. Coing, *Handbuch der Quellen und Literatur der neueren europäischen Privatrechtsgeschichte*（Munich，1982，t. III/1），其中第863—1068页与法国有关，这一部分由 E. Holthöfer 撰写。另一个可以推荐的文献是 A. Bürge, *Das französische Privatrecht im 19. Jahrhundert*（Frankfurt am Main，1991，2e éd. 1995），本书的分析非常细致而且具有原创性，特别是关于德国学说对法国的影响的部分颇值一读。

关于1804年以来学说整体发展情况的介绍可以参考 J. Bonnecase, *La pensée juridique française de 1804 à l'heure présente*（Bordeaux，1933），此书最近受到一些新研究的重视；A. -J. Arnaud, *Les juristes face à la société du XIXe siècle à nos jours*（Paris，PUF，1975）形成了一些有见地的观点；J. -F. Niort, *Homo civilis. Contribution à l'histoire du Code civil français*（Presses Universitaires d'Aix-Marseille，2004）。

关于当代一些私法制度的发展，B. Schnapper, *Voies nouvelles en histoire du droit*（Paris，PUF，1991）一书中集合的论文可以作为方法论上的参考模式。至于"后法典时代"的历史观念，参见 Pio Caroni, « Una storia per il dopo-codice », *Scritti in Onore di Vincenzo Spagnuolo Vigorita*

(Napoli, Editoriale Scientifica, 2007), p. 195-214。

在私法史领域中，最近的专题教科书给了"1804 年以后的发展"越来越多的重视。可以参考的包括：A. -M. Patault, *Introduction historique au droit des biens* (Paris, PUF, coll. « Droit fondamental », 1989); J. -L. Gazzaniga, *Introduction historique au droit des obligations* (Paris, PUF, coll. « Droit fondamental », 1992); R. Szramkiewicz, *Histoire du droit français de la famille* (Paris, Dalloz, coll. « Connaissance du droit », 1995); A. Lefebvre-Teillard, *Introduction historique au droit des personnes et de la famille* (Paris, PUF, coll. « Droit fondamental », 1996); David Deroussin, *Histoire du droit des obligations* (Paris, Economica, 2007); J. -L. Halpérin, *Histoire du droit des biens* (Paris, Economica, 2008)。关于私法的其他领域，可以参考：J. Hilaire, *Introduction historique au droit commercial* (Paris, PUF, coll. « Droit fondamental », 1986), R. Szramkiewicz, *Histoire du droit des affaires* (Paris, Montchrestien, 1989); G. Aubin et J. Bouveresse, *Introduction historique au droit du travail* (Paris, PUF, coll. « Droit fondamental », 1995) 和 J. Le Goff, *Du silence à la parole. Droit du travail, société, État (1830-1989)* (Paris, 1989)。

关于立法和判例法的概述，19 世纪上半叶的部分可以参考达洛兹(Dalloz)出版社的《索引集》(*Répertoire alphabétique Dalloz*)，19 世纪下半叶的部分可以参考 Fuzier-Herman 的《法国法索引大全》(*Répertoire général alphabétique de droit français*, 1886—1906, 37 卷)。关于法国法学家的生平，可以参考 Patrick Arabeyre, Jean-Louis Halpérin, Jacques Krynen (dir.), *Dictionnaire historique des juristes français, XIIe-XXe siècle* (Paris, PUF, 2007)。

序章　继往开来的《法国民法典》

4

共和历十二年风月三十日(即 1804 年 3 月 21 日)通过的法律把 36 部在 1803 年 3 月到 1804 年 3 月之间通过的、旨在统一民法的法律汇编在了一起,组成了《法国民法典》(*Code civil des Français*)。这一法律同时也在新法典所涉及的所有事项中废除了原有的"罗马法、法令、全国或地方的习惯、法规、条例"。然而,它并未把过去一概抹杀。《法国民法典》有它自己的历史,为了理解它,我们必须考虑法典编纂的条件。该法典并不仅仅是 2281 条法律条文的汇集,它作为一个分成三编的连贯整体,呈现了人、财产及对于所有权的各种限制、取得财产的各种方法。虽然无法穷尽所有规则,但是我们可以确定法典中的指导方针。《法国民法典》得到其他四部法典的补充,并在 1807 年 9 月更名为《拿破仑法典》,所以对它的研究必须在整个拿破仑时代的法律整体背景下展开。

一、法典编纂的条件

5　追求统一的政治意愿

鉴于旧制度下法律渊源的多元性(习俗、罗马法、教会法、皇家立法,还有学说和判例法的影响),统一适用于整个法兰西王国的私法规则的想法可以追溯到现代国家的开端(15—16世纪),并随着君主制的集中化(17—18世纪)而发展。在路易十四治下,统一立法之意愿的成效主要体现在科尔贝(Jean-Baptiste Colbert, 1619—1683)起草的那些主要法令中,它们包括1667年关于民事程序的法令、1669年关于水域与森林的法令、1670年关于刑事程序的法令、1673年关于商业的法令和1681年关于海军的法令。不过,纯粹私法的领域在北部和中部仍受习惯法的支配,在南部则属于罗马法,上述法令几乎没有改变这一领域,这也说明了皇家政治的局限。国王作为习惯的守护者,仍对每个省或地方的法律保持尊重。国王立法几乎没有涉足纯粹私法,以避免挑战旧制度作为社会和国家支柱的特权与地方主义。在路易十五统治时期,大法官达盖索(Henri François d'Aguesseau, 1668—1751)的确试图通过他在1731年关于捐赠、1735年关于遗嘱和1747年关于代位继承的一系列著名法令来统一民法中的一部分,但主要由于各省巴列门的反对,这一审慎的渐进统一计划也没能按部就班地稳步推进。除了几本主张把法国法编纂成法典的小册子,比如佩蒂翁(Jérôme Pétion, 1756—1794)在1782—1783年和皮卡尔·德·普雷布瓦(Picard de Prébois)在1788年所发表的那些,在旧制度的最后几十年里,旨在统一民法的综合项目再也没有出现。大部分法学家对实现法律统一的可能性保持怀疑,并像波蒂埃(Robert-Joseph Pothier, 1699—1772)那样偏好保留现有的法律。直到1789年,显贵和教士阶级也一直反对编纂民法典。虽然三级议会中的数份陈情书(cahiers de doléances)提到了这一想法并批评旧法的混乱,却没有迹象表明公众舆论一边倒地支持私法的迅速统一。

1789年的法制革命通过摧毁旧制度的基础扫清了法典编纂的障

碍：等级和特权都不复存在，没什么能够阻止一种适用于所有公民的普通法的发展；而且把全法以省为单位展开的行政区划侵蚀了地方特殊性。立法的统治已经到来，它要求编纂一部"在整个王国通用的民法典"，1790年8月16—24日通过的关于司法改革的法律和1791年《宪法》也都保证立法文本将会"简单而清晰"。不过，尽管制宪会议在1791年通过了一部刑法，它在民事领域尚未努力兑现上述承诺。制宪会议的成员意识到了任务的难度：必须保护那些合法获得的权利（也就是废除了的封建权利和其他可以赎买的权利之间的区别），并照顾到各地的情绪（也就解释了为什么在1791年4月8—14日关于无遗嘱继承权平等的投票后，人们立刻放弃了遗赠改革的法案）。由于无法实现此前宣告的法典编纂，立法机构在1792年8月10日王室倒台后，转向零散的民事立法，并于1792年9月20日颁布了关于民事地位和离婚的两项法律。

真正启动民法典编纂工作的是国民公会（Convention nationale, 1792—1795）。第一个草案有719条，由康巴塞雷斯（Jean-Jacques-Régis de Cambacérès, 1753—1824）所领导的委员会编纂完成，在1793年8月提交国民议会审议。这一草案试图在人法和家庭法方面实现真正的革命：它不仅确认了关于离婚的法律，还规定了夫妻双方共同管理家庭财产，废除了父权，建立了收养未成年子女制度，其继承制度给予父亲承认的非婚生子女（只要不涉及通奸）与婚生子女同样的权利，从而坚决贯彻了平等原则。经过三个月的讨论，议会还是终止了对这一大胆项目的审议，理由是它太复杂，"有宫里人的味道"。更有可能的是，康巴塞雷斯的第一草案成了政治环境的牺牲品。1793年8月正是山岳派（les Montagnards）取得了针对吉伦特派（les Girondins）的胜利之后，制定民法典的呼声甚高。可是当同年11月历史进入恐怖时期（la Terreur)、革命政府上台执政后,民法典就从议事日程上退场了。正如1793年《宪法》,它直到和平回归后才获得了重见天日的机会。其间,国民公会已经通过共和历二年雾月十二日(1793年11月2日)和共和历二年雪月十七日(1794年1月6日)所制定的具有溯及力的立法,动摇了此前关于非婚生子女和继承的法律规范。

康巴塞雷斯在1794年和1796年又主持制定了另外两个草案,它们也同样因为革命形势的发展而最终失败了。康巴塞雷斯的第二份草案和此前一份很接近,但简洁得多,只有297条,而且有更多的个人主义色彩。这份简明扼要的文本保留了共和历二年各单行立法中较为重要的原则,却赶上了热月党(les Thermidoriens)反动派势力大增的时期,所以到了1794年底也没什么讨论。到了督政府(le Directoire)时代,康巴塞雷斯又在1796年提出了第三个民法典草案。这一次篇幅要长得多,有1104条,而且相比于雅各宾时期的平等主义观念,它明显地更加保守了——丈夫单独管理共同财产、非婚生子女相对婚生子女的继承份额降低。在1797年初,康巴塞雷斯承认了这一草案的失败。草案提出的所有规定只有两条得到立法者接受,而且由于反动思潮占据优势,关于非婚生子女和离婚的法律本身也受到了质疑。

到了1797年8月,作为在共和历五年当选的保皇派议员的发言人之一,波塔利斯谈到要放弃"制定民法典的危险野心"。在1798年到1799年之间,包括雅克米诺(Jean-François Jacqueminot,1787—1865)在内的一些立法者相信,只有通过逐章编订的渐进方式才能实现民法编纂。稍后,在临时执政府时期,雅克米诺本人也提交了一份民法典草案。法国大革命未能实现民法典编纂并不是因为议会没有能力起草和通过篇幅浩大的法律文本,而是因为公共舆论迅速变化,以至于草案的精神和主导的政治气候常常出现龃龉。热月之后,一些民众和大部分法学家强烈反对共和历二年那些具有回溯力的法律，法典编纂一度随之走向了平等主义思想的反面，但是在1799年以前，这种反动势力缺乏一个支点和足够的动力来撬动法典的制定。

执政府的建立终于聚集起了所有利于民法典成功编纂的因素。经过十年的革命，法国人正在寻求心灵的平静和社会的稳定。社会显贵们对1800年恢复的现钞地租和1803年发行的"芽月法郎"的币值稳定感到满意。既然共和历八年雾月十九日合法化其政变的法律已经提到了民法典，那么拿破仑显然已经视其编纂为优先事项，因为这一法案完美服务于他所追求的目的：完成并终结革命，围绕一个强大的国家加强民族团结，在为公民保障最低限度的民事自由的同时大幅削减他们的政治自由，把花岗岩一般坚实的"大众"替换为一盘散沙般的原子式个人，并以此为基座重建社会。新政权得到了大部分法学家的支持，因为它知道如何把意见相左的人士（如康巴塞雷斯和波塔利斯）团结在身边，并确保他们可以在司法机构的重组中获得自己想要的位置。法案评议委员会（le Tribunat）和立法团（le Corps législatif）否决了《法国民法典》的头几章，并以此表明了他们对制度变迁的担忧，但在共和历十年的肃清中，这两个机构的重要性也就下降了。最后以大比例赞同票通过《法国民法典》的正是由专制方法驯服的议会。

6　法典化的工具

共和历八年热月二十四日（1800年8月12日），拿破仑任命了法典编纂委员会的四名委员，要求他们在几个月内提出民法典草案。他们此前都是律师，在大革命期间与君主立宪制的支持者关系密切。来自南部普罗旺斯的波塔利斯刚从流放中回归，他和其他保皇党人一样因为在果月政变（le coup d'État du 18 fructidor an V）中受到牵连而被流放。来自西南部佩里戈尔的马勒维尔(Jacques de Maleville, 1741—1824)和来自北部布列塔尼的比戈·德·普雷阿梅纽(Félix-Julien-Jean-Bigot de Préamuneu, 1747—1825)在大革命时期都是法官。至于巴黎人特龙谢(François-Denis Tronchet, 1723—1806),他是四人委员会中年纪最长者,曾在国民公会前为路易十六辩护。拿破仑精心挑选了这四名专业人士来起草属于自己的草案,而非业余爱好者或真正的学究:他们在旧制度下接受法学教育,代表了不同的旧法传统,既不拒绝1789年的革命原则,也不全心全意支持共和历二年的激进民事立法。

在为编写民法典草案初稿寻找材料的过程中,这四位委员几乎没有任何创新之处——"他们是追随者而非预言家"。他们大量借用了旧法的规则和学说,在债和无遗嘱继承的问题上受到罗马法的启发,并从教会法中继受了一些关于婚姻的规则。在巴黎的习惯和一般习惯法中,他们保留了父权和夫权的概念、配偶共同财产的规范以及与地役权相关的规定。达盖索关于赠与和遗嘱的法令大部分都得到了再利用。至于《法国民法典》的学说基础,则以波蒂埃为主,多玛(Jean Domat, 1625—1696)为辅。来自现代自然法学派的理论家们的影响主要由外国学者带来,他们包括荷兰人格劳修斯(Hugo Grotius, 1583—1645)、德国人普芬道夫(Samuel von Pufendorf, 1632—1694)和沃尔夫(Christian Wolff, 1679—1754)、瑞士人巴贝拉克(Jean Barbeyrac, 1674—1744)。现代自然法的影响主要体现在围绕着主观权利理念设计的法典结构中,以及对某些原则的承认——如仅依据意志便可转移所有权和对他人造成损害的侵权行为责任。波塔利斯的自然法观念十分混乱,并不是总能获得他的同事们的支持。四位委员最终同意通过保留1789年到1792年之间取得的成果来整理革命性的立法:关于所有权"神圣不可侵犯"的观念、平等的法定继承、民事婚姻,以及受到诸多限制的离婚制度。同时,他们抛弃了共和历二年立法中饱受诟病的激进规则,比如非婚生子的权利和把遗产中可(通过遗嘱)处分部分(la quotité disponible)降低至最小额度的规定。实际上,共和历八年芽月四日(1800年3月25日)的法律相比于共和历二年雪月十七日的法律而言,已经极大提高了可(通过遗嘱)处分部分的比例。

无论是在最高法院和上诉法院,还是在资政院对法典草案的审议中,上述材料都再度发挥了作用。最高法院和上诉法院总体上批准了草案的文本,而第一执政本人则深度参与了资政院的讨论——拿破仑主持了107场会议中的55场。资政院中有不少是参与了大革命的法学家,如贝利埃(Théophile Berlier, 1761—1844)、蒂博多(Antoine Claire Thibaudeau, 1765—1854)、埃梅里(Jean-Louis Emmery, 1742—1823)和布莱·德·拉·默尔特(Antoine Boulay de La Meurthe, 1761—1840)。他们在几个要点上修改了法案,而且往往是让法案更接近拿破仑的愿望:法典中引入了收养和两愿离婚的制度,夫产制得到了很大的发展,并删除了"序编"之中关于自然法的种种原则。对于最终方案的选择而言,资政院中的讨论远较在法案评议委员会和立法团会议中的发言更具有决定意义。法典的起草和讨论程序混合了协商让步和专制主义的色彩,最终的文本取得了法学家广泛的支持,被誉为法国法律史集大成之作。

7 《法国民法典》的精神

洛克雷(Jean Guillaume Locré de Roissy, 1758—1840)、马勒维尔等《法国民法典》的起草者和第一批评注者致力于寻找法典的精神,也就是那些超越了技术手段、启发了这部作品的政治哲学原则,他们认为这才是它真正本质的表达。正因为《法国民法典》在私法统一方面的巨大象征意义,他们希望借此把法典本身的历史和表征融入一个官方版本的叙事之中。其中,波塔利斯所写的《关于民法典草案的演讲》便是这一官方叙事最壮美的丰碑。按照波塔利斯的说法,《法国民法典》本质上应该是妥协的产物。这首先是因为,根据波塔利斯著名的评论,其运作可以被视为"成文法与习惯之间的一次交易"。法案评议委员会委员阿尔比松(Jean Albisson,1732—1810)则以更强烈的语气说道:"最浩大、最实用也是最庄严的交易,这是大地上所有民族都未曾实现过的壮举。"①通过巧妙地平衡从罗马法和习惯法中借鉴而来的因素,《法国民法典》将结束北方和南方法学家之间的所有争议,属于习惯法和属于成文法地区的居民平等地承诺放弃他们的地方特色,并以此为前提筑牢了国家的统一。(不同的法律传统之间相互借鉴和渗透,以巴黎为中心的法国北部在大革命之前主要适用各地习惯法,而法国南部则受罗马法的影响更深远。——译者注)这种巧妙的表述掩盖了部分的现实:《法国民法典》中受罗马债法启发的规则本身也已经在原来适用习惯法的地区得到接受,而1804年文本中的家庭法部分更接近于习惯法传统,而不是南部的做法。真正避免南北方之间任何"争论焦点"的,恐怕只有极力保留下来的奁产制(委员会最终也只用了5个条文)和法定夫妻共同财产制。

波塔利斯还通过新与旧之间的优雅平衡,指出《法国民法典》取了旧法和革命立法的中道,只保留了旧制度传统和革命遗产的精华。对此,我们可以长时间地争论《法国民法典》是反动多于革命,还是革命多于反动。根据探讨的对象是《法国民法典》具体哪个部分、探讨的人处于法国国内还是国外、具体在哪个时期以及何种政治制度之下,人们的结论可能不同。可以确定的是,1804年的文本与康巴塞雷斯那几个具

---

① Pierre-Antoine Fenet, *Recueil complet des travaux préparatoires du Code civil*, Paris, Videcoq, 1827, vol. 15, p. 120.

有革命性的草案有非常明显的不同,甚至经常完全对立。但是此前的草案从未成为法律,而且相隔不到十年的作品之间的连续性也不可否认。在阅读波塔利斯的解释时,人们可能最终把《法国民法典》理解为一种社会学意义上的妥协立法。通过指出"法律必须尊重习惯"和"风俗与法律必须联系在一起",法典的起草者对当时的道德和社会规则如果不算完全顺从的话,至少也表现出了明显的谦逊。因为它拒绝像革命者所梦想的那样通过斗争性的立法再造新人,《法国民法典》可以说洋溢着孟德斯鸠(Montesquieu,1678—1755)所珍视的那种节制精神。这一官方版本的《法国民法典》叙事试图将其"非政治化",是拿破仑时期政治宣传的杰作之一。然而,它却受困于不可避免的自相矛盾。波塔利斯对平衡和中立的持续关注与他一些激烈的反革命言论恰相冲突。一方面,波塔利斯指责革命精神"为了政治目标而粗暴地牺牲所有权利";另一方面,他却又不得不在下文承认"《法国民法典》在公法的庇佑之下",从而承认法典编纂是一种意识形态的表达。

8 专制主义的意识形态与灵活可变的文本

如果我们把法典编纂过程中留下的纪要作为一个整体来研究,并把它放在其以唯物主义和感性主义哲学影响为主的思想背景下,那么这项事业专制和反动的特征就会变得更加清楚。编纂者表现出了对人类本性深入骨髓的悲观和对人类行为的机械论观点,认为自利是行为的首要驱动力。立法者并没有让人自由地回归到他的真实本性,而是必须让个人利益在有意识或无意识的状态下都服从于集体利益,就像波塔利斯宣告的那样:"在法律上,个人什么都不是,社会就是一切。"①

---

① Pierre-Antoine Fenet, *Recueil complet des travaux préparatoires du Code civil*, Paris, Videcoq, 1827, vol. 7, p. 120.

国家不是工具,而是通过家庭得以维护的资产阶级和平的政治主宰,家庭则是微缩了的祖国,服务于更大的祖国。实际上,拿破仑的许多厌女言论说明了他鲜明的反女权主义立场,所以法典中的家庭也是根据父权制的模式建立的。人们因为离婚和收养可能造成合法家庭的解体而对其备感怀疑;至于非婚生子女,则应该视为弃儿,因为他们对社会秩序构成威胁。《法国民法典》不但无法被视为自由个人主义胜利的丰碑,而且严重破坏了继承自大革命的民事主体的平等原则,例如,在没有互惠协定的情况下,它重新确立了对旅法外国人的遗产没收权。①

尽管《法国民法典》处于这种专制主义的社会融合观念的支配之下,却也没有完全成为这种意识形态的囚徒。19世纪或20世纪的民法学说自认为从法典中发现了隐藏于其中的暗示和微言大义,但如果法史学家也试图在法典文本中寻找同样的意思,那么无疑会冒着严重误解的风险。(19世纪中叶起,法国民法学开始倾向于用自由主义的立场解释《法国民法典》,并把自由主义和个人主义说成是隐藏在法典文本之中的真正哲学基础。——译者注)然而,我们也不应该忽视,《法国民法典》所采用的编纂方法也让文本本身较为灵活,其中一些较为原则性的条款可以容纳各种不同的解释。这部法典尽管具有反动色彩,但仍是革命遗产的一部分,正如接受限定继承的人不能拒绝负担遗产债务一样(sous bénéfice d'inventaire)。因为法律面对所有人,"对阶级和人都不做区分"(贝利埃),也因为法律拒绝了"大量已经消失而且无法恢复的身份区别"(波塔利斯),《法国民法典》已经证明了它与旧制度下社会秩序的区别,并维持了平等主义的基础——至少在作为有产者的家父之间如此。同

---

① 第726条:"依'民事权利的享有及丧失'章第11条的规定,外国人继承其作为法国人或外国人的亲属在法国领土上的财产,仅于法国人得继承其亲属在该外国人国土上的财产的情形下,始予准许。"——译者注

样,民事婚姻的强制性及其优先于宗教婚姻的地位得以维系,《法国民法典》也因而灌注了一种与基于宗教的传统家庭相悖的世俗主义精神。而以法国存在多种信仰为离婚辩解,也是一种宽容的表现。

编纂者对革命原则做出的一些微弱让步,同样为未来的转折埋下了伏笔。在继承法领域,《法国民法典》的起草者显然希望通过大幅提高可(通过遗嘱)处分部分的比例来恢复家父的权力;但是他们也同样通过限制无遗嘱继承分割的规则加强了平等分配的原则。在无遗嘱规定的情况下,这样的规则中也蕴含了削弱家父权力的因素。同样,一旦非婚生子女得到父亲的承认,即可受惠于旧法中所不承认的继承权,取得其父遗产中的很小一部分。最后,《法国民法典》为合同自由留下了相当广阔的扩展空间,其中就包括了婚姻财产制中的自由。对旧制度时代的学说,特别是现代自然法学派的借用,同样证明意识形态的束缚也不完全成功。法典的编纂者们其实并没有拒绝后来人根据不同的时代背景来解读法典文本。正如波塔利斯的名言所说:"各个民族的法典都是随着时间生成的;严格来说,谁也无法制定它们。"《法国民法典》的文本中多次提到"惯例"(usages),而《关于民法典草案的演讲》则寄望于通过学说和判例的发展不断完善立法者的作品。一部带着深刻时代和政治背景烙印的法典,其编纂者却在其诞生之初就解释了将来对它进行不断再阐释的必要。

二、《法国民法典》的主导思想

9

法典编纂者所选择的种种技术性安排,自然取决于法典的学理渊源及其政治目标。《法国民法典》的三编制和内部结构说明起草者的思维中包含一些关键的主导思想,例如所有权至高无上的地位、围绕着婚姻和家父权组织起来的家庭。第三编中没有试图在继承和债法领域中实现更高程度的融贯性则说明这些规范来自旧法和革命法制的混合。

10 所有权至高无上的地位

按照波塔利斯的说法,"整部《法国民法典》都致力于界定所有权的行使方式,所有权作为一种基本权利,是其他所有社会制度的基石"。《法国民法典》编纂讨论纪要中随处可见对所有权至上性的宣言,它正是整个新民法赖以建立的神经中枢。就连人,也只不过是从可以拥有所有权的法律主体这个角度考虑的。在对立法团介绍所有权这一章时,波塔利斯把所有权描述为内在于我们本性中的权利,存在于所有人类社会之中,建立于职业和工作之上。他驳斥了那些把所有权谴责为不平等之起源或为了谋求国家利益而把主权和所有权混为一谈的错误主张。这是否意味着,在编纂者眼中,所有权是一种不受限制的自然权利?波塔利斯自己也承认,"关于所有权的规则不能从自然法中寻找",沙博·德·拉利耶(Georges-Antoine Chabot de l'Allier, 1758—1819)则同样主张"所有权唯一真正的来源是公民社会"。① 所有权虽然是神圣不可侵犯的,但要是没有一个在保障它的同时限制它的强大国家,所有权就不可能存在。

《法国民法典》中举世皆知的第 544 条必须在这种精神之下理解("所有权是对于物绝对无限制地使用、收益及处分的权利,但法令禁止

---

① Pierre-Antoine Fenet, *Recueil complet des travaux préparatoires du Code civil*, Paris, Videcoq, 1827, vol. 12, p. 258 et 161.

的使用不在此限。")。以主观主义的方式把所有权定义为使用和处分的权利,是罗马法学家长期理论工作的结果,在18世纪时得到了波蒂埃最为清晰的表达,却和罗马法时代的所有权概念相去甚远。以"最绝对的方式"对所有权的不懈坚持象征着对革命果实的肯定:米拉波(Honoré-Gabriel Riqueti de Mirabeau,1749—1791)早已宣告,每个个人都是其财产的"绝对主宰"。通过宣告全面而完整的所有权,立法者的目的是彻底消除任何恢复封建时代各种税赋或在财产上设立各种分割权利的可能性,并让那些购买国有财产的人更加放心。对或明或暗各种形式的封建复辟的恐惧,同样表现于第686条关于地役权的设置不得加义务于个人、不得为个人利益的规定,第530条关于可回赎年金的规定和那些防止永久租约的规定中。

同时,所有权的"绝对"特征立即因为第544条承认国家有权通过法律和法规限制其使用而削弱。在编纂者关于所有权之基础和国家监管之本质作用的看法中,绝对所有权和国家限制之间本无真正的矛盾。即便人们已经不再相信邻里之间可以存在一种有益的团结关系,所有权人对邻人的尊重仍旧限制着其所有权,此外,"把滥用财产也视为一种权利"的观念总体而言没有得到接受。① 在享有强制征收权(第545条)的国家的监督下,所有权应当可以自由流通。任何人不能阻碍动产交易,抵押方面的法律应当保护小块的土地和家庭隐私。

11 以婚姻为基础的家庭

法典编纂者出于社会整合的目的,希望"把珍视家庭的精神发扬光大,无论如何,这是对共同体精神非常有帮助的"。在波塔利斯看来,一

---

① 格勒尼耶(Jean Grenier,1753—1841)的发言,参见 Pierre-Antoine Fenet, *Recueil complet des travaux préparatoires du Code civil*, Paris, Videcoq, 1827, vol. 11, p. 159。

个个在丈夫和父亲领导下的家庭聚合起来,形成社会。对大家族的限制体现在数个条文之中,包括第755条关于继承权不超过12级亲等和对每个支系血亲都没有特留份的规定,虽然把配偶安排到非正常继承人末位的制度设计体现了对某种血统观念的维护。(《法国民法典》第767条规定,只有在死者没有按照亲等规定得为继承之血亲或非婚生子女时,未离婚且健在的配偶才有继承权。这一条处于"不正常继承"节的第二目,如果无健在之配偶,遗产就要收归国有,故曰配偶处于非正常继承人顺位之末。——译者注)婚姻是家庭的基础,波塔利斯把它说成是"合乎自然、至为必要,由造物主亲自创制"。婚姻也是社会和谐的因素,按照拿破仑的说法,这种制度的起源"并非自然,而是社会和道德"。① 通过不在法典中规定而否定其他形式的结合的合法性来尊重和规范婚姻符合社会的利益。为了"不将这一契约受制于激情"或年轻人的冲动,《法国民法典》把婚姻置于国家和家庭的双重控制之下。与1792年法律中确定的形式类似,《法国民法典》中的婚姻形式旨在保证两姓之好的稳定性:公职人员的参与"以社会之名审查婚姻契约";所有与婚姻有利害关系的人在某些情况下都可以根据第184条提起无效诉讼,从而确保了婚姻秩序得到尊重。人们可以因为结婚而成年,但男性在25岁以前、女性在21岁以前缔结婚约都需要父母的许可(第148条),即便达到了这一年龄也必须取得要式的尊敬证书②,来征求父母或

---

① Antoine-Clair(1765–1854)Auteur du texte Thibaudeau, *Mémoires sur le Consulat, 1799 à 1804, par un ancien conseiller d'État*, Ponthieu et Cie, 1827, p.439.

② 自19世纪初开始,《法国民法典》引入"法定结婚年龄",不同于21岁的民事责任年龄,法定结婚年龄对男性而言是25岁,对女性而言是21岁。在达到该年龄之前,至少需要父母中的一方同意才能结婚。如果他们超过了法定结婚年龄,未来的配偶可以在没有父母授权的情况下结婚,但在这种情况下,他们有义务通过"尊敬证书"的公正方式"告知他们的婚姻计划。"——译者注

祖父母的意见(第151条),这些都说明了对夫妻双方个人意愿的严格监督。

对于社会而言,同样重要的还有通过立法禁止一切可能破坏婚姻的因素。因此,承认离婚并不是个人自由的胜利,而是立法者出于对宗教自由的尊重而在某些条件下允许的一种极端补救措施。婚姻契约本质上是永久性的,所以其终止十分困难,要么满足对过错离婚理由有限的列举式规定,要么在两愿离婚中经过对双方的一长串检验。过错离婚的原因仅包括通奸(在丈夫指控妻子通奸的情况下很简单,但是夫必须通奸且于夫妻共同居所实行姘度,妻方才得起诉),暴力、虐待或严重侮辱(根据第259条规定,即使原因业已成立,法官仍可以不立即准许离婚),以及一方被判处名誉刑。不同于以性格不合为由的离婚,两愿离婚最终保留了下来,只不过立法者为它加上了一系列令人印象深刻的保险阀,以期降低其使用频率:配偶双方必须满足一些年龄和婚姻持续时间的要求,他们必须获得父母的同意,而且把他们一半的财产转移给子女。

在有关收养的严苛规定中,同样可以找到对任何可能偏离婚姻的事务的不信任。收养人必须年过五十且膝下无子女,被收养人必须已经成年而且不能进入收养人的家庭,因为"只有婚姻才能形成合法的亲子关系"。收养本应是人到老年时得到的慰藉,现在却变成了没有子嗣的富人分配遗产的工具。最后,由于合法的亲子关系是"社会秩序的基础之一",非婚生子只能停留在婚姻的大门外。《法国民法典》仅为那些为父亲所承认的非婚生子女赋予了"基于血缘的权利",包括减少了的继承份额。在有婚内子嗣的情况下,非婚生子女权利为婚生子女应继份的三分之一,而且根据第761条的规定,父母还可以进一步通过生前赠与的方式减少非婚生子女的应继份。因为按照拿破仑的说法,"社会不会从认领这些私生子中获益"①,所以第340条规定非婚生子女不能诉请其父认领(除非其母恰好在被绑架期间怀孕),也禁止父亲认领乱伦或通奸所生子女——他们是"犯罪结下的可耻果实"。通过惩罚非婚生子女,法典编纂者希望对那些逃避婚姻负担的男女施加"一种祸害",并为他们留下唯一的补偿方法:通过结婚使非婚生子女取得婚生子女的资格,并重建一个"健康和可敬的结合"。

12 家庭内部组织

这种合法的家庭在《法国民法典》起草者的眼中堪称典范,它还需要一个以丈夫为"首脑"的"政府"。丈夫"不再是一个简单的个人,他是一个领导者,他是一个掌握原始裁判权的教皇,最古老的祭司"②。丈夫就是国家元首的微缩形象,这名领袖很快就要加冕为皇帝并成为法国所有家庭的"共同父亲"。

丈夫的优越地位首先建立在两性之间无可掩饰的不平等基础之上,波塔利斯就说"力量和勇气属于男人,怯懦和谦逊属于女人"。尽管法律禁止妇女作为身份证书(第37条)和遗嘱(第980条)的证人,但只要不结婚,女性的弱点就不会让她失去行为能力,《法国民法典》甚至在男女平等继承权方面坚持了大革命的原则。至于已婚妇女,则总体上属于无行为能力人,关于缔约能力的第1124条甚至把她们与未成年人和禁治产人(即精神病患)并列!人们一般视已婚妇女行为能力的缺乏为夫权行使的结果:"妻子的服从是对保护着她的权力的敬意。"(这种想法反映在第213条关于配偶义务的表述中——"夫应当保护妻,妻应

---

① Pierre-Antoine Fenet, *Recueil complet des travaux préparatoires du Code civil*, Paris, Videcoq, 1827, vol. 10, p. 77.

② 卡里翁-尼萨(Henri de Carrion-Nizas, 1767—1841)的发言, Pierre-Antoine Fenet, *Recueil complet des travaux préparatoires du Code civil*, Paris, Videcoq, 1827, vol. 9, p. 511.

当顺从夫"。)但对行为能力的否定似乎也是保护妇女免受其先天不足影响的唯一手段,如第 225 条就允许妻子自己主张未经丈夫授权的行为无效。根据第 217 条,已婚妇女"未得其夫参与于行为或书面同意,不得为赠与、依有偿名义或无偿名义转让、抵押及取得行为"。按照波塔利斯的说法:"妻子不能有丈夫的居所以外的居所。丈夫管理一切,监督一切,不论是他的伴侣的财产还是道德。"

在法定的动产及所得共同制下(communauté des meubles et des acquêts),特别是对妻子没有其他收入只能操持家务的"贫贱夫妻"而言,丈夫是共同财产"绝对的主人",可以不必过问妻子而自由处分(第 1421 条)。只有第 1422 条对丈夫赠与不动产做出了一些限制。依据第 1428 条的规定,丈夫还可以管理妻子的一切个人财产。奁产制也规定,丈夫是奁产唯一的管理者。除极个别例外情况之外——例如为了把丈夫从监狱中保释,奁产中的不动产是不能转移的。妻子甚至没有权利在未经丈夫允许的情况下转让其非嫁妆的财产,这点与罗马法相反。依据第 1538 条的规定,即使婚约中约定的是分别财产制,妻子也只有对其财产的管理和收益权,而没有自由处分的权利。这一规定同样适用于处于别居状态的夫妇,就算丈夫有过错,妻子也必须先得到他的同意才能处置自己的财产。

夫权通过父权而扩展,《法国民法典》的起草人希望子女能顺从并尊重他们的父亲(第 371 条),并让后者行使名副其实的"裁判权"。在成年(21 岁)之前,子女处于父亲的控制之下;在婚姻存续期间,父亲是唯一的权威,他享有各种矫正手段,包括请求当地法院院长下令拘留 16 岁以下子女的权力,只要拘留期限不超过一个月。此外,父亲根据第 384 条的规定还有对未满 18 岁之子女财产的用益权。《法国民法典》的编纂者虽然建议父亲们倾听"人性的呼唤",但他们的首要目的是重建强大的父权,亦即政府可以依靠的"家庭的照护"。① 子女哪怕因为成年而从父亲的权威之下解放出来(因婚姻而特殊成年的除外),也必须毕生"崇拜家庭与监护的神明"。② 尽管根据第 203 条父母都有"抚养、教育其子女"的义务,但是这种永恒、对等的抚养/扶养义务(第 205 条)与其说是情感的证明,倒不如说是出于对可预期的继承权的期待。子女在结婚时不能要求父母提供彩礼或妆奁,因为他们不能享有可以用于反抗其父的手段。《法国民法典》的起草者始终在利益计算的角度下思考家庭关系:父亲必须能够"赏罚分明",继承法则必须为此目的向父亲提供新的工具。

13　混合的继承法

毫无疑问,编纂者们在继承法领域最大限度地表现了他们在不同资源中选择解决方案时的折中主义。对于他们而言,按照波塔利斯的说法,民事法律是"最高的仲裁者"。正是民事立法把"从前的所有人刚刚丢失的东西传递给了受指定的新主人"③。正因为"法律只能以家庭的整体秩序为目标",民法围绕着或明示或推定的家父意志安排,毕竟他的继承关系是编纂者唯一关心的。《法国民法典》的起草者同样也十分看重生前赠与和遗嘱(塞迪耶甚至把它说成是"《法国民法典》中最美的一章"),因为家父借以成了"家庭中的立法者"。④ 起草者们认为,十分有必要在可继承遗产中留出足够的份额供被继承人分配,这样才

---

① 马勒维尔的发言, Pierre-Antoine Fenet, *Recueil complet des travaux préparatoires du Code civil*, op. cit., p. 486。
② 雷亚尔(Pierre-François Réal)的发言, ibid., p. 513。
③ 西梅翁(Joseph Jérôme Siméon, 1749—1842)的发言, Pierre-Antoine Fenet, *Recueil complet des travaux préparatoires du Code civil*, op. cit., p. 218。
④ 波塔利斯的发言, ibid., p. 259。

能"为父母对其子女的权威奠定足够的基础"。正是康巴塞雷斯想出了一个立法上的设计,根据子女的数量来确定可(通过遗嘱)处分部分的比例:如果只有一个孩子,那么可(通过遗嘱)处分部分就占一半;如果有两个孩子,则是三分之一;在有三个或更多孩子的情况下,比例降到四分之一。这样一来,无论是通过生前赠与还是遗嘱,家父都可以给"遭受挫折"或为了家庭的利益努力工作的孩子更多的好处。家父更可以通过继承权的分配来施加压力,这也将成为父权的主要根基之一。基于同样的思想,《法国民法典》的编纂者也很关注家族财产传承的问题。在他们看来,尊血亲将自己的财产为其子女和直系卑血亲分割(第1075条及以下)就是避免劳动工具分散的最好方法。

然而,《法国民法典》在遗嘱自由方面并没有像一些发起者所希望的那样走得更远。罗马法上继承权排除的制度虽然得到了最高法院的支持,却没有保留在最后的文本中。通过父母之间的非正式约定而把不确定继承人的权利限制在用益权上的方案最终也作罢了。《法国民法典》第896条禁止关于受赠人或受遗赠人死亡时由特定第三人承受赠与物或遗赠物的约定,仅允许父母从可(通过遗嘱)处分部分中取出部分赠与其子女,由此种受赠人负责将此项财产转交于赠与人的子女(第1048条)。保留较大份额的可(通过遗嘱)处分部分表明,有必要在对无节制的生前赠与或遗嘱继承的恐惧和平等主义传统的要求之间求得中道。

除了关于生前赠与和遗嘱的父权主义法律外,《法国民法典》所建立的合法或无遗嘱继承顺序同样结合了罗马法和革命法制的规则。遗产同一性的原则和继承顺序借鉴自罗马法:死者的子女和直系卑亲属、父母、具有优先权的旁系血亲(兄弟姐妹及其卑亲属)、直系尊亲属,最后是普通旁系血亲。革命法制虽然受到了《法国民法典》起草者的批评,但把落入尊亲属和旁系血亲继承的遗产平等分成父系和母系两部分的制度保留下来了。分配份的法律更是充满了来自习惯法并因为废除特权而重新焕发生机的平等主义精神:每一个分配份不能有实质区别,"且如有可能,在每一份额中应划入同一数量的动产和不动产、同一性质和价额的权利或债权"(第832条)。如此混合而成的继承法为维护地方习惯和家父的主动权敞开了大门。根据财产权利人使用方式的不同,继承法潜在的平等主义安排和其起草者的反动主义立场之间可能大有冲突。

14 受监管的合同自由

在《法国民法典》中,债法既不是最具有原创性的,也不是最"政治化"的部分。包括康巴塞雷斯在内的各位起草者从多玛以及更多是从波蒂埃的作品中借鉴来了他们认为罗马法中表达的永恒自然法规则。除了仅凭意志即可移转所有权的规则借鉴自现代自然法理论家之外,编纂者们对来自罗马法的模式很少创新。人们还会留意到,在合同领域,1804年的法典文本几乎与革命法制别无二致,合同自由的原则完全符合1789年《人权与公民的权利宣言》的意识形态。必须考虑到在当时的政治风气下公共秩序的要求要高于个人意志的自由表达。第1134条著名的规则——"依法成立的契约,在缔约当事人之间有相当于法律的效力",并不是为了高扬意思自治的大旗。相反,它背后的想法是契约"作为法律的来源",要求当事人尊重他们自己的约定。① 《法国民法典》因而以更高的正义为名,对个人意志的自由发挥设定了种种限制。在"序编"最后,第6条就提醒人们"个人不得以特别约定违反有关公共

---

① 法瓦尔(Guillaume-Jean Favard, 1762—1831)的发言,Pierre-Antoine Fenet, *Recueil complet des travaux préparatoires du Code civil*, Paris, Videcoq, 1827, vol. 13, p. 319。

秩序和善良风俗的法律"。第 1133 条进一步强调,其原因为法律所禁止、违反善良风俗和公共秩序的债无效。《法国民法典》把当事人在所获利益上的严重不对等(la lésion)规定为买卖合同撤销的理由,波塔利斯公开宣布的理由是"让商业重回诚信的怀抱"①。这一源自罗马法的规定本为革命法制所取消。因此,法典散发着一种类似于冉森派(jansénisante)的道德观,以及对例如人寿保险等新交易的不信任。

诚然,当事人的自由让要式合同限制在赠与、婚姻和抵押等较少的几个领域,夫妻双方也有选择其婚姻财产制的能力。但是在最常见的行为中,如销售、租赁、借贷、授权、公司的变动,缔约方的意志通常为详细备至的法律规定所约束。在这种情况下,人们可能会惊诧于只有两条规则涉及"仆人及工人的租赁",而且它们的用语十分模糊,却有 13 条关于"包工和承揽"的规则。其中,第 1780 条延续了大革命传统中禁止永久雇工的规定,第 1781 条则在发生纠纷时不平等地对待工人和雇主,后者关于工资的定额和给付仅需以誓言的方式即可证明。如此简短和模糊的规定仅因为立法者在债法其他条款和关于工作和工厂的管制性法律法规(如早于《法国民法典》的共和历十一年芽月二十二日的法律)中已经有了相应的规定。所以,法典此处的规定当然并不意味着劳动关系应该取决于个人的随心所欲或工人所怀疑的雇主欺诈行为。

15 侵权责任的原则

《法国民法典》的起草者从自然法理论家处继承了一般侵权责任的思想,亦即要求行为人赔偿"任何行为使他人所受的损害"(第 1382 条)。这一著名的条款既没有定义也没有强调过错的概念,与其说是个

---

① Pierre-Antoine Fenet, *Recueil complet des travaux préparatoires du Code civil*, Paris, Videcoq, 1827, vol. 14, p. 148.

人主义道德教化的表达,倒不如说是防止有害行为的社会预防规则。编纂者本希望用这一原则不仅囊括所有罪行和所有违法行为,而且也包括那些准违法行为,以至于就连过失和懈怠(第 1383 条)只要"损害了他人的权利",对方即可要求补偿。① 第 1384 条继续明确规定,父亲对子女、教师和工匠对学生和学徒、雇主对正在执行受雇职务的受雇人所致损害亦应承担赔偿责任。法律的介入旨在保护所有权,并使父亲和雇主对子女和受雇人的行为时刻保持警惕。按照塔利布勒的说法,过错源自"管教不严"。最后,第 1385 条和第 1386 条规定了两类物的保管人所负的责任:管束动物者对逃逸的动物所造成的损害负赔偿责任,建筑物的所有人则对建筑物因保管或建筑不善而损毁时造成的损害负赔偿责任。尽管提到了物所造成的损害,但赔偿责任之所以产生是因为假定保管人有过错,而不是因为受害者因为他人的财产而在客观上受到了损害。

三、 拿破仑时代法背景之下的《法国民法典》

16　法典化的完成

就在《法国民法典》起草工作取得进展的同时,执政府也在 1801 年和 1802 年之间开始着手其他法典的编纂工作,包括《刑事法典》(1801 年的初稿把刑法和刑事诉讼法结合在一起)、《民事诉讼法典》和《商法典》。《法国民法典》的完成具有无可争议的优先地位,其他部门法的法

---

① 贝特朗·德·格勒伊(Joseph Bertrand de Greuille, 1758—1833)和塔利布勒(Jean Tarrible, 1753—1821)的发言,Pierre-Antoine Fenet, *Recueil complet des travaux préparatoires du Code civil, op. cit.* vol. 13, p. 474 et 490。

典化工作则拖到了帝制时期才完成。1806 到 1810 年间陆续颁布的四部法典虽然在编纂过程中可以调动的资源更少(相比于《法国民法典》的起草者,它们的起草者基本上已经退居二线),而且是在一个君主专制的政治背景下制定的(所以越来越多地借鉴旧制度下的法律资源),但它们还是在私法领域完成并确定了后来支配整个拿破仑时代的概念。

1802 年,《法国民事诉讼法典》的起草工作被交到了一个 5 人委员会手中,委员会成员包括法官和律师,全都受过旧法时代的训练。他们的工作完成于 1804 年,首先在各个法院讨论并收到了相当多的批判意见,然后交由资政院审议,最后在 1806 年提交投票。《法国民事诉讼法典》主要受到 1667 年法令的启发,在 1042 条条文中规定了任何争议在各级法院中的诉讼程序(经调停法院、低级法院、上诉法院依次审理,但是不包括最高法院的程序),以及主要与初审法院相关的各种"杂项"(受理、继承程序的开启)。它纯粹是描述性的,不包括理论的部分,也没有包括司法组织的规则。作为一部相当平庸的作品,这部法典建立了一个形式主义支配下的民事程序,主要通过书面进行,因而费用高昂(费用规定在 1807 年 2 月 16 日的三个法令中)。在初审法院和上诉法院的程序中,当事人必须由律师代理,最贫苦的人们实际上便不得其门而入。扣押不动产的形式十分复杂,确保了对财产的尊重。随着《法国民事诉讼法典》的出台,私法似乎前所未有地受制于所有权和有产者。

1801 年,由经验丰富的法官戈尔诺(Philippe-Joseph Gorneau, 1733—1810)作为主席,一个七人委员会开始负责在旧制度留下的法律文本基础上起草《法国商法典》。由 485 条条文组成的第一份草案在该年年底起草完毕后,经过了各个法院的讨论,此间还出现了一个由里昂法院起草的相当有创意的"反对者草案",1803 年公布了以戈尔诺命名的第二份草案。此后,起草工作一度停止,直到 1805 和 1806 年间的经济危机造成大量的破产,促使拿破仑在资政院上重新提起了对《法国商法典》的审议,以便"制止混乱蔓延"。经过资政院的 61 次的讨论(只对破产有兴趣的拿破仑仅主持了其中 4 次),该文本提交议会通过,并最终于 1807 年 9 月 15 日颁行。1807 年的《法国商法典》由 648 条条文组成,分为 4 编,分别是一般商业、海商、破产与银行业务以及商事管辖权。其中,有 122 条来源于 1673 年关于陆上商业的法令,还有一些来自 1681 年关于海商的法令。

这部无甚创新的法典似乎忠实于关于汇票的习惯(它保留了汇票交割地点不同的规定),对资合公司的规定限制性过强且不合逻辑(它规定设立有限公司需要得到政府同意,而两合公司则可以自由设立),以及对破产者过于严苛(在破产宣告后要受到监禁)。它对商事合同、经营资产、银行和专利都未置一词。关于证券交易只有 20 条,不过此前共和历九年风月二十八日的法律和共和历十年牧月二十七日的政令已经通过建立股票经纪人和制定经纪人的垄断制度,将其置于国家监管之下。《法国商法典》在两种思潮之间犹豫不决:一种是把商法视作民法的例外法,使之与民法尽可能协调;另一种则是以作为起草人之一的鲁(Vital Roux,1766—1846)为代表的特殊主义,希望加强商法与公法之间的联系。在重商主义传统中,国家通过提防企业家的立法使商业得以"道德化"(尽管商业已经"解放"了已婚妇女和 18 岁以上的未成年人),其结果是《法国民法典》中的合同自由进一步受到限制。

至于刑法和刑事诉讼法,拿破仑最终决定分别制订法典,于是《法国刑事诉讼法典》于 1808 年颁布,《法国刑法典》则于 1810 年颁布并取代了 1791 年《刑法》。从私法的角度看,值得注意的是功利主义的思维方式和反复出现的安全话语为重刑提供了理由。在这方面特别具有说明意义的严苛刑罚散见于弑亲罪(在死刑前先砍断手腕,对皇帝人身的侵犯也视为弑亲)、流浪和乞讨的各项罪名(第274条及以下)、非法组织和集会(第291条及以下),和工人或雇主之间的联合会(第414条及以下)。得到坚决维护的包括超越了家庭和亲子关系的父权、所有权和国家(对政治犯罪适用没收全部个人财产的惩罚)。同样,一项以游走于家庭网络和工作关系之外的人口为目标的"压制"政策牢牢地锁住了社会大厦:本着同样的精神,1808年7月5日的法令重建了乞丐收容所,1811年1月19日的法令规定孤儿可以在安养院的塔楼里学习做工。

17　对所有权和契约自由的限制

尽管拿破仑宣称要严格尊重私人所有权,并主张合同自由,但他实际上推行的是一种指导性的经济制度,从而导致上述原则屡次屈服于公共利益的要求。拿破仑认为,只有那些有用处的所有权才值得保护,他"不会允许一个人仅仅为了建一个公园而把小麦耕作区内的20里格土地撂荒"①。在这一概念的指导下,1807年9月的法律规定了对个人所拥有的沼泽的强制排水程序。1810年3月8日的法律则对出于公共用益之目的的征收做了规定:公共用益之宣告须以法令(décret)为之,从而既能避免诉诸法律又能避免省长的恣意;所有权的转移和补偿则由民事法官决定,从而既保证了对所有权的尊重,又避免了价值评估的滥用。1810年4月21日的法律将矿藏置于特许制度之下,以底土使用费的形式向土地所有者提供补偿。行政机关监督并依据1813年1月3日的公共秩序规定(特别是其中禁止使用10岁以下童工的规定)管理

---

① Jean-Guillaume Locré, *La Législation civile, commerciale et criminelle de la France*, Paris, 1827-1832, t. IX, p.405.

矿藏的开采。

因为所有权人的"滥用权""不得导致对人民生存权的剥夺",拿破仑一直非常关注城镇的物资供给,这也是维护公共秩序的保障。在1812年的经济危机中,国家通过5月4日和8日的法令干预了粮食贸易:销售和购买都必须公开进行,佃农有义务出售土地所有人的份额,后者则以货币形式获取收益,并由政府确定最高售价。按照波塔利斯的看法,商业的利益要服从国家利益,而国家在打击囤积的过程中使用的手段总是万变不离其宗。同样,一系列管制类的法规包裹着商业自由,无论是在执政府还是在帝国时期,这些法规规范着巴黎的面包师、屠夫、蔬果或木炭商人的活动。那么,对于1806年11月12日柏林法令所建立起的大陆封锁造成的禁令体系,又可以说些什么呢?此时,商业处于国家的监护之下,靠着1810年几部法令建立起来的进出口许可证体系,国家可以决定是否接受对外贸易。

18 对平等的背离

虽然共和历八年的宪法剥夺了典当家仆和破产者的公民权,1802年5月20日的法律更在殖民地重建了奴隶制,但《法国民法典》显然还是尊重了民事平等的原则,抽象地规定个人权利并拒绝一切形式的特权。然而,它的确也还有一些不平等的残余,比如说男女之间的不平等和第1781条规定的主仆之间的不平等。尽管拿破仑在加冕日宣誓要"尊重并确保权利平等",拿破仑时代的法律还是发展出了对个人的不平等或差别待遇。因此,第1781条应视为整体政策的一部分,其目的是把工人与其他人口区分开并置于警察的监视之下。在执政府期间,共和历十一年芽月二十二日(1803年4月12日)的法律已经以一种相当模糊的方式为劳工立法确定了框架,这以前尚有专门提到工场条例的科斯塔草案。这部法律延续了禁止工人联合和雇主为降低工资而联合的规定,规范了学徒合同,并强制工人携带载明他们假期和履职记录的小册子。共和历十二年雾月九日的政令进一步细化了这些规定。

后来,为了回应工场主和商人—制造商对监管的要求,拿破仑决定恢复里昂工厂的仲裁司法传统。1806年3月18日的法律在里昂设立了一个仲裁庭,这一特别司法机构由选举产生的5名商人和4名工场主组成,除了1809年6月11日法律规定的少数例外,工人并没有代表。这一仲裁庭的主要作用是对各方进行调解,次要的职能还包括审判"小的民事纠纷",但1810年8月3日的法律进一步给了它惩罚"意在搅乱工场秩序和纪律"的不法行为的权力。如果我们再加上1806年3月6日的法律为里昂丝织场的主人设计的特别许可,这种后来扩展到一些中型城市的劳动仲裁制度看上去一开始就是一种控制工人的补充手段。

1806年5月30日的法令和1808年3月17日的法令在形式上与民事平等的原则相抵触,对被假定为高利贷者的犹太债权人作出了特别规定。起初,1806年5月30日的法令规定,在东部的几个省,农民可以暂缓一年清偿他们对犹太债主的债务。更严重的是,1808年臭名昭著的法令要求犹太债权人证明他们为债务人转移款项时没有欺诈,否则就要把他们的债权宣告为无法偿还,这一规定对未偿付债务有溯及力。这一对善意推定的颠覆与《法国民法典》第1132条的规定相违背。而且,这一法令还像1807年9月3日确定了一般最高利息的法律那样,规定了对利息的限制,并授予法院以"公平"的名义中止非高利贷债务给付的权力。犹太人并不被视为完整意义上的法国公民,所以他们在创业自由和商业自由方面也受到许多限制,需要有特殊许可方得为之。那个臭名昭著的法令最终止于1818年,此前,这些歧视性的措施在一些北部省份时适用了十年之久(波尔多和巴黎的犹太人得以幸免),显示了拿破仑时期的法律如何践踏平等原则。

最后,从1806年到1808年,帝国时期的贵族阶级开始形成。他们虽然不享有任何特权,但是在议会中可以形成多数派,并导致了第896条禁止由指定第三人替代承受赠与物或遗赠物规则的修改。就算在世配偶的利益没有受到损害,新修订的规则有可能再次让贵族家庭中每一代的长子获益。到了帝国时期的最后几年,民事领域的自由和平等不得不在国家的权力面前退却,就连父权在面对强制征兵制时亦是如此。在拿破仑的观念里,公民权利只有在国家让步的情况下才能存在,私法自治虽然是《法国民法典》的基础,但要真正取得胜利还前路漫漫。

延展阅读

19 法典化的事业

拿破仑的法典化实现了法国私法的统一。几个世纪以来,法学家们对私法统一魂牵梦萦,却屡遭阻碍,大革命也未能使之一蹴而就。关于旧制度时期法典化的尝试,参见 J. Van Kan, *Les efforts de codification en France. Étude historique et psychologique* (Paris, 1929,不过本书作者高估了1789年以前对私法统一的认识);Actes du Colloque de Toulouse, *La codification*, sous la direction de B. Beignier (Paris, 1996, J.-L. Gazzaniga, « le Code avant le Code », p. 21-32)。关于康巴塞雷斯草案及其失败,参见拙作 *L'impossible Code civil* (Paris, PUF, coll. « Histoires », 1992)。对塔尔杰(Target)所提出的一个法典草案的研究可以参见 S. Solimano, *Verso il Code Napoléon* (Milano, 1998),作者重新评估

了边沁对法国编纂者的影响。关于财产制的研究可以参考 J. Brisset, *L'adoption de la communauté comme régime légal dans le Code civil* (Paris, PUF, 1967),该书详尽研究了不同草案之间的变迁。至于旧制度民法学对法典编纂的重要影响,可以参见 A.-J. Arnaud, *Les origines doctrinales du Code civil français* (Paris, LGDJ, 1969)。相比之下,自然法理论家的影响就小得多了。波塔利斯对自然法十分重视,但他也同样了解德国历史法学,参见 L. Schimséwitsch, *Portalis et son temps* (thèse droit, Paris, 1936), B. Beignier, *Portalis et le droit naturel dans le Code civil* (*RHFD*, 1988, n° 6, p. 77-101)。另外,人们可能长期以来夸大了波塔利斯的角色,从而忽视了特隆歇和马勒维尔的意义。至于波拿巴本人对《法国民法典》的贡献,曾经一度引起了许多讨论,可以参考 R. Savatier, *L'art de faire les lois. Bonaparte et le Code civil* (Paris, 1927); P. Villeneuve de Janti, *Bonaparte et le Code civil* (thèse droit, Paris, 1934); Ch. Durand, *Le fonctionnement du Conseil d'État napoléonien* (Gap, 1954)。当然没人会质疑第一执政本人意志的决定性意义,但是我们今天关注更多的是他的政治思想的影响,而非他在收养或离婚问题上的个人利益。

关于《法国民法典》的起草材料,参考以下资料是很有用的:*Procès-verbaux du Conseil d'État* (5 vol., an VIII-an XII et les *Archives parlementaires*, 2ᵉ série, Paris, 1862-1866, t. I à VIII)。一般而言还会参考 P.-A. Fenet, *Recueil complet des travaux préparatoires du Code civil* (Paris, 1827, 15 vol.), et à J.-G. Locré, *La législation civile, commerciale et criminelle de la France* (Paris, 1827-1832, 31 vol.)。菲内所编纂资料的简明摘录见于 Fr. Ewald (dir.), *Naissance du Code civil* (Paris, 1989)。想要了解《法国民法典》的结构和风格,可以参阅 J. Ray, *Essai sur la* structure logique du Code civil français (Paris, 1926), et A. -J. Arnaud, *Essai d'analyse structurale du Code civil français. La règle du jeu dans la paix bourgeoise* (LGDJ, 1973)。M. Poughon, *Le Code civil* (PUF, coll. «Que sais-je?», 1992)提供了对《法国民法典》内容的简要概括。至于拿破仑主导编纂的其他法典,可以参考 F. Valente, *Le Code de commerce napoléonien et son application* (thèse dactyl., Lyon III, 1992); P. Paschel, *La portée de la codification dans l'histoire du droit commercial français* (thèse dactyl., Paris II, 1993); P. Lascoumes, P. Poncela, P. Lenoel, *Au nom de l'ordre, une histoire politique du Code pénal* (Paris, 1989); B. Schnapper, *Compression et répression sous le Consulat et l'Empire* (*RHD*, 1991/1, p.17-40)。关于臭名昭著的犹太法令,参见 H. Trofimoff, *L'obligation non causée dans l'article 4 du décret du 17 mars 1808* (*RHD*, 1988/2, p.171-209); F. de Fontette, *L'article 4 du décret infâme de 1808: le prêt consenti par un juif, Mélanges offerts à René Savatier* (Paris, 1965, p.277-290)。至于姓名方面的立法,则可以参见 A. Lefebvre-Teillard, *Le nom, droit et histoire* (Paris, PUF, coll. «Léviathan», 1990)。

20 法典化的意义

人们往往认为《法国民法典》是一部妥协的作品,标志了自由个人主义的胜利:A. Esmein, *L'originalité du Code civil* (*Le Code civil, 1804—1904, Livre du Centenaire*, t. I, p.6-21); J. Carbonnier, *Le Code civil, dans Les lieux de mémoire. La Nation* (P. Nora [dir.]), t. II, Paris, Gallimard, 1986, p.293-315); *Le Code Napoléon en tant que phénomène sociologique* (*RRJ*, 1981/3, p.327-336)。马尔旦始终致力于对这一"起

源传说"的批判,并揭示法典背后悲观的人性观所激发的专制基础:L'insensibilité des rédacteurs du Code civil à l'altruisme (*RHD*, 1982, p. 589-618); Nature humaine et Code Napoléon (*Droits*, 1985/2, p. 117-128); L'individualisme libéral en France autour de 1800. Essai de spectroscopie (*RHFD*, 1987, n° 4, p. 87-144); À tout âge? Sur la durée du pouvoir des pères dans le Code Napoléon (*RHFD*, 1992, n° 13, p. 227-301); Nature humaine et Révolution française (Bouère, 1994); Mythologie du Code Napoléon. Aux soubassements de la France moderne (Bouère, 2003)。

关于法典化的社会规制功能,我们可以参考 E. Géraud Llorca, L'introduction des bonnes mœurs dans le Code civil (*Les bonnes mœurs*, PUF, 1994, p. 61-79); J. Lafon, Le Code civil et la restructuration de la société française (*MSHDB*, 1985, p. 101-107), et J.-F. Niort, Droit, économie et libéralisme dans l'esprit du Code Napoléon (*APD*, 1992, p. 101-119); Droit, idéologie et politique dans le Code civil français de 1804, (*RIEJ*, 1992, p. 85-109); P. Caroni, Saggi sulla storia della codificazione (Milano, 1998, p. 66-76)。与其冒着单一解释的风险,我们不如承认《法国民法典》(就像拿破仑专制一样)可以有多种解读,参见 J.-L. Halpérin, *Le Code civil* (Paris, Dalloz, coll. « Connaissance du droit », 1996)。我们不应忽视,《法国民法典》中既有许多可能偏离了初心的革命性规则,又有强烈的专制主义倾向。国家及作为其附属机构的家庭和有产者的利益并未完全绑定,也就是说民法并不只维护某一种社会政治群体的利益。通过几个向人类意志可以自由起飞之地平线开放的窗口,我们可以看见一个足够灵活、随时可以在不同社会背景下改变其含义之法典的所有丰富内容。

第一部分

不容置疑的《法国民法典》

第一章　解经法学时期

21　前言：解经法学应时而生

从 1814 年到 1880 年,无论法国政权如何更迭,《法国民法典》却鲜见修改。精英统治下的法国社会将这部德莫隆布(Charles Demolombe,1804—1888)眼中的"法国民事宪法"奉为圭臬,甚至到了迪韦吉耶(Jean-Baptiste Duvergier, 1792—1877)口中"盲目推崇"的地步。当时,所有法学家都认为有必要对神圣的新法典进行经文注解式的研究,像几世纪以来人们解读《圣经》那般解释法典条文——如此类比本身就令人深思。这种解经注释的方法得到了学者布隆多(Charles Blondeau,1835—1888)、特洛隆(Raymond-Théodore Troplong, 1795—1869)、奥布里(Charles Aubry, 1811—1877)和劳(Charles-Frédéric Rau, 1803—1877)以及克林姆拉特(Henri Klimrath, 1807—1837)和卡邦图(Louis Cabantous, 1812—1872)的大力支持。在一些人看来这是认识法的唯一方式,但另一些人坚信只有超越民法典本身,将历史学、教义学和解经学的研究方法结合起来,才能真正理解私法。1814 年至 1880 年这一漫长时期看似风平浪静,实则暗潮涌动:人们对民法的发展方向争论不休。国家限制判例和学说的发展,以保护立法编纂工作。解经法学家撰写《法国民法典》评注,在法典解释中刻下了他们的印记。而那些批评《拿破仑法典》的人逐渐转向其他法律渊源,推动了法律改革。

一、对《法国民法典》的尊崇

22 效力不变的《法国民法典》

在1815年路易十八重新执政之前,流亡贵族就提出了《法国民法典》在复辟后是否继续有效的问题。毕竟法典自1807年9月9日后便更名为《拿破仑法典》,是上任统治者拿破仑引以为豪的成果。然而,早在1814年1月普罗旺斯伯爵(即路易十八)就宣布:"除去有违宗教教义的条文,继续沿用《法国民法典》(包括旧的法令和习俗)。"① 拿破仑第一次退位后,1814年6月4日发布之宪章的第68条也明确规定:《法国民法典》(已恢复其最初的名称)和现行法律中不违背1814年《宪章》的条文仍然有效。这些让步促使极端保皇派在波旁王朝第二次复辟期间力主修改法典的部分条款,尤其是1816年5月8日废除的离婚条款。但几个月后国王路易十八便声明,为了保持立法的稳定性,不会"全面修订"现行的五部法典。1816年7月17日的法令只提到了可能颁布"特殊法律"以及新版法典的命名不能违背宪法,甚至在那些废止法典有关条款的法律中还备注了它们所废止的条款。

复辟时期的现实情况与路易十八的计划大体一致。1819年7月14日的法律废除了《法国民法典》中关于外国人遗产没收权的第726条和第912条,取消了互惠的限制,允许外国人继承其父或其母在法国拥有的财产。这个充满自由主义色彩的决定,虽然最初遭到马勒维尔的反对,但符合议会的意愿,立法讨论时没有任何人抨击《法国民法典》的精神或批评其对外国人极度缺乏信任。尽管有部分教士反对婚姻世俗

---

① 《Journal des débats》, 2 avril 1814, p. 3.

化,但统治者依然合法化了世俗的民事身份(1823年11月26日的法令)。1826年,贵族院否决了维莱勒(Joseph de Villèle,1773—1854)极不情愿提出的草案,保护了长子或长女对可(通过遗嘱)处分的部分财产的继承权。在极力恢复长子继承权的草案中,只有1826年5月17日修改《法国民法典》第1049条关于代理的法律仍然有效。极端保皇派虽促成了1825年《流亡人士财产赔偿法》(« loi du milliard aux émigrés »)的通过,但没能将《法国民法典》修改成贵族阶级的法律。

奥尔良王朝时期,《法国民法典》符合"国王公民"路易-菲利普一世的期待以及"资产阶级君主制"的原则,在意识形态上正中下怀。1830年革命后,一切归于原状:大多在众议院、少数在贵族院的离婚支持者并没有成功,而且随着1831年12月29日的法律废除贵族世袭制、1835年5月12日的法律禁止在未来建立任何长子世袭财产制,他们在对平等的追求上做出了最小限度的让步。截至1848年,只有1832年4月16日的法律对《法国民法典》做了唯一的修改,该法律准许姻亲结合。不过,特别的是,议会十分重视《刑法典》《刑事诉讼法典》(由1832年4月28日的法律修改而来)以及《商法典》(由1838年5月28日的法律修改)的改革,并通过了与经济发展有关的特别法,如1841年3月22日关于童工的法律、1841年5月3日关于征用的法律、1842年6月11日关于铁路的法律等。除去抵押贷款制度的不足,《法国民法典》似乎已近乎完美,无法超越。人们在追捧拿破仑传奇的热潮中愈发尊崇"完美"的《拿破仑法典》。

23 地位稳固的《法国民法典》

1848年到1880年间,人们对民法典的修订相对多了起来,但法典本身的神圣性并未削弱。1848年2月共和党人迅速夺取政权后,还没有一个民事立法的改革方案。制宪会议上，司法部长克雷米厄（Adolphe Crémieux，1796—1880）提出的恢复离婚制度的草案惨遭失败。1848 年 6 月的工人起义后，有产者恐惧不安，贵族也深感《民法典》是维护秩序的有力武器。梯也尔（Adolphe Thiers，1797—1877）和特洛隆基于《法国民法典》得出了有别于社会主义学说的结论，认为所有权是天赋的"自然权利"。包括瓦莱特（Auguste Valette，1805—1878）、德芒特（Antoine Demante，1782—1861）、布拉瓦尔-韦里埃（Pierre Bravard-Veyrières，1804—1861）、沃洛夫斯基（Louis Wolowski，1810—1876）、瓦提梅斯米尔（Antoine Lefebvre de Vatimesnil，1789—1860）等民法学家在内的立法议会通过了一些修改《民法典》的条文，但并未触及法典的指导精神，如 1849 年 5 月 7 日关于废止长子继承权的法律、1850 年 7 月 10 日关于婚约公开的法律以及 1850 年 12 月 6 日关于否认父权的法律。法国秩序党通过了一系列法律以稳定社会，如改善住房卫生（1850 年 4 月 13 日）、促进贫民婚姻（1850 年 12 月 10 日）、限制高利贷（1850 年 12 月 19 日）的法律。此时的议员们"虔诚地信仰着"《法国民法典》，视之为圣物。①

政变之后，路易-拿破仑·波拿巴（即拿破仑三世）旋即于 1852 年 1 月 14 日发表声明，公开颂扬《法国民法典》，并于同年 3 月 27 日将其再度更名为《拿破仑法典》，以此"纪念历史的真相"。也正是在法兰西第二帝国时期，《法国民法典》所受的尊崇可谓空前绝后，被誉为"近代最伟大的胜利"。然而与此相矛盾的是，法典文本的几次重大修改也发生在此时。1854 年 5 月 31 日，废除民事死亡（mort civile）的法律在刑事政策的背书下推行，其代价是 14 条《法国民法典》条文因此废止且另有 14

---

① «Moniteur universel», 16 mars 1850, p. 902, et 14 août 1851, p. 2384.

条被修改。1855年3月23日关于证书登记和抵押制度的法律则只进行了较为审慎的修改,以免"亵渎《拿破仑法典》这一圣物。"① 1860年以后的"自由帝国"(l'Empire libéral)时期改革意愿愈发强烈:1863年8月2日的法律废除了《法国民法典》第1781条雇主和工人间的不平等规定;1867年7月22日的法律极大地限制了民事拘禁,24日的法律促进了股份有限公司的发展并将相应制度从《商法典》中分离了出来。然而,尽管拿破仑三世极力支持勒普莱(Frédéric Le Play, 1806—1882),《法国民法典》中关于继承的条款还是成了众矢之的。至于国民议会,它还要关注民法改革之外的事宜,所以在1871年至1875年间,它再度搁置了《法国民法典》中继承权的改革,只做了些细枝末节上的调整。从1804年到共和派掌权之际(1875年),又恢复最初名称的"法国人的民法典"仅仅修改了130条。②

24 规范的法学教育

自执政府时期(Consulat)以来,人们对《法国民法典》的遵守得益于严格的法学教育。在《法国民法典》的起草工作即将结束之际,国家重建法学院,通过共和历十二年风月二十二日(1804年3月13日)的法律规定法学教育由国家垄断,以期培养出恪守法典的从业人员,即法官和律师。该法规定三年学制(对于想取得博士学位者则需再加一年)涵盖五类课程:以《法国民法典》为本的法国民法(droit civil français)、自然法(droit naturel)和万民法(droit des gens)基础、影响法国法的罗马法、与行政学相关的公法和民法,以及刑法和诉讼法。这些为宣传帝国法典而设置的课程几乎无一例外地直接或间接涉及民法。共和历十二年

---

① *DP*. 1855, 4, 28.
② 1872年2月12日关于恢复巴黎民事身份的法律,间接地成为法国户口本的起源。

第四个补充日(1804年9月21日)的法令实际上直接取消了自然法课程,进一步强调了《法国民法典》在法学教学中的优先性。1807年3月的一项指示则完整说明了三年制学生培养方案。根据1808年3月17日的法令,共和历十二年建立的12所法律学校改制为法学院,这些学校中有3所位于1814年后丢失的帝国领土之上。法学教学的正统地位在法学教授与五大总督学的努力下保持稳固。

拿破仑这一严格的教学体制大体上延续到了19世纪80年代。一方面,国家没有放弃对法学院的控制;另一方面,革新派法学家提出的改革计划遭到了大多数教授的反对,尤其是在巴黎法学院。比如,在鲁瓦耶-科拉尔(Pierre Paul Royer-Collard, 1763—1845)和居维叶(Georges Cuvier, 1769—1832)的倡议下,1819年3月24日的法令规定引入自然法、行政法、罗马法律史与法国法律史课程,但到1822年便失效了。1838年和1845年在教育部长萨尔万迪(Narcisse-Achille de Salvandy, 1795—1856)的鼓动下提出的建议也遭到了巴黎法学教授们的强烈反对。1847年曾经出现了建议丰富教学内容的提案,但因1848年革命而不了了之。

新课程的设立基本上由教育部长决定,例如商法(1809年和1815年巴黎)、宪法(1834年巴黎,由罗西[Pellegrino Rossi, 1787—1848]开设)、行政法(1828年至1837年学院自主开设)或法律史(1829年巴黎、1838年雷恩、1854年图卢兹)。部长每次任命新教授都会引起轩然大波:在民法学家的抵制下,新课程很难继续开设。1848年后,法学家便不再尝试此类改革了。第二帝国取消了1840年巴黎法学院引入的宪法、法律史或法律概论课程,并进一步巩固了民法和罗马法的主导地位,大学两年中有大量相关课程。1852年重设总督学(Inspection générale)管控课程教学大纲,在1830年被第一次撤销,1838年得以恢复,1848年被第二次撤销。在专制统治下,法学院沦为纯粹的法律实务人士的培训学校,没有任何科学的使命。

此外,人们仍然使用着传统的教学方法。教授必须先口述他的课程内容,由学生抄写下来,然后再口头解释。1807年的规定开始提到"练习"(exercices)和"重复"(répétitions)的方法。教师们虽然并不总是严格按照《法国民法典》的顺序讲解,但普遍都是单纯地训诂条文。正如比涅(Jean Bugnet,1794—1866)所说:"我不懂民法,我只是在教拿破仑的法典。"罗马法课程的教学和考试最初使用的是拉丁文,其主要参考文献仍是优士丁尼而非盖尤斯所著的《法学阶梯》。1855年,由口头讨论和书面练习组成的讲座制度逐步发展了实践教学。第二帝国末期至第三共和国初期,伴随着新学院的建立(1864年南锡和杜埃法学院、1870年波尔多、1875年里昂、1878年蒙彼利埃)、1864年政治经济学的引进、设立自由政治学院(1872年)和天主教学院(1875年)带来的激烈竞争,法国似乎又掀起了一阵改革之风。

25 争取自主权的法学教师

在法国,尽管学生人数有所减少(1880年以前法国每年的在校大学生总数基本不超过5000人),法学老师还是不够——1835年巴黎法学院有17位,其他地区最多只有7或8位。一直以来,人们通过参加教授招聘考试来获得一个或多个全职或代课教授的职位。考试的评审团由当地教师组成,有时也有法官或律师。这一考试经常引发不少插曲,成为"法律教士"扫除异己的重要手段,如1809年的迪潘(Charles André Dupin,1758—1843)或1822年的茹尔当(Athanase Jourdan,1791—1826)。原则上,教授终身任职。但事实上,他们依赖于且有义务效忠于政治权力——1830年和1952年便有教授因拒绝效忠新政权而被解

43

雇,并可能会受到严重的纪律制裁,尤其在 1814 年到 1848 年间。院长则需接受更为严格的监督,他们可能遭到无端解雇,而且往往要作为秩序维护者稳定以政治动荡中心著称的法学院,格勒诺布尔法学院就曾在 1821 年至 1824 年因政治原因惨遭停办。1805 年,巴黎法学院院长为波提耶(Louis-François Portiez,1765—1810),1810 年至 1830 年则为德尔万古(Claude-Étienne Delvincourt,1762—1831)。

这种招聘方式使得教师群体更加保守,特别是在巴黎,那些在复辟时期任命的少数"改革者"迅速成为传统的守护者,如布隆多、迪·科鲁瓦(Du Caurroy,1788—1850)以及德芒特。不过,这种制度下的许多教师兼为律师或法官,充分了解法学实践,如图利耶(Charles Toullier,1752—1835)、蒲鲁东(Jean-Baptiste-Victor Proudhon,1758—1838)、德莫隆布。而 1855 年后实行全国统一的教师资格考试制,由法学院的总督学主持的资格考试委员会,反倒能够帮助教师摆脱政治束缚。尽管教育部长仍然管控着那些通过了资格考试的老师,且可以解雇他们,但统一考试已经迈出了改革的第一步,有利于教师更加自主地致力于法的理论研究。

26 法院和法律的解释

民法典编纂工作结束后,波塔利斯鼓励法官"以学说的方式"解释法典。虽然《法国民法典》第 5 条禁止法院通过判决确立一般规则,但第 4 条要求法官在法律没有规定、模糊不清或不充分的情况下也要作出判决。与大革命时期的极端立法至上主义相比,此时的观念已有所转变,但还并不足以到任由法院判例发展的地步。共和历十三年风月二十七日法案(1800 年 3 月 28 日)悄悄废除了立法提请制度(référé législatif),但对于一直以来最高法院和初审法院之间存在的判决冲突问题,法案没有给出明确的解决办法。因此1807年9月16日的法律规定,冲突发生时,判决需提交给国家元首,由其以公共行政条例的形式解释法律,亦即必须得到资政院(Conseil d'État)的同意,这反而关上了在司法中解释和发展法律的大门。

  第一次复辟之后,许多法学家(如图利耶)都认为1807年的这项法律与1814年《宪章》相悖。议员们恳求国王将法律解释权归还法院各分庭。但路易十八拒绝了这一有损于君权的请求,1823年资政院发布公告称1807年法律"完全符合1814年《宪章》确立的宪法制度"。此后,国王对法律的解释成了一种司法决定,其作用范围局限于过去的诉讼。这种不实用的制度引起了宪制主义者和自由主义者的不满。1828年7月30日,小波塔利斯提出新法案试图解决司法系统内与法律解释有关的冲突。不同于马勒维尔提出的修正案,出于对最高法院的不信任,小波塔利斯提出的法律始终未让最高院掌握解释法律的终局权力。对第二次上诉作出裁决的上诉法院掌握案件最终裁判权,国王则必须给出法院嗣后也能适用的法律解释。小波塔利斯的这项立法忽视了最高法院与日俱增的威望,经不起现实的考验。而1837年4月1日的法律彻底解决了这一问题:它规定,当同一案件第二次上诉时,受案之上诉法院必须遵从最高法院合议庭的决定。

  然而,19世纪上半叶流行的是一种狭义上的撤销原判。1810年4月20日的法律第7条规定,原则上,只有在"明确违反法律"或违反规定的诉讼程序的情况下才能上诉。相较于上诉法院以前的判例法,上诉权很明显受到了越来越多的限制:1808年后不再提"违反合同所创造的法"(violation de la loi du contrat)的概念;在复辟时期,像昂里翁(Henrion de Pansey,1742—1829)这样的作者敌视最高法院以解释法律错误撤销原判的权力。直到1872年,最高法院才重新制止那些试图

"曲解"合同约定义务的法官。此外,上诉法院,尤其是南部的上诉法院仍然保持着很强的独立性和地方特色,从关于夼产制和尊属分割的地方判例法便可以看出这一点。可见,人们并未从一开始便一致认定最高法院是法律解释的主导者。

27　判决理由的演变

1790 年 8 月 16 日至 24 日的法律规定司法判决应给出判决理由,1810 年 4 月 20 日的法律又重申了这一点。该要求与最高法院的设立使得人们对判例有了新的理解,但这种观念并没有改变人们敌视旧制度意义上的"判例法"的态度。在大革命即将结束时,最高法院在很大程度上已经成功推行了一套判决程序,即判决首先依据法律或可能的法律原则,而后在解释法律含义及其适用的诉讼之基础上逐一陈述判决理由。法院判决固然不尽相同,但一种模式正趋于普遍化。1804 年之后的判决毫无疑问是以《法国民法典》为依据的,不过该过渡时期仍有不少问题需借助旧法或 1789 年至 1804 年所谓过渡法(le droit dit intermédiaire)来解决。复辟时期的法官甚至对传统权威很感兴趣,他们在许多判决中同时援引新旧立法,引用罗马法、习惯法或王室法令。在 19 世纪的前三十几年,人们即使注意到了一直以来法律上发生的重大变化,也还是坚持"成文法地区不变的原则"。(法国北部因为适用地方习惯法而得名"习惯法地区",法国南部则因为长期适用罗马法而得名"成文法地区"。——译者注)

法官们很快便不满足于《法国民法典》的条文本身,他们诉诸法典编纂时的起草记录、立法者的意图、道德、自然法原则和社会发展,以期真正理解法的精神。于是在《法国民法典》最开始适用的几年里,真正的法学理论在上述基础上形成,其中一些理论大胆地提出了解释法律或填补法律漏洞的方法。判例法开创性地承认了奁产中动产的不可转让性和长期租赁契约的合法性,可见 19 世纪上半叶并非"司法荒漠"。至于最高法院对案件作出的不一样的判决,经常带来让人大跌眼镜的反转,如关于非婚生子女的收养或关于遗产中可(通过遗嘱)处分部分和特留份合并继承的判例。这反而证实了法官在学说权威前具有独立精神,甚至可以说最接近权威(如特洛隆),同时也反映出法官充分理解不断变化的社会需求。

28 挑战学说的判例

要想确立新判例法的地位,必须让人们先认识、讨论和理解它的价值。从那些极为重要的司法判决的传播度来看,判例在 1800 年至 1880 年期间得到了很大的发展:除了 1798 年开始发行的《最高法院公报》(*Bulletin officiel de la Cour de cassation*)之外,法国每周或每月会定期出版判例法报告,以及最高法院和上诉法院按时间和主题分类的、带有介绍性按语的主要判决。判例法大获认可后又出现新的出版物。共和历九年(1801 年)创刊的《法院杂志》(*Journal du Palais*)是其中的代表,它在 1865 年与《西雷汇编》(*le Sirey*)合并。西雷①(Jean-Baptiste Sirey,1762—1845)和德西雷·达洛兹②(Désiré Dalloz,1795—1869)也开始出版他们的判例汇编。这些出版物整理在按字母顺序排列的西雷和达洛兹的编目里。它们不仅提供了越来越丰富的、经过筛选的判例法知识,而且因判决中一般留有匿名主编所作的注释,判例分析方法得以逐步发展。

---

① 西雷从共和历十年(1802 年)到 1808 年的一段时间里与德内维尔(Denevers)合作,1831 年后由德维尔纳夫(Devilleneuve)和卡雷特(Carette)管理。

② 达洛兹自 1822 年起与德内维尔合编期刊《最高法院审判日报》(*Journal des audiences de la Cour de cassation*),1825 年担任《王国判例集》(*Jurisprudence générale du royaume*)的主编。

19世纪上半叶,越来越多的法学期刊开始刊登与判例相关的文章。其中最著名的有:1819年至1826年的《忒弥斯》(La Thémis)(特别是达洛兹有关判例法现状的文章)、1833年至1843年的《外国立法与政治经济学评论》(Revue étrangère de législation et d'économie politique,亦称为 Revue Felix)、1834年至1852年的《立法与判例评论》(Revue de législation et de jurisprudence,亦称为 Revue Wolowski),以及1851创刊的《民法判例批判评论》(Revue critique de jurisprudence en matière civile)。1853年,《立法与判例评论》与《民法判例批判评论》合并为《立法与判例批判评论》(Revue critique de législation et de jurisprudence)。这些期刊从学说角度探讨判例,把法学理论与判决实务相比较。不过,判决内容只是作为参考文献出现,并没有全文转载。1850年后,法学教授开始撰写判例评注,试图从判例中总结抽象的原则,罗马法教授拉贝(Joseph Émile Labbé,1823—1894)便是其中一员,他从1859年起成为判例评注的领军人物。

在判例之价值与效力上,法学教师和法官的立场截然不同,但判例评注背后却是他们的和解。学者们很快意识到了判例法越来越明显的重要性。关注判例的人不仅有梅兰(Philippe-Antoine Merlin de Douai,1754—1838)这样的实践家(他在1830年转载了居约[Joseph-Nicolas Guyot,1728—1816]关于判决作用的文章),还有像拉索尔(François Lassaulx,1781—1828)、德尔万古、图利耶、迪朗东(Alexandre Duranton,1783—1866)和瓦莱特这样的教师,他们也毫不犹豫地在其作品或课程中援引判例。而拉索尔早在1812年就把判例称作"真正意义上的法学名家",足以见得判例运用的起源之早。不过判例的作用十分有限,通常只是作为参考文献之一以说明或支持某一理论观点。此外,包括迪潘和特洛隆等实践家在内的许多作者都提醒读者,不要像那些外行一样,误以为判例可以作为可靠的权威。他们解释说,判决主要源于对事实的界定,不一定真的有助于问题的解决,也不应凌驾于立法的文字或法律原则的力量之上。因此,在很大一部分学者眼中,判例没有超越法律,依然是"法律的仆人"。

然而与此同时,也有人主张要尽可能广泛地使用判例法,认为判例的创造性将发挥极大的作用。例如,达洛兹兄弟的每篇文章都坚持判例法"贡献了真正实用的法律知识"这一观点。在他们看来,判例法"表达社会需求",应成为立法者的指路明灯。又如 1837 年,勒德律-洛兰(Alexandre Auguste Ledru-Rollin, 1807—1874)在《法院杂志》的第三期的序言中写道:判例不仅仅是"法律的注释和补充",还有"取代它"的威力。1843 年卡邦图也在第戎法学院开设了教授判例的课程。尽管有很多人不愿承认,但判例应当填补法律的空白并根据社会需要灵活运用法律的观念逐渐深入人心,而这也正是 1880 年拉贝所追求的。

二、对《法国民法典》的评注

29 最初的探索

紧接着《法国民法典》之后出版的法律作品没有详细地评注法典,而是结合立法起草文件和以前的法律,通过简单的分析来理解它,使其为人所知。在 1804 年到 1805 年,还没来得及适应新法典的学者们首先出版了《法国民法典》"入门书籍"。如科泰勒(Cotelle)的《民法教科书》(*Méthode du droit civil*)和佩罗(Jean-André Perreau, 1749—1813)的《民法总论》(*Principes généraux du droit civil*)。之后从 1805 年开始,有两位参与民法典起草工作的法学家出版了一些附有个人看法的作品。一位是资政院秘书长洛克雷,他在六卷本的《〈拿破仑法典〉的精神》

(*Esprit du Code* Napoléon)里通过对比立法讨论中出现的各种解决方案来阐述《民法典》第一编的规定。洛克雷从未停止过对《拿破仑法典》的赞美,在他看来,《拿破仑法典》是"回归秩序、回归理性、回归真正伟大自由的思想"。另一位是马勒维尔,其四卷本的《〈拿破仑法典〉的精神》出版后,认为评注会破坏民法典的拿破仑甚至都不得不承认"我的法典输了"。然而,尽管书名如此,这部作品其实并没有非常细致地展示资政院的立法辩论,没有明确发言者的姓名以及时间顺序,而且马勒维尔在书中主要捍卫了自己的观点:反对离婚,反对婚生子女和非婚生子女的平等,同时反对收养后者的行为,以及赞成加强父权。

梅兰·德·杜艾(Merlin de Douai)的作品则坚持完全不同的理念,这一理念在第一帝国时期发展起来,一直延续到1838年作者去世。梅兰之前是佛兰德斯巴列门的律师,深度参与了大革命期间制宪会议关于封建权利规定的起草,还是共和历四年(1796年)雾月《刑法典》(*Code des délits et des peines*)的作者,参加了国民公会,享有作为法律技术专家的极高声望。其于1793年任《嫌疑犯法令》(loi des suspects)的报告员,1797年至1798年任行政委员会的成员和主席,政治生涯中树敌无数,这可能解释了为什么拿破仑不让他参与《法国民法典》的起草。第一执政(即拿破仑)想先任命他为最高法院的代理检察长,然后是总检察长,这让他在1815年前给法院判例的发展带来了决定性的影响。1815年至1830年,梅兰因弑君罪遭到流放。但与此同时,他积极更新再版居约的《判例汇编》(*Répertoire de jurisprudence*,1784—1785):1807年至1808年和1827年至1828年两个阶段再版三次。① 从1803年到1830年,他还出版了

---

① 1807年至1808年,第3版(部分出版),1812年至1825年第4版,1827年至1828年第5版。

四个版本的《法学问题集解》(Recueil alphabétique des questions de droit)。

梅兰的思想很难把握,因为在数百篇按字母顺序排列的文章里,与罗马法、习惯法和判例法相比,评注只占了很小一部分。而且这位优秀的辩证法专家更喜欢收集论据(包括他所反对的),而不是讨论原则。他并不直截了当地给出自己的观点,通常是模棱两可的。对于女性、非婚生子女和犹太人的权利,梅兰则更像一个保守派,比如他认为女性不享有亲权。如果说他的作品大多在回顾法学历史,那他的研究方法则或预示着未来的趋势。

30　首批民法典课程

第一批开设民法典课程的教师一度被视为探索民法教义学的先驱者,但同时他们的评论可能因缺乏理论深度或判例支撑而流于表面。其中,自诩为"研究民法教义学第一人"的德尔万古在旧制度时期接受了传统法学教育,于1790年通过教师资格考试,1805年开始在巴黎法律学校教民法典。这位坚定的保皇党派在复辟时期是一个独裁的法学院院长。同大多数法国法教授一样,他也评论《法国民法典》,在第一部作品《法国民法阶梯》(Institutes de droit civil français, 1808)中简单解释了《法国民法典》的条文。书的页边空白处附上了法典原文,但没有严格遵守顺序。他还专门讨论了许多争议和判例的注释,后者可能是这部简短枯燥的作品中唯一吸引人的部分。之后分别于1808、1813、1824年分卷出版的《民法讲义》(Cours de droit civil)则进一步发展了他的观点。

德尔万古几乎只是重述民法典,尽管引用过一些罗马法的内容,但作品中介绍历史的篇幅还是很少,其文献主要来源于旧制度的法国法学家,如多玛(Jean Domat, 1625—1696)、夏尔·勒·布兰(Charles Le Brun, 1619—1690)、里卡尔(Jean-Marie Ricard, 1622—1678),还有他特别偏爱的波蒂埃。在所有权等问题上，他不承认自然法的存在，对此几乎不加讨论，也不怎么援引现代自然法学派的理论。他有时为自己的个人立场辩护，比如他认为对已婚妇女的民事能力限制并不是基于妇女的智力缺陷，非婚生子女既是"罪恶的结果"但也是"不幸的孩子"。为避免未被认领的孩子接受过多赠与，德尔万古放弃了关于非婚生恶行的论点，支持确认亲子关系。不过他赞成废除收养，也反对收养非婚生子女。从其种种相互矛盾的主张中可以看出，这位严厉的院长既没有无条件支持《法国民法典》，也算不上是传统主义者。1812 年出版的《〈拿破仑法典〉导论》(*Introduction à l'étude du Code Napoléon*) 也是一部不得不提的民法典评注作品，它由拿破仑统治时期德国科布伦茨法学院院长拉索尔基于一门德语课程所著。这部作品罗列了民法典的各种法律渊源，带有浓重的历史色彩，彰显了民法典极强的独立性。

31　外省法学院院长：图利耶和蒲鲁东

民法典的早期重要著作出于图利耶和蒲鲁东之手，这两位分别是雷恩和第戎法学院的院长，大革命之前便开始了他们的职业生涯，民法典颁布时他们已年过五旬。从旧文化过渡到新文化的他们善于突出新旧法之间的联系。尽管保持书信来往的两人有许多相似之处，但他们有着不同的研究方法和目标。

图利耶在 1778 年已经通过了雷恩的法律职业资格考试。这位大革命时期的温和派曾在雷恩和多尔担任过行政和司法职务，保护过一位拒绝宣誓效忠于《教士组织法》的教士，督政府时期因其为保皇派辩护而登上人质名单。雷恩法学院成立后，他成为该校的民法教授，并于 1812 年出任院长。他并没有因为行政职务而完全屈服于帝国当局，不过他也不得不接受拿破仑的审查制度。他支持复辟、拥护1814年《宪章》,反对白色恐怖,因此在1816年至1830年期间被停职。历经各种政权的统治,图利耶依然坚持自己的原则,可以说是启蒙时代那些捍卫个人自由之人的典范。

1811年图利耶开始出版《〈民法典〉顺序的法国民法教科书》(*Le Droit français suivant l'ordre du Code*)。该作品在其生前已再版四次,出版了十四卷,在其去世后由第二帝国时期出色的"自由派"律师迪韦吉耶续写(1830年至1843年和1845年至1847年两个版本)。① 该书最终没有完成,但在体量上史无前例,使得图利耶名声大噪。不过,这一成功并没有让他陷入与《忒弥斯》编辑者的论战中。图利耶似乎深受旧法和自然法的影响:在他有限的引文中经常出现法学家格劳修斯、普芬道夫、沃尔夫、海内克丘斯(Johann Gottlieb Heineccius,1681—1741)以及弗格森(Adam Ferguson,1723—1816)和孟德斯鸠,文中显而易见的是罗马法、习惯法,甚至旧制度的判例。然而,不管是旧法的规则还是时常引用的新判例,他都只是将其作为论据以简短地说明制度的历史发展。他在研究方法上并没有一以贯之的立场:他相信自然人权的存在,但不说明民事身份的来源;他认真遵循《法国民法典》,同时又承认习惯法的作用并留给法官很大的自由裁量权。

尽管图利耶因为观点的模糊和不连贯备受指摘,但他的一些分析极具创新意义。首先,他敢于把政治和民法联系起来,坚持自由、平等和国家主权思想,并相对自由地解读了1814年《宪章》。他支持《法国民法典》关于家庭的"明智规定",在离婚问题上非常谨慎。他认为乱伦

---

① 迪韦吉耶在1855年担任国务委员,1869年至1870年任司法部长,1870年成为参议员。

所生子女可以准正,但反对收养非婚生子女。(准正是指已出生的非婚生子女因生父母结婚或司法宣告取得婚生子女资格的制度。——译者注)他也认同《法国民法典》的起草者关于永久所有权和债务都来自实证法而非自然法的观点。然而,图利耶并不觉得《法国民法典》是完美的,他批评了其中关于继承权的条款。他赞成人寿保险,以及有利于已婚妇女的默示代理,并且长篇论述了民事责任法,因为这些可以满足现实的需要。可见,得益于旧法影响,他所持有的法学理念让他不再局限于对《法国民法典》的注释工作。

蒲鲁东则与图利耶很不一样。在大革命期间,同样接受了旧法教育的他担任了各种职务,包括在中央理工学校担任立法教授,却也同时坚定维护自己的宗教信仰。在1815年至1818年期间,他因是拿破仑的崇拜者而失去了第戎的院长职务。与图利耶不同的是,他的专著《身份法论》(Traité de l'état des personnes,1809)、《用益物权论》(Traité des droits d'usufruit, d'usage et de superficie,1823—1827)以及《物权法论》(Traité du domaine de propriété,1839)都有着独立性和针对性。① 蒲鲁东很像一个严谨的"逻辑学家",他的研究紧密结合民法典条文,不脱离文本。"必须在法典文本中研究民法典",他如是写道。在他研究新法时,判例法还未发展起来,他拒绝"通过援引罗马法或习惯法"来评论《法国民法典》,因为那将损害这部"不朽之作"的统一性。因此,后人视其为早期坚守解经法学的学者之一。不过这并不影响他在善邻义务等问题上继续忠实于旧法精神,重视法官的作用。他主张以身份占有(possession d'état)作为确认非婚生母子关系的证据,而且也支持对非婚生子女的收养,这多少体现了他对法律解释的灵活性。

---

① 此外还有《公共领域法论》(Traité du domaine public,1833)。

32 巴黎法学院

迪朗东紧随图利耶的脚步,成为完成全面评注《法国民法典》的第一人,从此这位巴黎教授开始探寻清晰且具有教学性的民法研究之路。1820 年至 1856 年在巴黎担任教授的迪朗东将自己的职业生涯甚至生命都献给了鸿篇巨制《根据〈法国民法典〉讲授的法国法》(*Cours de droit français suivant le Code civil*)之中。本书共 22 卷,从 1825 年开始出版。他努力为每一个待解释的问题寻找便于学生理解的合适的解决方案。一直受到罗马法滋养的迪朗东对历史和哲学发展并不感兴趣,他对罗马法的历史有很多误解,也很不了解法国古代法。对他来说,立法就是"我们法学的主要内容",他的许多论证都建立在对立法者所使用的术语之分析上。不过他承认习惯法和判例法有一定作用,认为立法会过时,并且应该修改不公正的立法。有时他甚至会关注某些特殊群体如文盲妇女的现状。迪朗东用他的研究方法使《法国民法典》中关于非婚生子女最严格的规定变得更为柔和,他支持立法者关于父权和债法的决定。对于他所涉及的为数不多的哲学问题之一——所有权的来源和限制,他的立场也非常明晰。虽然迪朗东因其清晰的思路受到称赞,但他并没有创新。另一名学者德芒特也是如此。1821 年到 1856 年,德芒特在巴黎法学院担任教授。他为《忒弥斯》供稿,而后出版了 3 卷本的《〈法国民法典〉分析讲义》(*Cours analytique de droit civil*,1849)。后由科尔梅·德·桑泰尔(Colmet de Santerre,1821—1903)另外撰写了 6 卷。书中很少涉及历史,且几乎没有对民法典的批评。德芒特与迪朗东一样,十分慎重地解释法律和理解立法者意图。

继迪朗东和德芒特之后出现了奥古斯特·瓦莱特。这位迪朗东的崇拜者年纪轻轻就成为代课教授(1833 年),四年后转正,在巴黎法学院任教 40 多年。他热衷于在教学中结合最新的判例,深受学生喜爱。第二共和国时期,这位自由主义者还积极参与政治生活,谴责对 1848 年 6 月暴动者的武力镇压,是制宪议会和立法议会的温和派代表。出于对 1851 年 12 月 2 日政变的抵制,瓦莱特曾指出自己在复职之前理应先被逮捕,可见他极度维护法制。他发表了许多文章,常常斥责其同时代的人,但最后并没有成为《法国民法典》的评论大师。他留下的作品并不完整:对蒲鲁东课程的评注(1842)、精简到一卷的《抵押法论》(*Traité des hypothèques*, 1846)以及一卷关于人和一卷关于所有权的《〈法国民法典〉讲义》(*Cours de Code civil*)。他在作品中为正统思想之外的一些立场辩护,如很少有人支持德莫隆布关于身份占有作为亲子关系证明的观点,而他就是其中之一。此外,他还在口头教学中极力反对"法律教条主义"。

33 折中派法官特洛隆

1833 年,特洛隆出版了一部对《法国民法典》优先权与抵押权章的评注,开启了他的学术研究生涯。他延续图利耶的学说,在很多方面创新了思想。首先,他的职业生涯与民法教授的极为不同。自学成才的特洛隆默默从安德尔省的各办事处干起,于 1819 年进入法院系统,在科西嘉省检察机关工作。之后他在南锡任代理检察长时表现出色,七月王朝时期迅速晋升:1832 年任南锡法院的总检察长,1835 年成为最高法院法官,1846 年入选贵族院。随后,这名把拿破仑三世捧为"有组织的民主之化身"的法官对领袖坚定不移的支持得到了回报。总统亲自任命他为巴黎上诉法院院长。他参与制定了 1852 年《宪法》并进入了参议院,任职期汇报了大量关于建立帝国的参议院意见。此外,他在几乎整个第二帝国时期(1852—1869)都是最高法院的院长。从小法官升至最高司法机构的院长,他对法学理论的热忱始终未变。他在《立法与判例评论》上发表了多篇文章,并持续发表关于《法国民法典》第三编的论文,主题涉及买卖(1834)、时效(1835)、交易和租赁(1840)、合伙(1843)、借贷(1845),在研究了存款、委托、担保、民事拘留和质押之后又写了关于《民法典》第三编前几章主题的论文如婚姻契约(1850),最后是捐赠和遗嘱(1855)。就在1848年革命之后,他还专门撰写了一部捍卫财产权的作品,并开始致力于论证《法国民法典》的"民主精神"。①

其次,特洛隆的原创性在于他的研究方法和法学理念。他像《忒弥斯》精神的早期传承者,总是非常仔细地阐释罗马法、古老的法国法(甚至东方法),哪怕他本人在这一领域的研究很薄弱。他将法律文本视为"方向标",通过长篇论述并结合政治经济层面的考量,以期超越注释学、走向哲学的"自然真理",但他依然坚持实在法优先于自然法。因此,他对《法国民法典》的评判与众不同:他称赞其"极为简洁",有"哲学上的完美",并赋予其"灵性""基督教"和"自由主义"的意义。但他否认自己是《法国民法典》的"盲目崇拜者",又经常强调法典文本存在"巨大的缺陷"。特洛隆的矛盾之处不限于此。他重视法官的作用却又质疑判例法,认为判例是"集真理和错误于一体的仓库",存在很大的风险。这位积极的"自由主义者"很重视当事人的意愿、财产所有者和遗嘱人的自由,却不反对国家干预,对商法的发展持保守谨慎的态度。

最后,在实际问题上,特洛隆常有独特的见解:作为夫产制的反对者,他肯定丈夫在夫产方面的权利,称其为"一种所有权";在赞成财产平均分配的同时,他又支持可(通过遗嘱)处分部分和特留份合并继承;他还毫不犹豫地声称农民对土地享有物权,这种权利由第三方实行,且租

---

① «Revue de législation et de jurisprudence», t. XXXII, p. 128 et s. 作者在文中反对离婚制度。

赁并不会导致所有权的分割(这是他最有预见性的矛盾之处)。与特洛隆同时代之人强烈指责他是在"打着法律研究的幌子写小说",嘲笑他的姓氏已经预示着他思想滞后(Troplong 在法语中可以拆成 Trop long,即"过于缓慢"。——译者注),但特洛隆仍是民法典评论家中最具想象力的人之一。在他的作品中,人们可以看到从七月王朝到第二帝国时期,《法国民法典》是如何逐步美化,法典的解释又是如何变得越来越自由主义的。

34 奥布里和劳的研究方法

奥布里(Charles Aubry,1811—1877)和劳(Charles-Frédéric Rau,1803—1877)的职业生涯十分相似,许多人认为他们合著的《法国民法讲义》(Cours de droit civil français)是19世纪"法国科学的杰作"。他们分别于1833和1841年开始在斯特拉斯堡任教。在德意志帝国吞并阿尔萨斯后,他们又分别于1870年和1873年前往最高法院任职。1851年至1870年担任斯特拉斯堡法学院院长的奥布里是一位理论研究者,而拥有长期律师经验的劳则对判例法研究更感兴趣。1839年二人联合出版了作品的第一卷。最初,他们一起翻译海德堡教授察哈里埃(Karl Salomo Zachariæ,1769—1843)的《法国民法典》德语教科书第4版(1808年第1版)。经过察哈里埃的授权,奥布里和劳对原作进行了一些修改,并在各卷和各版本中给出了许多个人看法。[①] 他们遵循了察哈里埃教科书原作的顺序而非《法国民法典》的顺序,这与翻译察哈里埃的其他法语译者做法不同。受这部德国作品中历史、哲学、潘德克顿法学和理想主义色彩的影响,奥布里和劳真正革新了阐述《法国民法典》的方式。他们不再逐条展示《法国民法典》的文本,而是试图综合"解经

---

① 人们通常引用1869年至1879年的第4版。

学"和"教义学"的方法,建立一套科学的逻辑体系。同时,他们将严谨、逻辑性强的法条文本与大量的判例评注及讨论意见联系起来,以期实现理论与实践的结合。

这种方法符合法国"实证主义"。奥布里院长在1857年的一次演讲中说道:"教授的使命"在于"反对任何倾向于用其他意志代替立法者意志的革新"。他希望大家意识到,"法律原则会得到广泛应用,由其产生的后果会不断发展,但法律无论在其精神还是文字上都只是法律"。因此,奥布里和劳更愿意对法律文本进行语法解释,而不是透过立法者的意图来确定法的精神。在他们看来,通常所谓"哲学法"的自然法是一个抽象概念,无法影响源于每个民族的集体意识的实在法。这一想法接近萨维尼的观点。然而,奥布里和劳并不是历史学方法的信徒,他们对制度起源的叙述十分简短,也只是把罗马法和旧法视为研究工具。此外,他们没有故步自封:他们认为判例应推动法律科学的进步,弥补法律的缺陷,"持续维护"法律原则并引导其发展。

在法律的实质内容方面,奥布里和劳支持莱茵河彼岸的德国的一些创新观点。他们基于唯心主义和个人主义的财产概念(所有权"至高无上"),为法国法律引入了著名财产理论(théorie du patrimoine),即"所有权是与生俱来的、人所固有的"。在家庭法方面,他们的观点并不独特,甚至有些保守。他们追随察哈里埃,支持父权以及对非婚生子女的父子关系承认(包括强奸),并主张奸生子女无权接受赠与。奥布里和劳从自由主义角度解释了《法国民法典》中的主观权利,但并不支持立法改革。

35 德莫隆布:"解经学王子"?

夏尔·德莫隆布在《法国民法典》颁布的同年出生,于1888年去世,留下了未完成的作品——已出版了31卷的《〈民法典〉讲义》(*Cours* de Code civil)。人们称他为最杰出的"解经者"。他是有名的顾问律师,在卡昂法学院教授民法50多年(第二帝国时期曾任院长),拒绝了巴黎法学院(1853年)和最高法院(1862年为法官,1878年为总检察长)的任命。他为1845年开始出版、先后再版五次《〈民法典〉讲义》倾注了毕生心血,还留下了许多文章和法律意见。他也很关注法律实践,参与创立了《立法与判例批判评论》。

与奥布里和劳一样,德莫隆布希望脱离"评注和论文之间、解经方法和教条方法之间的古老争论"。关于法律渊源,他秉持折中主义。一方面,他质疑至上的自然权利,将"文本优先于一切"作为信条,以解释"《拿破仑法典》本身,将其视为活生生的、可以适用也必须适用的法律"为己任。另一方面,他始终希望法律可以直面事实,"留心社会习俗和需求"。因此,他坚持以"法律文本优先"为原则来对《法国民法典》进行解经式评注,同时也调用法律的一般原则,诉诸历史方法,视判例法为"立法中充满活力乃至戏剧化的一部分",甚至有时还在同居等问题上援引社会学的研究。他的原创性主要体现在论述风格上。人们赞扬他引人入胜的抒情风格,但也批评他缺乏科学严谨性。对每个备受争议的主题,他都会列举大量的例子展开辩护,比较论点和论据,在总结个人立场前让读者自证。

德莫隆布的观点十分明确,有时也令人惊讶。他是所有权的忠实捍卫者,反对"可怕的共产主义"和权利滥用,认为妇女存在与生俱来的弱势,主张建立基础牢固的父权,因而他赞同1804年在财产取得上平衡有权保留和处分部分的做法。他从不掩饰自己对《法国民法典》的热情,尊其为"法国市民生活的宪法",但也多次承认《法国民法典》的解决方案不是十分明确。一方面,他大胆承认身份占有在亲子关系证明中的合法性(从1834年开始),承认对通奸或乱伦所生子女的赠与的有效性以及婚后不到180天内出生的子女的法律地位;另一方面,他又坚决反对收养非婚生子女和亲子关系的确认,并以捍卫婚姻的名义反对恢复离婚制度。他又像诺曼底人一直以来的那样支持夫产制,认为父权的滥用因司法权得到补救。从这些主张来看,这位"解经学王子"似乎名不副实。

36 少数游走于理论和实践之间的"解经者"

奥布里、劳和德莫隆布的巨著在19世纪40年代留下了印迹,此时的法学研究者们除了出版法典评注之外,还更具野心地寻求理论与实践的结合。托利耶(Frédéric-Marc-Joseph Taulier,1806—1861)便是其中一员,他在教学中融入了自己的律师经历和任格勒诺布尔市长的工作经历(1845—1848,1849—1851)。他在7卷本的《〈民法典〉要论》(Théorie raisonnée du Code civil,1840—1848)中强调"理性的方法",初看起来像是不折不扣的法典注释。托利耶刻意忽视罗马法和古代法,质疑判例法"随意干预"立法,希望展示出法律"现时的个性"。他承认法律史的作用,但这仅仅是因为他赞成学科的专业化。[①] 此外,在所有权保护方面,他采用自然法的观念来反击对立学说,并选择他认为有利于"家庭荣誉"的解决方案。

在律师群体中,维克托·马尔卡代(Victor Marcadé,1810—1854)因其独立精神和源于自由主义天主教的坚定信念而脱颖而出。44岁便英年早逝的他留下了一部1842年出版的、没有完成的《法国民法典》评注。该书在其逝世后再版了很多次,由保罗·蓬(Paul Pont,1808—1888)续作。马尔卡代同样也是一心只研究《法国民法典》的解释,不考

[①] «Revue de législation et de jurisprudence», 1838—1837, L VII, p. 463-479.

虑如历史发展此类的哲学问题,在注释中很少援引前人观点或是判例法。他是 1851 年《民法判例批判评论》的创始人之一,坚信民法不应该一成不变。他毫不犹豫地批评了《法国民法典》的某些方面,特别是编纂者对债法的规定以及奁产制的沿用,其抨击之猛烈程度让许多法学家震惊。他也和同时代大多数一样,捍卫所有权与契约自由,但对待家庭法问题则要谨慎得多。

另一位律师弗雷德里克·穆尔隆(Frédéric Mourlon, 1811—1866)从 1846 年开始出版的 3 卷本《〈民法典〉释义》(*Répétitions écrites sur le Code civil*)大获成功,再版了很多次,在 1884 年第 12 次重印。德莫隆布称这位未能跻身法学大师之列的作者为"可敬的辅导教师"。他推崇法律实证主义,重视法官和实践需求在法律中的作用。他曾写过"一个好的法官懂得法律之理性要优先于个人理性",但他并没有忽视判例法,且于 1856 年创办了《法国法实践评论》(*Revue pratique de droit français*)。在穆尔隆逝世后的三年,根特大学的教授、比利时人洛朗(François Laurent, 1810—1887)出版了《法国民法总论》(*Principes du droit civil français*)。该书体量宏大,多达 33 卷,很好地说明了训诂学方法可能带来的问题。一方面,洛朗认为法律是固定的,"形成文字",是"写在纸上"的;另一方面,他在 1879 到 1884 年《法国民法典》修订草案中又提出了一系列的改革。至此,法学家"解经"的时代已接近尾声。

三、对《法国民法典》的批判

37 萨维尼的影响力与《忒弥斯》

对《法国民法典》的系统批判起源于德国。1814 年,来自汉诺威的反革命理论家雷贝格(August Wilhelm Rehberg, 1757—1836)全面抨击了拿破仑的法典编纂工作。同年,曾因《论占有》一文而声名鹊起的柏林大学教授萨维尼(Friedrich Carl von Savigny, 1779—1861)又刊行了著名的《论立法和法学的当代使命》(Vom Beruf unsrer Zeil für Gesetzgebung und Rechtswissenschaft)。与力主法典化的同事蒂鲍(Anton Friedrich Justus Thibaut, 1772—1840)相反,萨维尼认为法律是特定的民族文化的历史表现。在他看来,法律和语言、道德一样,是民族精神的产物(*Volksgeist*)。在这种萨维尼称之为"政治性"的非理性和习惯性元素之中,有必要融入"技术性"元素,即代表人民的法学家的思维。萨维尼写道:"法学科学无非是法律的历史",不同时代的法律处于不同的发展阶段,法典化则是学说长期发展的必然结果。他认为德国尚不具备制定法典的条件,而法国法学家对罗马法知之甚少,还仓促起草了存在大量不足的《拿破仑法典》。

　　萨维尼对法国法典的批判带有强烈的民族主义色彩,此外,他自称为历史法学派的领袖,该学派从古斯塔夫·胡戈(Gustave Hugo, 1764—1844)开始,逐点反对自然法学派的观点。莱茵河彼岸的这些文章很快便在法国广为人知,与之相伴的还有热朗多(Joseph-Marie de Gérando, 1772—1842)和圣马克·吉拉尔丹(Saint-Marc Girardin, 1801—1873)等日耳曼法学家对德国历史主义和哲学的宣传。阿塔纳斯·茹尔当是历史学派思想在法国的主要传播者,于1819年与布隆多、杜弗拉耶(François Dufrayer)一起创办了《法国民法典》问世后第一大法学期刊《忒弥斯》。他是一名中立的国民公会代表的儿子,1813年取得法律博士学位但没能在巴黎法学院任教,35岁便过早逝世,留下了未完成的作品。热爱罗马法的他致力于研究盖尤斯手稿和梵蒂冈残片(Fragments du Vatican),希望发现《查士丁尼法典》之前的罗马法的历史。他还研究自然法理论家和康德(Emmanuel Kant, 1724—1804),转向法律哲学、判例法和比较法。与萨维尼的观点不同,茹尔当在原则上并不反对法典化,只认为《法国民法典》有其缺陷,算不上"法律的起点或终点"。他认为不应将民法与公法分离,主张协调《法国民法典》和 1814 年《宪章》的原则。

从 1819 年到 1826 年,再勉强算上之后瓦尔安科尼格(Léopold Auguste Warnkœnig, 1794—1866)任主编的五年,《忒弥斯》始终重视历史方法,它聚集了一大批年轻的法学家,如迪·科鲁瓦、达洛兹、马卡雷尔(Louis-Antoine Macarel, 1790—1851),刊发的文章几乎涵盖了法律科学的所有领域:民法学说、判例法、行政法、比较法等等。该期刊受到萨维尼的称赞,是批判民法典的先锋。但传统者极力抵制新思想,直接造成了《忒弥斯》的消亡和一些撰稿人立场正统化的转变。1827 年,欧仁·莱米尼耶(Eugène Lerminier, 1803—1857)发表了关于萨维尼的论文,使得萨维尼的思想继续影响着法国法学家。莱米尼耶著有《法史学导论》(*Introduction générale à l'histoire du droit*, 1829),他于 1831 年成为法兰西公学比较立法的哲学史教授。他反对历史学派的保守观点,积极宣传德国思想。他将法典视为"历史、体系",主张修订法典。可见,比起萨维尼对《法国民法典》批评观点,他的方法在法国学者中更具影响力。

38 历史方法的支持者

除了活跃在迪潘讥讽为"试图将日耳曼主义引入法国的异端组织"的《忒弥斯》的学者,还有许多法学家相信历史方法是一种超越民法典注释性研究的手段。随着 1822 年国立文献学院(École de chartes)的建立以及奥古斯丁·蒂埃里(Augustin Thierry, 1795—1856)、基佐

(François Guizot，1787—1874)和米什莱(Jules Michelet，1798—1874)的作品的影响,法国历史科学经历了重大变革,法律史为他们提供了理解法律与社会现象之间关系的适当方法。于是便有人试图在对文本的历史批判中,重振罗马法教学。在这一领域,如果说老迪潘的作品还属于入门级研究,那么后续作者则标志着罗马法史研究的长足进展,他们包括迪·科鲁瓦、翻译优士丁尼《法学阶梯》并常常阅读盖尤斯的布隆多、在1821年出版了《罗马法史》(Histoire du droit romain)的贝利亚-圣-普利(Jacques Berriat-Saint-Prix，1769—1845)、在1835年出版《罗马立法史》(Histoire de la législation romaine)的奥尔托兰(Joseph Ortolan，1802—1873)、迪富尔(Dufour)、吉罗(Giraud)、佩拉(Pellat)以及保罗·吉德(Paul Gide，1832—1880)。这些作者大多支持法典编纂,试图通过研究发现来推动人们更好地理解现代民法。

法国第一批法律史学家更具创新性。亨利·克林姆拉特是该学科的奠基者,尽管他的职业生涯十分短暂,1833年获得斯特拉斯堡法律博士学位的他只开设了一门任选课。作为萨维尼的崇拜者,他在论文中断言:日耳曼法律是"法国法律的本源"。他坚持研究风俗,详细记载了旧制度的法国风俗习惯。他指出了《法国民法典》的不足,但并不质疑法典,认为它是"时间的产物"。在他看来,"只有建立在历史的基础上,才能发展出更广泛、更可靠、更科学的解经学"。否则,缺乏公正性的法律将沦为任意的专制。著有《法国法史》(Histoire du droit français)的拉费里埃(Louis-Firmin-Julien Laferrière，1798—1861)和莱米尼耶在法兰西公学的继任者拉布莱(Édouard René de Laboulaye，1811—1883)也持有类似的观点,于是在1855年,他们共同创办了《法国与外国法史学评论》(Revue historique de droit français et étranger)。此外,期刊《达洛兹汇编》(Répertoire Dalloz)不断发展,1851年法国立法研究院(l'Académie de législation)在图卢兹成立……种种迹象都表明,这一时期法学家对法律史兴趣浓厚。然而在 1880 年以前,法学院对历史主义依然怀有极强的不信任感,除了第二帝国时期图卢兹法学院等少数例外,法学院始终没有重视法史学。在比弗努瓦(Claude Bufnoir, 1832—1898)的主持下,比较法协会(Société de législation comparée)成立于 1869 年。《法国民法典》的评注者们依然会选择理性主义和教条主义的方法,而非诉诸历史或比较法。

39 反动派对《法国民法典》的批判

自柏克(Edmund Burke, 1729—1797)以后,反革命者常常从历史的角度出发批判《法国民法典》。1801 年,移居伦敦的蒙洛西耶(Montlosier)出版了《对〈法国民法典〉草案的观察》(*Observations sur le projet de Code civil*)。他曲解了法典编纂者的想法,在只读完波塔利斯的演讲后就表达了作为极端保皇派对《法国民法典》的不满。博纳尔德(Louis Gabriel Ambroise de Bonald, 1754—1840)则强调建立在父权和长子继承权基础上的家庭的作用。① 然而,在复辟时期,这股反动潮流并没有得到任何法律理论家的支持。克雷斯蒂安-德-波利法官(Jean-Prosper Chrestien-de-Poly, 1769—1851)在《论家父权》(*Essai sur la puissance paternelle*, 1820)一文中激烈抨击了《法国民法典》,不过他只是希望法典能够加强父权,主张将成年年龄提高至 25 岁、恢复剥夺继承权(exhérédation)、强化父亲对子女的惩戒权。

然而具有讽刺意味的是,反倒是在小说家奥诺雷·德·巴尔扎克(Honoré de Balzac, 1799—1850)的作品中散落着对"波拿巴先生那无

---

① 在 1801 年的《论离婚》(*Du divorce*)中,他承认《法国民法典》可能在重构一种"家庭权力"。

耻的民法典"之更大范围的批判。巴尔扎克在做律师的两年里(1816—1818)掌握了一些法律知识,再加上对媒体报道的积累,他在小说中提到了许多法律问题,如继承(《邦斯舅舅》[Le cousin Pons])、非婚生子女(《于絮尔·弥罗埃》[Ursule Mirouët])、高利贷(《高布赛克》[Gobseck])、失踪(《夏倍上校》[Le Colonel Chabert])、破产(《赛查·皮罗多盛衰记》[César Birotteau])等。1831年后巴尔扎克成了一个拥护波旁王朝的正统派,他接受并发展了博纳尔德的主张,同时保持独立,接收其他思想潮流如圣西门主义。他在早期作品《论长子继承权》(Du droit d'aînesse, 1824)中就已公开反对"财产平分"。他在《乡村教士》(Le curé de village)和《农民》(Les paysans)中揭露了财产分割带来的危害,并将其归咎于《法国民法典》关于继承的规定,称简直是"法国的灾难"。对他来说,家庭依赖于父权,是"人类社会的基础"(《乡村医生》[Le médecin de campagne]),但《法国民法典》的个人主义与利己主义破坏了家庭的稳定性。他并不认为长子世袭财产(majorats)能有效阻止贵族家庭的毁灭(《婚约》[Le contrat de mariage])。巴尔扎克还抨击了《法国民法典》对女性的不公,指责法典编纂者将如女置于被监护地位,使之沦为"一种通过合同获得的财产",并在《两个新嫁娘》(Mémoires de deux jeunes mariées)中鼓吹违背自然法的马尔萨斯模型。不过,尽管他主张取消奁产制,给年轻女孩更多的自由,但并没有明确表示支持女权主义。

40 勒普莱与社会改革

19世纪下半叶,随着勒普莱作品的出版,保守派又开始了新一轮对《法国民法典》的批判,当然,这种批评声音出处在法学院之外。弗雷德里克·勒普莱是矿业大学的理工科专家和冶金学教授。最开始,发明了自动旋转闸门和观光船的他因工程师的身份出名。随后,他支持1848年革命,加入卢森堡委员会,参与创建国家行政学院。他归附于拿破仑三世,1855年成为国务委员,1867年当选为参议员,并担任1855年和1867年巴黎世界博览会的特派专员。此外,他还研究农民、手工业者和工人的生活条件和消费预算,撰写了大量关于法国乃至欧洲的普通家庭的地方志。在这些社会学调查的基础上,他发展了他的理论思想,创作了《欧洲工人》(Les ouvriers européens,1855)、《法国社会改革》(La réforme sociale en France,1864)和《家庭的组织》(L'organisation de la famille,1871)。

勒普莱也认为家庭是社会的基本要素,并划分出三种家庭组织类型:有可能压迫个人的父权制家庭,因个人主义而无组织、不稳定的家庭,已婚子女与其父母生活在一起的家族式家庭(中间模式)。其中,中间模式备受青睐,因为它保障了父亲作为社会秩序之主要代理人的权威。勒普莱认为,继承法对家族式家庭的存在产生威胁,同时《法国民法典》还在逐步废除革命法对家庭的规定。勒普莱强烈反对财产平分,要求扩大遗嘱自由权,他还乐观地认为这项改革得到了拿破仑三世的支持。作为保守派和天主教教徒,他支持"道德改革",同时他又与自由主义者如米歇尔·舍瓦利耶(Michel Chevalier,1806—1879)、沃洛夫斯基关系密切,于1856年和他们一起成立了社会经济协会。此外,勒普莱试图发展一种父爱主义的雇佣关系理论(théorie paternaliste du patronage)来推动社会和平。尽管人们会指责勒普莱的追随者,但勒普莱本人做出的贡献不容忽视,他在1881年创办的期刊《社会改革》于其逝世后依然有较大的影响力。他反对禁止亲子关系确认,对《法国民法典》中继承法及人法的很多方面有了新的批判,让许多法学家认识到了社会学方法的作用。

41 自由派对《法国民法典》的批判

随着自由主义思想深入人心,人们逐渐意识到《法国民法典》的专制性及其对经济的干预,于是对它展开了激烈的抨击。在复辟时期,大多数"自由派"法学家常常倾向于支持历史方法,他们坚信《法国民法典》可以与1814年《宪章》融为一体。七月王朝建立后,政治自由主义赢得了第一次胜利,经济自由主义者则愈发不满于《法国民法典》,呼吁法律要适应经济和社会的变化。但实际上,完全从自由主义立场出发真正提出修订《法国民法典》的法学家并不多,而佩莱格里诺·罗西是第一人。他是意大利移民,一开始在日内瓦定居,与当地的历史法学派来往密切,之后前往巴黎出任宪法学教授。1836年至1837年,他发表了《社会经济视角下对法国民法的观察》(Observations sur le droit civil français considéré dans ses rapports avec l'état économique de la société)。他承认《法国民法典》是"必然的""高度政治化"的结果,认为1804年以来经济的发展已经使民法无法适应社会现实。他的这种论断主要针对《法国民法典》中关于财产和合同的规定:在他看来,奁产制或监护人制度中对动产的保护不足,抵押制度缺失安全保障,民事拘禁缺乏效力,且法典中几乎没有关于保险、长期租赁契约和工业联合会的条款。总的来看,罗西只提出对《法国民法典》进行部分修订,可见其自由主义思想仍有些保守,掺杂着对资本吞并等问题的担忧。

近三十年后的1865年至1866年,在巴黎法学院开设政治经济学课程的行政法教授巴特比(Anselme Batbie,1828—1887)也提出了和罗西一样的主张。他也称《法国民法典》是政治和社会的成就,但认为它"过度规范化",其中很多条款违背了"个人权利的原则"。相比罗西,他列举了更多的法典中"无法尊重各方意愿的规定"。他主张放宽有息贷款以及对公司的限制,支持废除显失公平的合同和嫁妆制度。更难以想象的是,巴特比赞成民事拘禁和法定抵押,对民事婚姻的义务则缄口不言。他在继承问题上十分谨慎,认同法典中关于特留份遗产的规定,同时希望改革财产分配引入剥夺继承权。如果巴特比的提案通过,《法国民法典》将迎来一次彻底的修改,但事实是该提案就像 1873 年茹贝尔(Barthélemy Joubaire)发表的《论〈法国民法典〉的修订》(Essai sur la révision du Code civil)一样,无法代表所有自由主义者的声音。自由派的法学家和经济学家组成了政治经济协会,他们没有就民法和商法的修订达成一致意见,而是倾向于有限的改革以及重新解释民法典条款。然而,还没等他们实现自己的想法,对拿破仑立法的更为激进的批判就已经将其淹没了。

42 阿科拉斯与共和派对《法国民法典》的批判

复辟时期开始出现了一种具有"民主主义"色彩的对《法国民法典》的批判。这种声音主要源自为妇女和非婚生子女争取平等的圣西门(Henri de Saint-Simon, 1760—1825)的拥护者。然而,在七月王朝时期,共和党人只顾着彻底改变政治制度,相对忽视了民法的改革。只有那些反对自由个人主义的"社会主义"者对所有权和合同提出了新的设想。因此,第二共和国期间共和党中的温和派很少修改《法国民法典》,也就不奇怪了。

真正的共和制民法典范要等到第二帝国时期才出现,其建立在自由主义基础上,反对《法国民法典》专制。埃米尔·阿科拉斯(Émile Acollas, 1826—1891)则是一位为此献身的法学家。这位激进的共和主义者与法学院无缘,只能靠私人授课为生。更不幸的是,他因反对拿破仑三世入狱,后来又踏上了流放之路。在他的众多作品中,《民法教科书》(Manuel de droit civil à l'usage des étudiants)是最完整、最有教育意义的一部。该书名义上是"《拿破仑法典》的注释",实际上作者在书中挑战主流思想,通过对法条的细致研究,提出了一些关于民法的另类观点。巴黎公社任命他为法学院院长,但他选择留在瑞士,只在第三共和国建立后接受了监狱监察长职位。1891 年,这位自由主义思想家放弃了自己的生命。

谈到《法国民法典》,阿科拉斯总是直言不讳:它是"互不相干的文本随意拼凑",是"自由和专制的矛盾混合",它出自"粗俗的科西嘉强盗船长之手"。他不停地谴责法典的"反动精神",因为它是雾月 18 日政变的产物,因为它违背了 1793 年康巴塞雷斯草案中的平等精神。他愤怒的矛头不仅指向了法典编纂者,还指向了罗马法传统以及同时代法学家,尤其是特洛隆的"法律精神",不过他对德莫隆布或瓦莱特比较宽容。这位自由个人主义者深受巴斯蒂亚(Claude-Frédéric Bastiat, 1801—1850)和库尔塞勒-赛奈尔(Jean-Gustave Courcelle-Seneuil, 1813—1892)等经济学家的影响,始终不相信历史学派、判例法和实证主义者推崇的科学。他畏惧国家的控制,反对"社会法"概念,将自己的共和主义民法思想建立在"个人自治"的基础上。

因此,阿科拉斯支持离婚和已婚妇女的解放,捍卫"孩子的权利",特别是非婚生子女准正和接受抚养的权利。他认为个人享有其劳动成果的所有权,所有权人可以任意处置财产,反对继承权中的特留份,要求遗嘱自由。他还主张保护合同中的意思自治,这也并不妨碍他谴责劳动关系中合同双方的不平等。阿科拉斯发起成立了一个研究委员会以重新制定民法。该委员会在 1866 年举行了几次会议,与会者包括一些知名人士如朱尔·法夫尔(Jules Favre,1809—1880)、朱尔·西蒙(Jules Simon,1814—1896)、朱尔·费里(Jules Ferry,1832—1893)、埃罗尔德(Ferdinand Hérold)和布里松(Henri Brisson, 1835—1912)等。这些共和派法学家试图彻底改革人法,主张恢复离婚制度(尽管西蒙和布里松反对),废除夫权以及承认亲子关系认定。不过由于一些大大小小的分歧,共和党人无法达成一致,最终没有提出确切的民法典修订方案。

延展阅读

43 对《法国民法典》的崇拜

《法国民法典》如何在 19 世纪成为法国真正的宪法,得到所有政权的维护甚至被推上神坛?要解释这些就必须综合考量各种因素。首先是路易十八的谨慎。他留下了拿破仑帝国时期的一部分法国贵族如马勒维尔、波塔利斯父子,并且绕开了流亡贵族的财产问题,待时而动。具体内容可参考 J. Carbonnier, En l'année 1817 (*Mélanges Raynaud*, 1985, p. 81 - 95)。1827 年,面对极端保皇派的抨击,以及 1815 年至 1827 年间诸多要求教会重新管理民事身份的草案,弗内(Pierre-Antoine Fenet, 1799—1876)和洛克雷公布立法起草文件,以此捍卫《法国民法典》。与此同时,拿破仑传说迅速发展。矛盾的是,尽管巴黎荣军院内拿破仑墓旁有一座纪念《法国民法典》的雕塑,但七月王朝时期人们很少称赞这部"资产阶级"的《法国民法典》。第二共和国至第二帝国时期的"秩序党"则不厌其烦地颂扬法典。关于诗化版和通俗版的《法国民法典》,可参见 A. Teissier-Ensminger, *Recréation de la forme et recréation de la norme: trois versifications du Code civil français au XIXe siècle* (thèse droit dactyl, Montpellier I, 1986)。关于民法典画集,两百周年展览的目录,可参考 J. -L. Halpérin (dir.), *Deux cents ans de Code civil* (Paris, Dalloz, 2004)。

法学教育在神圣化《法国民法典》的过程中发挥了主导作用。在过去十年中,这一领域出现了许多新的研究作品,可以参考:M. Ventre-Denis, *Les sciences sociales et la Faculté de droit de Paris sous la Restauration* (Paris, 1985); J. Gatti-Montain, *Le système d'enseignement du droit en France* (Lyon, PUL, 1987),作者在第 65 页指出共和历十二年(1804 年)关于法律学校之使命的讨论并不明确。关于法律学校早期对训诂学解释方法的抵制,可参见 Riccardo Ferrante, *Dans l'ordre établi par le Code civil. La scienzia del diritto al tramento dell' illuminismo giuridico* (Milano, Giuffrè, 2002)。还有许多发表在 *Revue d'histoire des facultés de droit et de la science juridique* 上的作品,尤其是 Ph. Rémy, « Le rôle de l'Exégèse dans l'enseignement du droit » (1985, n° 2, p. 91-105); C. Lecomte, « La Faculté de droit de Paris dans la tourmente politique, 1830-1848 » (1990, n° 10-11, p. 59-98); P. -M. Gaudemet, « La Faculté de Dijon vue par ses dirigeants sous Napoléon III » (1993, n° 14, p 7-42)。总的来说,早在 1819 年就被莱尔贝特批判的法学教学似乎一成不变,甚至极为僵化,尽管也有一些创新者如乌多(Julien-Joseph Oudot, 1804—1864)、瓦莱特、奥尔托兰,可参见 G. Antonetti, La Faculté de droit de Paris à l'époque où Boissonade y faisait ses études (*RIDC*, 1991, p. 333-356)。关于 1804 年以来九个法学院的具体情况说明,可以参考:J. Poumarède, Le barreau et l'Université (*in* J. -L. Gazzaniga [dir.], *Histoire des avocats et du barreau de Toulouse*, Privat, 1992, p. 163-179); P. Weisbuch, *La Faculté de droit de Grenoble* (thèse droit dactyl., Grenoble, 1974); Martial Mathieu (dir.), *De l'école de droit à la faculté de droit* de Grenoble (1806 – 2006) (Presses Universitaires de Grenoble, 2007, p. 105–108); Ph. Nélidoff (dir.), *Les Facultés de droit de province au XIXe siècle*, *Études d'histoire du Droit et des Idées politiques* (n° 13, Presses de l'Université de Toulouse 1 Capitole, 2009); J.-L. Halpérin (dir.), *Paris, capitale juridique* (1804 – 1950). *Étude de socio-histoire sur la Faculté de droit de Paris*, Paris (Éd. Rue d'Ulm, 2011)。此后的作品可以参考 A. Logette, *Histoire de la Faculté de droit de Nancy* (Nancy, 1964)。法学教师的招聘和社会地位同样得到了深入的研究(截至 1876 年,教授的待遇包括固定工资和法学院分红的浮动工资),关于法学院学生的研究可以参考 J.-M. Burney, *Toulouse et son Université* (Éd. du CNRS, Presses Universitaires du Mirail, 1988)。在等待着对所有法学院进行的"Cedre 调查"的结果出来之际,我们可以参考 V. Bernaudeau, « Origines et carrières des enseignants de la Faculté de droit de Paris, XIXe-XXe siècles » (*in* Jean-Louis Halpérin [dir.], *Paris, capitale juridique* [1804–1950], *op. cit.*, p. 89–141)。

至于法官,他们是否受制于从大革命时期流传下来的法条主义观念? 1799 年,立法提请制度已经衰落,上诉法院的行为重新定义了判例法的概念,可见:Y.-L. Hufteau, *Le référé législatif et les pouvoirs du juge dans le silence de la loi* (Paris, PUF, 1965); J.-L. Halpérin, Le Tribunal de cassation et la naissance de la jurisprudence moderne (*in* R. Badinter [dir.], *Une autre justice*, Paris, 1989, p. 225–241)。在此基础上,判例法得到了越来越广泛的传播和运用,可参考:E. Serverin, *De la jurisprudence en droit privé, théorie d'une pratique* (Lyon, PUL, 1985); Fr. Zénati, *La jurisprudence* (Dalloz, 1991); M. Gläser, *Lehre und Rechtsprechung im Französischen Zivilrecht des 19 Jahrhunderts* (Frankfurt am Main,

1996);B. Beignier, La conscience du juge dans l'application de la loi au début du XIXe siècle. La jurisprudence au temps de l'Exégèse (in J.-M. Carbasse et L. Depambour-Tarride [dir.], *La conscience du juge dans la tradition juridique européenne*, Paris, PUF, 1999, p. 277-291)。关于判例评注(« arrêtistes »),可以参考:Fr. Papillard, *Désiré Dalloz* (Paris, 1964);Ch. Jamin, Relire Labbé et ses lecteurs (*APD*, 1992, p. 247-267)。老达洛兹于1825年至1831年出版了12卷本的判决工具书,随后在1845年开始进行判例大汇编。随着达洛兹和《西雷汇编》的出版,按字母顺序排列的汇编继梅兰再版《判例汇编》之后复兴起来,这一步对判例法发展十分重要。很长一段时间以来,法学教师和法官难以相处,但我们不应将此简化为理论与实践之间的对立,因为许多"理论家"同时也是律师,也做判例评注。承认判例法的作用是一回事,让法官超越民法典文本又是另一回事。我们应分析不同制度下法官的态度,比如在复辟时期是否出现了支持旧法的判例?昂里翁(Henrion de Pansey)的影响和最高法院关于封建权利的决定可能对此给出了肯定的回答,可参考 A.-M. Patault, Un conflit entre la Cour de cassation et le Conseil d'État: l'abolition des droits féodaux et le droit de propriété (*RHD*, 1978, p. 427-444)。此外我们也可以从自由主义的角度(但并非总是立场一致),思考迪潘和特洛隆对最高法院判例的影响。最后,法学期刊对选择和传播判例法起到了决定性作用,可参见:J.-L. Halpérin, « La place de la jurisprudence dans les revues juridiques en France au XIXe siècle » (*in* Michael Stolleis, Thomas Simon [hrsg.], *Juristische Zeitschriften in Europa*, Frankfurt am Main, 2006, p. 369-383)。

44 关于所谓的解经法学派

以《法国民法典》的评注者们为主题的专著只有一小部分,这些专著通常都十分陈旧,且具有传记性质。最近又出现了重新研究这些法学家的作品,如: A. -J. Tonneau, *Un jurisconsulte de transition, Charles Toullier et son temps* (thèse droit, Rennes, 1962); J. -P. Marque, *Université, doctrine et idéologie. Le doyen Morelot, civiliste dijonnais (1786-1875)* (Dijon, 1982); G. Antonetti, Les professeurs de la Faculté des droits de Paris: attitude et destin sous la Révolution et l'Empire (*RHFD*, 1988, n° 7, p. 69-85); H. Leuwers, *Merlin de Douai, un juriste au temps des révolutions* (thèse lettres dactyl., Université d'Artois, 1994)。尤其是继 J. Charmont et A. Causse, Les interprètes du Code civil (*Le Code civil, 1804-1904, Livre du Centenaire*, t. I, p. 133-172)以及 E. Gaudemet, *L'interprétation du Code civil en France depuis 1804* (Paris, 1935)这两部作品之后,人们一直在研究其作者的共同特征。在 *L'École de l'Exégèse* (1918 年发表在 *Revue générale du droit*,1924 年后单独发表)以及 *La pensée juridique française de 1804 à l'heure présente* (Paris, 1933)两部作品中,博纳卡斯普及了"解经派"这一概念。最近几年,这种表达方式及其内涵或多或少受到了激烈的批评,可以参考: L. Husson, Analyse critique de la méthode de l'Exégèse (*APD*, 1972, p. 115-133); Ph. Rémy, Éloge de l'Exégèse (*Droits*, 1985, n° 1, p. 115-123); P. Dubouchet, L'École de l'Exégèse et la science du droit (*RRJ*, 1986, n° 2, p. 209-227); N. Kanayama, Les civilistes français et le droit nature au XIXe siècle. À propos de la prescription (*RHFD*, 1989, n° 8, p. 129-154); A. Giudicelli, Biographie expliquée de Raymond-Théodore Troplong (*RHFD*,

1999, n° 20, p. 95-120); Nader Hakim, *L'autorité de la doctrine civiliste au XIXe siècle* (Paris, LGDJ, 2002)。

如今，人们在一些观点上达成了一致：严格来说"解经法学派"不存在(Ph. Rémy)，我们要通过区分作者和时期来避免所有"似是而非的简化"(A.-J. Arnaud)，解经法学之"先驱者"的作品不能与第二帝国时期的非原创作品相提并论。甚至解经法学家的方法似乎也并不像经常误导人的序言所描述的那般尊重法律文本。这些作者常常也是精于实践的律师或法官，几乎都诉诸判例法，并承认法官享有较大的自由裁量权。即使"法国实证主义"（« positivisme étatique »）逐渐占有一席之地，与法自然主义概念、历史传统背道而驰（其支持者先后有奥布里和劳、德莫隆布），他们中的一些人还是很自然地转向了自然法(Toullier)、罗马法(Duranton)或是历史(Troplong)。在很少一部分的案件中，人们会考察事实本身，甚至是脱离法律的实践行为。

评估解经法学家们的影响则更为困难。法国许多民法学家参与了他们那个时代的政治生活(Ph. Rémy)，但这并不影响那些对法国大革命的法律或离婚问题避而不谈的作者采取中立的立场(A.-J. Arnaud)。A. Burge(见前引)认为像奥布里和劳、德莫隆布这样的人在自由地、主观地解释《法国民法典》的过程中发挥了重要作用。但他们除了支持所有权"至高无上"(R. Sève, Détermination philosophique d'une théorie juridique: la théorie du patrimoine d'Aubry et Rau [*APD*, 1979, p. 247-257])以及意志的创造性作用(rôle créatif de la volonté)的主张之外，在家庭法领域没有创新观点。解经法学家们对民法典起草者做出的选择整体感到满意。这种"保守主义"解释了他们对任何可能背离《法国民法典》的事物缺乏兴趣，例如批判性地使用历史方法或比较法，或是严格细致地观察事实。如果再考虑到他们信仰法自然主义，我们似乎很

74 难将他们视为真正的实证主义者。根据 P. Grossi 在 *Assolutismo giuridico e diritto privato*（Milano，1998）中的表述,解经者是坚持"法律绝对主义"的理论家。他们把自己封闭在《法国民法典》的世界里,将历史、判例视为解释法典的辅助工具。这种短见有时会让他们在出现法律空白或漏洞之际得出没有坚实基础的个人理论,以及忽视 19 世纪经济和社会转型的影响。

45　不同的声音

从 1814 年到 1880 年所有研究《法国民法典》的人因意气相投聚集在一起,在多元性之外,他们拒绝评论法典文本或是只局限于这一种法律观点。他们有着独立的思想,大多数都与在法学院教学无缘,有些如拉费里埃、拉布莱、罗西和巴特比,则是在大学里担任一些十分边缘的职位。这些人之间有着一张复杂的知识关系网,比如与历史学派联系密切的罗西、受自由主义和德国哲学启发的阿科拉斯。关于萨维尼及其影响力,可以参考：Z. Kristufek, La querelle entre Savigny et Thibaut (*RHD*, 1966, p.59-75); A. Dufour, *Droits de l'homme. Droit naturel et Histoire* (Paris, PUF, coll. «Léviathan», 1991); O. Motte, *Savigny et la France* (Berne, 1983)。至于萨维尼的 *Vom Beruf unsrer Zeil für Gesetzgebung und Rechtswissenschaft*,很遗憾至今还没有法译本。关于《忒弥斯》,可以参考博纳卡斯的经典研究作品«La Thémis» (1819-1831): Son fondateur, Athanase Jourdan (*Recueil de législation de Toulouse*, 1911, p. 173-300)以及 Ph. Rémy, *La Thémis* et le droit naturel (*RHFD*, 1987, n° 4, p. 145-160)作为补充。至于茹尔当,我们可以从政治和社会保守主义的角度来理解他的立场。在他眼中,罗马法是"抵抗错误学说入侵的重要武器",但他也对《法国民法典》的自由主义和唯灵主义解释做出了贡献。历史方法的支持者往往与自由主义者关系密切,并且深受茹尔当的大学同学维克多·库辛(Victor Cousin, 1792—1867)的哲学思想之影响。D. -R. Kelley, *Historians and the Law in Postrevolutionary France* (Princeton University Press, 1984)回顾了法律史先驱们丰富的作品。对莱米尼耶的研究可参考 G. Navet, *De l'usage de Vico en France. Le problème de la légitimité du droit civil* (thèse science politique, Reims, 1987),关于拉布莱的研究可参考 A. Dauteribes, *Les idées politiques d'Édouard Laboulaye* (thèse droit, Montpellier I, 1989)。对克林姆拉特和拉费里埃的研究则尚待填补。对于更为"古典派"的法学家,比如帕尔德叙(《萨利克法典》和王室法令的编纂者)、特洛隆、乌多(他也尝试了法哲学的研究,参见 *Conscience et science du devoir. Introduction à une explication nouvelle du Code Napoléon* [Paris, 1855, 2 vol.])以及老迪潘,人们也有了研究兴趣。关于图卢兹立法研究院(l'Académie de législation),可参考 P. -L. Boyer, *L'Académie de législation de Toulouse (1851-1958). Un cercle intellectuel de province au cœur de l'évolution de la pensée juridique* (thèse droit dactylo., Toulouse I)。法国和德国法学家之间的关系十分密切,可以参考: O. Motte, *Lettres inédites de juristes français au XIXe siècle conservées dans les archives et bibliothèques allemandes* (Bonn, 1989, 2 vol.); J. -L. Halpérin, Der Einfluβ der deutschen Rechtsliteratur zum Code civil in Frankreich von Lassaulx bis Zachariæ(*in* R. Schulze [dir.], *Rheinisches Recht und Europäische Rechtsgeschichte*, Berlin, 1998, p. 215-237)。

至今还没有人全面地研究极端保皇党关于民法的观点。关于博纳尔德的主要思想,可以参考: G. Gengembre, La famille des contre-révolutionnaires: une réponse archaïque à la modernité (*La famille, la loi, l'État*, Paris, 1989, p. 157-166)。关于巴尔扎克的立场,可以参考 J.-H. Donnard, *La vie économique et les classes sociales dans l'œuvre de Balzac* (thèse lettres, Paris, 1961) 和 M.-H. Faillie, *La femme et le Code civil dans la comédie humaine* (Paris, 1968)。关于勒普莱,可以参考:M.-Z. Brooke, *Le Play: Engineer and social scientist Londres* (1970); A. Michel, Les cadres sociaux de la doctrine morale de Le Play (*Cahiers internationaux de sociologie*, 1963, p. 47-68); B. Kalaora et A. Savoye, *Les inventeurs oubliés. Le Play et ses continuateurs aux origines des sciences sociales* (Seyssel, 1989); Fr. Audren, K. Weidenfeld et J.-L. Halpérin, *Les Études sociales* (2002, n° 135-136)。罗西的回忆录发表于 *Mélanges d'économie politique, d'histoire et de philosophie* (Paris, 1857, t. II, p. 1-23)。巴特比以众议员身份结束职业生涯,后成为拥护君主政体的参议员,其回忆录见 *Revue critique de législation et de jurisprudence* (1866, t. 28, p. 125-162)。若要更清楚地区分自由主义的不同形式,可以参考:L. Girard, *Les libéraux français, 1814-1875* (Paris, Aubier, 1985); P. Rosonvallon, *Le moment Guizot* (Paris, Gallimard, 1985); L. Jaume, *L'individu effacé* (Paris, Fayard, 1997)。一些法学家如 A.-C. Renouard、A. Duverger 和 B. Joubaire 也值得研究,阿科拉斯亦然,其独特的研究已开始重新受到重视。我们也可以从自由或民主的角度思考支持修订民法典之人失败的原因——是因为他们的自我分裂,还是因其无法影响当权的政治力量?

第二章　家庭的秩序

46

按照洛克雷的说法,《法国民法典》应当重建"家庭中的秩序",并且令这种秩序统辖国家这个"大家庭"。无独有偶,半个世纪后,德莫隆布也称"良好的家庭秩序"是"良好的社会秩序最可靠的保证"。这一关于家内权威(autorité domestique)和政治稳定(stabilité politique)二者关系的广泛共识,是 1804 年的《法国民法典》中大部分家庭法规则得以延续至 1880 年的重要原因。法国历届政府都不愿意大规模改革,以免扰乱家庭的安宁秩序。复辟时期,极端保皇党人对于 1816 年废除离婚之举已是心满意足——这一反动浪潮中独有的让步绝非与拿破仑时期的法律决裂的开始。相反,它巩固了《法国民法典》建立的家庭秩序。1830 年七月革命没有带来任何变化:重建离婚制度的尝试失败,路易-菲利普一世和他的妻子及八个孩子正是资产阶级家庭美德的典范。对于自由主义者来说,国家没有资格介入由家内权威统领的私人领域。在 19 世纪上半叶,即使在社会主义者中,也很少有理论家想象过完全废除家庭的形式。1848 年的革命也没有导致革命性私法的回归:1848 年宪法仍把《法国民法典》中规定的家庭规定为共和国的"基础"之一。拿破仑三世也想捍卫家庭和良好的道德:在第二帝国时期,人们指控福楼拜、波德莱尔和纳凯(Alfred Joseph Naquet, 1834—1916)的作品破坏家庭,他们也受到公共道德的起诉。而且,即使勒普莱的社会改造工作得到了拿破仑三世的支持,它也并没有试图改革法国人惯常依赖的平均继承制。

这一立法状况反映了保守派为强化父权所施加的压力与共和派为家庭民主化所付出的努力之间的平衡。《法国民法典》中这种"缝合"现象在多处都有体现。在配偶关系和父母子女关系方面,法典是"反动的",但在继承法方面则是"革命的"。在这三个领域中,学说和判例法都在收养关系上构成了对立法文本的限制,体现出法学家对城市化和工业化造成的转变的关注。此时,不得不重视的社会现象包括个人主义和"情感革命"的兴起、非婚生子出生率的增加,以及对儿童和儿童教育的日益关注。

一、夫权顶峰

47 神圣的婚姻

对《法国民法典》的评论者来说,婚姻的神圣无须赘言。特龙谢把婚姻视作"最神圣的承诺,因为它对社会和谐很重要"。到 19 世纪,除了极端的天主教圈子认为《法国民法典》对婚姻不具有任何权威性,国家通过立法确定婚姻制度的合法性的争论已经结束了。人们也越来越无意于争论自然法和民法在婚姻中的作用大小。图利耶认为婚姻是"一种自然法的契约",其"形式由民法规定"。而德莫隆布则大笔一挥,断言"法国的婚姻即是由《拿破仑法典》规定调整的",[①]因此纯粹是一种民事安排,从而简单粗暴地排斥了任何讨论。另一方面,学说似乎

---

① Touiller, *Le droit civil français suivant l'ordre du Code*, 2ᵉ éd., 1819, nº 488, p. 413; Demolombe, *Traité du mariage et de la séparation de corps*, 1874, t. I, nº 3.

在婚姻的目的上有更大的分歧。法典对此没有定义,最谨慎的评论家则引用了波塔利斯的描述:"在男人和女人组建起来的社会,他们联合起来以实现物种的延续;他们相互帮助,承担生活的负担,并分享他们共同的命运。"其他法学家则以更保守的态度,强调婚姻制度的社会意义:如德莫隆布称其为"家庭的起源""所有社会秩序的基础";奥布里和劳则认为婚姻是使性结合道德化的手段。思想更接近现代的人则从拿破仑关于"身体的结合"和"灵魂的交流"的描述中得到启发,马尔卡代认为婚姻是"关于友谊和扶持的甜蜜互惠";甚至还有更大胆一些的人,如阿科拉斯表示婚姻是"建立在爱的道德情感上并服从自由和平等双重法律的男女结合"。①

这些对婚姻意义和内涵的异见部分反映了 19 世纪社会中这一制度的变迁。婚姻大多通过宗教仪式完成,其数量保持相对稳定。结婚率约为 16‰,尽管有几次下降(1816—1820,1846—1850,1870—1871),并从 1876 年开始持续下降。结婚年龄有下降的趋势,但在天主教盛行的地区婚龄还是较高的。尽管婚姻可以成为阶级跃升的一种手段,而且地域流动性也在慢慢增加,但大部分人还是和本地门当户对的人结婚。虽然利益婚姻(通过联姻来达成两个家族的联盟)仍然存在,但在所有社会阶层中,对爱情婚姻的青睐正在增长。法学家们不可能完全忽视浪漫主义文学所宣传的"感情革命"和"爱情崇拜"。德芒特和德莫隆布仍然试图用家庭利益来为婚前许可的必要性辩护(25 岁以下的男性和 21 岁以下的女性结婚需要得到父母的许可,在父母意见不一致的情况下,父亲的意愿优先)。然而同一时期的阿科拉斯则认为这种法

---

① Marcadé, *Explication théorique et pratique du Code Napoléon*, 6ᵉ éd., 1869, t. I, nº 516; Acollas, *Manuel de droit civil*, 1869, t. I, p. 117.

定婚龄的性别差异是没有道理的,并批评在满足法定婚龄后仍需征求1—3次长辈意见"以示尊重"的要求会引发不必要的冲突。

48　《法国民法典》的不足

由于同时借鉴了教会法、君主制立法和1792年9月20日的法律,《法国民法典》在婚姻领域并没有保持一致性和连贯性。早在1814年,萨维尼就注意到婚姻无效条款的混乱。阿科拉斯抨击了法典编纂者在这个问题上缺乏全局意识,他认为在这个问题上"所有体系都会发生碰撞和冲突"。德莫隆布也提出了批评,因为法典没有对不同形式的无效进行区分。理论家们努力区分相对无效(nullités relatives)和绝对无效(nullités absoules),前者是"只允许利害关系人主张的",后者则是可以由检察官提出的。这个结构很脆弱,因为判例法倾向于维持"婚姻关系的稳定性",来阻碍任何试图变相离婚的尝试。因此,在面对所谓的绝对无效的主张时——包括不孕不育、没有公开结婚仪式或户籍登记官不称职,法官对于这些主张是否成立仍拥有绝对的裁量权。

在《法国民法典》第 180 条关于婚姻无效事由的条文中,错误(l'erreur)这一表述引起了著名的争论。① 事实上,《法国民法典》并没有说"对象错误"这一可能导致婚姻无效的原因包括哪些内容。法学家们在三种不同的立场之间犹豫不决。那些忠实于起草工作记录的人接受了波蒂埃严格的定义:将无效限制在生理身份的错误上,而这意味着几乎不可能出现配偶的替换。其他学者,如奥布里和劳,认为完全可以理解为民事身份错误,例如通常是由于使用假名造成的亲子关系错误。

---

① 《法国民法典》第 180 条:"夫妻双方或一方并非出于自由意志而结婚者,仅未经自由表示同意的一方或双方有权提出攻击。如关于婚姻当事人有错误时,仅夫妻中受诈欺而陷于错误的一方有权对婚姻提出攻击。"——译者注

许多法学家(德莫隆布、马尔卡代、蓬和阿科拉斯)认为法院有权因人的品格(qualités substantielles)、民事身份、身体素质、道德品质或社会素质方面的错误而宣布婚姻无效。在最高法院作出贝尔东判决(l'arrêt Berthon)之前,①法官在判决时是犹豫不决的。这个案件涉及的是一个来自良好家庭的年轻女孩与一个劳改犯的婚姻,女孩结婚时并不知道自己的结婚对象是劳改犯。最高法院认为,只有民事身份错误才能引起婚姻的撤销,"个人条件和品质"则不可以。尽管一些学者提出了批评,某些基层法院(juridictions du fond)也进行了抵制,但这一原则性判决还是在很长一段时间内通行。② 对于法典中的另一个"空白",即订婚是否具有约束力,更"自由主义"的判例法占了上风。在几项承认婚约(结婚承诺)有效的判决之后,③最高法院宣布它们无效,"因为侵犯了婚姻中必须存在的无限自由"。只有基于法典第1382条,④因暴力或没有合法理由解除婚约而给当事人造成损害的,才可以请求赔偿。⑤

49　不被承认的同居

对于19世纪上半叶的法学家来说,只有一种形式的夫妻关系,即《法国民法典》规定的婚姻。然而同居是既存的社会事实,不可能忽略不计。大部分人认为这是工人阶级尤其是大城市工人的堕落行径,正是乡村和宗教约束衰落导致了他们不道德的行为。但近期对珍贵数据的研究表明,与大部分人的想法恰恰相反,同居不是工人所特有的行

---

① 24 avril 1862, S., 1862, 1, 341.
② Bordeaux, 21 mars 1866, DP, 1866, 2, 87:如果一个人出于"爱"与一个他以为是婚生女的私生女结婚,不可以以此错误为由主张撤销婚姻。
③ Jur. gén., 1854, t. XXXI, v° Mariage, n° 83.
④ 《法国民法典》第1382条:"任何行为使他人受损害时,因自己的过失而致行为发生之人对该他人负赔偿的责任。"——译者注
⑤ Civ. 30 mai 1838, S., 1838, 1, 492.

为,事实上工人比其他社会群体有更强烈的结婚倾向。谈到同居,最好应考虑多种自由结合的形式:在结婚前或长或短的同居,或是一种试婚,或是由于担心结婚的程序和费用而没有合法化的结合(尽管1850年12月10日的法律已为穷人结婚提供了便利),或是资产阶级青年与年轻女工或女仆之间的短暂结合,以及学生和风尘女子之间持续数年的同居,等等。军官们在退伍前也选择同居,以逃避结婚所需的上级许可(1808年6月16日、8月3日和28日的法令)或是为了绕开驻军生活的限制。

有的法学家对这些结合形式保持了尴尬的沉默,有的则表示了道德上的不赞同,态度里还夹杂着实用自由主义色彩。《法国民法典》只在第230条中提及同居,①该条涉及丈夫在共同住所中姘居和通奸的行为。这条不引人注目的规定并不妨碍德莫隆布等学者据此发问:"有多少男人和女人像夫妻一样生活在同一屋檐下,尽管是声名狼藉的姘居。"对于判例法和学说来说,关键问题是同居者之间的赠与(libéralités entre concubins)的有效性。虽然共和历八年(1799年)的草案禁止姘居情况下的赠与,但《法国民法典》并没有规定姘居者无赠与资格。许多法院承认同居者之间赠与的有效性,一些法学家则认为,如果不能证明同居是赠与的唯一的和决定性的原因,就不能以违法为由撤销无偿赠与。② 然而,在梅兰和迪朗东之后,③大多数法学家都认为姘居赠与无效,因为这会鼓励人们通过姘居获得非法收益。当所谓行为本身可以

---

① 《法国民法典》第230条:"妻亦得以夫通奸且于夫妻共同居所实行姘度的理由,诉请离婚。"——译者注
② Demolombe, *Traité de la paternité et de la filiation*, 3ᵉ éd., 1866, n° 588, p. 670.
③ Merlin, *Questions de droit*, 1810, t. I, v° Concubinage; Duranton, *Cours de droit français*, 1830, t. X, nᵒˢ 367-368.

构成姘居之内在证据时,判例法也倾向于认定赠与无效。① 表面上看,这种立场很严格,实际上却使同居者之间的大多数赠与都有效。只要关于姘居关系本身的认定不成立,那就完全可以自由赠与,一个男人给情人的赠与完全可以比给妻子的更丰厚。

50 离婚制度的废除

在《法国民法典》中,离婚仅仅被认为是一种以信仰自由和多样性为名才存在的"必要的恶"。在帝国时期,离婚的数量的确很少:1803—1816年间,每年的离婚数在2000到2500件之间。法律尤其限制两愿离婚——不仅要求得到父母的同意,而且需要将夫妻所有的一半财产转移给婚姻存续期间诞下的子女。若要解释这种与大革命时期相比离婚数骤减的现象,必须考虑到1801年《政教专约》(le Concordat)之后道德氛围的转变,以及许多法学家对离婚制度的敌视。无论从哪个角度说,拿破仑的离婚都是一个例外。虽然这位皇帝禁止他的家族成员离婚,但他通过1809年12月16日的元老院法令(sénatus-consulte)解除了自己与约瑟芬的民事婚姻,这减损了《法国民法典》许多规定的威信。本案援引了两愿离婚的规定,但在适用方面是站不住脚的:约瑟芬其时已超过45岁(与《法国民法典》文本第277条规定相悖②),拿破仑的母亲也并未明示同意。这样的政治行为只能使离婚制度在帝国的反对者眼中进一步失去信誉。

离婚在复辟时代的废除合乎逻辑,一直反对离婚这个革命怪胎的保皇党人需要通过废除离婚的举措来昭示旧秩序的恢复。早在1801

---

① Civ. 26 mars 1860, DP, 1860, 1, 255.
② 《法国民法典》第277条:"结婚后经过二十年,或妻超过四十五岁者,亦不准为离婚协议。"——译者注

年，德·博纳尔德子爵（Louis Gabriel Ambroise, Vicomte de Bonald, 1754—1840）就把废除离婚作为极端保皇党人的信条之一：离婚"隐秘地承认拥有放纵于激情的权利"，他们指责离婚"使通奸合法化"及建立了"实质的家庭民主"。反对离婚的浪潮在帝国时期已经很强大，随着1814年《宪章》将天主教奉为国教，反动派的观点再度风行。虽然宪章承诺维护《法国民法典》，但寥寥无几的离婚数量是删除这些看似无用的条款的有力论据。早在1814年9月，就有一份请愿书要求废止"离婚法"。1815年8月，无双议会（Chambre introuvable）的选举催生了改革。该项目是根据两院的愿望提出的，没有遇到任何真正意义上的反对就得以通过：众议院225票对11票，包括法典起草者马勒维尔在内的贵族院97票对12票。1816年5月8日的法律仅用三个条款就使《法国民法典》第229条至305条失去了意义（即关于离婚制度的条款。——译者注）。即便离婚是家庭法的组成部分，但法典的评论者似乎认为它的消失并没有导致家庭法的失衡。1816年的法律并没有在法律上解决所有的难题，因为另外两部关于废除离婚的影响和别居改革的法律草案从未进入表决程序。

51 离婚支持者的失败

离婚支持者多次试图废止1816年的法律，因为他们认为这部法律在政治意义和社会意义上都是不可接受的。早在1821年就有一份支持离婚的请愿书提交给了众议院。1830年后，为利用政权更迭和废除1814年《宪章》里国教条款的机会，离婚支持者更加声势浩大地开展了攻势。1831年，在奥迪隆·巴罗（Odilon Barrot, 1791—1873）提交了一份对离婚有利的报告后，众议院通过了重新确立离婚制度的提案。但贵族院在1832年否决了该提案，仅议员约瑟夫-玛丽·波塔利斯（Joseph-Marie Portalis，1778—1858）和西梅翁（Joseph Jérôme Siméon，1749—1842）象征性地对离婚制度进行了辩论。从1832年到1834年，下议院连续通过了三个赞成离婚的提案，然而都止步于保守的上议院，后者甚至怠于审查这些提案。各部无疑不愿意看到这样的改革成功，他们的"中立"让离婚支持者对七月王朝寄予的希望彻底破灭。1848年，司法部长阿道夫·克雷米厄（Adolphe Crémieux，1796—1880）宣称自己赞成离婚，但他的提议在大会上引起哄堂大笑，很快就撤回了。拿破仑曾盛赞离婚制度"符合1789年理想的三执和帝国传统"（三执是1799—1804年三位执政官执掌权柄的时期，帝国指法兰西第一帝国。——译者注）。但在称帝后，他就如同其他人一样把这一表态抛诸脑后了……尽管在第三共和国之前，在政治领域从未多数投票通过一部离婚法，但离婚的宣传运动（以雨果、大仲马父子、乔治·桑为代表）却在文学领域蒸蒸日上，并且与萌芽的女权运动相结合。然而，在第二帝国时期，赞成离婚的法律职业人士很少。1869年，纳凯在他的著作《宗教、财产、家庭》（Religion, propriété, famille）中宣称，婚姻本身是"对自由的损害"，这引起了公愤，也让他身陷囹圄长达四个月。1871年，巴黎公社在倒台前夕提出了离婚问题；1873年，莱昂·里歇尔（Léon Richer，1824—1911）提出了一个非常自由主义的、赞成离婚的草案。

在共和党的选举成功后，右派政府在1875年解散了妇女命运改善协会（la Société tour l'amélioration du sort des femmes），赞成离婚的纳凯在1876年提出了他的第一个草案，不久又在1878年提出了第二个。但大多数共和党人仍持谨慎态度，认为公众舆论还没有准备好接受这样一场家庭法的革命。

52 极端对策：别居

1816 年的法律保留了《法国民法典》中关于别居（法定分居）的 6 条规定。夫妻双方都可以以暴力、虐待和严重侮辱、通奸或一方被判处名誉刑为由申请别居。若以通奸为由，只有当丈夫在婚姻住所里与第三者姘居时，才会准许申请。别居必然发生财产分割，分居的配偶可以有单独的住所。然而婚姻并没有解除：不仅分居的配偶不能再婚，而且妻子仍然没有行为能力。别居后，因为不再存有婚姻住所，丈夫不会因其不忠行为受到惩罚，而妻子却可能遭到通奸的指控。① 这种不平等的限制性立法是为了减少别居的适用。在 1840 年之前每年不到 1000 人申请通过了别居，在 1880 年达到了顶峰（约 3700 人），在结婚人数里只占了微不足道的比例。从这个角度来看，可以说这个程序是失败的。

但法定分居比事实分居更能保护女性，而且判例法能够将侮辱的概念扩大到丈夫的通奸行为，并考虑特殊情况（如公开通奸、抛弃家庭、拒绝同居或拒绝发生性关系）。19 世纪下半叶，申请法定分居的数量大幅增加，特别是在 1851 年 1 月 30 日关于法律援助的法律出台后，向经济困难的人开放了更广泛的求助途径。超过 85% 的别居申请来自女性，一般是中年妇女，其中绝大多数人声称受到暴力、虐待和严重侮辱。通过这部法律，受害者能够从法院寻求最低限度的保护。别居申请的社会性演变是瞩目的：在 19 世纪上半叶，别居实际上只为显贵所用，而在 1851 年之后，越来越多的工人或佣人申请别居。只有农村地区在这场潮流之外。尽管数量不多，但法定分居在思想精神的演变中发挥了重要作用，促进了离婚的重新引入。

---

① *Jur. gén.*, 1846, v° Adultère, t. III, n° 18.

53 无行为能力的好主妇

在特洛隆看来,"力量属于丈夫,弱点属于妻子……男女之间仍然、并将永远存在着或多或少的明显的天然不平等"①。虽然这种"不平等"对于绝大多数《法国民法典》的评论者来说是毋庸置疑的,但学界也承认,《法国民法典》关于已婚妇女无行为能力的规定并不明确。主要是妻子无行为能力的原因不明确,似乎既是基于对夫权的尊重,又是因为认为妇女缺乏经验。它还涉及第 217 条规定的原则的确切范围及其与各种婚姻制度的结合。② 在法定共同财产制(communauté légale)中,妻子似乎被剥夺了一切权力,丈夫是共同财产的"领主和主人"。然而,通过承认妻子的法定抵押权的可让与性,实务中鼓励妻子在丈夫出售或抵押其资产时介入。法定抵押权的放弃权在 1855 年 3 月 23 日的法律中确立,这恢复了婚姻关系中的某种平衡。同样,未经妻子同意,丈夫不能转让妻子自己的财产(propres)。学说得出的结论是,经丈夫授权的妻子可以实施处分行为(acte de disposition),而判例法将同样的制度扩张到动产。③ 丈夫也可以通过合同将自己的财产的使用收益和管理权保留给妻子,如"婚后所得共同制"(communauté réduite aux acquis)。在分别财产制(séparation de biens)中,已婚妇女的无行为能力似乎不那么绝对,因为妇女可以单独管理她的财产并处置她的动产。但是未经丈夫或法院同意,她不能转让自己的不动产,而且判例法禁止

---

① À contre-courant, Chambéry, 4 mai 1872, *DP*, 1873, 2, 129, justifie des « actes de correction ou même de vivacité maritale ».

② 《法国民法典》第 217 条:"即使妻不在共有财产制下或采用分别财产制,未得其夫之参与行为或书面同意,不得为赠与、依有偿名义或无偿名义转让、抵押以及取得行为。"——译者注

③ Civ. 5 novembre 1860, *DP*, 1861, 1, 81.

她因与财产管理无关的原因而负担债务。①

在日常生活的所有行为中,需要丈夫明示的授权(autorisation expresse)(除非丈夫参与行为)和个别的授权(autorisation spéciale)(除非丈夫授权妻子进行交易)很快就成为"主妇"的困扰,因为她必须进行小额支出并作出多种承诺。特别是在农村和工人阶级中,常见的情况是家中的吃穿用度由妻子掌管。在旧法的启发下,法学发展了默示委托(mandat tacite)的理论:为了家庭的需要,妻子应该作为丈夫的"职工"(或"管家")行事,可以处分共同财产而自己却不承担任何责任。这一理论在丈夫抛弃妻子的情况下成为空想,②在实践中引起了许多困难,因为判例法经常将授权(autorisation)和默示委托混为一谈。在1880年之前,绝大部分法学家都认为对已婚妇女无行为能力的简单淡化已是足够。1867年,保罗·吉德谨慎地主张废除授权的个别性;阿科拉斯则独辟蹊径,谴责了这种"武断的理论"和"形式上的不公正"。③

54 夫妻财产契约:显贵的奢侈品?

《法国民法典》采用共同财产制是否意味着夫妻财产契约(contrat de mariage)的终结,或后者仅在富裕阶层中使用?从公证材料获得的统计数据显示,首先,夫妻财产契约在旧习惯法地区的大城市中有所减少。虽然夫妻财产契约在旧制度下非常广泛地应用于所有社会阶层(尽管在某些阶层相对少一些),但自从《法国民法典》给那些传统上就依赖于共同财产模式的地区提供了极为相近的法定制度后,夫妻财产

---

① Civ. 5 mai 1829, *DP*, 1829, 1, 237; Civ. 7 décembre 1830, *DP*, 1831, 1, 13.
② Civ. 6 août 1878, *DP*, 1879, 1, 400.
③ Req. 7 novembre 1820, *Jur. gén.*, 1852, t. XIII, v° Contrat de mariage, n° 1006; Touiller, *op. cit.*, t. XII, n°s 261-277.

契约就明显减少了。最贫穷的城市阶层为了避免公证的花费和麻烦率先放弃了夫妻财产契约,因为很可能夫妻双方的自有财产都很少甚至一无所有。1800年以来,在巴黎只有60%的夫妻在结婚前签订了财产契约,而且这一比例在1850年之前不断下降。不过在第戎,这种下降并不明显,夫妻财产契约使用率从1812—1813年的70.12%下降到1854—1855年的54.10%;在勒芒,1852年的契约比例估计为36%,而在里尔只有19%。在更南边的里昂,在这个曾经适用罗马法的城市,财产契约的式微也显而易见:这一制度的使用率在1800年仍为90%,到了1845—1847年骤降至不到20%。在鲁昂也可以看到同样的现象,从1819—1820年的43%下降到1859—1860年的24%。当工人们抛弃了公证处,传统的诺曼底衣产制就成了资产阶级的标志。但是,我们尚不能肯定的是这种衰退是否也发生在法国北部和中部的农村。比如,第戎和勃艮第乡村之间的巨大差异就十分明显,后者78%到91%的婚姻仍然是以契约为前提的,且在19世纪上半叶甚至还有所增加(第戎是勃艮第地区的城市,此处强调的是城乡差别。——译者注)。应该如何解释这一现象呢?是因为传统的力量依然不可小觑,还是农民的骄傲让他们为了掩饰贫穷而不顾一切地签订夫妻财产契约?

在富裕阶级,订立夫妻财产契约仍然是"最神圣的义务"。它在家庭与家庭之间引起了或多或少的利益争夺。然而在旧习惯法地区,夫妻财产契约似乎与法定共同财产制没有太大区别。19世纪初,许多契约都采用了动产及所得共同制,只是在细节上做了一些调整,如有利于未亡配偶的先取份,有时还规定了亡夫的遗产(le douaire)。(先取份指共同继承人之一在遗产分割前先行取得的、高于平均分配的遗产份额。——译者注)在旧法中使夫妻财产契约成为家庭宪章的遗嘱性质条款正在急剧减少。19世纪中叶,无论是在城市还是在乡村,婚后所得共同制都取得了巨大的成功,而分别财产制的契约则非常少;奁产制仍然是法国南部和诺曼底的特色,在这些地区之外就很少见。

55 奁产制的衰落和变形

那些在旧法下奁产制占主导地位的地区受到了《法国民法典》的冲击。一般来说,所有没有订立夫妻财产契约的婚姻都处于法定共同财产制之下。若要适用奁产制,则奁产必须清晰列明,因而奁产制也往往成为例外。根据地区和社会阶层的不同,奁产制的衰落或快或慢。在格勒诺布尔(Grenoble)以及周围的乡村,到 1813 年只有一半的夫妻选择了奁产制。共同财产制在普罗旺斯省的艾克斯(Aix-en-Provence)的发展也非常明显,在 1810 年 50%的婚姻订立了夫妻财产契约——几乎全部都设定了奁产制,而到了 1855 年这个比例只有 32.74%。果然还是资产阶级最忠于夫妻别财的传统。19 世纪上半叶,艾克斯周边还是出现了共同财产制的衰落,此消彼长,这是有利于奁产制的。在图卢兹和奥兰治,奁产制的衰落要晚一些,也更慢一些。观念似乎在此发挥了决定性作用,毕竟不签订夫妻财产契约就结婚的原因不见得总是贫穷。有些夫妻甚至在双方都一无所有的情况下,也会选择奁产制。

即使富裕的夫妇一般都比较愿意选择奁产制,奁产往往也不多,主要是新娘的妆奁和一些动产。现金奁产越来越多,而不动产构成的奁产在大部分的地区则越来越少。这一现象是 19 世纪奁产制在实践中变形的原因之一。丈夫作为奁产的主管人(妻子仍是所有者),其权力受到动产奁产的占比和奁产外财产(biens paraphernaux)是否存在的影响。由于《法国民法典》中没有明确的规定,学说和判例法在动产奁产的不可转让性上存在长久的分歧。虽然大多数学者都支持动产奁产可转让,但判例法凭空创造了一个把动产奁产的转让权排他性授予丈夫的复杂系统。① 即使妻子得到丈夫的授权,也不能对其奁产承担义务。② 判例法甚至发展了一个完整的理论,即彩礼属于奁产外财产,适用于夫家用不动产对换妻子的金钱奁产的情况。③ 此外,夫妻财产契约往往可以架空不动产奁产的不可转让性,因为前者可以规定以再利用变卖奁产所得款项为名的让与。这样一来,某些意外事件发生的可能性就扩大了,比如配偶居住地的变化。丈夫成为妻子的非奁产财产的管理人的情形也很常见,这使妻子失去了所有自主权。不过有些时候,妻子保留了《法国民法典》赋予她对非奁产财产的权利,只是其范围不及旧制度时代。当财产非常多的时候,奁产制只是一种掩饰分别财产制的方式。

1789 年以前在西南地区使用的收益共同制(société d'acquêts,《法国民法典》第 1581 条)④,在东南地区的某些地区出现得越来越多。如果再加上 1850 年 7 月 10 日的法律(报告人是瓦莱特)规定的夫妻财产契约公开性(用以防止对第三人的欺诈),可以认为实践已经回应了对奁产制的一些批评:不可转让性导致制度过于僵化、配偶之间利益的纷争、债权人的风险。但这还不足以击溃奁产的反对者(如马尔卡代、特洛隆),他们认为解散共同财产的案件在法国南部经常发生。即使已经变形,奁产制也并未与经济发展相适应——这与德莫隆布的观点大相径庭。

---

① Civ. 1er février 1819, S., 1819, 1, 146.
② Civ. 2 janvier 1837, *DP*, 1837, 1, 65.
③ Civ. 1er décembre 1857, *DP*, 1858, 1, 71.
④ 《法国民法典》第 1581 条:"夫妻双方采用奁产制时,小得约定就婚姻关系存续中取得的财产成立收益共同制,此种约定的效力应依第 1498 条至第 1499 条的规定。"——译者注

二、父权帝国

56

亲子关系（filiation）和父子关系（paternité）似乎在19世纪的家庭法中有着实质性的联系，其时父母与子女的关系仍然由父亲绝对主导，故二者在《法国民法典》第一编第七章中彼此相关。在亲子关系上，无论是婚生的还是私生的，法学家最关心的是孩子与父亲的联系。而私生子女在大多数情况下都处于父权帝国的边缘，所以一直遭受不利。至于收养，即使明明不论是单身还是已婚的妇女都可以进行收养，学说几乎只专注于养父。因为不论如何，通常都认为应该由父亲来管理未成年人的生活和教育。

57 父亲身份推定

《法国民法典》第312条规定"子女于婚姻存续期间受胎，丈夫即取得父的资格"，人们认为这一条是基于婚生亲子关系所建立的家庭秩序所赖以立足的基础。从这种父子关系推定以及允许父亲（仅在孩子出生后一个月内可进行）推翻这种推定的否认（désaveu）程序的实际操作情况，可以看出1804年至1880年间学说和判例法的某些变化。由于受孕必然发生在出生前180天到300天之间，所以在结婚之后不到180天就"在婚姻存续期间"出生的孩子就产生了问题。部分学者如蒲鲁东和马尔卡代，以及几项几乎一致的判例认为，① 这些孩子仍是非婚生子，只不过在结婚当天因为婚姻而获得婚生身份。与之相反，德莫隆布、瓦莱

---

① Civ. 28 juin 1869, *DP*, 1869, 1, 335; Lyon, 6 avril 1870, *S.*, 1870, 2, 109.

特和阿科拉斯则认为,这样的孩子必须与在婚姻存续期间孕育的婚生子同等对待。与其说这一立场有利于婚前同居,不如说它为第一次婚姻破裂后通过迅速缔结的第二次婚姻来准正奸生子女的做法开了绿灯。类似的是,在一名女性守寡后不到 10 个月就再婚并且在结婚日后不到 300 天就生育的情况下,德莫隆布和阿科拉斯认为父亲应该是她的第二任丈夫。奥布里和劳则认为,法官判决时必须忠于孩子的最大利益,这表明对亲子关系的推定有了令人惊讶的松动。还有一种趋势是《法国刑法典》第 312 条(因距离或事故而无法同居)和第 313 条(妻子通奸并向丈夫隐瞒生育情况)所规定的限制性否认的理由。1850 年 12 月 6 日的法律增加了别居这一理由。事实审法官(juges du fond)认为自己拥有充分的裁量权判断是否构成分居,①并且不再要求丈夫提供单独和个别的通奸证明。② 种种迹象都表明了一种新生的愿望:要确定"真正的"亲子关系,而不是按照字面意思理解适用亲子关系的推定原则。

58　确立非婚生亲子关系的新路径

在非婚生子女比例明显上升的背景下,人们展开了更为激烈的辩论。非婚生子女的比例在 19 世纪初占 5% 左右,到 1831—1880 年,这一比例超过了 7%。法学家们即使没有提及这一社会现象,也不可能不注意到非婚生子女(大部分未被认领)和弃儿数量的增加。他们中的大多数人依然认为非婚生亲子关系是一种"不确定的"亲子关系,既是无序的结果,同时也构成无序的因素。他们甚至维护第 340 条禁止非婚生

---

① Alger, 12 novembre 1866, *DP*, 1867, 2, 126.
② Req. 31 juillet 1866, *S.*, 1866, 1, 417.

子女请求其父认领的规定。① 德莫隆布认为,《拿破仑法典》"理解了社会真正利益之所在,维护了婚姻和家庭的荣誉,但也没有牺牲非婚生子"②。奥布里和劳同样认为,《法国民法典》避免了旧法和革命法的极端立场。小仲马、雨果、奥吉耶、路易·勃朗、朱尔·西蒙等文学家和公众人物广泛支持非婚生育,但只有极少数法学家受到社会风潮的影响,如瓦莱特、埃罗尔德、朱尔·法夫尔,其中最重要的是阿科拉斯,他在1865年专门写了一本维护非婚生子女的著作。

不过在几乎统一的学说阵线背后,有人希望让非婚生的亲子关系的证明更简单。法学家们受制于《法国民法典》规定的窄径,但试图让尽可能多的儿童从认领中受益,不惜规避严苛的第340条。因此人们利用了《法国民法典》第336条的较为模糊的规定,③以增强在母亲指明承认的情况下父亲认领的效果。德莫隆布和阿科拉斯认为,这种认领严格来说是针对父亲个人的;而奥布里和劳则认为,它的效果是使母亲的任何承认都具有认领的意义。学说还倾向于赋予身份占有一定地位以确立母子关系。更为激进的是德莫隆布,他早在1834年就提出,应该将身份占有视为父子关系的证据。④ 通常比较谨慎的德莫隆布在为自己的观点辩护时,毫不犹豫地引用了共和历二年雾月十二日(1794年11月12日)的革命法,并提到了臭名昭著的姘居案件。只有瓦莱

---

① 《法国民法典》第340条:"非婚生子女不得请求其父认领。在其母被略诱的情形,如略诱时间与怀孕时间相合时,略诱人得因利害关系人的请求被宣告为子女之父。"——译者注

② Demolombe, *op. cit.*, n° 376; Aubry et Rau, *Cours de droit civil français*, 4ᵉ éd., 1873, t. VI, n° 566.

③ 《法国民法典》第336条:"父为认领时,如未经母的指明与承认,仅对于父发生效力。"——译者注

④ *Revue de législation et de jurisprudence*, 1834, t. I, p. 427–439.

特和阿科拉斯支持这一大胆的理论,而它几乎始终都受到判例法的排斥。①

令人吃惊的是,在禁止非婚生子女确认父子关系的支持声中,人们也在抱怨不择手段的引诱者可能享有"可耻的豁免权"。根据第340条,略诱是唯一的诉因,所以一些学者试图扩大解释略诱的概念,使其包括对未成年女孩的强奸或非暴力绑架,甚至是通过欺诈等手段引诱。更为务实的做法是,法官接受了受引诱的女孩对孩子可能的父亲提出的损害赔偿诉讼。虽然他们要求要有某些加重处罚的因素(如虚假的婚姻承诺),但这仍然给受害者提供了救济手段。这种赔偿最初是为了弥补年轻未婚妈妈所遭受的损失,②后来明确用于被引诱女性所诞子女的抚养和教育。③ 这一程序并没有把事实上因为奸生而形成父子关系转化为法定的父子关系,但这不是偏离了第340条的禁止性规定吗?正是考虑到这一点,参议员贝朗热(René Bérenger, 1830—1915)在1878年提出了对这一规定的第一批修正案。

59 非婚生子女分化的命运

这些关于确定亲子关系的讨论产生了非常具体的结果(特别是从继承的角度来看),因为《法国民法典》对婚生子女和非婚生子女待遇的规定大不相同。《法国民法典》善待事后婚姻准正的子女。德莫隆布认为,要使非婚生子女准正,需要以一种"补偿的方式"在结婚前或在结婚仪式中认领。然而法典第331条禁止"乱伦或通奸关系所生"的孩子获

---

① Req. 16 décembre 1861, S., 1862, 1, 254.
② Req. 24 mars 1845, S., 1845, 1, 539.
③ Civ. 26 juillet 1864, S., 1865, 1, 33.

得婚生子女身份。① 若乱伦所生子女的父母已经获得了政府豁免得以结婚,他们同样也不能获得合法身份吗? 早期的《法国民法典》注释者已经提出了这个问题(图利耶认为可以准正),1832 年 4 月 16 日的法律又旧事重提,将结婚豁免的范围扩大到了叔嫂之间的婚姻。这场辩论随后进入了公众舆论的视野,但大部分学者(德莫隆布、瓦莱特、奥布里、劳和马尔卡代)表示反对准正,以免鼓励乱伦父母"不道德的算计"。然而,判例法延续了制定法的观点,即在获得豁免后举行的婚姻可以消除亲子关系的原始瑕疵。②

被认领的非婚生子女,尽管他们享有非常有限的继承权,且不能通过赠与扩大(法典第 908 条),但仍可通过亲子关系与认领人相联系。③ 因为法典并未明文规定,学说认为如果他们为母亲单方认领,应该赋予他们随母姓的权利;如果父亲认领他们,即便认领时间晚于母亲,亦随父姓。另一方面,非婚生子女与父母的父母或亲属之间没有法律关系。此外,如果父母有一方此前曾与配偶之外的人有过非婚生子女,第 337 条限制其在婚姻存续期间作出的认领的效力。④ 大多数《法国民法典》的评注者认为这种严格的要求(据说是为了制裁不忠诚的行为)并无不妥,但德莫隆布认为,这往往剥夺了这些孩子的继承权,甚至抚养费请求权。

---

① 《法国民法典》第 331 条:"非婚生子女,除乱伦或通奸所生的子女外,如其父母事后结婚,于结婚前合法予以认领或在婚姻证书中认领时,即取得婚生子女的资格。"——译者注

② Civ. 22 janvier 1867, *DP*, 1867, 1, 5.

③ 《法国民法典》第 908 条:"非婚生子女,不问依生前赠与或遗嘱,不得受领超过继承章所规定的限度。"——译者注

④ 《法国民法典》第 337 条:"夫妻的一方,为婚姻前与他方以外之人所生的非婚生子女的利益,于婚姻中认领时,其认领不得妨害该他方以及该婚姻所生子女的利益。"——译者注

未获得认领的非婚生子女则处于一种矛盾的境地：他们被剥夺了身份，对其生父母的财产不享有任何权利，却可以像陌生人一样接受"创造者"的赠与。不过，很少有人会为了给自己的非婚生子女更多财产而不认领自己的孩子。德莫隆布指出，立法者"假定了'创造者'对孩子的遗弃和忽视，但从来没有考虑过他们会对孩子有过度的慷慨和仁爱"。然而，德莫隆布不认为"创造者"的合法继承人可以行使非婚生子女确认母子关系的权利，以便通过这种强制认领减少对非婚生子女的赠与。同样，如果非婚生子女的父亲或母亲根据私署合同承担了抚养义务，那么非婚生子女有权获得抚养费。

通奸或乱伦所生子女的情况甚至更加矛盾复杂。《法国民法典》禁止生父母自愿认领这类子女，也禁止他们提起任何确认亲子关系的诉讼（甚至在略诱的情况下）。但与此同时，法典赋予这类子女获得抚养费的权利（第762条），并禁止他们受到超过这一抚养费数额的赠与（第908条）。① 学者为了解决这一矛盾，把上述条款的适用限制在通奸或乱伦的亲子关系因以下事由获得确认的情形下：丈夫不承认、以重婚或乱伦为由宣布婚姻无效，或确认亲子关系的错误判决。这些事项让亲子关系在没有自愿认领和确认诉讼的情况下仍能获得确认。而在这些情形之外，该理论导致了奇怪的结果。如果父亲和母亲分别认领其子女，那么未婚一方的认领可以视为有效。此外备受诟病的是，通奸或乱伦所生子女的隐蔽性使得他们未公开的"创造者"得以不受限地赠与。一部分学者（德莫隆布）和某些法院认可了法典带来的这一奇怪后果。② 另一些学者（如奥布里和劳）则认为，法院有广泛的裁量权，可以

---

① 《法国民法典》第762条："第757条及第758条的规定不适用于奸生子女或乱伦子女。法律仅赋予此等子女以受抚养的权利。"——译者注

② Civ. 9 mars 1824, S., 1822—1824, 1, 409.

通过内在的证据理论拒绝通奸或乱伦的"产物":如果对通奸或乱伦所生子女的"认领"源于无偿行为(l'acte à titre gratuit),那么对他们的赠与是可撤销的。

60 收养:具有争议的罕见善举

我们这一时期的大多数法学家都对收养持保留态度:这似乎不符合法国的风俗习惯和社会观念。德尔万古明确表示希望这种制度消失。在他看来,收养为收获"荒淫和放荡的累累硕果"提供了手段。① 当时的学者不愿意质疑《法国民法典》极其严格的收养条件:被收养者必须已经成年,而收养者(男人或女人,单身或已婚)必须超过 50 岁,没有婚生孩子或其他合法后代。收养人必须在被收养人未成年期间对其进行六年的不间断照顾。收养是双方签订合同的结果,并得到了未满 25 岁的被收养人的父母授权。该合同由治安法官受理,经民事法院和上诉法院认可,在对收养人的道德进行酌情审查后作出无须说明理由的决定。在被收养人挽救了收养人性命,或是遵循非正式监护人的遗嘱抚养未成年人的情况下,所谓的优先收养(adoption privilégiée)或有偿收养(rémunératoire)的收养条件则会有所简化。非正式监护(tutelle officieuse)包括喂养和抚养 15 岁以下儿童至少 5 年,如果非正式监护人在被监护人成年之前死亡,可能会导致遗嘱收养。

不论何种情况,收养只形成了"非常不完善的亲子关系"。被收养人没有离开其出生的家庭,并保留了其继承权。被收养人也不受收养人的父权约束,与收养人的家庭没有关系,被收养人只是把收养人的姓氏加到自己的名字上。而且最重要的是,他对收养人的遗产拥有与后

---

① Delvincourt, *Cours de Code civil*, 1824, t. I, p. 254.

者的婚生子女相同的继承权利。学说认为,被收养人的后代不能对收养人的遗产提出任何权利请求。在这样的立法下,19世纪的收养数量很低也就不足为奇了:每年大约100件,这更多的是个人(男人和女人几乎一样,尽管学说回避了养母)而不是夫妇的行为,非正式监护的情况更少见。

然而在19世纪中叶,收养引起了热烈的讨论,而且这一制度的发展已较为明显。在《法国民法典》的回避下,收养非婚生子女是否有效引起了长期争议。在梅兰和卢瓦索(Jean Simon Loiseau, 1776—1823)还犹豫不决的时候,①从19世纪40年代开始,就出现了两个激烈对立的阵营。支持收养非婚生子女的人有达洛兹、瓦莱特、迪韦吉耶、奥布里、劳以及迪朗东。主要反对者则有德芒特、德莫隆布、蓬、奥迪隆·巴罗和贝内什(Raymond Osmin Bénech, 1807—1855)。② 在制定法没有规定且立法工作记录缺乏说服力的情况下,解经学方法是失败的。更加混乱的是,最高法院在其判例中出现了几次逆转:在1841年承认这种收养方式后,在1843年又摒弃了,然后从1846年起裁定开始明确支持。理论上讲,问题在于收养是否仅限于建立一种新的关系,或者是否可以用来改变一个预先存在的关系的性质。事实上,主要是讨论通过这种方式改善非婚生子女状况的可能性:是否应该给父母一个通过准正以外的方式,特别是在无法使用准正时弥补其过失的手段,或者是否任何削减了非婚生子女条文严苛性的程序都要排斥?最终,法院的选择可以说是为占被收养人一半的非婚生子女开了一道口子。

---

① Merlin, *Répertoire de jurisprudence*, 1812, t. 1, p. 140 et 1827, t, 1, p. 189; Loiseau, *Traité des enfants naturels*, 1811 et 1819.
② Bénech, *De l'illégalité de l'adoption des enfants naturels*, Toulouse, 1843.

还可以注意到的是,有些法学家采取了赞成收养未成年人的立场。德莫隆布本人也认识到法典中只允许收养成年人的"弊端",而阿科拉斯则明确表示赞成收养未成年人。经收留他们的济贫院同意、对遗儿进行非正式监护的数量,和自第二帝国以来与收养人没有亲子关系的被收养人数量在一同增长。莫泊桑对事实上的收养关系的描述表明人们认识到需要改革这一制度,以帮助弃儿。

61　父权的基础

《法国民法典》的章节排序里亲子关系和父权是有逻辑地相互联系的,体现出了编纂者的思想。社会秩序的基础是将尽可能多的孩子依附于合法的家庭,由一个真正的一家之主负责管理。这种传统的观点似乎仍然是 19 世纪法学家的共识,他们赞扬基于自然的"有益的保护",并满意于《法国民法典》在罗马法的父权"专制"和革命法的危险倾向之间取得的平衡。然而,在父权一章上,《法国民法典》受到的批评却完全相反。早在复辟时期①,也早在勒普莱之前,法典就因表现出对父母的不信任而受到指责。在反对者阵营,出现了第一个有利于儿童权利(droits de l'enfant)的主张:阿科拉斯使用了这一表述,他依据法典第 203 条构建了父母对其子女的教育义务。② 法典使父亲丧失了剥夺子女继承权的权利,一些人认为这体现了对习惯法精神的过度忠实,另一些人则认为,法典将儿童视为恶棍倒是反动得很坦率。

详细来说,《法国民法典》第一编第九章也因其"怪异之处"而受到批评。第 372 条将未成年子女置于其父母的"权威"(l'autorité)而非"亲

---

① Discours du député Dubruel, 17 février 1018, Archives parlementaires, 2ᵉ série, t. XXI, p. 4-11.
② 《法国民法典》第 203 条:"夫妻基于结婚的事实,负抚养、教育其子女的义务。"——译者注

权"(la puissance)之下,①而第 373 条规定,在婚姻存续期间,只有父亲可以行使这一权力。② 父亲的主导地位是毋庸置疑的,母亲在婚姻里沦为非正式的顾问。但是,父权是一种"男权的象征"吗? 法典对父亲存在障碍或不足的情况只字未提,而且在父亲去世的情况下,第 381 条在某些条件下赋予了母亲惩戒权(le droit de correction)。(将未成年子女送交教养所的权利。——译者注)图利耶和德莫隆布不吝于谈及母亲的"父权",尽管她的权力有限。对于非婚生子女来说,法典的模糊性甚至更加明显,只有与惩戒权及与同意结婚有关的条款明确适用于他们。学说在这一点上也摇摆不定:它不确定在法官的监督下,孩子的监护权应该交给母亲,还是在父母双方都认领的情况下交给父亲。

62 至高父权的强与弱

即便如此,父权并没有缺少不容置疑的权利。根据《法国民法典》第 374 条,未经父亲允许,未成年人不得离开其父的家庭。1809 年和 1810 年的法令规定,21 岁以下的女性和 25 岁以下的男性出家加入修道院必须得到父母的同意。父权享有者也可以管理其子女的教育:他可以决定他们的宗教信仰(父母之间的协议没有法律效力),决定如何教育他们和他们准备从事的职业,或者让他们在很小的时候就工作。判例法甚至承认父亲有权扣留寄给子女的信件。③

惩戒权是这一权力最明显的体现。法学家们对家庭惩罚的合法性几乎没有异议,只有阿科拉斯认为,法典第 375 条及其下条款中规定的

---

① 《法国民法典》第 372 条:"子女在成年或亲权解除前,均处于父母权力之下。"(本书为区分 puissance 及 autorité,将后者译为"权威"——译者注)
② 《法国民法典》第 373 条:"父母婚姻关系存续中,亲权由父亲单独行使之。"——译者注
③ Caen, 11 juin 1866, S., 1867, 2, 151.

监禁不守规矩的儿童的权利是一种"法定的荒谬行径"。主流学说满足于区分由父亲单方申请的和由检察院提起的对孩子的拘留。前者针对 16 岁以下的儿童,最长期限为 1 个月。假如孩子年龄超过 16 岁,或者如果他有财产、父亲再婚或早逝,检察院可以要求对孩子处以最长期限为 6 个月的拘留。实际上,每年约有 1000 名未成年人遭监禁(1869 年最多为 1527 人,其中约 40% 为女孩),尽管有规定,但大多数时候他们并没有与其他囚犯隔离。如果说因为规定了父亲有义务支付这种监禁的费用,导致最贫穷的人排除在这种救助之外,那么在 1870 年之后,劳动阶层越来越多地使用惩戒权。正是在饱受贫困困扰的大城市中,该制度取得了一定的"成功"。

在 1880 年之前,限制父权专制的尝试仍然谨小慎微。1841 年 3 月 22 日的法律试图规范童工,即便相当不成功,但在此过程中第一次打击了父权。1857 年,最高法院考虑到父权并非"绝对且无限制",认为父亲不能拒绝孩子与祖父之间的所有交流。① 学界开始遗憾只有一个法律条文规定了父权的丧失,即《法国刑法典》第 335 条关于父母对其子女实施猥亵行为的条款。在没有走到那一步的情况下,法官也可以从犯有虐待罪的父母那里收回对孩子的监护权。在第二帝国末期,一些法案让新闻界很受震动:1869 年 5 月 5 日的法律设立了受助儿童服务机构,1874 年 12 月 7 日的法律惩罚那些将孩子交给高危表演承办人或乞丐的父母,1874 年 12 月 23 日的鲁塞尔法(loi Roussel)规定将 2 岁以下的儿童置于政府部门的监督之下进行寄养照料。当然,与此同时,法学家同样关注子女虐待老年父母的案件,甚至关注度更高。这激发了左拉创作《土地》,这一现象既表明了父权的衰落,也构成了旧家庭秩序支持者的论据。

---

① Civ. 8 juillet 1857, *DP*, 1857, 1, 273.

三、平等继承

63

继承法处于财产法和家庭法的交汇处,它在19世纪仍然是一个充满激情和争议的话题。法学家们试图以审慎的态度提出继承规则,发展由察哈里埃、奥布里和劳从德国引入法国的理念,即"人本身所固有的"财产集合。尽管个人主义在进步、个人致富在"资本主义"社会中的作用越来越大,但他们不能忽视遗产与家庭密切相关的事实,特别是在农村地区。对于图利耶这样的学者来说,遗产的移转应追溯到家庭的状态。不论如何,它揭示了个人和家庭在或多或少有所扩张的亲属关系中的地位。

64 亲密又庞大的家族

19世纪上半叶,由于城市的扩张、人口流动性的增加以及越来越以夫妇和孩子为中心的私人生活概念的流行,核心(nucléaire)家庭理念有了新的发展。然而,在工人阶级和农村地区,仍然存在着各种各样的家庭结构。继承法和婚姻法一样,不可避免地因要维护大家族(familles larges)和强社群的联系而受到影响。在谈论所有年轻家庭与年长的父母生活在一起的情况时,可以称之为"家族性联合会"(association familiale)。在农村,与祖父母生活在一起的家庭很常见。这就提出了一个有些残酷的问题:这些老人的赡养和他们的子女对赡养义务的遵守。如果几代人之间的同居是由与父母同住的年轻夫妇订立的夫妻财产契约导致的,情况就不同了。这种共同生活(几乎总是在一块土地上工作,或在一个手工业内工作)导致女婿或儿媳的并入(l'affiliation),后者完全成为他或她家庭的一部分。从19世纪上半叶开始,这种通常用于推迟对换嫁妆的安排似乎明显减少了。在坚持这一做法的地区,人们采用了中断条款,与旧制度相比,它失去了惩罚和威慑的性质。

这种生活方式真正盛行于贫困地区,特别是有专门从事畜牧业的分散居民点的山区。19 世纪中期,在尼韦奈地区(Nivernais)有几个大的地主社区(比如,若社区,有近 40 名成员)或农庄社区,由经地主同意选择的区长(maître)领导。这些父母子女之间的社区就像财产社团(sociétés de tous biens),通过友好协议避免了继承权的分割。在比利牛斯山脉,勒普莱写了一本关于拉韦丹的梅卢伽(Mélouga)家族(以其 1856 年研究时该家族族长娶的女继承人命名)的著名著作,他从这个家族身上看到了"干系家庭"模式。(famille-souche,单一继承人家庭模式,是"家屋社会"的延伸概念。——译者注)这个家庭有 15 名成员,由一位 74 岁的族长和他的长女领导。在这个由长女领导的古老家族,传统上遗产要传给第一个招赘的女儿,她在自己的份额之外还获得了作为先取份的可(通过遗嘱)处分的部分。往往还没成婚的年幼的子女继续在家里的土地上生活和工作,不会要求实物份额,只满足于用社区积蓄构成的微薄嫁妆(基本上是一套衣服)。在赞扬这种具有"模范道德"的家庭结构的同时,勒普莱和他的追随者们对这种社区的衰落表示遗憾,并将梅卢伽家族的危机归咎于《法国民法典》的继承条款,该家族在 1869 年赢得的一场诉讼部分摧毁了它。① 到了第三共和国初期,反对《法国民法典》分配规则的就不再只是零星的大家庭了。

65 继承法的难题

矛盾的是,虽然三分之二的死者没有留下任何财产,但 1842—1883

---

① Civ. 23 mars 1869, DP, 1869, 1, 333.

年间,继承纠纷占基层法院判决案件的14%—22%。然而在1880年之前,《法国民法典》在继承法部分的改动很少,修改主要涉及废除外国人遗产没收权和民事死亡制度。1819年7月14日的法律废除了第726条和第912条(禁止外国人继承或受赠在法国的财产,除非两国存在互惠条约)①——这既是对政治和财政需要的回应,也不乏对于公平的考虑。1854年5月31日的法律通过废除民事死亡使第719条失效,②该条将此种刑事制裁视为继承的始因。正是由于《法国民法典》中关于继承法的规定缺乏"体系",才引发了学埋上的讨论。编纂者为了在对立的传统之间达成平衡,不得不留下一众难以解释的规定,以至于19世纪的学者们大部分时候都从旧法中寻找解决方案。

这就是《法国民法典》第724条只承认法定继承人而没有设计非法定继承人(非婚生子女、配偶、国家)的遗产法定占有(la saisine)所引起的问题。③ 在察哈里埃的影响下,布隆多等学者赞同有利于死者所有亲属的集体继承权,只要较近的继承人放弃继承,就可以让较远的继承人取得所有权。大多数学者反对这种观点,他们认为遗产法定占有是个人的、连续的,只属于按照继承顺序有继承权的亲属。为了帮助那些因为法典的这条创新规定而失去继承权的非法定继承人,德莫隆布提出了将继承权追溯到死亡之日,为此必须从法院获得许可占有之判决

---

① 《法国民法典》第726条:"依民事权利的享有及丧失章第11条的规定,外国人继承其亲属(不问是法国人或外国人)在王国领土上的财产,仅于法国人得继承其亲属在该外国人国土上的财产的情形下,始予准许。"第912条:"法国人仅于某一外国人得为法国人的利益赠与或遗赠的情形,得为该外国人的利益赠与或遗赠。"——译者注

② 《法国民法典》第719条:"因民事上的死亡而开始的继承,依民事权利的享有及丧失章第二节第二目规定受此种死亡判处时开始。"——译者注

③ 《法国民法典》第724条:"法定继承人,在负担清偿一切遗产债务的条件下,依法当然占有死亡者的遗产、权利与诉权;非婚生子女、未死亡的配偶和国家,应按规定的方式,经裁判许可,始得占有遗产。"——译者注

(l'envoi en possession)。他的观点得到了采纳,但没有成功简化非婚生子女和未亡配偶为获得继承权而须办理的手续。未亡配偶在继承顺序中排在最后,仅优先于国家。这一规定自始便受到学说的批评。直到 1866 年 7 月 14 日的法律方允许配偶享有已故者的版权,法典之不公可见一斑。

直到 1880 年,特留份继承(réserve successorale)理论无疑是争论最多的。学界普遍认为,从法典第 757 条和第 761 条来看,①存在着有利于非婚生子女的特留份,但法律规定的不是一些判例所承认的那种有利于非婚生父母的特留份。另一方面,特留份的法律性质引起了激烈争论,主流观点将特留份定义为承诺给继承人的遗产份额(pars hereditatis),少数人则主张这是给予没有继承人资格的亲属(pars bonorum)的遗留份。在实务中,学说和判例法在放弃继承的继承人是否应被计入特留份的问题上存在分歧(持赞同态度的判例法比主流学说更占上风),尤其是在获得生前赠与的放弃继承人是否能合并继承特留份和可(通过遗嘱)处分部分上存在分歧。德尔万古、德芒特和特洛隆赞同合并继承,马尔卡代、德莫隆布、阿科拉斯、奥布里和劳则持反对意见。最高法院判例的反复加剧了争议:1818 年最高法院不承认合并继承,② 1843 年又表示认可,③然后在 1863 年根据当时年过八旬的安德烈·迪

---

① 《法国民法典》第 757 条:"非婚生子女对于死亡父母遗产的权利,依下列的规定:如父母有婚生子女时,非婚生子女的权利为婚生子女应继份的三分之一;如父母无婚生子女而有多数直系尊血亲或兄弟姊妹时,为二分之一;如父母既无直系卑血亲亦无直系尊血亲且无兄弟姊妹时,为四分之三。"第 761 条:"如父母生前,对非婚生子女已赠与依前数条规定非婚生子女应得部分的半数,且明白表示其意思系将该非婚生子女的应得部分减少至赠与部分时,非婚生子女不得为其他的主张。如父母的生前赠与不足非婚生子女应得部分的半数时,非婚生子女仅得请求补足此半数为止。"——译者注
② Civ. 18 février 1818, *Laroque de Mons*, S., 1818, 1, 98.
③ Civ. 17 mai 1843, *Leproust*, S., 1843, 1, 689.

潘（André Marie Jean Jacques Dupin，1783—1865）的意见再次拒绝认可①。除了反复无常的法律变化给法官带来思想混乱外，关于可（通过遗嘱）处分部分的讨论政治意味更浓厚，由此造成的影响不容忽视。

66　遗产分配的争议性效力

《法国民法典》中关于遗产分配的条款是19世纪争论最多的条款之一。在无遗嘱的情况下，法典没有仅仅依靠第745条规定不分性别、长幼地"平均"继承，②而是用一系列条文，以确保严格遵守这种平等：分配随时可以提出（第815条），③每个共同继承人都有权"要求取得属于遗产的动产或不动产的现物"（第826条）。由某位继承人或鉴定人主持组成的分配份经抽签得之，且"如有可能，在每一分配份中应划入同一数量的动产和不动产、同一性质和价额的权利或债权"（第832条）。这种要求似乎很难与同样是第832条中提到的避免"不动产的细分和经营的割裂"相协调。

早在1839年，巴尔扎克就在《乡村教士》中看出这些规则的"长期作用正使这个国家崩溃"，最终将"杀死法国"。1866年在全国范围内进行的农业调查也对第826条和第832条提出了许多批评。想要确保家庭财产，特别是土地的传承不是没有办法，其中有些是法典接受并吸收的，另一些则使用了一些违背平等原则的迂回手段。首先，户主可以利用可（通过遗嘱）处分部分在遗产以外通过赠与或以先取份的名义遗

---

① Ch. réun. 27 novembre 1863, *Lavialle*, S., 1863, 1, 513.
② 《法国民法典》第745条："子女与其他直系卑血亲，不问性别与长幼，亦不问其是否出生于同一的婚姻，得继承其父母、祖父母或其他直系尊血亲的遗产。如继承人均为被继承人的一亲等直系卑血亲，且以自己的名义继承时，应依人数平均继承；如继承人全部或一部代位继承时，应依房数继承。"——译者注
③ 《法国民法典》第815条．"任何人不得被强制维持遗产共有的状况，即使有相反的合意与禁止，仍得随时请求分割遗产。但继承人间得成立在一定期间内不可分割的契约；此项期间，不得超过五年，但不妨碍对其内容予以更新。"——译者注

赠给他的一个孩子。这个孩子将获得本应取得的遗产份额,并根据兄弟姐妹的数量,兼领额外的四分之一到三分之一份额。因此,在许多地区和各种社会阶层里都保持着"捏造长子"的做法。为了达到这一目的,遗嘱似乎比赠与或契约(在19世纪显然有所减少)使用得更多,因为很难提前预见资产的数额,因此也很难预见可(通过遗嘱)处分的部分的范围。急于保护其土地的农民并非这种手段的唯一使用者。在1845—1847年间,里昂一半以上的有产者、商人和工业家都留下了遗嘱,使长子或子女中最有能力管理家庭财产的人受益。

《法国民法典》还规定了尊属分割的救济措施,父亲和母亲(或其他长辈)可以借此在其子女或后代之间分配部分或全部财产(第1075条)。① 遗嘱分配(le testament-partage)不需要任何费用,比赠与分配(la donation partage)更容易进行,后者是一种公证行为,如果能获得所有受益人的同意,可以通过这种方式在生前就(至少是部分地)剥夺户主的财产。在任何情况下,都必须遵守与特留份有关的规则,否则能以其中一人损失超过四分之一或给予子女超过法律允许的利益为由对分配提出质疑(第1079条)。② 通过直系尊亲属生前的遗产分配,有可能实现不动产资本的转移,并通过差额结清(soultes)来补偿份额的不平等。然而,把所有的不动产给其中一个孩子、只给其他孩子现金是禁止的。此外,限制非常严格的判例法削弱了这一制度:在30年内能以损害为由提起撤销之诉,并增加了分配无效的风险,例如在立遗嘱和户主死亡

---

① 《法国民法典》第1075条:"父母和其他直系尊血亲,得将自己的财产,为其子女和直系卑血亲进行分配和分割。"——译者注

② 《法国民法典》第1079条:"对于直系尊血亲所为的分割,得因有失公平致共同分割人中的一人遭受损失超过四分之一而提出反对:直系尊血亲所为分割或予以特益处分的结果使共同分割人中的一人获得法律许可以外的利益时亦同。"——译者注

之间这段时间财产价值发生变化的情况。①

最后,还有一系列或多或少具有欺诈性的手段,让人们得以将大部分遗产传给一个继承人:变相赠与,以长子的名义开具收据,故意低估不动产价值,通过各种压力手段维持不分配,等等。在很长一段时间里,不论是否愿意,年轻人都屈从于"祖先的习俗"(这往往导致他们离开农村),这些背离《法国民法典》的家庭安排受到了父权逐渐削弱和个人主义崛起的影响。法学家和商人对这场争论贡献良多。

1866年的农业调查表明,在西南部、比利牛斯山、中央高原、阿尔卑斯山、罗讷河谷和布列塔尼内陆的部分地区,这些植根于旧制度法律传统的不平等做法仍然行之有效。但对《法国民法典》持敌视态度的注释者可能夸大了农村人口对立法统一的"抵抗"。也没有任何证据表明,分配规则是造成土地分拆零散和人口减少的决定性因素,尽管它导致了"细碎"地块数量的增加,且使人们更倾向于只生一个孩子(不然家族会"通过隐瞒幼子幼女成就长子")。土地分散不是法国农村的新现象了,它在《法国民法典》实施之前就显明已久。大块的土地财产是与小块土地放在一起比较出来的。尽管19世纪以来,土地编号的增加是不可否认的,但必须注意不要对其影响妄下结论:小农经营很适合葡萄种植地区,而在其他地区则是贫困的代名词。遗嘱的衰落不也是接受平等的标志吗?这种接受述与马尔萨斯式回缩到小家庭相关联?遗嘱自由的提倡者们的失败和先取份的失败,恰恰证明了平等主义的力量。

67 平等思潮的力量

在19世纪,《法国民法典》中的继承平等战胜了无数的攻击。首

---

① Civ. 18 décembre 1848, *DP*, 1849, 1, 17; Civ. 24 juin 1868, *DP*, 1868, 1, 290.

先，拿破仑本人修改了禁止第三人代替继承的第 896 条（第 1048 条允许的孙辈取代除外），①设立了长子世袭财产（les majorats）。为了配合帝国贵族制度的建立，1808 年 3 月 1 日的一项法令（内容是实施 1806 年 8 月 14 日的参议院咨询）规定，建立长子世袭财产制，封号就是可继承的。长子世袭财产由不动产组成（可以加上国家养老金和法国银行的股份），可能来自皇帝的册封（majorat de propre mouvement）或来自贵族对自己财产的自主设定（majorat sur demande）。长子世袭财产无论如何都是不可转让的，并只允许长子世袭继承，不论是婚生、非婚生或收养的。诚然，这一制度（至少在第一代）不影响其他继承人的特留份，但它偏离了民法，用未加定义的代替继承来使长子一脉受益。

复辟时期不仅保留了这一制度，而且还向旧贵族开放，并使其成为贵族爵位世袭的必须条款（1815 年 8 月 19 日和 1817 年 8 月 25 日的法令）。极端保皇党人重视长子的特权，试图进一步挑战继承平等。为了满足他们的要求，维莱勒在 1826 年提出了一项立法草案，规定只有在至少缴纳 300 法郎财产税的不动产的继承中（即仅针对极少数的普选人口），才会自动将可（通过遗嘱）处分部分作为先取份归于长子，除非死者另有决定。经过激烈的辩论，参议院否决了这项草案。巴黎在这场投票中捍卫了平等的光辉，明确反对任何恢复长子特权的做法。只有一项将代替继承权扩大到下两代的规定得以保留（1826 年 5 月 17 日的法律）。

---

① 《法国民法典》第 896 条："赠与或遗赠附有受赠人或受遗赠人死亡后，赠与物 或遗赠物应归特定第三人承受的条款者禁止之。一切约定由受赠人、指定继承人、受遗赠人负责保全其受赠财物并于其死后转归特定第三人承受的条款无效，即对于受赠人、指定继承人、受遗赠人而言亦同。"第 1048 条："父母得以生前赠与或遗嘱，将其有权处分财产的全部或一部赠与于其子女一人或数人，而使此种受赠人负责将此项财产转交于自己已生或未生的子女。"——译者注

自查理十世倒台后,长子特权支持者的这场失败意义重大,随之而来的是长子世袭财产制的逐步废除。1831年12月29日的法律首先废除了贵族世袭制,然后是1835年5月12日的法律,禁止在未来建立任何长子世袭财产制,并将贵族自主设定世袭财产限制在两代,遗嘱指定继承人不包括在内。废除了贵族头衔的第二共和国完成了七月王朝的工作:1849年5月11日的法律禁止贵族自主设定世袭财产给出生或怀胎在本法之前的人。故而废除并不具有追溯力,皇帝册封世袭财产(在男性后裔灭绝后应归还给国家)这一制度一直保留到了世纪末。但主张平等继承权的人的胜利并未因此褪色。后来,争论转向了"遗嘱自由"的问题。不仅是父权的捍卫者,如阿科拉斯这样的自由主义者都提出了增加可(通过遗嘱)处分部分,前者继勒普莱之后也谴责了财产的过度分散,后者则认为特留份是对所有者处分权的侵犯。这在第二帝国时期得到了发展:1864年和1865年在立法团(Corps Législatif)进行了辩论,农民和工业家的请愿书被送到了参议院,而1866年的农业调查则集中在财产零散化的原因和影响上。1869—1870年,政府提出了一个草案来改革第826条的分配制度;[1]1871年,正统主义议员吕西安·布兰(Lucien Brun, 1822—1898)向国民议会提交了一份思路类似的提案。这些尝试都因为害怕触及《法国民法典》的根基而失败。没有任何一个多数党派想要攻击平等继承这一原则,这表明它在人们心中的根基有多么深厚,共和党人的上台只能加强法国人对这一革命性原则的依赖。

---

[1] 《法国民法典》第826条."各共同继承人,就其应继份,得要求取得属于遗产的动产或不动产的现物。但如有债权人声请扣押或提出异议,或过半数的继承人认为有出卖(现物)以清偿遗产债务的必要时,动产依通常方式公开出卖之。"——译者注

延展阅读

68 婚姻、离婚和同居

从 1816 年取缔离婚制度,一直到 1880 年,这段时间似乎就是资产阶级婚姻和家庭秩序的全盛时期。J. Gaudernet, *Le mariage en Occident Paris*(1987, p. 397 et s.)和 J. Mulliez, *Droit et morale conjugale: essai sur l'histoire des relations personnelles entre époux*(RH, 1987, p. 35-106)强调婚姻法这种显著的稳定性是"社会治安的基本要素"。J. Dupâquier et A. Fauve-Chamoux, La famille (in J.-F. Sirinelli (dir.), *Histoire des droites en France*, Paris, 1992)的第 3 编第 15—48 页展现了自由主义右翼(从邦雅曼·康斯坦[Benjamin Constant, 1767—1830]到托克维尔)对维护家内权威的重视。围绕婚姻的政治和法律上的辩论还远未结束。若要探究希望将民事登记权交还教会的极端保皇党人及天主教新闻界的观点,可以参考 R. Deniel, *Une image de la famille et de la société sous la Restauration* (Paris, 1965)。1816 年的立法及重建离婚制度计划的相关史实则可以在 Fr. Ronsin, *Les divorciaires* (Paris, 1992)和 N. Arnaud-Duc, L'esprit d'un Code et ses variations apparentes: la législation sur le divorce en France au XIXe siècle (*MSHDB*, 1991, t. 48, p. 219-232)中查阅。法学家对这些问题实际上都持相当谨慎的态度,1880 年之前唯有阿科拉斯谈到与婚姻有关的爱情,并且公开宣称支持离婚。不过为了避免扰乱编号,1816 年 9 月 2 日的条例仍然保留了离婚的相关条款,以服务于法定分居(别居)。尤其是在 1851 年关于司法救助的法律之后,这一立法标志着婚姻自由的进步,即便此时离婚制度尚未恢复。相关研究可以参考 B. Schnapper, La séparation de corps de 1837 à 1914. Essai de sociologie juridique (*RH*, 1978, t. 259, p. 453-466)。

结婚率变化的研究可以参考 J.-C. Chasteland et R. Pressat, La nuptialité des générations françaises depuis un siècle (*Population*, 1962/2, p. 215-240)。而关于夫妻对结婚仪式的选择则可参考 Ph. Ariès et G. Duby [dir.], *Histoire de la vie privée* (Paris, 1987, t. IV); Th. Zeldin, *Histoire des passions françaises*, *1848-1945* (Paris, Éd. du Seuil, coll. «Points Histoire», 1980, t. I), Éd. Shorter, *Naissance de la famille moderne* (Éd. du Seuil, coll. «Points Histoire», 1981)(défend la thèse d'un raz de marée sentimental)。对于19世纪同居现象的研究尽可查阅 M. Frey, Du mariage et du concubinage dans les classes populaires à Paris (1846-1847) (*Annales ESC*, juillet-août 1978, p. 803-829)。这一问题法律方面的变化则可参考 L. Boyer, Concubinages et concubines du Code d'Hammurabi à la fin du XIXe siècle (*in* J. Rubellin-Devichi [dir.], *Le concubinage, approche sociojuridique*, Paris, Éd. du CNRS, 1986, p. 127-163)。在1850年12月10日的法律出台之前,已经在慈善社团主导下形成了一整套鼓励穷人结婚的措施。1871年4月9日巴黎公社的一项法令规定向巴黎国民警卫队的已婚或未婚妇女发放补助金,可以说是首次在法律上承认同居。

69 已婚妇女的身份地位

巴尔扎克说:"法典将妇女置于监护之下,视其为未成年,视作一个孩子。"若要理解19世纪的现实情况,就不能忽视工业化带来的家庭结构多样化,具体可参考 A. Burguière, Ch. KlapischZuber, M. Segalen, F. Zunabend, *Histoire de la famille* (Paris, 1986, t. II)。工人阶级里存在着"预算母权制",即妻子是家庭里的"财政部长"。工人把工资交给妻子掌管很常见。在农村,妻子会称自己的丈夫为"主人",不过在有限范围内拥有相对的自由:比如农场租赁合同是以夫妻双方名义订立的(参考:M. Segalen, *Mari et femme dans la société paysanne*, [Paris, 1980])。在富裕阶层,已婚妇女对丈夫的依赖性可能反而增加了:北方大资产阶级的妇女在世纪初能参与家庭事务的管理,但随后就被限制在纯粹的家务活动里。法学家们试图通过"默示委托"理论解决这一矛盾,然而这往往只是一种纯粹幻想产物。这一部分阐述可以参考:A. Chemin, *Étude sur l'adage « uxor non est proprie socia sed speratur fore »* (thèse droit, Paris, 1901),和 P. Daveaux, *La femme et les contrats qu'elle passe pour les besoins du ménage* (thèse droit, Paris, 1908)。除了女商人这个例外,判例法同样也认可了女性戏剧艺术家可以自由领取其薪水(Paris, 27 novembre 1819, *Jur. gén.*, 1852, t. XIII, v° Contrat de mariage, n° 1288)。在 P. Gide, *Étude sur la condition privée de la femme* (Paris, 1867)这一著作中,作者并未质疑婚姻给予丈夫的权威,可同样认为已婚妇女不比文盲公民更缺乏经验。基于法国和比利时的判例法,Régine Beauthier 对 19 世纪(由男性法官作出)关于婚姻关系的判决进行了非常详细的研究(参见 Régine Beauthier, *Le secret intérieur des ménages et les regards de la justice* [Bruxelles, Bruylant, 2009])。

自从 A. Daumard 的著作体现出公证档案对 19 世纪社会发展史研究的贡献(A. Daumard, Structures sociales et classement socioprofessionnel [*RH*, 1962, p. 139 et s.]),人们对公证档案的兴趣增加,关于夫妻财产契约的研究也成倍增加。这一主题的地方性专题著作繁多,在此只列举:G. Sicard, Société et comportement juridique: une enquête sur les contrats de mariage au XIXe siècle (*Annales de la Faculté de droit de Toulouse, 1970, p. 245-252)（图卢兹）; P. Léon, *Géographie de la fortune et structures sociales à Lyon au XIXe siècle*（Lyon, 1974, p. 28-29）（里昂）; M. Petitjean et Fr. Fortunet de Loisy, *Les contrats de mariage à Dijon et dans la campagne bourguignonne de la fin du XVIIIe siècle au milieu du XIXe siècle*（Publications du Centre de recherches historiques de la Faculté de droit et de science politique de Dijon, 1980）（第戎）; J.-P. Chaline, *Les bourgeois de Rouen*（Paris, Presses de la Fondation nationale des sciences politiques, 1982）（鲁昂）; N. Arnaud-Duc, *Droit mentalités et changeaient social en Provence occidentale*（Édisud, 1985）（普罗旺斯西部）; P. Arsac, Le comportement juridique des individus d'après les contrats de mariage au XIXe siècle（Grenoble, 1813–1860, *Revue d'histoire économique et sociale*, 1971/4, p. 550-591）（格勒诺布尔）。关于奁产制的衰落，可以参考 J. Hilaire 经典文章的结尾：Famille et esprit communautaire（*RHD*, 1973, p. 43-53）；判例法在这一问题上的变迁则可参考 A. Eyquem, *Le régime dotal, son histoire, son évolution et ses transformations au XIXe siècle*（Paris, 1903）。当妇女拥有奁产外财产时，奁产制会否赋予她更多独立性呢？可以确定的是，在部分地区（格勒诺布尔除外），即便奁产外财产增多，其管理权通常仍然赋予了丈夫。按照保罗·吉德（Paul Gide）的说法，不能放弃法定抵押权的妻子"注定被动选择不作为"。只要了解一下通过奁产制对债权人进行欺诈的事例之多，就能理解奁产制的反对者了。

70　父亲和子女

M. Maksud et A. Nizard, Enfants trouvés, reconnus, légitimés. Les statistiques de la filiation en France aux XIXe et XXe siècles（*Population*,

1977/6, p. 1159-1201）中披露的 19 世纪非婚生子女的相关数据揭示其历经的悲惨事实。因为工业化和城市化进程的推进，非婚生子女的数量在 1840 年代之前一直在持续增加，1860—1880 年每年的非婚生子女数量都稳定在 65000 到 80000 之间。19 世纪上半叶，每 10 个非婚生子女中就有 4—5 个被遗弃，非婚生婴儿的死亡率远高于婚生婴儿。弃婴圆转柜（tour d'abandon，供遗弃婴儿的母亲匿名使用，通常置于济贫院墙内，以求被弃婴得到抱养。——译者注）的普及最初为遗弃婴儿提供了便利，尽管它后来逐渐消失了。接受救济的儿童数量（并非都是非婚生子女）从 1820 年的 100000 增长到 1833 年的 130000，1877 年回落至 50000。1860 年左右，只有 30% 非婚生子女得到了至少一方父母的认领，其中父亲的单方认领占 9%（在南部地区可能数值更高一些），双方共同认领则只有 3%。

面对这些极具说服力的数据，法学家们的态度却非常狭隘，他们只在非婚生子女身上看到了"对神圣婚姻不间断新生的反抗"（Jur. gén., 1855, t. XXXV, v° Paternité, n° 391）。不过，判例法和学说的整体严谨性上存在一些"裂缝"：亲子关系推定有时会因为寻求生物学真实被搁置，为了少女妈妈和非婚生子女的利益可能也会判处"卑鄙的略诱者"支付赔偿。德莫隆布认为身份占有是非婚生亲子关系的证明，一小群学者开始站在子女的立场看待这一问题。具体阐述可以参见 F. Hérold 在 1851 年的博士论文 De la preuve de la filiation，阿科拉斯的 Droit et Liberté. L'enfant né hors mariage. Recherche de la paternité（Paris, 1865）以及在天主教道德观影响下的作品 Le Play, Ch. Jacquier, De la recherche de La paternité（Revue catholique des institutions et du droit, 1874, p. 69-79, 182-192 et 319-332）。法学家们关心的通常都是涉及富人父母的继承纠纷和篡改姓名纠纷，然而绝大多数非婚生子女都属于贫困阶层,这一事实就这样被他们完全忽略了。非婚生子女的收养问题的长期争议佐证了这一点,正如 J. -P. Gutton 公布的数据显示,每年只有 50 个左右的非婚生子女面临这个问题(J. -P. Gutton, *L'adoption*, Publisud, 1993, p.138-140)。但可以肯定的是,确定非婚生子女不同命运的多样化判决能够体现法官们在这个问题上的巨大分歧。小仲马和埃米尔·奥吉耶(Émile Augier, 1820—1889)在其戏剧作品中都谴责了《法国民法典》第 340 条的不公正:Alexandre Dumas fils, *Le fils naturel* (1858) 和 Émile Augier, *Les Fourchambault* (1878)。① Marcela Iacub, *L'empire du ventre* (Paris, Fayard, 2005)则展现了父亲身份推定如何为各种诡计掩人耳目(诸如未申报的收养和替换子女)。

关于父权的研究本书参考了 B. Schnapper, La correction paternelle et le mouvement des idées au XIXe siècle (1789-1935) (*RH*, 1980, t. 263, p.319-349)。许多法学家都对 19 世纪父权的衰落怅然若失:比如察哈里埃,以及 J. -P. Chrestien de Poly, *Essai sur la puissance paternelle* (1820); Blanchet, De la puissance paternelle, *Revue de droit français et étranger* (1848, t. V, p.405-433)和 O. Devallée, De la puissance paternelle (*Revue de législation et de jurisprudence*, 1852, t. II, p.233-245)。勒普莱和他的门生更是呼吁要赋予作为一家之主的父亲在继承方面更多的权力。而德兰特和德莫隆布则以保护子女利益的名义朝着另一个方向努力,想通过解决无监护资格的母亲这一问题来限制父权的行使。②

---

① 《法国民法典》第 340 条:"非婚生子女不得请求其父认领。在其母被略诱的情形,如略诱时间与怀孕时间相合时,略诱人得因利害关系人的请求被宣告为子女之父。"——译者注

② Req. 15 mars 1864, *S.*, 1864, 1, 155.

71 继承法与实践

先是复辟时期的极端保皇党人,后是巴尔扎克,早就开始指责《法国民法典》"砸碎了土地"(参见 R. Deniel, *Une image de la famille et de la société sous la Restauration* [Paris, 1965, p. 60])。这种平等继承的举措导致了农场经营碎片化和出生率降低,勒普莱和他的门生学子为这一理论贡献良多: *L'organisation de la famille selon le vrai modèle signalé par l'histoire de toutes les races et de tous les temps* (Paris, 1871)。然而许多学者论证了这一理论的不合理之处: 在 Famille et tenure dans les Pyrénées du Moyen Âge au XIXe siècle (*Annales de démographie historique*, 1979)的第 346—360 页,可以看到作者 J. Poumarède 认为勒普莱所叙述的"不平等继承"的实践操作是少见的,即便是在勒普莱潜心研究的比利牛斯山地区也是少数; L. Assier-Andrieu 则在 Le Play et la famille-souche des Pyrénées politique, juridisme et science sociale (*Annales ESC*, 1984/3)的第 495—509 页展示了政治偏见是如何左右勒普莱的研究方法的。G. Boissonade, *Histoire de la réserve héréditaire et de son influence morale et économique* (Paris, 1873)写到勒普莱周围的学者(但并非其追随者)中支持增加可(通过遗嘱)处分部分的占了大多数,作者 G. Boissonade 本人支持平等继承,但同时也希望可(通过遗嘱)处分部分能小小增加一些。针对同一问题的阐述还可以参考 Pr. Vernet, *Traité de la quotité disponible* (Paris, 1855)和 H. Fontaine, De la liberté de tester (*Revue pratique de droit français*, 1866, p. 233 - 254)。在 Le *Traité théorique et pratique des partages d'ascendants* (Paris, 1868)中,作者 Réquier(阿让[Agen]法院的庭长)刻画了南部地区判例法和最高法院收窄的判例之间产生的对立。经济学家们在土地碎片化的重要性、原

因和后果上同样有分歧,虽然他们的研究通常都基于错误的数据,或是用错误的方式来分析数据:Passy、Boichoz 和 Batbie 为碎片化高唱赞歌,而 Faucher 和 Courcelle-Seneuil 则认为碎片化是农业摧毁的因素之一,并呼吁遗嘱自由。

那么人们对《法国民法典》确定的继承规则的态度究竟如何呢？特别是农村地区与土地继承紧密相关的人群。在 A. de Brandt, *Droit et coutumes des populations rurales de la France en matière successorale* (Paris, 1901)中,作者很好地利用了不同地区态度的多样性,使用的是 1866 年农业调查(往往是互相矛盾的)的数据,在许多方面都与勒普莱的理论相吻合。这篇分析地方性继承习俗的文章研究的对象是使用"捏造长子"手段以完整继承遗产的地区:西南地区、中央高原(在 le Gévaudan E. Claverie et P. Lamaison, *L'impossible mariage* [1982, p. 72-73]中得到了确证)、阿尔卑斯山地区及下布列塔尼。应该注意到的是这些并非都是传统成文法地区,造成不平等继承并不只有法律传统因素,还应考虑到其他原因:比如不平等继承经常发生在山区,人类栖居地很分散,一直保持着社区式生活的形式。在 J. Hilaire, *Vivre sous l'empire du Code civil. Les partages successoraux inégalitaires au XIXe siècle* (*Bibliothèque de l'École des Chartes*, t. 156, 1998, p. 117-141)中有涉及上述所有关键的论述。若要研究大家族之坚挺,可以参考:G. Thuillier, *Aspects de l'économie nivernaise au XIXe siècle* (Paris, 1966, p. 3345); A. Corbin, *Archaïsme et modernité en Limousin au XIXe siècle* (Paris, 1975, t, I, p. 278-287); A. Fine-Souriac, La famille-souche pyrénéenne au XIXe siècle. Quelques réflexions de méthode (*Annales ESC*, 197713, p. 478-485)。稍近的两篇论文 C. Lacanette-Pommel, *Les Béarnais et le Code civil. Étude des pratiques successorales et matrimoniales dans les Pyrénées* (1789-

113

1840)（Toulouse, 1998）和 L. Soula, *La Robe, la Terre et le Code. La Cour d'appel d'Agen*（*an VilI1851*）（Toulouse, 1996）得以大致了解南方人对新继承规则进行的有限抵制。

关于继承法对土地碎片化的影响（不能单纯用土地份额来衡量,因为其中包括了土地上已建成的资产）,最新的研究有些细微差别：Ph. Vigier, *Essai sur la répartition de la propriété foncière dans la région alpine*（Paris, 1963）和 G. Gavignaud, *Propriétaires-viticulteurs en Roussillon*（Paris, 1983, 2 vol）表明出卖才是造成土地分散的重要因素,而且继承法对小块财产的影响要大于大块财产；G. Carrier, *Paysans du Beaujolais et du Lyonnais*（Presses Universitaires de Grenoble, 1973）则指出,在研究对象地区,土地的分散古已有之,通过捏造长子继承可以合并土地,这有利于大中型财产。此外,经营开放活动常常会要求聚拢被分散的财产。J. -C. Farcy, *Les paysans beaucerons au XIXe siècle*（Chartres, 1990, 2 vol.）研究的对象正是左拉撰文《土地》的灵感来源地区,作者注意到了直到1870年代的土地碎片化增长,但其分析这源于农村地区"小面积种植"（petite culture）的普及。

在平等继承的大环境下,长子世袭财产和遗嘱的地位如何呢? 对于前者可以参考 J. -M. Augustin, *Les substitutions fidéicommissaires à Toulouse et en haut-languedoc au XVIIIe siècle*（PUF, 1980, p. 492-507）; J. Tulard, *Napoléon et la noblesse d'Empire*（Paris, 1979, p. 75-78）和 R. Szramkiewicz, Autour d'une pétition d'étudiants de la Faculté de droit contre le projet Villèle de retour au droit d'aînesse en 1826（*RHFD*, 1993, n° 14, p. 93-136）。R. Szramkiewicz 在其作品中强调了长子世袭财产数量很小（1826年,有307起长子世袭财产在贵族外设立,贵族中则有50起左右）,复辟期间巴黎可（通过遗嘱）处分部分的使用率也很低。根据巴黎

公证处提供给维莱勒的数据,1825 年 85% 的继承都是无遗嘱继承(*ab intestat*),1081 起继承中只有 147 起包含完整先取份。对于 19 世纪遗嘱实践的研究并不多:G. Gavignaud, *Propriétaires-viticulteurs en Roussillon* (Paris, 1983, 2 vol.)第 634 页提到,鲁西永地区(Le Roussillon)有 20%—30% 的死者立下遗嘱,其中男性比例偏低,女性更高;C. Aboucaya, *Les structures sociales et économiques de l'agglomération lyonnaise à la veille de la révolution de 1848* (Paris, 1963)第 26 页则提及 1848 年以前,绝大部分商人和里昂的有产者都通过遗嘱继承(包括自书遗嘱和公证遗嘱),而自由职业者和手工业者仅有小部分采用遗嘱手段;J.-L. Marais, *Histoire du don en France de 1800 à 1939* (Presses Universitaires de Rennes, 1999)认为可(通过遗嘱)处分部分提供的可能性很少被利用。应当进一步推动这样的调查研究,以获取更准确的数据来衡量无遗嘱继承不容忽视的发展。

第三章　有产者的统治

72　前言：所有权大获全胜

自法兰西第一帝国至第三共和国,所有权(propriété)始终是社会秩序的基石。为使国有财产认购人安心,1814 年《宪章》规定"所有权一律(tous les propriétés)不可侵犯,国家财产亦不例外,法律对其一视同仁"。更有甚者,于 1814 年至 1848 年间,法国实施纳税选举制(le suffrage censitaire),仅赋予最富有的有产者政治权利。各种民事证书或文件中常常提及"有产者"或"所有权人"这一称谓,体现了 1880 年前法国显贵们对这一身份的重视。直至 1848 年,普选制在法兰西第二共和国确立,但这仍未颠覆有产者的统治。事实上,1848 年《宪法》不正是将所有权与家庭、工作及公共秩序相提并论,列为共和国的基础之一的吗?

与此同时,所有权也的确受到了"社会主义"或"共产主义"思想家的激烈抨击。1840 年,皮埃尔-约瑟夫·蒲鲁东出版了《什么是所有权?》一书,并挑衅地答道:"所有权就是盗窃。"在这一论战的背景下,法学家对所有权的概念加以修正,以图利耶①为代表的第一代《法国民法典》评论者敢于宣称永久所有权只是"民法拟制的产物"(«l'ouvrage du droit civil»)。然而,19 世纪 40 年代,在一片强调财产权绝对、排他、永久

---

① Charles Bonaventure Marie Toullier, *Le Droit civil français suivant l'ordre du Code*, 1811, vol. III, p. 71.

的声浪中,学说开始日益僵化。① 1848 年,秩序的捍卫者,即"所有权的哨兵们"(《 sentinelles de la propriété 》)掀起了一场大战,抨击视所有权为法律拟制物的学说。经济学家巴斯蒂亚认为,"约定形成的不是所有权,而是法律"。法学家特洛隆指出,所有权脱生于"自然法中最纯粹的渊源"。在《论财产》一书中,梯也尔一劳永逸地终止了辩论。学说将所有权视作先于社会诞生的自然权利,强调从个体和绝对的角度解释《法国民法典》规范,并将所有权建立在工作的基础上,与自由主义思潮同仇敌忾,将矛头指向国家侵犯私人领域的一切苗头。为驳斥"丑恶的共产主义",德莫隆布甚至写道,所有权"赋予主人对其所有物一项完全专制的主权"②。数年后,特罗隆主持最高法院(la Cour de cassation)时,曾将所有权的"充分性和独立性"奉为圭臬,驳回了登记局所持的所有权源自国家之理论。③ 面对学说的坚定立场,立法者不敢轻易修改《法国民法典》中关于所有权的条文。然而,自 1804 年至 1880 年,财产法并非一成不变,法国的经济和社会转型以不同方式对各个类别的财产加以影响:农村财产的所有权并未像城市产权或工业产权那样发展。随着政府对社会的干预不断深化,法学家们关于所有权教条且单一的看法已不再适用,而他们却浑然不觉。

一、农村财产所有权

73 600 万土地所有者

19 世纪上半叶,农村土地所有者的数量持续增加。1807 年至 1851

---

① *Un des premiers exemples: Aubry et Rau*, *Cours de droit civil français*, 1839, vol. I, p. 193-194.
② Charles Demolombe, *Cours de Code Napoléon*, 1852, vol. IX, p. 543.
③ Civ. 23 June 1857, *S.* 1857, 1, 401.

年，随着地籍测绘制度（le cadastre）的落实，税务统计显示土地编号（cotes foncières）大幅增长：1826 年为 1000 万，1842 年为 1150 万，1858 年为 1300 万。每个编号对应给定市镇内一人所有的全部地产。在不同市镇均有地产的人则对应多个编号，所以根据上述数据保守估计，1842 年的土地所有者或在 600 万左右。当时，包括城市居民在内，法国约有 700 万或 800 万成年男性，因此，如西斯蒙迪（Jean Charles Léonard Simonde de Sismondi，1773—1842）所言，几乎所有农村家主都可以享有"作为土地所有者的幸福感"。然而土地所有权分配极度不均：一方面，数百万的小土地所有者占绝大多数，将近八成的编号地块附加的税款不足 20 法郎；另一方面，仅占编号的 1% 的大贵族或资产阶级地主则拥有大部分土地（la richesse foncière）。大多数农民难以依靠其一亩三分地自给自足，因此在耕种自己的土地之外，还要耕种他人的土地。他们既拥有自己的小块土地，又作为承租人、佃农甚至雇工为其他人工作。很大程度上，最贫困的人只能依赖进入和使用公有地所取得的资源生活。因此，如何通过法律条文反映社会关系，成为农村在现代化进程中面临的一大难题。

74 《法国民法典》，土地所有者的《每日颂祷》

波塔利斯认为所有权是"立法的普遍灵魂"，《法国民法典》亦以之为基础，且格外针对农村财产所有权人。第 517 条及以下列举的不动产与农村生活息息相关：地产、庄稼、树林、耕作用家畜、鸽舍中的鸽、兔园中的兔、巢中的蜜蜂和农业用具。第 1774 条提及按"轮作田或季节"划分的耕地，体现了传统农业技巧（techniques）。然而，《法国民法典》的起草者无意就农村财产和城市财产分别建立两种不同的所有权制度。因此，罗马法区分乡村地役权和城市地役权的古老传统并未体现在役权或地役权一章当中;再者,设立城市地役权实际上是为了使用"位于城市或农村"的建筑物。在同一章中,第647条和第648条提及共同放牧权,足以表明所有权人在土地四周设置围栏的自由。① 第652条则规定,有关法定地役权的更多细节需参考各项乡村管理法(lois de la police rurale)。②

《法国民法典》对农村财产特殊性的强调仅限于物的租赁:第1763条至1778条阐明了土地租赁的具体规则,但只涉及承租制(fermage),对(分成)租佃制(métayage)几乎避而不谈。租佃制可理解为向佃农出租土地(bail à colonat partiaire),这一术语源于罗马,指地主向佃农收取一部分收成。1804年的法典编纂者并未进一步界定土地所有者与经营者之间的法律关系,或是担忧建构一种不完整的农业地权会让人想起旧制度。他们曾寄希望于即将编纂的《农村法典》,然而事与愿违,后者始终未能问世,成为拿破仑主持编纂时唯一一部无疾而终的法典。

75 《农村法典》的缺位

1801年,《农村法典》起草委员会成立,并于1807年完成共280条的初稿,初稿对村社惯例充满敌意,包含废除共同放牧权和拾穗权的条款。1808年,政府决定咨询专家前省长韦尔内-普拉索(Verneilh-Puyrasea),后者建议开展进一步调查,该任务最终在第一帝国末期由各上诉法院的咨询委员会完成。1814年,韦尔内-普拉索负责修订的第二稿问世:草案内容臻于完善,共960条,涵盖《法国民法典》关于土地租

---

① 《法国民法典》第647条:"任何所有权人得在其不动产的四周建筑围墙,但第682条规定的例外,不在此限。"第648条:"在土地四周设围的所有权人,按照其收去土地的比率,丧失其在共同土地上通行与放牧之权。"——译者注

② 《法国民法典》第652条第1款:"此种义务的一部由乡村警察法规规定之。"——译者注

赁的条款,且更加尊重旧法,决定暂不废除共同放牧权并保留长期租赁契约(l'emphytéose)或定期金租赁契约(les baux à rente)。资政院对此持质疑态度,并于1815年提出编纂农村法的时机尚未成熟。

在波旁王朝复辟和七月王朝时期,人们呼吁起草《农村法典》,并通过省议会呈递请愿。然而,政府始终没有启动相关工作,一项旨在废除共同放牧权的法案也于1836年以失败告终。农村法法典化的支持者分为两派,一派希望仿照《法国民法典》进行统一立法;另一派则倾向于起草地方惯例汇编。第二帝国期间,编纂《农村法典》的想法再次占据上风。1854年至1858年,参议院下设的一个专门委员会起草了一份较为保守的草案,历经资政院的数年阻挠后,最终于1868年提交至上下两院审议。草案提出合法化(分成)租佃制,这一主张受到了法国农民协会(Société des agriculteurs de France)中大土地所有者的批判。1870年至1871年,普法战争爆发,法典编纂工作不得不暂停。1876年,第二帝国时期的草案被重新提交至参议院,但大多数人希望维持现状:《农村法典》引起的恐慌大于期待,它的缺席并非农村现代化道路上的障碍,而大土地所有者亦能从中获益。

76 利好大土地所有者的自由主义

在没有《农村法典》的背景下,《法国民法典》一直是农村法的唯一法源。除此之外,制宪议会于1791年9月28日至10月6日通过并颁布的一项法律(即《农村财产使用和乡村管理法》)被误称为《农村法典》,其中部分条款迄今有效,尤其是有关共同放牧权的规定。19世纪上半叶,农村法很少以立法条文的形式固定下来,因此,惯例和缔约双方的意志得以发挥重要作用。就土地租赁而言,在《法国民法典》总体框架内,双方可以自由调节二者关系:出租人和承租人均需履行租约赋予的义务,前者有为承租人保持租赁物正常使用状态的义务;后者则"扮演善良家父的角色"(en bon père de famille)管理土地并支付租金。一般认为承租人仅享有债权,只有特洛隆提出不同看法,在他看来,第1753条规定租约不因租赁物出卖而解除①,因此承租人享有可对抗第三人的物权。这一观点虽然遭受判例法和学说的否定,却预示了承租制的发展趋势。

在土地租赁方面,合同自由更加不受限制,租赁得以书面或口头为之(第1714条),且有无确定期限均可。对于非书面形式的土地租赁,《法国民法典》按以下原则推定其租赁期限:饲养场、葡萄园为一年,耕地则为轮作所需的时间。法国北部地区的巴黎盆地主要采取承租制,租赁期限一般为三年、六年或九年,规定以货币支付租金,丰收时农民可从中获益。相反,在实行(分成)租佃制的地区(克勒兹省、科雷兹省、上卢瓦尔省、西部和西南部某些省份),力量的天平偏向了主张地方习惯所赋予权利的大土地所有者们。一方面,大部分的租约为口头形式;另一方面,判例法和学说也认为(分成)租佃制是一种社会特殊情况(une espèce de société)。因此,任意一方均可随意解除无固定期限的合同。在这种情况下,土地所有者解雇佃农时,仅需在约定俗成的很短期限内予以通知,甚至可以不事先通知。此外,佃农和土地所有者有时并非五五分成,佃农还需额外支付一些现金作为缴纳的税款和住房租金,收成不好时亦不例外。一些条款不禁令人想起过去的封建制度,例如,提供免费工作天数或保留狩猎权以飨所有权人。较法国中部地区而言,西部地区的(分成)租佃制看似更为合理,但仍使得佃农依赖于土地所有者,技术进步也往往因此受阻。

---

① *Le Droit*, 1836.

77 地方惯例的盛行

《法国民法典》时常提及地方惯例，在土地租赁、地役权和水域管理方面尤为明显。这为农村法打开通向法律多元主义的大门。随着《农村法典》胎死腹中，各城镇乃至地区的古老传统得以保留，并像方言和地方实践一样，成为统一化进程中地方身份认同的象征（signes d'identité）。19世纪，在农业现代化水平较低的山区和小块农业区，这些惯例发挥了格外重要的作用。为了更好地了解这些习惯法规则，人们以一种无序的方式将其记录下来。至1848年，一些学者自行开展的习惯法汇编行为在法国西部地区首先出现。① 1848年至1851年的政治危机后，这一进程在政府的鼓励下持续加速。第二帝国期间，约30份《汇编》以小册子的形式出版，涉及各县、区和省的不同情况。正如规范本身难以准确界定的范围一样，这些《汇编》的权威性变化不定，法官有时也认为自己并不受其约束。

这些习惯法规则深受旧制度时期农业系统的村社传统影响，通常倾向于保留村社居民对于私人土地、公共财产和国有森林的使用权（droits d'usage）。因此，共同放牧权是各地惯例争论的焦点问题，特别是在一些地区，中小地块的土地所有权与在收割后的私人土地上放牧同一村落牲畜的共同放牧权紧密相连。根据《农村财产使用和乡村管理法》，基于自古以来的地方惯例或基于契据（titre）的共同放牧权得以维持。第一种情况下，共同放牧权被视为一种原始物权（un droit réel de caractère original），是真正的公有物权而非地役权②，此时既无供役地亦无需役地。第二种情况下，村社拥有在私人土地上维持共同放牧权的

---

① Eure-et-Loir, 1817; Maine-et-Loire, 1835; Loire-Atlantique, 1845.
② Jean Baptiste Victor Proudhon, *Traité des droits d'usage*, 2ᵉ éd., 1836, vol. VI, p. 510.

资格,这就更像一种传统地役权。同样,该法规定人工草地(prairies artificielles)禁止共同放牧,天然草地(prairies naturelles)则要在收割一次牧草后才允许共同放牧。此外,为消灭共同放牧权,所有权人可以在土地四周建筑围墙,但相应地,也会失去其在他人土地上的共同放牧权(第648条以下)。然而,判例法和主流学说认为存在极个别情况,即当共同放牧权的资格基于协议产生时,建筑围墙也不能将其消灭。

上述学说沿袭了《农村法典》1807年草案起草者的观点,认为共同放牧权具有危害性。与之相反,判例法忽略了土地所有者的反对意见,倾向于遵守1791年法律的相关规定。① 农民仍难以割舍这项用益权,政府因此表现得十分谨慎,以免引起他们的不安。随着政府相继颁布一些省长法令和市政规章,共同放牧权逐渐淡出历史舞台。一方面,其期限限缩至了一个较短的时间,如草地第二次牧草收割后;另一方面,其范围则限缩至部分土地。自第二帝国起,农业现代化和农村人口下降对这一进程的影响更甚。拾穗权亦是如此,它在法国大革命时颁布的法律文件中得以保留,并为1810年《刑法典》(第471条第10款)所默许。1807年至1808年,也曾有人提出废除这项用益权。此后,随着一系列市议会的决策、判例法以及技术进步,拾穗权逐渐受到限制。

不过,公有地的使用权则更加根深蒂固。大革命以暴力手段夺取了领主占据的财产,拿破仑曾试图变卖公共用地充当政府公债基金,波旁王朝复辟后则归还了这些财产。因此,市政府无权分享名下的大量土地,但根据1837年7月18日的法律,有权调整土地的使用方式。对农民而言,在公地上的伐薪权和放牧权不可或缺,然而各地的省长仍鼓励村社出租其财产。不同地区,公共牧场和森林出租的进展也极不相

---

① Civ. 29 mars 1841, S., 1841, 1, 461.

同。农学家对于"农业共产主义"的批判声此起彼伏,但在某些省份,数千公顷的土地上依然实施着这种旧规则。在法国北部地区和勃艮第,有的村社居民对于公共财产中的家庭份额甚至享有排他性使用权。

78 保留定限物权

《法国民法典》中绝对且排他的所有权并未在农村消失,虽然法典编纂者并未提及,但实际上,初始物权存在于传统租地(tenures)和长期租赁(baux à long terme)形式中。理论上,大革命后,旧制度下拥有使用权(domaine utile)的人获得了所有权,而任何带有封建主义色彩的土地租让形式都已无迹可寻。一切不转移所有权的租约仅产生债权,同时,1790年12月18日至29日通过法律,明确禁止永久租赁,将租约的期限控制在99年或三代人内,并宣布承租人可以赎回土地定期金(les rentes foncières)。

实际上,很多地区仍保留着旧的租地方式,有些仅赋予承租人使用权:如南特葡萄园实行的无限期复杂租赁(bail à complant)(因承租人承担种植义务而得名)。面对以下三种土地租赁关系,判例更加踌躇不决:一是朗格多克地区的永久承租制(la locatairie perpétuelle);二是拉马尔克和利穆赞地区的永久租佃制(la métairie perpétuelle);三是阿尔萨斯地区的世袭租赁契约(la bail héréditaire)。第一种情况下,承租人一般视为所有权人,可以自由赎回定期金。就永久租佃制而言,1835年,最高法院承认经营者赎回特许使用金(les redevances)后可取得所有权,但直至1840年才赋予佃农债权。至于最后一种情形,人们起先认为世袭租赁契约并不会转移所有权,之后则逐渐将其与长期租赁权相关联。长期租赁契约源自罗马法,在当时也仍然适用。以德莫隆布为代表的部分学者认为,这种《法国民法典》并未提及的物权不应得到承认。然而，大多数法学家赞成保留长期租赁权，这一立场在 19 世纪 20 年代后的许多判决中均有所体现。一些判决将承租人的权利评价为一种使用权，而另一些判决则简单地将其视作租赁期限长、特权使用金低的土地物权转让。

有时，判例法还会承认地上所有权(la propriété de la superficie)有别于土地所有权。在大革命的立法变迁中，布列塔尼地区保留着一种可随时收回的土地租约(le bail à domaine congéable)。该租约向承租人或占有人(domanier)转移地上建筑物所有权，而土地或地产所有者清偿建筑物费用后仍有权解雇佃农。根据 1791 年 6 月 7 日至 8 月 5 日法律，书面合同必须规定租约期限和占有人应交的佃租，有时还需就佃租注明占有人为所有者工作的天数。19 世纪，土地所有者解雇占有人的权利和佃农索取建筑物偿还款的权利时常引起争议。本世纪以来，此类土地租赁契约的数量有所下降，但仍不可忽略不计。

虽然严格意义上的地上权合同(le contrat de superficie)在农村并不常见，但是判例证明，所有权实际上被分割成了许多《法国民法典》中并未提及的物权。以布雷斯地区的池塘为例，前两年处于蓄水期时属于一个所有人，而在第三年处于排水和播种期时，则归另一人所有。《法国民法典》第 552 条例外规定可以横向分割土地，即将树木所有权和土地所有权相区分。[①] 有时，判例法试图将这一例外解释为基于共同所有权的分割权或地役权(une espèce de servitude)，[②]但是必须意识到，正是由于农村保留了旧法中的所有权，才会形成如今的特殊情况。

---

① 《法国民法典》第 552 条第 1 款："土地所有权并包含该地上空和地下的所有权。"——译者注
② Req. 5 novembre 1866, *DP*, 1867, 1, 32.

79　国家、水资源和森林

19世纪上半叶,为维护水资源和森林领域的公共利益,政府的"有形之手"触及《法国民法典》。根据1807年9月16日的法律,政府下令疏通沼泽地时,有权要求土地所有者配合其计划并向工程特许权人支付金钱补偿或外勤津贴。第二帝国时期,在铁路建设的情况下,国家往往会在布雷斯地区(1856年7月21日的法律)和朗德省(1857年、1860年颁布两项相关法律)实施重大的排水工程。由此可见,在改造农村地貌景观的大工程面前,私人财产必须做出让步。

《法国民法典》第644条规定,流水沿岸的土地所有者可自行引水灌溉土地。不过,第645条则要求法院在解决争端时调和"保护农业利益和尊重所有权"的双重需求。1845年4月29日、1854年6月10日的两部法律设立了法定的灌溉和排水地役权,所有权人的绝对权被进一步限制。如果负担地役权的所有权人可以得到补偿,那么这就是一种"半征用"。得益于上述法律,尽管农民会有惰性,村社或《1865年法》规定的地产主联合会(associations syndicales de propriétaires)还可以实施大规模灌溉工程。至于水源,《法国民法典》第641条规定土地所有者有权"按照其意愿"加以使用。一些学者因此认为,即使存在切断相邻土地的水资源供给的风险,土地所有者仍有权拦住、遏制流经的水源或进行挖掘工作。最高法院采纳了这种绝对主义的所有权观念,对温泉或矿泉水源造成严重威胁。① 继1837年的失败尝试后,1848年3月8日法令的合法性遭受质疑,直至1856年7月14日法律出台,规定水源保护范围内的工程必须获得行政许可,矿泉水源的公共价值才得以彰显。

---

① Civ. 29 janvier 1840, *S.*, 1840, 1, 207; Civ. 4 décembre 1849, *DP*, 1849, 1, 305.

一直以来，出于公共利益的考量，国家对于国有和私有森林一律严加管理。1669 年法令的许多条款业已过时，农民以传统林地使用权的名义对森林造成损害，政府不得不对此做出响应。1827 年 5 月 21 日，《森林法典》出台，共 225 条，严格限制关于国有和私有森林的使用权（包括收集建材或薪柴、放牧、森林牧猪[panage et glandée]），明确将来不会新增使用权，并计划限制或取消现行的使用权。森林牧猪被限制在特定区域内，且不得超过三个月。《森林法典》的实施激起了农民或明或暗的反对，他们最大限度地利用使用权，有时甚至如巴尔扎克《农民》一文所述，已达到掠夺的程度。1829 年，阿里埃日省政府和使用林地的罪犯产生摩擦，叛乱者们身着女式衬衫作为伪装，由此得名的"女士战争"随之爆发。此外，1848 年革命如燎原之火，激起莫尔旺地区和涅夫勒省的起义浪潮。但是，使用权的削弱并不意味着个人主义所有权的压倒性胜利。私人林地所有者的权利同样备受限制，《森林法》不仅将森林砍伐置于政府管控之下，还保留了海军对于某些树种的权利。自由主义国家对水资源和森林的掌握日趋全面，与此同时，农村法律的特殊性也愈发明显。

二、面对城市化的所有权

80　承租人占多数

　　19 世纪，城市人口增长是法国最重要的人口现象之一。城市化运动始于 19 世纪初，自 1840 年至 1860 年迅速发展，城市结构在这 20 年间围绕"奥斯曼模式"发生了天翻地覆的变化。旧制度晚期，超过 2000 居民的市镇总人口不足全国人口的 20%。1886 年，这一数据已升至

127　36%。1846 年,巴黎成为百万级城市,在过去的 35 年内,当地人口激增 70%,里昂(1852 年为 25.8 万人口)、马赛(1851 年为 19.5 万人口)和波尔多(1851 年为 13.1 万人口)已难以望其项背,但仍是里尔和圣艾蒂安等工业城市的人口增长最为惊人。

　　与农村土地所有权一样,城市不动产所有权的分布也极其不均衡。购买房屋或公寓需要较高的成本,因此,城市中有产者比农村更为少见。一项关于遗产声明的研究显示,城市居民中的租户远远多于有产者。不仅赤贫阶级难以拥有城市财产,就连许多资产阶级也只是其住所的承租人。外省的贵族尽量住在自己家中,大多数富有的巴黎人则租房生活,且时常搬家。关于建筑物共同所有权,《法国民法典》仅在地役权一章的第 664 条中有所规定。实际上,除了雷恩、格勒诺布尔等自 18 世纪以来已出现建筑物共同所有权的城市以外,这一权利在其他城市并不常见。当时的出租屋(maisons de rapport)——按楼层分为若干公寓的高楼——为两种人所有:个体所有者和 19 世纪 20 年代起银行以投资盈利为目的而设立的房地产公司。随后,这种主要旨在出租给多个家庭的建筑模式逐渐从巴黎蔓延至外省的大城市。

　　所有者和承租人之间并没有不可跨越的社会阶层。所有者大多是商店店主等小资产阶级或一些以家庭工作者为代表的工人阶级,而大资产阶级则愿意支付高价(超过 1000 法郎/年)租房。虽然经济条件较好的人倾向于离开旧街区,移居至重点城市化工程附近的住宅区,但在同一条街上,甚至同一栋楼里,依旧常是各色人等杂居而处。混居的状态并不意味着所有者和承租人之间没有冲突,而是因为他们生活在巴黎,巴黎工人的收入涨幅远远高于第二帝国时期。配家具公寓的租户

128　往往处境并不稳定,只能按一晚或一周租用房间里的床位。城市郊区较为廉价的街区聚集着个体所有者,他们通常是手工业者和退休的商

店店主。工人阶级的住房困境激发了文学和艺术创作的灵感,人们形象地把房东称作"秃鹫先生",他不仅要求(租户)提前支付租金(一般按季度支付),而且下令驱逐无力清偿的租户。尽管不能违背(书面或口头的)合同自由,法官依然可以同意债务人延期偿还。[①] 1850 年 4 月 13 日,有关贫民窟(logements insalubres)问题的法律出台,其起草者立场虽较为保守,但还是在理论上承认法律有权规定租约的某些条件。

1870 年至 1871 年普法战争期间,国防政府颁布数项法令,在巴黎设立租金暂停令(moratoire)。1871 年 4 月 21 日,凡尔赛议会通过《租金法》,并取消了先前的暂停令,这也成为巴黎公社的导火索之一。这项法律设立了许多由所有者和租户组成的特别陪审团,但在租金方面只允许减免三期,且仅适用于被实际剥夺房屋使用权的租户或使用权在工商业领域受到严重损失者。保守派占多数的国民议会不愿破坏不动产所有权的一般法,因此不愿让公权力在保障租户利益方面走得更远。

81　邻居间的一般义务

无论在农村还是在城市,所有者的自由必须与他人权利相协调并尊重邻居的所有权。《法国民法典》起草者设立城市地役权(servitudes urbaines)制度时,很大程度上受到了巴黎习俗的启发。旧法中关于邻人之间必要的团结(la solidarité)甚至结社(la société)的概念仍然深入人心。波塔利斯有言,"即使是在自己的土地上,也绝不能做出任何可能损害邻居或他人既得权利之事"。在《地役权专论》(*Traité des servitudes*)中,帕尔德叙(Jean-Marie Pardessus, 1772—1853)仍始终强调邻

[①] *Fur. gén.*, 1853, t. XXX, v° Louage, n° 332.

129　居间"应相互帮助"。19 世纪,在相邻关系的传统观念和所有者的充分自由之间,判例和学说一直举棋不定。分界共有墙(mur mitoyen)的问题作为典型例证,很好地了反映这种摇摆。《法国民法典》第 653 条规定了如何推定两个建筑物间用于分隔的墙壁的共同所有权,第 661 条则允许墙壁的任一所有者转让其共同所有权并获得相应补偿。① 第 658 条最具争议,根据该条款,分界墙的两个所有者之一均可不经过另一方同意,自费加高墙壁。② 主流学说和上诉法院(cours d'appel)的判例一致认为,要求加高墙壁的所有者必须出于自身的利益需要,而不能有任何伤害他人的意图。然而,在特洛隆的主持下,最高法院却在判决中提出,"当一个人使用法律赋予的权利时,只有他本人可以判断自己的利益"③。

在影响邻居采光的工程方面,也存在类似的争议。德莫隆布认为,要求所有者说明其施工动机是极不可取的:坏邻居可能违背道德,但在法律上却无可指摘。与之相反,佩罗讷法院曾作出如下判决:当所有者无故涂黑墙壁时,允许其邻居出于照明需要将该墙刷白。④ 此外,曾有所有者以损人为唯一目的,恶意建造假烟囱遮挡邻居,其行为亦遭受科

---

① 《法国民法典》第 653 条:"在城市及乡村,两个建筑物间作为分隔用的墙壁(如两个建筑物的高度不同时,该墙仅分隔该两建筑物的部分称为共有分界墙,该墙自低建筑物顶点的高度起至墙顶止的部分并非共有分界墙。)或庭院与花园间以及田野中围场间作为分隔用的墙壁,如无相反的证件或标志,视为共有分界墙。"第 661 条:"与一个墙壁相邻接的财产的所有人,于偿还墙所有人该墙价值的半数,或其希望成为共有分界墙部分的价值的半数,及该墙所用土地的价值的半数后,有同样权利使该墙全部或一部成为共有分界墙。"——译者注
② 《法国民法典》第 658 条:"一切共有人得加高共有分界墙;但应独立负担加高工程的费用及共有分界墙原有高度以上的保存修缮,此外并对于因加高而增加的负担,按其价值,负赔偿的责任。"——译者注
③ Civ. 11 avril 1864, *DP*, 1864, 1, 219.
④ 2 décembre 1836; *Fur. gén.*, 1857, t. XXXVIII, v° Propriété, n° 56.

尔马上诉法院的谴责。① 由此可见，判例虽不能以所有权的社会性为由，正式谴责权利滥用（l'abus de droit），但与学说相比，更倾向于保护相邻权（droits des voisins）。因此，在充分尊重所有权的情况下，只要依照"不能损人利己"的旧原则，即可轻松地协调两种平等的权利。②

82　市政公共服务的传统措施

此外，"城市治安和道路管理的公共利益"③亦限制着城市建筑物的所有权，在这一方面，旧制度、大革命和19世纪上半叶的法律之间也有十分明显的连续性。根据王室敕令（édits royaux）和巴列门的判决（arrêts de parlement），朝向街道的房屋所有者必须负担城市规划地役权。1789年12月14日的法律规定，市政府负责监督"公共街道、场所、建筑的清洁、卫生、安全和安宁"。就波塔利斯本人而言，在大城市，确保建筑的有序和美观是很重要的。作为1607年12月一项敕令的补充，1807年9月16日的法律规定，公共道路沿线的建筑必须获得政府许可，而开辟新街或拓宽旧街时，市长有权设定建筑物临界一面的道路边线，赔偿则以公共道路占用的土地价值为限。出于安全和卫生方面的考量，市长可以根据街道宽度限制房屋高度。④ 此外，法院有权下令拆除违反市政府相关规定的工程。

自19世纪上半叶起，市政法令（或巴黎警察局条例）对以下事项加以规定：污水池的使用、家庭用水的处理、街道打扫和清洁、朝向公共道路的橱窗内物品陈列、招牌的形状和大小。⑤ 严格限制所有权或增加其

---

① Colmar, 2 mai 1855, *DP*, 1856, 2, 9.
② Metz, 16 août 1820, *S.*, 1819-1821, 2, 309.
③ Crim. 1er février 1872, *S.*, 1872, 1, 351.
④ Crim. 30 mars 1827, *Fur. gén.*, 1848, t. IX, v° Commune, n° 866.
⑤ *Fur. gén.*, 1848, t. IX, v° Commune, n° 854, 944, 987.

附带义务旨在服务公共事业。因此,在固定的日期甚至是特定的时段,所有者须承担打扫门口卫生的责任。在最高法院看来,这些管理规定(prescriptions de police)符合《法国民法典》第 544 条将所有权置于法律法规框架之下的旨意。① 民法学说对此则无甚兴趣,这些法规极大地限制了城市财产所有者的权利,民法学家认为它们不过是行政法的衍生品。学说甚至拒绝承认行政部门拥有拆除危楼的权力,即便事实上政府常常如此为之。基于 1729 年和 1730 年的王室宣言(déclarations royales),市长有权命令所有者修复或拆除有毁坏风险的沿街房屋。所有者因疏忽而"非法使用和享有其财产"②也会受到制裁,且无权获得任何赔偿。

83 城市规划的新手段

国家和公共机关为进行大规模的城市规划,必须采取新的干预手段来弥补传统建筑法的不足。在许多情况下,征收(l'expropriation)往往是最后的底牌,如何规定其程序成为极为敏感的问题,19 世纪内相关规定历经多次修改。1810 年 3 月 8 日法律要求法院根据声明公共利益目的的法令宣布被征收人丧失所有权,并确定相应的赔偿金额。在自由主义者看来,这对所有权的司法保护远远不够:他们认为重大工程只能由法律决定,赔偿金则应当由 1833 年 7 月 7 日和 1841 年 5 月 3 日法律设立的所有者陪审团(jury de propriétaires)计算。

陪审员既是业主,也是纳税人,因此不会滥用公共资金。当法院诉诸他们的公平感,判决通常有利于被征收人,实际上也的确有人得到了

---

① 《法国民法典》第 544 条:"所有权是对于物有绝对无限制地使用、收益与处分的权利,但法令所禁止的使用不在此限。"——译者注

② *Fur. gén.*, 1863, t. XLIV, v° Voirie sur terre, n° 1848.

丰厚的赔偿。然而,1833 年和 1841 年的法律允许广泛行使征收权,规定征收面积可扩大到施工地块总面积的四分之三。上述法律考虑了工程为剩余地产带来的附加价值,并惩罚了通过延迟房屋修缮而获得更多赔偿的欺诈行为。根据 1807 年关于道路边线的法律,行政部门拆除有毁坏风险的房屋仅需赔付土地的价值,他们或因此阻止必要的修缮工作。①

不卫生的工人住宅是保守党派秩序党(le parti de l'Ordre)关注的社会风险因素之一,为减少其数量,议会于 1850 年 4 月 13 日通过一项法律,深化了市政府对于城市建筑所有者的权力。据其规定,市政府有权命令住房所有者打扫他出租的房屋,否则可加以罚款。该法甚至曾设想禁止出租或征收最不卫生的住宅。发起人阿尔芒·德·梅隆子爵(Armand de Melun, 1807—1877)并不希望此项法律被"社会主义、乌托邦和幻想所玷污"。该法成效虽不显著,却证明所有权必须向公共卫生学家对于场所室内清洁的要求让步。

1852 年 3 月 26 日,为了完成首都的重大工程,王子-总统路易-拿破仑·波拿巴(Louis-Napoléon Bonaparte, 1808—1873)亲自颁布相关法令。此时,距奥斯曼(Georges Eugène Haussmann, 1809—1891)成为塞纳大省省长(préfet de la Seine)还有一年有余。该法令规定,在拓宽或改造巴黎街道的过程中,如剩余区域内无法建造安全建筑物,或拆除旧公共道路时必须征用一些建筑物,则行政部门有权征收该地区的所有建筑物。此外,所有建筑商都需要向政府部门提交施工计划。省政府相关机构如在 20 天内未予以回复,建筑商则可在遵循"公共安全和卫生"方面相关规定的情况下按计划进行施工。最后,房屋外墙应始终保

---

① *Fur. gén.*, 1863, t. XLIV, v° Voirie par terre, n° 1851.

持干净整洁,至少每十年需重新粉刷一次。这一干预性规定通过法令拓展至希望效仿巴黎的外省城市,进而激起了一些法学家的批判及许多有产者的抵制。后者时常在最高行政法院(le Conseil d'État)胜诉,尤其是下列情况:要求免除奥斯曼省长对外墙装饰上的限制,[①]或申请取得邻近遗留的小块土地的优先回购权。所有者往往受到征收陪审团的保护,因此仍在当地占据上风。1852 年法令标志着建筑许可证的诞生,我们应当正确看待这项法令可能为私人所有权带来的革新。

三、 面对工业化的所有权

84　矿产资源所有权

《法国民法典》颁布后,矿产制度成为第一项受到立法规制的"工业产权"。自旧制度以来,鉴于开采矿产资源事关公共利益,人们一致认为矿产所有权应该受到特别规则的约束。法国开设第一批大型煤矿时,1744 年御前会议的一项裁决建立了由王权授予的特许权制度(système de concessions)。1791 年 7 月 12 日至 28 日法律规定,矿产资源由国家处置,但略有不同的是,该法赋予土地所有者优先权,并设立了不超过 50 年的临时特许权。在拿破仑个人影响下,1810 年 4 月 21 日法律规定,矿产资源开采的特许状(acte de concession)应经由最高行政法院审议。基于《法国民法典》第 552 条,该法区分地上所有权和矿产所有权(即使土地所有者已取得特许权)。特许权享有者必须证明自己拥有采矿的必要能力,才能获得矿产资源的永久所有权,且该权利"受第 544 条一般原则的保护"。地上所有权人则仅可以主张赔偿金或

[①] *Fur. gén.*, 1863, t. XLIV, v° Voirie par terre, n° 1736.

底土使用费,其形式有时是一定金额,有时是矿产的一定份额。

这项立法创造了两项平行、重叠且独立的所有权,因此有损《法国民法典》规定的排他性所有权。特许权源于国家而非地上所有权人,即使不缴纳特许权使用费时,该权利也只能由政府撤销。然而,在授权特许权享有者展开采矿所需的地表工程时,必须予以地上所有权人赔偿金,从而协调好地表和地下所有权人的关系。此外,尽管立法者并未将采矿视为一种商业行为,并因此免征营业税(patente),但采矿业从业者却要向国家缴纳特别税。行政许可制度同样适用于熔炼矿石的熔炉和锻炉,以及工厂在可航行或可漂浮河流上的取水口。无论自由主义者如何呼吁,工业产权在很大程度上仍受国家控制。

85 不动产所有权和工业产权之间的冲突

同是1810年,拿破仑时期的法规对"排放有害健康或令人不适的气味的工厂和车间"进行了规制。此前,有可能损害邻居安全和健康的工业场所一向由市政规划类的条例管制。上述情况是混乱的根源,国家得以在个人的请求下直接进行干预。经过研究调查后,1810年10月15日法令把排放有害气味的工厂纳入了行政许可制度的管理范围内。这些工厂按危险性强弱分为三类,并由各主管部门说明如何发放每类工厂的许可证。19世纪上半叶,该名录随着煤气等技术的发展多次修改。在任何情况下,办理许可证的程序都是漫长且复杂的,周边调查不可或缺:即便是安装一台简单的蒸汽机,也要办理多达17项手续。此外,行业竞争者可能试图阻挠新机构成立。自由主义者担忧该制度将妨碍工业发展并予以批评,但实际上,最高行政法院批准的许可证远比拒绝的多。

当相邻所有权人作为有害气体受害者提出诉讼时,学说和判例必须提供解决方案。以迪韦吉耶为代表的部分学者认为,不应当对享有"工业自由"的授权机构提起损害赔偿诉讼。但是,以图利耶和德莫隆布为首的大多数学者则以罗马法和《法国民法典》第 1382 条和 1383 条为依据,肯定了此类案件的可诉性。他们区分了行政部门批准许可证时应关注的公共不便(inconvénients généraux),以及遭受物质损失或财产贬损的邻居可合法提出的个人不便(inconvénients personnels)。① 为维系"不动产所有权"和"工业产权"间适当的平衡,法院也应当裁判未经许可的工厂所造成的危害。例如,一旦制帽厂的锅炉干扰到周边邻居,其所有者就可能必须整改以停止侵害。② 在某些情况下,计算新建工厂的开销时还需考虑对原有手工业生产者的补偿。通常,最高法院认为工厂主如未采取必要措施预防难以容忍的烟雾或噪音,则应当支付损害赔偿。③

86 专利权

1793 年 7 月 19 日法律承认了文学和艺术所有权,1866 年 7 月 14 日法律对该法加以修改,但其原则贯穿 19 世纪始末。作者有生之年对其作品享有排他性权利,而其继承人仅拥有期限固定的权利(1793 年为 10 年、1866 年为 50 年)。学者在作者权的性质上存在分歧:该权利究竟是一项所有权(droit de propriété)(奥布里和劳),或只是一项能暂时利用的排他性特权(勒努阿尔[Renouard])。最高法院曾在 1880 年的

---

① 《法国民法典》第 1382 条:"任何行为使他人受损害时,因自己的过失而致行为发生之人对该他人负赔偿的责任。"第 1383 条:"任何人不仅对其行为所致的损害,而且对其过失或懈怠所致的损害,负赔偿的责任。"——译者注

② Metz, 10 novembre 1808; *Fur. gén.*, 1852, t. XXVII, v° Industrie et commerce, n° 212.

③ Civ. 27 novembre 1844, 8, 1844, 1, 811.

一项判决中使用所有权一词（le terme de propriété），但最终于1887年弃用该词。同样，1790年12月31日至1791年1月7日的法律指出，任何"工业发现"都是其创造者的财产（la propriété de son auteur），但是对于发明的使用权（la jouissance de cette invention）只能有5年至15年的专利保证。七月王朝时期，为鼓励（民众）申请发明专利，立法者再次采取行动。1844年7月5日法律没有使用所有权一词，而是赋予发明者一项利用其发现的排他性权利，其期限由一项部长令确定为5年至15年，同时还应当缴纳相应的税款。在一些法学家看来，发明者享有的权利属于工业产权（propriété industrielle），而以米歇尔·舍瓦利耶为代表的自由派经济学家则对此加以批判，将其视为一项有违工业自由的特权。作为妥协，1844年法律的评论者普遍认为，鉴于发明者提供了服务，其权利实际是一种临时性奖励，发明者享有某些权利，但并不是发明（产品）的所有权。另外，工业产权还涉及设计图纸（1806年3月18日关于里昂丝绸的法律，1825年推广至全国）和商标（1857年6月22日法律）。考虑到1816年4月28日法律隐含转让管制行业职位的权利，可见无体物所有权虽得到《法国民法典》承认，却并未得到学说的重视。

87　有价证券的兴起

《法国民法典》将有价证券（第529条）和定期金规定为动产，但所占篇幅十分有限。然而，19世纪，有价证券在私人资产中所占的地位开始不断提升。传统的国债在19世纪初仍是风险投资的对象，后转变为稳健投资。除此之外，公司发行的股票和债券也逐渐进入投资组合。直至七月王朝时期，大部分股份有限公司发行的都是高价记名股票，许多章程甚至限制了其交易自由。随着铁路公司的兴起，尤其是第二帝国时期，易于转让且价值较低的无记名股票与日俱增。铁路股票受益于国家的利息担保,成为一项普遍的投资,其股民数量十分惊人。股民不再被视为公司资产的共同所有者,而公司章程禁止债权人或继承人索取公司部分资产。尽管判例承认公司的法人资格,但是在很长时间内,学说否认股票中包含一种使股民有权获得股息的简单债权。《法国民法典》对于动产的审慎态度虽有利于所有者的自由,但证券的快速增长却反而要求国家采取新的保护措施。在 1870 年至 1871 年普法战争和巴黎公社期间,大量证券丢失或毁坏,1872 年 6 月 15 日法律因此制定了一项追还丢失或被盗无记名证券的程序。此外,1880 年 2 月 27 日法律对未成年人和禁治产人转让有价证券的情形加以规定,成为因保护工业化成果而减损权利的开端。

延展阅读

88 所有权理论

P. Grossi, Tradizioni e modelli nella sistemazione post-unitaria della proprieta (*Quad. Fior.*, 1976-1977, p. 325 et s.)无意间体现了《法国民法典》评论者对于"所有权分割",即财产划分和物权领域的中世纪传统之坚守;M. Vidal, La propriété dans l'École de l'Exégèse en France (ibid., p. 7-40)则阐述了社会主义思想家如何批驳 19 世纪 30 年代至 40 年代持保守主义立场的法学家并将所有权推向极端个人主义和绝对主义的所有权。1848 年,得益学会(l'Istitut)对全体成员的呼吁,支持所有权的呼声日渐高涨: A. Thiers, *De la propriété*; Troplong, *De la propriété d'après le Code civil*; Bastiat, in P. Manent, *Les libéraux* (Paris, Hachette, coll. «Pluriel», 1986, t. II, p. 227-246)。A. Bürge (*op. cit.*, p. 17-

59)宣告了自然、绝对、排他、永久的所有权这一新范式的胜利。最高法院顾问埃洛(Hello)在 De 'inviolabilité du droit de propriété (*Revue de législation et de jurisprudence*,1845,p. 5-67)一文中例证了这一演变过程。1857年,一场围绕"财产源于"国家这一观念的司法辩论备受关注,这与法学家的顽固立场密切相关:J.-J. Clère, En l'année 1857... La fin de la théorie de la propriété originaire de l'État (*MSHDB*, 1987, t. 44, p. 223-268)。

89　所有权和农村地区

19世纪,法国农村遍布小土地所有者,这是前所未有的景象,但与此同时大地主也仍旧存在:G. Dupeux, *La société francaise*, *1789-1960* (Paris, Armand Colin, coll. « U », 1964); G. Duby et A. Wallon (dir.), *Histoire de la France rurale* (Éd. du Seuil, coll. «Points Histoire», 1992, t. III); G. Gavignaud, *Les campagnes en France au XIXe siècle* (Ophrys, 1990)。如下文所述,《法国民法典》赋予农村地产所有者个人主义意义上的所有权:J. Bart et Fr. Fortunet, L'individu et la terre ou l'ordre des champs d'après le Code civil des Français (*Études rurales*, n° 110-112, avril-décembre 1988, p. 57-68)。Fr. Fortunet, Le Code rural ou l'impossible codification (*Annales historiques de la Revolution française*, 1982, p. 95-112)和S. Aberdam, *Aux origines du Code rural*, *1789-1900*, *un siècle de débat* (Paris, 1984)再述了《农村法典》的失败之路。有关承租制的法律规则参见 *Jur. gén.* (v^o Louage, t. XXX, 1853)和特洛隆的 *De l'echangeet du louage* (Paris, 1859),尤其是第58—72页那篇支持承租人享有物权的知名论文。关于土地租赁的区域性实践案例参见 G. Dupeux, *Aspects de l'histoire sociale et politique du Loir-et-Cher*, *1848-1914* (thèse lettres, Paris, 1957)。写进分成租佃合同的"资本主义什一税"进一步强化了这一制度的不平等:J. -M. Augustin, Le consensualisme au service de la tradition, l'exemple des baux ruraux en Montmorillonnais entre 1780 et 1830 (*L'évolution contemporaine du droit des contrats*, Joumées R. Savatier, PUF, 1986, p. 139-165)。(什一税是欧洲基督教会向居民征收的宗教捐税。公元6世纪,教会利用《圣经》中农牧产品的十分之一"属于上帝"的说法向基督教信徒征收此税。——译者注)

地方惯例再次引起部分法学家的关注,法治之下的多元主义法律观可以参考:C. Journès, *La coutume et la loi. Études d'un conflit* (Presses Universitaires de Lyon, 1986); L. Assier-Andrieu, *Une France coutumière, enquête sur les « usages locaux » et leur codification* (XIXe-XXe) (Éd. du CNRS, 1990); C. Gau-Cabée, *L'invention d'un hybride juridique: le droit d'usage dans la jurisprudence du XXe siècle* (thèse droit, dactyl., Toulouse, 1999)。有关共同放牧权的详细法律分析参见 J. -J. Clère, La vaine pature au XIXe siècle: un anachronisme? (*Annales historiques de la Révolution française*, 1982, p. 113-128)。承袭旧制度租地传统的所有权分割得以维系,引发学者关注:M. Garaud, *La Révolution française et la propriété foncière* (Sirey, 1959, p. 262-275)。判例法多次承认有关所有权分割的案件,详见 A. -M. Patault (*op. cit.*, n° 3)。下列文献分析了法官认定此类情形时的困境:N. Kozlowski, Du droit d'usage au droit de propriété des étangs du Val-de-Saône (XVIIe-XIXe siècle) (*MSHDB*, 1986, p. 141-148); J. -P. Marty, *La dissociation juridique de l'immeuble* (thèse droit, Toulouse, 1976)。J. -J. Clère, La survivance des droits féodaux dans la première moitié du XIXe siècle d'après la jurisprudence (*MSHDB*, 1998, p. 201-216)点明了封建制度的残余痕迹。有关水资源的制度是《法国

民法典》的薄弱之处,学者就此展开大量讨论。一些观点如下:德莫隆布支持排他性所有权(*op. cit.*, t. XI);阿科拉斯批判政府部门的权利(*op. cit.*, t. I, p. 673 et s.)。关于森林资源,1827 年立法详见:*Jur. gén.*(1849, t. XXV);J. Curasson, *Code forestier*(1828, 2 vol.);Éd. Meaume, *Commentaire du Code forestier*(1844—1846, 3 vol.)。

90 所有权和城市化

19 世纪的城市发展框架见于 G. Duby (dir.), *Histoire de la France urbaine* (Éd. du Seuil, 1983, t. IV)。城市人口增长则可以参考 J.-C. Gégot, *La population française aux XIXe et XXe siècles* (Ophrys, 1989)。很难说清 19 世纪中期究竟有多少城市土地所有者。20% 至 40% 的城市居民死后会留下遗产,相关研究从他们的继承声明出发,致力于区分其中的不动产和动产:A. Daumard, *La bourgeoisie parisienne de 1815 à 1848*, (Paris, SEVPEN, 1963);同一作者主编的 *Les fortunes francaises auxixe siècle* (Paris-La Haye, 1973);P. Léon, *op. cit.* (Lyon, 1974);A. Daumard, *maisons de Paris et propriétaires parisiens au XXe siècle* (Paris, 1965),估计 1841 年首都的 29000 幢住宅中约有 14000 名不动产所有者。J.-P. Chaline, *op. cit.* 指出,鲁昂留有继承声明的死者不足三成,其中有产者约占 40%—44%。城市地产所有者除个人之外,还有银行、保险公司、房产公司,有学者从更为经济学的角度叙述了他们的历史:M. Lescure, *Les sociétés immobilières en France au XIXe siècle* (Paris, Publications de la Sorbonne, 1980)。房主和租客间的关系则呈现在民间价画作当中:杜米埃(Honoré Daumier, 1808—1879)于 1847—1856 年在《喧闹报》(*Le Charivari*)上连载的三幅漫画"房客和房东"(«Locataires et propriétaires»)和莫格(Laurent Mourguet, 1769—1844)的《吉尼奥尔搬

家》(*Le déménagement de Guignol*)。法律关系的事实则鲜为人知，即便是巴黎租金上涨也显然是第二帝国时期的事了：H. Halbwachs, *Les expropriations et le prix des terrains à Paris* (1860-1900) (thèse droit, Paris, 1909)；S. Magri, *Les propriétaires, les locataires, la loi: jalons pour une analyse sociologique des rapports de location* (*Revue française de sociologie*, 1996, n° 37, p. 397-418)。

我们能够探讨19世纪中期城市规划法的变革吗？新近的研究认为"奥斯曼计划"对于法律的影响并不显著。A. Bürge (*op. cit.*, p. 356-389)研究了城市规划法规一以贯之的传统：对于所有权的限制并非始于1852年。J. Laferrière, *Le droit de propriété et le pouvoir de police* (thèse droit, Paris, 1908)分析了判例法的演变。M. Darin, *Les grandes percées urbaines au xix siècle: quatre villes de province* (*Annales ESC*, 1988, t. 1, p. 477-487)列举了土地所有者成功反抗大规模征用的数个事例。最高行政法院多次捍卫私人所有权的权威，J. Gaillard, *Paris, la ville* (1852-1870) (thèse lettres, Paris X, Atelier de reproduction des thèses, Lille Ill, 1976)同样强调这一观念，并指出19世纪自由国家的城市规划必然是十分有限的。奥斯曼仅在首都的几个标志性场所对土地所有者施加了美化道路边线的限制。

91 所有权和工业化

工业产权的概念不见于《法国民法典》的评注中，却是专业著作的研究对象。主要参见下列专论：S.-C. Clérault, *Traité des établissements dangereux, insalubres ou incommodes* (Paris, 1845)，本文认为1810年法令有利于工业；A. Rendu, *Traité pratique dedroit industriel* (Paris, 1855)；A.-C. Renouard, *Du droit industriel dans ses rapports avec les prin-*

cipes du droit civil (Paris, 1860) 和同一作者的 Traité des brevets d'invention (Paris, 1865)。专利相关可参考 Y. Plasseraud et Fr. Sauvignon, L'État et l'invention. Histoire des brevets (Paris, La Documentation française, 1986)。关于文学所有权的理论和司法构建详见 L. Pfister, L'auteur propriétaire de son œuvre (thèse droit dactyl., Strasbourg III, 1999)。对邻人的损害在判例中尤为多见,下列文献援引了大量判决: Fur. gén.(1852, t. XXVII, v° Industrie et commerce, n° 210 et s.); A.-M. Patault, La propriété absolue à l'épreuve du voisinage au XIXe siècle (Mélanges en hommage à Jean Imbert, 1989, p. 457-463)。民法学说虽然反对以某人滥用权利为由限制其所有权,但是却支持工业干涉中的损害赔偿。Toullier (op. cit., t. III, n° 334 et t. XI, n°145)仅仅以罗马法最为基础。Demolombe (op. cit., t. XII, n° 648-656)则援引《法国民法典》第1382条和1383条,区分了所有者在其土地上实施任何工程的自由和工业干涉情形下对于相邻权必要的尊重。Duvergier, Revue étrangere de législation, de jurisprudence et d'économie (1843, t. X, p. 425 et s.)点明了这篇论义的缺陷:按照德莫隆布的观点,即便工厂主仅是行使自己的权利而无任何违法事实,仍需承担损害赔偿责任。和其他自由主义者一样,迪韦吉耶认为工业产权在传统的土地产权面前做出了让步,并为之感到遗憾。

[140]

第四章　自由主义的征服

92　前言：债法逐步自由化

无论是政治还是经济方面，自由主义都不是第一帝国末期倏忽乍现的产物。至少可以说，1814年《宪章》中的自由主义色彩较为有限，自由主义运动在1830年取得的胜利在动荡的政局面前也显得风雨飘摇，直到1875年一系列宪法性法律通过方得以巩固。在经济方面，贸易自由和工业自由仍与干预的传统存在着冲突，这种传统以公共秩序的名义将重要的权力归于国家。从让-巴蒂斯特·萨伊（Jean-Baptiste Say, 1767—1832）到弗雷德里克·巴斯蒂亚、安瑟尔姆·巴特比以及库尔塞勒-赛奈尔，自由主义经济学家认为，他们同抑制个人积极性的"监管"制度之间有一场真实可见的较量。受圣西门派，尤其是米歇尔·舍瓦利耶的影响，拿破仑三世认同了其部分观点，并于1860年与英国签署了自由贸易条约。随后的几年，大型信贷公司纷纷成立，打破了商品经纪人的垄断局面，股份有限公司不受政府批准的限制，也废除了民商事领域的债务监禁。

自由主义者并不总是能如愿以偿，但通过一次次改革，人们在民商领域对债法进行了认真的反思。在严格意义上的民法领域，个人自由主义将意志作为所有合同之债或侵权之债的基础，同时运输业和信贷领域的革命也影响了诸多特殊合同。商法和在法学家看来包含着劳动关系的工业法均受到了自由化的影响。在贸易和工业自由原则的指导下,商法与工业法的发展在 19 世纪 80 年代以前一直与民法密不可分,商人或合伙人之间、雇主与工人之间的法律关系都被作为合同关系加以规制。

一、个人意志的影响

93 法律意志主义的发展

直到 19 世纪最后二十年,意思自治才在法国的债法中真正得以确立。康德于 1789 年的《道德形而上学基础》(Fondements de la métaphysique des moeurs)和 1788 年的《实践理性批判》(Critique de la raison pratique)两本书中,曾在道德层面使用过"意思自治"一词,个人意志这一表达方式经历了漫长的过程才成为债的唯一来源。尽管波塔利斯对康德的哲学思想有所耳闻,但该思想历经多时才在法国通过译著和专著得以传播。在很长一段时间内,"意思自治"(autonomie de la vdonté)都只作为一个词义复杂的新词出现在法文著作中,大多数法学家仍将合同看作是"法律的产物"。直到国际私法学家在研究工作中结合了意思表示的理论进展,民法学家才接受这个新术语。

19 世纪中叶,国际私法理论在法律冲突时越来越多地提及当事人或缔约方自治。1843 年,德国人弗利克斯(Jean-Jacques Gaspard Foelix,1791—1853)在法国出版了大革命后的第一部《国际私法论》(Traité de droit international privé),他引用了莱茵河彼岸的作者有关"市民自治"(autonomie des citoyens)的术语。他受到某些德国自治城市的启发,但没有援引康德的思想。几年后,即 1849—1851 年,萨维尼在他的《当代罗马法体系》(Système de droit romain)一书中,用其他词语表达了类似的想法:合同法的选择必须根据当事人的推定意图。直到 19 世纪 80 年代,国际法学家认为各缔约方的意志是法的缔造者,这才使意思自治这一说法得以普及。同时,有的法国理论家受到康德抑或萨维尼的影响,将个人意思表示视为法的基础:19 世纪 30 至 40 年代,奥古斯丁·查尔斯·勒努阿尔(Augustin Charles Renouard,1794—1878)、第戎的教授和康德的译者克劳德-约瑟夫·蒂索(Claude-Joseph Tissot,1801—1876)以及斯特拉斯堡的舒岑贝格尔(Frédéric Schützenberger,1779—1859)和劳特尔(Jacques Rauter,1784—1854)成了该哲学思想的首批拥护者,由于经济和政治自由主义的发展,这种思想在第二帝国时期也取得了进步。

《法国民法典》的评论者满足于第 1134 条中关于明确尊重协议的表达方式,而对这种"新概念"则持保留态度。① 他们不仅完全不了解康德的语言和思想,并且大多数仍然相信民法是债的主要来源。然而,通过他们对《法国民法典》的解释,更为自由的思想得以进一步发展。图利耶在指出"所有的债都来自法律"后稍加补充,承认"合意之债是由人的意志直接产生的"。② 后半句得到了茹尔当的赞同,他认为"立法者既不创造所有权,也不创造债,而只是尊重和保护它们"③。尽管图利耶否认这点,但学者根据《法国民法典》第 1370 条及以下条文,就债产生的基础展开了讨论。在批评图利耶时,马尔卡代和德莫隆布也有所不同:他们认为债在自然法和民法中都能找到其来源。④ 拉龙比耶(Léobon Larombière,1813—1893)更倾向于意思主义:"缔约各方的债

---

① 《法国民法典》第 1134 条:"依法成立的契约,在缔结契约的当事人间有相当于法律的效力。"——译者注
② Toullier, *Le Droit civil français suivant l'ordre du Code civil*, 1823, 2ᵉ éd., t, XI, nº 4.
③ Jourdan, *La Thémis*, 1824, t. VI, p. 267-268.
④ Marcadé, *Explication théorique et pratique du Code Napoléon*, 1869, t. V, p. 249-251; Demolombe, *Cours de Code civil*, 1882, t. XXXI, nº 12-17.

来源于自身,因其拥有意志,并基于此拥有权力"①。只有像埃米尔·阿科拉斯这样深信自由个人主义的人,才敢于宣称个人的自主权是一项基本原则。对他而言,自由人是法律的目的,而合同关系是实现这种自由的手段。债的承担只是用一种自由换取另外一种自由,并且债始终有权得到免除。虽然这种意思自治理论的明确表达并不常见,但它确实反映了一种新现象:合同来自国家的观念正在消退。

94 债的一般理论的薄弱

《法国民法典》的评论者逐渐指出其在债的一般理论方面的缺陷,而同时期德国的作者正在就这一问题开展重要的概念性研究。这些批判首先集中在法典的第三卷,主要由马尔卡代提出。人们批评这一卷因不合逻辑的划分破坏了主题的统一性:第三章"契约或合意之债的一般规定",涵盖了200多条契约与非合意之债的一般规则②。然而第四章"非因合意而产生的债"中仅有17条涉及准契约、侵权行为和准侵权行为。此外,学者还批评《法国民法典》的编纂者混淆了契约与债,以及契约与合意的概念。甚至德莫隆布也不得不承认"立法工作缺乏科学性"。

而解经法学的支持者并没有因此而试图创制一种弥补法典缺点的债的理论。马尔卡代坚守法学家的身份认同,拒绝把债放到哲学领域研究,而是满足于解释法律。在这种严格的学科边界之内,大多数法学家试图通过或多或少经过后人阐释的罗马法教义和波塔利斯的解释来阐明法典,波塔利斯的作品于1845年由比涅重新出版。在《法国民法

---

① Larombière, *Théorie et pratique des obligations*, 1857, t. V, art. 1370, n° 2.
② Marcadé, *op. cit.*, 1845, t. IV, p. 402.

典》第1101条及以下仅涉及契约的法条中,关于债的定义就来源于罗马法的法律义务和波塔利斯所说的给付、作为或不作为的义务。德莫隆布稍微探讨了这个问题,他概述了债和其他义务之间的区别。债权与时常被理解为消极之债的物权之间的划分没有得到显著发展。虽然马尔卡代和阿科拉斯批评《法国民法典》第1101条契约的定义忽视了买卖契约可以导致物权的变动,但德莫隆布却为这一条辩护。①

由于文本缺乏系统性,1810到1890年之间的民法学家致力于解释《法国民法典》中最晦涩难懂的术语。因此,在很长一段时间里他们详细地讨论了关于同意瑕疵中,民法典第1110条标的物本质错误的概念。② 从波塔利斯"缔约各方主要考虑标的物的质量"的定义和镀银烛台与银烛台之区别的例子来看,民法学家在标的物的真正质量的概念上,意见有所不同,他们更倾向于客观的定义③或相对主观的定义。针对这一点,法学界相当犹豫不决。④ 波塔利斯关于债的原因的区分理论也得到了发展:在有偿合同中,一方债的原因是另一方所承诺给予的;在无偿合同中,(处分财产的)自由便足以构成债的原因。然而,有些人对双务合同中目标原因的相似性提出质疑,而奥布里和拉乌则将合同发展为一种更经济化的概念,即价值的交换。争议还存在于合同责任和萨维尼所批判过的合同无效理论。所有作者都赞同意思主义的原则及其效果。即使是对个别合同而言,要式的需求也受到了批评,德莫隆

---

① 《法国民法典》第1101条:"契约为一种合意,依此合意,一人或数人对于其他一人或数人负担给付、作为或不作为的债务。"——译者注
② 《法国民法典》第1110条:"错误仅于涉及契约标的物的本质时,始构成无效的原因。"——译者注
③ *Fur. gén.*, 1860, t. XXXIII, v° Obligations, no. 132.
④ Trib. civ. Seine, 28 janvier 1848, S., 1848, 2, 99; Civ. 24 juin 1867, S., 1867, 1, 393.

布认为合同在接受要约的那刻就已经形成了。即使在概念上并非源于意思自治,但在合同自由化进程之中,法学家也倾向于认为合意达成即合同缔结。

95 制定中的责任法

随着19世纪的发展,民事责任理论的发展越来越坚实:1852年,苏尔达(Auguste Sourdat)针对该主题写了一部专著,30年后,德莫隆布多次指出汽车、公交车、电车和铁路事故,以及火灾都因"现代社会习惯"而数量倍增。基于《法国民法典》第四章第二节标题中侵权行为和准侵权行为的经典划分,学者注意到第1382条涉及这两种情况,因而将第1383条视为一种赘述。① 根据判例,他们列举了一些关于过失和疏忽的案例。② 随后,该理论重点研究难以界定的过错概念。基本上所有学者都认为这是一个"不当行为",但并没有总是准确地阐释他们所认为的不当行为意味着什么。只有图利耶通过"善良家父"界定侵权过错和合同过错。③ 在自由主义趋势下,过错被狭义地等同于违反法律的行为,毕竟法无禁止即为允许。但苏尔达指出,有些不当行为并未为法律所禁止,而且针对像医生这样的专业人士而言,除法律以外还必须考虑到对违反技术规范的行为。④ 此外,"不当行为"也被视作对他人权利的侵犯,这体现了主观主义的发展,判例法也因此在不正当竞争的情况下得出"精神损失"的概念。⑤ 而这样定义的风险是会将任何损害行为

---

① 《法国民法典》第1382条:"任何行为使他人受损害时,因自己的过失而致行为发生之人对该他人负赔偿的责任。"第1383条:"任何人不仅对其行为所致的损害,而且对其过失或懈怠所指的损害,负赔偿的责任。"——译者注
② Fur. gén., 1858, t. XXXIX, v° Responsabilité, n° 188-193.
③ Touiller, op. cit., t. VI, n° 231-234.
④ Fur. gén., 1858, t. XXXIX, v° Responsabilité, n° 128.
⑤ Ch. réun. 15 June 1833, S., 1833, 1, 458.

与不当行为相混淆,从而禁止许多竞争的形式:因此,学者明确表示这种损害必须是不公正的,而且不是行使权力的行为。马尔卡代写道:"我们经常听说,任何造成损害的行为,其行为人都有义务弥补这种损害。这大错特错。"①这无疑是为了驳斥认为工业机构对财产的过度损害无论是否涉及过错都可以带来赔偿请求权的判例法。学界还指出,不当行为应当可以"归咎于"其行为人,诚如德尔万古所言"一切都以过错人的意志为前提"。责任与自由之间的联系解释了为何在第二帝国时期②,占据上风的立场是不考虑精神失常的人和低于年龄限制的儿童的过错,而不是梅兰所捍卫的相反立场。

《法国民法典》的评论者用推定过失来解释第 1384 条至 1386 条中针对他人、动物或物品所承担的责任。就动物所有人而言,除了意外事件以外,这种推定几乎是无可辩驳的。这与客观责任相差不大,在 19 世纪下半叶工伤事故频发时受到了质疑。有的法学家似乎主张在蒸汽机爆炸的事件中适用于关于建筑物失修致害的第 1386 条。③ 有的法官从第 1384 条的基础上推论出工业机构负责人对所管理物件造成的损害应当承担责任。④ 但最高法院强调,索赔人所证明的过错存在是侵权诉讼的一项基本条件。法学家因而仍忍受着许多工伤事故得不到赔偿

---

① Marcadé, *op. cit.*, t. V, p. 275.
② Req. 14 mai 1866, *S.*, 1866, 1, 237; J.-E. Labbé, *Revue critique de législation*, 1870, p. 109-129.
③ 《法国民法典》第 1386 条:"建筑物的所有人对建筑物因保管或建筑不善而损毁时所致的损害,应负赔偿的责任。"——译者注
④ 《法国民法典》第 1386 条:"任何人不仅对其自己行为所致的损害,而且对应由其负责的他人的行为或在其管理之下的物件所致的损害,均应负赔偿的责任。父,或父死后,母,对与其共同生活的未成年子女所致的损害应负赔偿的责任。主人与雇佣人对仆人与受雇人因执行受雇的职务所致的损害,应负赔偿的责任。学校教师与工艺师对学生与学徒在其监督期间所致的损害,应负赔偿的责任。前述的责任,如父、母、学校教师或工艺师证明其不能防止发生损害的行为者,免除之。"——译者注

的事实。

96 买卖合同,"生活中最常见的合同"

在特洛隆看来,买卖合同是最重要的合同,它在学说中引起的分析既彰显了意志此时发挥的重要作用,同时又揭示了自由主义局限性。《法国民法典》的学者注意了第1582条和第1583条之间的矛盾,前者规定买卖产生了符合罗马法的"交付义务",后者则规定买受人在契约成立后即获得所有权。① 当妲尔当在这些不确定因素面前犹豫不决时,图利耶坚持认为,在没有进行交付的情况下,仅凭买卖合同不足以转移所有权,就如同波塔利斯所接受的原则并不能使《法国民法典》有所改变。特洛隆致力于批判这种"过时的"理论,论证意志"凭借意志自身便足以"实现所有权的转移。尽管自由主义和法律意思自治取得了进展,但这种"革命"思想仍然面临着阻碍。法学家对买卖他人之物的结果依然存在分歧。与图利耶不同,特洛隆认为买卖他人之物的合同从自始确定无效,因为买卖的同时会转移所有权。

学者对什么是"经过深思熟虑的"价格似乎也存在分歧。虽然人们普遍认为买卖合同不能是无偿的,但学者和法院也质疑以极低价格出售货物的合同的有效性,比方说以相当于建筑物一年收益的价格将其出售。在1806年至1831年期间,法国最高法院在此类问题上多次推翻先前判例,在其中我们可以感受到自由主义倾向和接受法官控制"合理价格"的传统概念之间的潜在对立。虽然特洛隆和德莫隆布赞同《法国民法典》关于解除不动产买卖合同的解决方案,但自由市场的支持者认

---

① 《法国民法典》第1582条:"称买卖者,谓当事人约定一方将物交付于他方、他方支付价金的契约。买卖得以公证书为之,亦得以私证书为之。"第1583条:"当事人就标的物及其价金相互同意时,即使标的物尚未交付、价金尚未支付,买卖即告成立,而标的物的所有权亦于此时在法律上由出卖人移转于买受人。"——译者注

为《法国民法典》第 1674 条是一个"经济异端"。① 牲口买卖中可导致合同取消的标的物瑕疵担保责任问题,也让特洛隆颇感头痛。通过 1838 年 5 月 20 日的一项法律,《法国民法典》保持了与地方惯例的部分统一,特洛隆认识到《法国民法典》条文的空白之处,他似乎对农业发展的需求很敏感,也表明不应增加对这种贸易的阻碍。最后,在贸易方面惯例由 1866 年 6 月 13 日编纂入法,绝对的买卖自由仍然受到限制。在零售商控告流动小贩的野蛮竞争后,1841 年 6 月 25 日法律规定除特殊情况外,禁止拍卖新商品,1858 年 5 月 28 日法律批准了批发销售。为打击欺诈,立法者再次将公共利益置于贸易自由和所有权之上。

97 不动产公示与抵押制度

在以农村为主的法国,不动产买卖,特别是土地买卖占据重要地位。尽管茹尔当持怀疑态度,但《法国民法典》已经废除了由共和历七年雾月十一日(1798 年 11 月 1 日)法律规定的买卖副本登记簿,以使合同具有对抗第三人的效力。由于缺乏不动产公示,除了捐赠和抵押情况,引发了各种投机和欺诈行为,在这一时期,对过去国有财产的交易导致巴尔扎克所描述的谨慎策略的产生。《法国民法典》抵押制度的不足之处迅速受到了大范围批判,而土地信贷的发展又要求所有权的转移更为明确。

1841 年,尽管面对诸多阻力,司法部长还是在法院和法学院内组织了一次调查,并认定抵押制度亟须进行改革。立法工作从七月王朝持续到第二共和国时期,直到 1850 年瓦提梅斯米尔提出了一份草案,立

---

① 《法国民法典》第 1647 条:"含有瑕疵的标的物,因其品质恶劣而灭失时,损失由出卖人负担,出卖人应返还价金于买受人并依前二条规定偿还买受人的其他损害。但如灭失系出于偶然的情形,损害由买受人负担。"——译者注

法工作才取得了进展。草案规定了不动产转让登记以及所有抵押公示及特性。该议案于1851年投票通过,但由于没有经过议会第三次宣读,并没有于12月2日政变前颁布实施。在第二帝国时期,在"法国土地信贷银行"成立后,立法工作得以恢复,多年来,以沃洛夫斯基为代表的人一直支持该银行的计划。然而,1855年3月23日法律在规定范围相当有限:它规定不动产转让必须登记,以使其具有对抗第三人的效力,但它只要求对特殊抵押进行公示,而对例如已婚妇女进行的一般抵押则不要求进行公示。此外,该法律没有建立真正的土地登记公示处,法令一份接一份地公布,其体系却并不完善。

98 有息借贷与信贷市场

教会在此前数个世纪所禁止的有息借贷,于1789年10月3日至12日通过法律合法化,并写入了《法国民法典》第1905条及以下条文中。而编纂者在第1907条中谨慎地甚至令人有些困惑地规定:"法定利息由法律所规定。约定利息可以超过法定利息,但以法律禁止为限。"1807年9月3日法律限制了对该条款的任何自由解释。为了打击投机行为,该法律以"维护社会秩序"的名义,规定民事上最高利率为5%,商业上为6%,并规定了对高利贷的惩罚措施,并将重复放贷的人视为罪犯。

在19世纪上半叶,法律学说仍然延续着神学上关于有息借贷的争议。告解神甫们仍时常遇到放贷的告解者,教会在有息贷款问题上的分歧似乎越来越大,但法学家们不再过多受到"过时的成见"的困扰,转而考虑农业、贸易和工业部门的利益。经济考虑战胜了宗教争论,上述1807年的法律就是在此背景下应运而生,该法在1814年中止,但是在1815年又得以恢复并在此后一直生效。该议案受到了罗西、巴特比和迪韦尔热等自由主义者的抨击,自 1836 年起,莱尔贝特(Armand Lherbette, 1791—1864)议员就提议废除这一法律。然而,包括特洛隆和安德烈·迪潘在内的许多法学家都认为立法者的干预是合理的。在第二共和国时期,加大处罚力度的要求取代了废除 1807 年法律的提议。1850 年 12 月 19 日至 27 日法律加重了对高利贷的惩罚,这同时受到保守派和社会主义者的支持。随着第二帝国的改革,辩论重新开始:政府似乎并不反对修改 1807 年法律的想法,于 1862 年组织了一场关于这个问题的广泛调查,同时向参议院提出了取消对利率干预的请愿。由于银行贴现率不受 1807 年法律约束,这场舆论运动并没有成功解决对高利贷肆意发展的担忧。自由主义者通过 1867 年 7 月 22 日法律废除了债务监禁,除了那些犯罪案件中的从犯,自由主义者证明债务监禁是无效且不公正的,其首先打击的是那些轻率地认购高利贷汇票的小债务人。

很难说坚持 1807 年法律的真正成效是什么。人们可以通过许多手段,如伪造合同、有赎回权的出售,来规避高利贷的禁止,最简单的是让债务人签署汇票或本票,其中利息与资本合并为一笔虚构的款项。巴尔扎克列举了诸多例子,说明精于算计的人会用这种方式来损害年轻挥霍者的利益,不过高利贷真正猖獗还要数农村地区。随着银行网络和土地信贷的发展,规避高利贷禁令的现象缓慢减少。在商业事务中,1807 年法律发挥的作用越来越弱。信贷需求的增加催生了新的资本流通方式和质押借贷方式:1858 年 5 月 28 日关于存放抵押品的仓库和仓单的法律使实物担保优于个人担保。里昂信贷银行的创始人亨利·热尔曼(Henri Germain, 1824—1905)将汇票作为客户可以贴现的信贷工具,此后其功能发生了变化。规定支票的 1865 年 6 月 14 日的法律也处于相同背景下。确实,支票是一种支付手段,而不是信贷方式,但它(并非一定以商业形式)以牺牲过去高利贷渠道的方式,促进了大型存款银行的发展。

99 保险合同

海上保险历史悠久,它在成为《商法典》第 332 条至 396 条的主要内容之前,已经由 1681 年的《海事条例》所规范。然而在起草《法国民法典》时,土地保险在法国却鲜为人知。在旧制度末期,有几家公司主要提供火灾保险,但这些公司都在大革命期间解散了。《法国民法典》的编纂者没有明确谈及该类型的合同,尽管有计划草案,但在 19 世纪土地保险仍然属于是法律缺位的领域。复辟时期创建公司的实践为基于判例法和具体领域专著作者发展的保险法奠定了基础,无论是商业性的还是互助型的公司,往往以需要政府批准的股份有限公司的形式建立。

除了针对火灾和冰雹的建筑物保险外,还增加了贵重家具保险、责任保险、兵役保险和人寿保险,后两种保险引发了激烈的法学讨论。兵役保险旨在补偿抽错号码的代替服役者,该保险最初因违反公共秩序而遭到反对,后来在 19 世纪 30 年代合法化,并一直发展到 1872 年代替服役废除。人寿保险于 1787 年首次在法国得到授权,并在 1818 年得到了内政部有利的指示。复辟时期和七月王朝期间,人寿保险只由几家公司提出,1845 年仅有四家,自 19 世纪 60 年代以来开始迅速发展。继波塔利斯后①,一些法学家认为,由于人的生命不能用金钱来估量,因而人寿保险是不道德且非法的。该合同似乎还包含为他人签订的约定,

---

① P.-A. Fenet, *Recueil complet des travaux préparatoires du Code civil*, Paris, 1827, t. XIV, p. 119.

这与《法国民法典》第 1119 条①的规定相左。然而,自图利耶和帕尔德叙的阐释以来,人寿保险也得到一部分学者的支持。判例法视其为合法的射幸合同。② 法院有时试图打击保险公司的主要对手,即以一些成员的早逝为赌注将其股金重新分配给幸存者的储蓄信贷公司。1810 年 11 月 18 日的一项法令规定这些企业必须实现得到批准,但并不是十分严格。在这方面,自由主义者与国家干预的要求产生了分歧。

100　运输合同

在交通运输革命之前制定的《法国民法典》就在第 1779 条中涉及了"水陆运送旅客和货物的运输商"。③ 按照罗马法的传统,《法国民法典》的编纂者关注的焦点在于明确这些运输人保管和维护委托给他们的货物之责任。客户与运输公司,或是作为中介的货运代理、贸易商,他们之间的关系在具体法规中有所提及。事实上,政府制定的有关公路运输,即 1828 年 7 月 16 日和 1837 年 2 月 15 日的条例、铁路方面 1845 年 7 月 15 日的法律,以及之后的 1846 年 11 月 15 日的条例的文本主要关注公共安全这一迫切需求。

而铁路的发展对运输公司和客户之间的合同关系提出了挑战。事实上,有些公司提前宣布其票价或条款,并在特定的路线上享有特权甚至垄断地位。这也是为何铁路公司在规范中明确规定对客户履行的义务:必须能够为所有前来的乘客提供座位,但不包括在特快列车中二等

---

① 《法国民法典》第 1119 条:"任何人,在原则上,仅得为自己接受约束并以自己名义订立契约。"——译者注

② *Fur. gén.*, 1847, t. V, v° Assurances terrestres, n° 312-318.

③ 《法国民法典》第 1779 条:"劳动力的租赁主要可分为三类:一、约定为他人提供劳务的劳动力租赁;二、水陆运送旅客和货物的劳动力租赁;三、依包工或承揽从事工程建筑的劳动力租赁。"——译者注

和三等车厢的乘客,这一做法引发了人们的批评,法律还规定接受运送所有的包裹和邮包。火车票价必须得到公共工程部长的批准和认可,这甚至使其成为一种行政行为。相较于客户可能遭受的契约自由受侵犯的情况,法学学说似乎更关注国家强加给公司的限制。行政部门需监管私人利益,特别是商业利益,保持商品运输商间严格的平等。在招标说明书中,政府应该以个人的名义作出规定,使他们的权利得到保障,并可能通过对公司的诉讼而使权利得到认可。

二、以贸易和工业自由为名

101 商人自由

1791年3月2日至17日的法律宣布贸易和工业自由的同时,保持了旧制度的传统,将商业活动置于警察的监管之下。在波塔利斯看来,不应"混淆商人自由和贸易自由",也不应"割裂贸易利益和国家利益"。编纂者希望将贸易道德化的同时,对商人产生了明显的不信任,指责他们的危险投机行为。在19世纪,对国家监督合法化的怀疑消退了,当然也有死灰复燃的现象。贸易因而变得"重要",商人行为更加自由。自由化的第一阶段发生在七月王朝时期,大量批判针对《商法典》中关于破产过于严厉的规定而展开,促使1838年5月28日法律的通过。这项改革始于1833年,成立了包括雷诺德和樊尚在内的委员会。经过长期讨论,议会投票通过了一项减轻清算业务税收的法律,即1834年5月24日法律,之后1838年的法律对《商法典》第三卷进行了重大修订。为减少延误情形,不仅法律程序得到简化,而且破产者不再会必然受到监禁之罚:破产状态仅从判决之日开始,迅速申请破产的债务人可以避免监禁。

第二波自由化浪潮发生在第二帝国时期,1867年废除了监禁制度,并采取了一系列措施来"减轻"对商业职业的管制。在巴黎从事屠夫职业,自1799—1804年执政府时期以来一直受到政府批准制度的约束,有诸多限制,如保证金及工会,现在根据1858年2月24日的法令无须再进行事先声明。1863年6月22日的一项法令也废除了对面包师的限制性措施,并将这一职业置于"由市政治安法加以制约的普通法工业自由中"。1866年7月18日至24日的法律废除了商品经纪人在市场上的垄断地位,1862年7月2日的法律保留了证券经纪人的垄断地位,但这点很少得到遵守。最后,判例法倾向于减少因对市场和商场监管而给商人造成的限制:向市场供应食物不再是强制性的,①市政府对委托搬运工卸货的征税权受到质疑。② 每个人都能在他们希望的地点和时间选择想要从事的职业,这逐渐变为现实。

102 竞争自由

19世纪期间,由于"广告"和百货公司的发展,对竞争自由的法律考量也有所改变。商品和顾客的概念来自法学对于"经营资产"的建构,习惯法对此贡献良多。经营资产并未写进1807年的法典,只是在实践中和少数学者如梅兰、达洛兹等口中有所提及。人们将其定义为一种法律上的全部财产和债务,汇聚有形和无形要素于一个轮廓模糊的整体中:经营过程中的工具、机器和货物,附属于企业的商业关系、品牌、名称、标志以及租赁权③,有时还包括积极和消极的债权。资产转让

---

① Ch. réun. 24 mars 1858, S., 1858, 1, 326.
② Fur. gén., 1852, t. XXVII, v° Industrie et commerce, n° 224-225.
③ Rouen, 9 juin 1828, fur. gén., 1858, t. XLIII, v° Vente, n° 659.

要遵守普通销售法,但惯例也容许特殊情形,如以公告形式通知债权人。

在这种转让的惯用条款中,只要不涉及绝对放弃从事某种职业,卖方不在附近土地从事相同类型业务的承诺逐渐发展为一种默示规定。①更为普遍的是,法院试图避免两家贸易公司间的不正当竞争:商人有权为其商品打广告,但不能虚假宣传或诋毁竞争对手的产品。在没有任何立法文本的情况下,基于《法国民法典》第1382条的侵权责任,确立了针对广告过度的判例。刑事制裁似乎并无效力可言,无论是1851年3月27日法律所补充的关于货物欺诈、伪造商标和专利的规定,还是关于联盟的规定都是如此。尽管《法国刑法典》禁止雇主联盟,甚至在1864年关于工人联盟的法律出台后依然如此,但在第二帝国时期产业卡特尔或"联盟"就已经形成了。

103 公司自由

在19世纪上半叶,贸易自由原则似乎与政府批准设立股份有限公司的义务并不冲突。国家总是以对高风险投机的不安和为公共储蓄提供担保需要为由,进行预防性干预,其干预形式为在批准前由资政院对公司章程进行审查。1860年前自由主义经济学家或法学家鲜少批判这一制度;相反,有人甚全声称国家因此给授权的股份有限公司提供了可靠的担保。半个世纪以来,在缺少立法改革的情况下,资政院和法院的判例法一直伴随着工商业革命下公司的发展。获得批准的股份有限公司数量相对较少,每年大约10家。该程序相当缓慢,可能导致拒绝或迫使公司创始人修改其章程。然而,1817年和1818年的部长指示取代

---

① *Fur. gén.*, 1852, t. XXVII, v° Industrie et commerce, n° 218.

了 1807 年原本的条例，语气更加宽松，从中可以明显看出审查的演变。七月王朝期间铁路公司的发展是一个真正的转折点：此后批准拥有大量股东的公司和少金额的无记名股票。资政院尽力核实资本的有效性，避免形成垄断。同时，法院试图打击股份两合公司因不受约束而频繁的过分行为。1837 年至 1838 年间，政府甚至考虑通过法律废除隐名合伙制。该草案受到沃洛夫斯基的批判，以失败告终，而法院继续审查公司章程中最具危险性的条款。

第二帝国期间，立法改革的想法再次被提上日程。但政界对国家的作用存在分歧，对变革的抵制情绪仍然强烈。第一部通过的法律，即 1856 年 7 月 17 日至 23 日的法律，旨在限制隐名合伙企业的自由，规范此类公司的成立和运作。随后，在自由主义者不断施加的压力下，1863 年 5 月 23 日法律废除了对"资本少于 2000 万法郎的有限责任公司"的政府批准。最后，在反垄断的舆论运动中，以及佩雷雷（Pereire）和罗斯柴尔德（Rothschild）的家族斗争中，1867 年 7 月 24 日法律的准备工作于 1864 年开始进行。1867 年法案纳入了最高行政法院制定的惯例和诸多规则，并增加了针对欺诈行为采取的预防措施和惩罚规定，法案标志着债法自由化拥护者的胜利。随着政府批准的结束，除了人寿保险公司和储蓄信贷公司，股份有限公司进入私法领域。当时，法学家们并没有充分认识到这一制度出现的后果，因为主流的契约观阻碍了内部法人资格的进步。

104 劳动自由和传统工业形式

直到第二帝国时期，绝大多数工人仍然处于工业化前的工作结构中：他们在附属于商店的小作坊中，或在经营商的家庭工作系统中工作。雇主和工人间的法律关系，以及师傅和学徒间的法律关系，在很大程度上是由手工业中的传统职业所决定的。于是,工作自由等同于工人有可能选择自己的职业、建立自己的企业或为一位师傅工作。重要的是,直到1848年劳工法庭都不包括大规模工业的工人,而是由工厂主任为代表。

人们常把"工人"解释为《法国民法典》第1779条中的"工作承包商",认为他们和老板签订的是一种"固定价格合同",而把老板解释为原材料的供应商和交付成品的经销商。从经济角度来看,这些工人一般拥有自己的工具,在工作中享有相对的独立性,但以沉重的责任(第1789条)和对订单变化的严格服从为代价。① 法律上存在一种特殊形式的工作和工业合同(罗马法中的Locati operis faciendi),其遵守特殊的规则,无须遵守《法国民法典》第1781条。② 通常情况下,合同基于一份书面文件。对于里昂的丝绸行业,1806年3月18日法律规定了收据一式两份,其中一份由工厂主任保管,另一份由经销商保管。1850年3月7日法律完善了这一法律文本,为所有纺织工人和络纱工人制定了一本专业手册,记录所提供原材料和所制造产品的特点。通过1853年的法令和1856年的法律扩展到棉纺织切割和织物染色、漂白以及上色领域,这本专业手册应当避免价格不确定性和原材料使用过程中的欺诈风险。制造商经常因延迟交货或产品缺陷而扣减工人工资。此外,定作人可以根据单方意思通过赔偿承包商而解除契约(《法国民法典》第1794条)。③ 另一方面,直到1854年6月22日的法律才规定家庭工人

---

① 《法国民法典》第1789条:"在承揽人仅供给劳动力或操作的情形,材料灭失时,承揽人仅对于其本身的过失负担赔偿责任。"——译者注
② 《法国民法典》第1781条:"雇主得以誓言证明下列事项的真实:工资的定额;过去一年工资的支付;本年一部分工资的支付。"——译者注
③ 《法国民法典》第1794条:"建筑工程虽已开始,定作人亦得根据其单方的意思,于赔偿承租人一切费用、劳动力及此次承揽可得的利益后解除契约。"——译者注

受普通工人手册的约束。①

学徒合同也是这些"旧行业"的典型,其原则可追溯到旧制度时期:师傅指导学徒,作为交换,其父母支付一定酬金,学徒提供免费的劳动力。合同的期限根据行业的技术性和支付给师傅的酬金而有所不同。共和历十一年芽月二十二日法律对该合同作了限制性规定,特别是在学徒行为不端或师傅虐待的情况下可解除合同。1851年2月22日法律试图通过给予学徒制一个更为清晰的法律框架来重振其活力。虽然合同可以以书面或口头形式签订,但师傅有责任扮演善良家父的角色,学徒对他们应当"忠诚、服从和尊重"。在两个月的试用期内,可以单方面解除学徒合同。14岁以下的学徒工作时间不能超过每天10小时,应当在空闲时间指导不识字或未完成"第一阶段宗教教育"的年轻学徒。但这些规定似乎没有得到很好地实践:随着大规模工业的兴起和非熟练工人数量的增加,学徒制自19世纪60年代走向衰落。

105 劳动合同平等的假象

工业革命促使如特洛隆所言真正的无产阶级得以发展,他们由工厂和作坊中按工时雇佣的工人组成。对于并不十分了解这种独特情况的法学家而言,无产阶级就是《法国民法典》第1779条中提到的"劳动者",他们与佣人一同受第1780和1781条的约束。他们应当与雇主签订劳动力租赁合同(louage d'ouvrage et d'industrie),是经双方协商一致、自由承诺的协议。② 如同《法国民法典》第1134条,共和历十一年芽月二日法律肯定了"工人和雇主间善意达成的"协议。没有人会无视工人

---

① Nancy, 18 juin 1849, *DP*, 1851, 2, 21.
② 《法国民法典》第1780条:"人们仅得就一定的期限或一定的工作,负担对他人提供劳务的义务。"——译者注

的从属地位,然而大概仅有阿科拉斯谴责两造意思表示之间的不平等,毕竟其中一方的意思表示是迫于生活所需不得已而为之。

就大规模工业的工人而言,劳动力租赁合同实际上是一种假象。首先,因为这种合同的缔结不受任何形式要求的限制,几乎都是口头达成的。合同持续时间往往不明确,法学家参照住所的使用情况来决定是按天、按周还是按月的义务。共和历十一年芽月二十二日法律甚至禁止雇用 1 年及以上的普通工人,除非有明文规定!由于缺乏字据,因而对证明问题带来了困难。为了证明价值低于 150 法郎的纠纷存在合同,工人不得不求助于证词,但不利于雇主的证词很难获取。如果争议涉及工资的定额或支付,无论数额是否低于 150 法郎,法官将提交雇主的誓言证明(《法国民法典》第 1781 条)。这种不平等对待的理由是,理论上认为雇主更值得信赖。

工资按小时或按天计算,在每星期或每两星期末支付。法官同样不会介入佣金的计算,这是由缔约各方的"自由"意志"最终"决定的。① 有的劳工法庭以合同规定的工资明显不足为由认定其无效,而最高法院以"工作和工业自由"为由撤销无效(由特洛隆主持,雷诺德担任报告员)。② 工人不仅遵守"工资铁律",而且还要完全遵守工厂规定。(工资铁律,也称工资的最低生存说,拉萨尔认为实物工资将永远倾向接近于仅可维持工人生活所需的最低工资额。——译者注)这些规定虽然是由老板单方面制定的(并不总是张贴在工厂中),但工人在签订合同时将其视为"当事人的法律"而默认接受。通过罚款或扣减工资使工厂纪律得以遵守。根据《法国民法典》第 1134 条和第 1152 条,法院承认

---

① Demolombe, *op. cit.*, t. XXIV, n° 200.
② Civ. 12 décembre 1853, S., 1854, 1, 333.

这种违约处罚条款的有效性,例如规定对穿着木屐进入工厂的工人处以重罚。①

最后,由于解雇的轻而易举,工人的处境变得不稳定。缔结的短期合同可以在限期届满时通过默示续签,这引发了"无限期"合同的想法。② 但它可以通过中止工作合同轻易地结束(雇佣关系),合同的预先通知期由当地习俗或工厂规则确定。更不用说因为工人在过失或仅是长期生病的情况下无法履行合同从而导致合同解除的可能性了!针对这些快速而简便的解雇理由,法院几乎没有任何管辖权,即使有几项裁决稍稍提及了"无合法理由"被解雇的工人有权获得赔偿。

106 治安条例的重要性

按照旧制度的传统,身为流动人口的工人受到警察监视,其主要手段是强制性的就业记录册,女工、学徒和手工业者除外。共和历十二年霜月九日法令规定了这种内部许可证的形式和内容,在19世纪上半叶通过各种敕令得到补充:如果雇主需要,内部许可证应当由他掌管。这本册子不仅是追踪工人动态的一种方式,而且会使他们更加受制于雇主。除了进厂的日期外,册子还涉及雇主经常给予的工资预付款。如果在雇佣期结束前没有偿还债务,就会记录在册子上,考虑到第一位债权人的利益,工人的继任雇主必须从其工资中最多扣除十分之二。因此,即使是最开放的法学家也认为通过就业记录册执行协议是合理的。

1848年,废除记录册的提议徒劳无功,因为政府认为记录册仍然是必要的。然而,1851年5月14日的法律不再如过去一般保障雇主获得债务支付:记录册可以记载预支款的限制在30法郎以内,并且只能通

---

① Civ. 14 février 1866, S., 1866, 1, 194.
② Jur. gén., 1869, t. XXXIV, v° Ouvriers, n° 14.

过扣除不超过十分之一的工资来偿还。第二帝国初,在专制背景下,1854年6月22日法律针对此问题进行了全面的改革。由市长或省长签发的这本册子普及到妇女和在家工作的工人。但对工人作出了让步,这点在法案中并无规定:记录册今后由工人保管,这就减轻了来自雇主的压力。此外,除了仍受1851年法律约束的预付款外,册子上不得有任何有利或不利于工人的注释。第二帝国末期,许多工业中心并未执行1854年法律,再度引发了有关废除记录册的讨论。

107 立法者的谨慎干预

一些知名人士逐渐意识到在主要工业中心工人的悲惨境况,路易-雷尼·维勒梅博士(Louis-René Villermé,1782—1863)的著名调查可追溯到1840年。自七月王朝起,开始接受立法者的有限干预,以帮助最贫困的工人,特别是童工。尽管政府犹豫不决,包括夏尔·迪潘,以及更为积极的勒努阿尔在内的立法行动的支持者表决通过了1841年3月22日法律。这"第一部社会法"只适用于使用发动机或雇用20人以上的企业。法律禁止8岁以下儿童工作,并将8岁至12岁儿童的工作时间限制在每日8小时,将12岁至16岁儿童的工作时间限制在每日12小时,除了特殊情况,禁止13岁以下儿童上夜班,禁止16岁以下儿童在周日或公共假期工作。为了使法律得到遵守,对违规的制造商处以轻度罚款,并确立了监察原则。在实践中,省长招募了一些知名人士作为志愿监察员:在这种情况下,法律几乎没有得到应用也就不足为奇了。

随着1848年革命,国家对劳资关系的干预比以往任何时候都需要提上日程。迫于民众的压力,临时政府于1848年2月25日宣布了"工作权",3月2日法令规定,巴黎的工作时间最长为10小时,其他各省为11小时。几个月后,政府在推进社会福利方面的雄心又降到低谷:1848

年 9 月 9 日至 14 日法令采用了工厂内 12 小时的最长工作时间,同时批准了注定会成倍增加的例外情况,特别是 1851 年 5 月 17 日至 31 日的法令。这一法案完全无效,对 19 世纪 60 年代工作时间的逐步减少没有任何影响。此外,1848 年 11 月 4 日法国宪法指出,社会赞成"雇主和工人之间的平等关系",并承认结社权。第二共和国不仅没有修改《法国民法典》第 1781 条,而且还保留了压制联盟的条款。1849 年 11 月 27 日法律只对《法国刑法典》第 414 条至 416 条进行了修订,对工人联盟和雇主联盟处以同样的惩罚。在拿破仑发动政变后,1852 年 3 月 25 日的一项法令再次提到,如果有必要,《法国刑法典》中要求社团获得授权的第 291 条仍然有效。

直到第二帝国的自由主义时期,才投票通过了有利于工人的有效立法措施。1864 年 5 月 25 日法律废除了结社罪,即使它表现出对工人集体行动的新态度,但并没有创建真正的"罢工权"。罢工仍然是一种违约行为,可能伴随的暴力行为或侵犯工作自由的行为仍将受到法律惩罚。1868 年 8 月 2 日法律以合法名义废除了《法国民法典》第 1781 条,但没有明确解决工资纠纷中的举证问题,从而只是进行象征性抨击。面对 1841 年法律的执行失败,第二帝国末期曾考虑改变关于童工的规定。这项改革在 1872 年 3 月 14 日禁止了工人国际协会,是由国民议会以家长主义精神进行的。1874 年 6 月 3 日法律禁止除半日制工作以外的 12 岁以下儿童工作,将 16 岁以下儿童的工作时间限制在 12 个小时之内,特别是设立了国家机构来检查工厂和车间。工人立法的真正萌芽,还需要等到镇压巴黎公社的几年后。

延展阅读

108 合同与侵权责任理论的变化

在一个主要受传统特别是波蒂埃影响的领域,《法国民法典》早期的评论者并未带来多少理论创新。但这一传统能够引发各种各样的讨论,如在合同过错方面,参见 A. Desrayaud, École de l'Exégèse et interprétations doctrinales de l'article 1137 du Code civil (*RTD civ.*, 1993, p. 535-549)。对《法国民法典》及其框架最具批判性的是 Marcadé, *Explication théorique et pratique du Code Napoléon* (t. IV [1845] 和 V [1869])。里摩日法院庭长拉比龙耶(M.-L. Larombière) (*Théorie et pratique des obligations* 1857, 5 vol.)体现了最初的进步。总的来说,与同时期的德国科学相比,法国学说诉诸于自然法的前提条件,缺乏深度,例如 J.-L. Halpérin, *Le fondement de l'obligation contractuelle chez les civilistes francais du xixe siècle* (in H. Mohnhaupt et J.-Fr. Kervégan [dir.], *Gesellschaftliche Freiheit und vertragliche Bindung*, Frankfurt am Main, 1999, p. 323-347)。而 V. Ranouil, *L'autonomie de la volonté. Naissance et évolution d'un concept* (Paris, PUF, 1980)中研究了民法学家在使用意思自治这一表述和概念方面的缓慢进程。

在侵权责任领域,自法典编纂前的学说倾向来看,学说得到了更为自由的发展,关于这一点应阅读 Olivier Descamps, *Les origines de la responsabilité civile pour fait personnel dans le Code civil* (Paris, Leo, 2005)。与德尔万古和迪朗东不同,图利耶(t. XI)致力于该主题的长期发展,其研究涉及火灾和保险。真正的理论建设始于如拉比龙耶一般的地方法官 M-A. Sourdat 于 1852 年撰写的 *Traité général de la responsablité* 以及 1858 年的 *Responsabilite du Jur. gén.* 一文。然而,过错

的标准仍含糊不清,违反客观法和侵犯主观权利之间的区别尚不明晰。无过错责任的案件呈减少趋势,特别是因贫民窟(établissements insalubres)造成的财产侵害。马尔卡代批评了那些无视过错的人,德莫隆布抨击 Larombière 滥用权利的概念(t. V, p. 692)。关于精神损害,值得阅读的是 B. Beignier, *L'honneur dans le droit* (Paris, LGDJ, coll. «Bibliothèque de droit privé», Paris, 1995)。

109 特别合同与经济发展

利益主要体现在具有经济利益的民事合同上。J.-M. Poughon, Une constante doctrinale: l'approche économique du contrat (*Droits*, 1990, n° 12, p. 47-58)和 Histoire doctrinale de l'échange (Paris, 1987)分别描述了经济学家和法学家的立场。销售法引起了特洛隆和瓦莱特的理论争议,特洛隆 1834 年撰写了 *De la Vente*,瓦莱特的观点可见 *Revue de législation et de jurisprudence* (1835, t. ll, p. 443-454, et t. III, p. 277-293)。在土地投机如火如荼地进行时,所有权转让和抵押贷款的问题至关重要,这吸引了茹尔当和特洛隆。关于茹尔当的观点参见 *Thémis* (t. V, p. 373-386),特洛隆 1833 年撰写了 *Des privilèges et hypothèques*,详细阐述了《法国民法典》的不足之处。关于 1855 年法律和法国土地信贷银行(Crédit foncier)的历史,可以参考 L. Gillouard, La révision du régime hypothécaire établi par le Code civil (*Livre du Centenaire*, 1904, p. 415-439); M. Lescure, *Les banques, l'État et le marché immobilier en France à l'époque contemporaine, 1820-1940* (1982); J.-P. Allinne, *Banquiers et bâtisseurs, un siècle de Crédit Foncier, 1852-1940* (Éd. du CNRS, 1984)。有息贷款影响了信贷市场,参见 B. Schnapper, Usure sauvage et capitalisme domestiqué dans la France du XIXe siècle (*Mélanges Ellul*,

1983, p. 345-355),该文表明高利贷有所减少,但不能完全用银行网络的发展和人们普遍富裕来解释这一现象,因为地方银行收取高额利息,法国土地信贷银行不向小地产者贷款,高利贷在农业发达的地区依旧存在。如若要查询保险在法律方面发展的资料,除了 L. Alauzet 于 1843 年撰写的 *Traité général des assurances* 等早期著作,还可以参考 P. J. Richard, *Histoire des institutions d'assurance en France* (Paris, 1956)和 B. Schnapper, Assurances militaires et assurances sur la vie (1818-1872) (*RHD*, 1968, p. 602-638)。19 世纪 60 年代,人寿保险开始发展,当时为获得保险赔偿的 La Pommerais 谋杀案引发了议论纷纭(Crim. 4 June 1864, DP, 1864, 1, 497, concl. Dupin)。

110 商法自由化

关于商法自由化的演变,尤其是在第二帝国时期,参见 J. Hilaire, *op. cit. et Le droit des affaires et l'histoire* (Paris, Économica 1995)。重要的一步是在 1867 年废除了政府对股份有限公司的授权,关于这一点,参见 A. Lefebvre-Teillard, La société anonyme au XIXe siècle (Paris, PUF, 1985)。在很长一段时间内,律师仍需政府的授权,如 E. Vincens, *Des sociétés par actions et des banques* (Paris, 1837); L. Wolowski, *Des sociétés par actions*, *Revue de législation et de jurisprudence* (1837-1838, t. VII, p. 180-195 et p. 258-304),以及 Troplong, *Du contrat de sociétécivile et commerciale* (Paris, 1843)。我们必须考虑到因股份两合公司而对投机产生的恐惧,参见巴黎工商会商法研究中心编写的 *La société en commandite entre son passé et son avenir* (Paris, Librairies techniques, 1983)。工业革命初期,法国立法相对迟于英国立法,但如今差距不再悬殊。公司法的变化随着企业发展而产生,但这并非企业发展

的原因。

111 酝酿中的《劳动法》

19世纪80年代以前,《法国民法典》的评论者都不太重视工人的状况,他们对雇工与劳务雇佣合同(louage d'ouvrage et d'industrie)的分析较少且不完善。唯有对"工业法"感兴趣的作者才会关注劳动世界,A.-C. Renouard, Mémoire sur le contrat de prestation de travail (*Séances et travaux de l'Académie des sciences morales et politiques*, 1854, t. XXVII, p. 161-202 et p. 365-396)提出了自由主义观点,并希望将"雇佣劳动"(prestation de travail)合同编入《法国民法典》。另外,A. Rendu, *Traité pratique de droit industriel* (Paris, 1855)认识到工人常常因其依附地位而利益受损。X. Lavole, *Évolution des rapports de travail dans la Loire-Inférieure au xixe siècle d'après les règlements d'atelier* (thèse dactyl., Paris II, 1993)研究了车间条例的作用。口头合同的举证困难加强了师傅的主导地位,如 A. Castaldo, L'histoire juridique de l'article 1781 du Code civil: le maitre est cru sur son affirmation (*RHD*, 1977, p. 211-237)所示。自由主义者反对任何立法干预,参见 Ph. Sueur, La loi du 22 mars 1841。立法关于儿童的保护与自由违背的讨论,参见 *Histoire du droit social, mélanges en hommage à Jean Imbert* (Paris, PUF, 1989, p. 493-508)。在工人的权利没有得到维护的情况下,几乎不可能谈及《劳动法》,参见 J. Le Goff, *op. cit.*; N. Olszak, *Mouvement ouvrier et système judiciaire (1830-1950)* (thèse droit, dactyl., Strasbourg III, 1987)以及 *Histoire du droit du travail* (Paris, PUF, coll. « Que sais-je? », 1999)。该文献详细阐释了工人手册第30—31页。地方研究表明,无论是工人手册等治安立法还是关于童工的保护性立法,其适用性并不强,参见 P. Pierrard, *La vie* ouvrière à Lille sous le Second Empire（1965）以及 Y. Lequin, Les ouvriers de la région lyonnaise（1848-1914）（PUL, 1977）。

  判例法的贡献并不大，也许只有研究工伤事故问题的 Fr. Ewald, Formation de la notion d'accident du travail（Sociologie du travail, 1981, n°1）。首先，最高法院明确指出，雇主对一位工人给另一位工人造成的损害负有责任，且工资并不足以补偿受害者（Civ. 28 juin 1841, S., 1841, 1, 476）。随后，又强调雇主的过错，要求工人承担举证责任（Lyon, 19 juillet 1853, DP, 1853, 2, 233）。评论者认为，工人为获得更高的工资而自愿承担！（Jur. gén., 1869, t. XXXIV, v° Ouvriers, n° 108; A. Rendu, op. cit., p. 530）而且，Labbé 补充道（S., 1871, 1, 9），所有消费者都是受益者，甚至包括工人在内都是危险机器的受益者。有的雇主组织缴纳保险，但是从工资中扣除保险费的做法饱受争议，1868 年 7 月 11 日建立国家基金的法律以失败告终。自 19 世纪 60 年代以降，出现了些刑事诉讼，判例法中对安全条件的要求也更为严格。

第二部分

顺时随俗的《法国民法典》

第一章　法律思想的革新

112

19世纪80年代是法国私法史的一个转折点。该时期立法者更加频繁地修订《法国民法典》，法学家则希望跳出传统的法学研究方法。社会经济、政治和精神等多种诸多因素可以解释这种时代变化。它集中体现在新一代法学家身上，其中一些人在第一次世界大战结束后依然没有停下革新的步伐。在第二次世界大战结束前，人们围绕几大法学思潮争论不休，试图探索一种能与《法国民法典》相竞的社会法（*droit social*）的可能范式。

一、革新的因素

113　更加积极的立法者

1879年共和党人掌权后，议会的影响力不断增长，因为所有公民不论阶层都可以通过普选制让他们的代表在议会发声，这也导致了立法数量的增多。共和党人自然是希望使法律与他们的意识形态保持一致，他们坚持立法权至上，选择首先从法律开始改革。不过，在民法领域，他们十分谨慎，改革计划中并未涉及对《法国民法典》这一大革命之产物的全面修订。因为机会主义共和派注重"理清问题"，对他们而言，修改民事立法不同于扩大公共自由或教育改革，并非刻不容缓之事。第三共和国议会积极推动法律改革，议员里的法学家，尤其是律师，在其中发挥了重要作用。他们提交了许多法律草案，数量上远远多于部长大臣提交的法案，还常常临时改变议程。不过，国民议会通过多数提案的同时，参议院经常否决那些激进的提案，这种平均主义两院制下的不一致使法律改革放缓了脚步。

在民事领域，1881年至1885年和1885年至1889年两个阶段的立法工作最主要的成就是离婚制度的回归。通过1884年7月27日关于恢复离婚制度的法律和1886年关于离婚程序的法律的合力，法国终于重建了离婚制度。这一立法动向并非毫无征兆，因为反对共和党人和神职人员的在学校问题上的争论也与此密切相关。左右两派的区分原本十分微妙，但在离婚问题上，他们的分歧却非常明显，尤其是在参议院。除了自相矛盾地恢复《拿破仑法典》最初对离婚制度的规定之外，议会还秉着实用主义和些许家长式作风改革了家庭法。如1881年4月9日关于储蓄银行的法律扩大了已婚妇女的自由；1889年7月24日关于剥夺父权的法律，得到了博爱思潮的支持。这些立法改革体现了议会对实用主义与家长主义的考量。之后在1889年至1893年和1893年至1898年两个阶段，议会通过了几项家庭法的部分改革措施，如1891年关于遗孀的继承权、1896年关于非婚生子女的继承权、1893年关于夫妻分居期间妻子的行为能力、1896年关于婚姻的法律等。同时，议会还更加侧重劳动立法的改革，比如1890年通过了两部关于劳动手册和终止劳务租赁合同的法律，1892年通过了关于妇女和儿童劳动的法律，1898年通过了关于工伤事故的重要法律。包括教士勒米尔（Jules-Auguste Lemire, 1853—1928）在内的支持共和政体的天主教徒以及社会主义议员代表越来越多（1893年约有50位社会主义者当选），推动了上述新的"多数意见"的形成。此外，共和党人更加关心社会问题，也正是在这十年间诞生了莱昂·布儒瓦（Léon Bourgeois, 1851—1925）的社会连带主义（*solidarisme*）。

在德雷福斯事件平息后的20世纪初，改革的号角再次吹响。人们打击教会势力，最终在1901年7月1日的法律中承认了结社自由。劳动立法取得标志性进展：1906年成立法国劳动部，1910年颁布《劳动法》。激进派胜利后，特别是在1906年选举成功后，参议院反复否决的有关家庭法的修改法案终于得以通过。1904年和1908年通过了有利于离婚和再婚的法律，1907年的立法承认已婚妇女的工作收入并允许乱伦或通奸所生子女准正，1912年的法律则承认亲子关系认定。1880年至1914年，法国对《法国民法典》中总计二百五十多条条款做了小幅修改。这已经超出了那些保守派的接受范围，他们担心用民主制度改造民法会事与愿违；但对于那些曾梦想彻底修改民法典的共和党人来说，这还远远不够。

114 重新修订未果

19世纪和20世纪之交，一场支持全面修订《法国民法典》的运动似乎正在酝酿之中。越来越多的人重提1886年格拉松（Ernest Glasson, 1839—1907）对《法国民法典》的评价，抨击其为"资产阶级法典"、过时的法典。与1896年至1900年颁布的《德国民法典》相比，法国民事立法更显落后。职业法学家们，尤其是法学教授，希望能夺回改革的主动权并影响议会做出决定。这一点从1901年立法研究会（Société d'études législatives）的成立就能看出。该协会由格拉松担任主席，萨莱耶（Raymond Saleilles, 1855—1912）担任秘书长，汇集了同时代所有伟大的民法学家。他们致力于研究法典和法律改革，尤其侧重民法和劳动法。

1904年，立法研究会在《法国民法典》颁布一百周年之际正式提出了全面修订民法典的建议。《〈法国民法典〉颁布一百周年纪念》(Livre du Centenaire)一书很好地说明了当时的一部分论战。赞成修订的人认为这主要是一项"整合"工作，将所有已经进行的改革成果纳入法典，使法律充分发挥出对判例法的指导作用。反对者则认为，《法国民法典》始终在不断改进。一方面，立法者在不断修订法典，正如普拉尼奥(Marcel Planiol，1853—1931)所言："改革者一直存在……（改革）是议会的日常工作。"另一方面，判例法也补充着法典。因此民法典已是日趋完善，这种非必要的修订或将使《法国民法典》沦为戈德梅(Eugène Gaudemet，1872—1933)所说的"阶级和党派的工具"。

这一时期的法国政府则赞成修订，并于1904年12月任命了一批国会议员、法官、律师，和包括格拉松、埃斯曼(Adhémar Esmein，1848—1913)、萨莱耶在内的教授组成特别委员会，研究如何修订民法典。委员会的工作从1905年持续到了1911年，最终却没有取得任何成果。这一尝试失败的原因有很多：委员会缺乏政治意愿和共识、法学家之间存在分歧、经济界的不安，也许还因为议员拒绝将他们的权力交给法学家们。民法典的百年庆典也表明《法国民法典》这一民族遗产有了"共和国色彩"。在第一次世界大战前夕，法兰西共和国更加尊重民族传统，对一场深刻的社会变革充满了疑虑。

115　经济、社会因素对立法的限制

第一次世界大战期间，法国进行了大量必要的民事立法改革以使经济和社会适应恶劣的战争环境。议会不得不违背自由原则，征用工人、设备甚至土地，对部分产品征税，并规定债务延期偿还。家庭法也未能幸免：立法者不仅制定了关于遗嘱的新规定，而且延用了该世纪初

在非婚生子女准正、监护和继承方面的规定。战争推动了道德风俗的变化,帮扶军属便是很好的证明。战争给法国带来的恶果,尤其是人口流失问题,也很明显地影响了1919年至1930年的立法。关于民事身份和婚姻的法律超过十部,单是1923年6月19日关于收养的法律就修改了《法国民法典》中多达37条的条款。

20世纪20年代至30年代初,法国内阁频繁变更,但民法并没有因此发生很大的变化。国民阵线(Bloc national)和"共和主义联盟"(«concentration républicaine»)的支持者达成了共识,面对共产党人和一些社会主义者主张集体化的草案,他们要求保留传统的家庭组织形式,捍卫财产和契约自由。因此,立法者只是在结婚、离婚和国籍方面对《法国民法典》做了些许调整。在劳动、住房和城市规划方面则出台了许多特别法(législation spéciale),比如有二十多部关于房屋租金的法律规定。但与此同时,社会保险制度艰难发展,社会改革举步维艰。因为民法首先要适应经济形势,特别是通货膨胀,该时期雷蒙·普安卡雷(Raymond Poincaré,1860—1934)稳定货币的措施让《法国民法典》中原本规定的金钱数额必须相应提高。此外,特别法可以更好地满足一些选民的需要,租户、农民、工人或商户(如1926年的《商业租赁法》)都能从特定立法中获益。20世纪30年代经济危机爆发后,经济、社会因素给法国立法带来了更大的限制,颁布法令于是成了修改法律的首选途径,如1935年废除人法中父亲对子女的惩戒权,便是以法令的形式为之。

116　意识形态的作用

1936年后,法国政治力量似乎又出现了两极分化。人民阵线(Front populaire)的大量立法工作的确让法国人民热情高涨,但这些工作局限在劳动法方面。人民阵线主要是延用之前为解决经济危机而采取的措施，间接修改民法中关于财产及合同的规定。1936年至1937年法国推行部分国有化，实际上在1936年议会选举之前，法国就强制合并混合经济公司，允许债务延期偿还。这正如莱昂·布卢姆（Léon Blum，1872—1950）所言，法律没有出现断层。此外，法国人民阵线政府通过1938年2月法律，废除肖当（Camille Chautemps，1885—1963）内阁以来已婚妇女无行为能力的规定。1939年7月，达拉第（Edouard Daladier，1884—1970）内阁以法令形式颁布了《家庭法典》。这些家庭法改革获得了社会的广泛认同。

不过，维希政权下的"立法"则带有很强的意识形态色彩。法律草案不经任何讨论或表决，由包括一些著名的法学家在内的专业人士起草。改革涉及《法国民法典》八十多个条文，延用了两次世界大战之间的立法以及婚姻、收养和继承制度。然而家庭法，特别是1941年4月2日关于离婚的法律，则有悖于第三共和国的规定。维希政府的立法不仅彻底违背了共和制的传统，也违反了《法国民法典》中的公民权利平等原则，最突出的例子是对入籍具有追溯效力的国籍法以及1940年10月3日和1941年6月2日关于犹太人地位的法律。反犹太法使得二等公民政治权利受限，犹太人无权从事某些商业相关的职业或自由职业，其不动产、公司或企业相关的权利受到了影响。这些带有歧视性的措施对人们来说简直是灾难，但并没有在法学界引起很大的反响，于是人们开始质疑法学院对立法者的态度。

117 教学大纲的调整

法律思想的革新也得益于第三共和国对法学教育的改革。法学教育改革是高等教育改革政策的一部分，在19世纪最后二十年出现了一系列新的法律法规。1896年7月10日的法律要求创建大学,但这并没有影响法学院的独立性。法学院根据1880年12月28日和1889年7月24日关于法学学士学位的两项法令,降低了之前几乎霸占整个教学大纲的民法和罗马法课程的比例,开设了新的课程。该时期法学院正式引入了政治经济学课程(1877年)、法国法律通史课程(1880年,巴黎法学院该课的首位教师是阿代马尔·埃斯曼)和宪法课程(只在1889年开设了一学期),以及工业法、金融法和殖民法等选修课程。对三年法学学士来说,虽然民法仍是主要科目,但还可以自主选择学习商法和刑法。1895年,博士学位细分为"法律科学"学位和"政治经济科学"学位。这种区分遭到了强烈的抵制,但仍在1905年8月1日的法令中延续。第一次世界大战后,传统派重占上风,这使得1922年和1925年的法令只是细微地调整了法学教育,前者取消选修课程,恢复了罗马法的地位,后者规定取得博士学位之前为硕士学位。由此看来,所谓课程改革仍然十分有限。

118　徘徊于守旧与创新之间的法学教授

从1880年到1945年,法学院任职的每位教师都通过了大学教师资格考试,其专业能力与独立性享有很高的声誉。1896年,法学教师资格考试细分出私法、公法、法律史、经济科学四个方向,提高了对专业性的要求,也让教授们自由地选择专业研究方向。通过考试的人大多来自中产阶级和小资产阶级,这种选拔制不同于引起阶层固化的内婚制,它打破了身份世袭,有利于实现量才录用。同时,同行评审团要求法学教师比其他大学教师更加注重传统,法学教师必须参加宣誓仪式,在重要场合必须身着红袍。有时,法学教师也会担任公职。他们对外界保持开放,但又生活在自我封闭的世界中。

诸多私法教师在其他学科知识的影响下走出了自己的小天地。他们这么做与其说是义务使然,不如说是出于好奇心。首先我们要知道从19世纪80年代起,随着法国最高行政法院的权威不断增强,公法,特别是行政法变得越来越重要。于是,一些在20世纪初以民法专家的身份开始自己事业的学者逐渐转型为"公法学家",他们重拾对判例和学术辩论的兴趣。就法律史学家而言,无论是研究罗马法还是法国法,他们都重视法律的社会学研究。还有一些法学家对哲学思想很敏感,比如奥古斯特·孔德(Auguste Comte,1798—1857)的实证主义衍生出了法律中基于事实观察的科学方法,"法国法律理念"(«l'idée française de droit»)信仰则得到了阿尔弗雷德·富耶(Alfred Fouillée,1838—1912)的道德综合论的支持。① 最后,法学学科无法避开新兴学科社会学之发展的影响。社会哲学家涂尔干(Émile Durkheim,1858—1917)影响了诸多法学家,如在波尔多大学任教的狄骥(Léon Duguit,1859—1928),以及包括于弗兰(Paul Huvelin,1873—1924)和吕西安·莱维-布吕尔(Lucien Lévy-Bruhl,1857—1939)在内的法律史学家。涂尔干在其作品以及他从1896年、1897年起刊发在《社会学年刊》(Année sociologique)上的文章中,表现出了对法律现象的研究兴趣。社会学家加布里埃尔·塔尔德(Gabriel Tarde,1843—1904)曾任法官,后在法国司法部负责犯罪统计。他重点研究刑法,并于1893年出版了《法的转型》(Transformations du droit)。那些民法学家中的革新派虽然很想维护法学的主导地位,但也非常重视社会科学的新发展。这种开放的心态无法抵抗法学界盛行的因循守旧思想。大多数法学教授笃信传统天主教,与保守党关系密切,他们的学生有很强的民族主义倾向。在政治上,这些教

---

① *L'idée moderne du droit en Allemagne, en Angleterre et en France*, Paris, 1878.

授竭尽全力也无法真正保持中立,其中一些人甚至毫不掩饰其对共和主义立法的敌意以及对社会主义的强烈恐惧。

119 一种更大胆的判例法?

人们常说 19 世纪末是法国判例法发展的黄金期,因为该时期的法官越来越频繁地使用新的法律解释方法,使法律适应社会及风俗习惯的变化。因此,最高法院的控制力不断增强。1930 年的让德尔判决(Jand'heur)确立了"无过错责任原则",迈出了决定性的一步。但判例法的影响力不仅限于因物引起的侵权责任认定方面,从 1896 年到 1945 年,最高法院的裁决在承认权利滥用、不当得利、合同(例如客运合同)和公司的发展方面都发挥着指导性作用。① 还有很多超越《法国民法典》文本建构法学的司法实践,由此产生了真正的理论。

这种现象的影响范围是难以估量的,人们也很难对此给出恰当的解释。首先,所谓判例法发展的"转折点"需要加以限定,因为在 19 世纪 80 年代以前,判例法就已经在夫产制和非婚生子女准正等方面做出了大胆的尝试。其次,直到 19 世纪 90 年代判例法才有了明显的发展,但法官仍然有所顾虑(责任认定便是一个例子)。最后,法官在经历了 1833 年的大规模整肃之后,脱离了政治的影响,更加注重技术运用。同时,法国调整了对法官的培养和教育。从法官作出的判决中我们可以看出他们更加关注社会的变化。这些因素是否影响着该时期的法学发展,我们不得而知。要注意的是,我们不能因此便认为判例在进步,或将推翻传统观念。在家庭问题上(如已婚妇女的行为能力),法官仍然十分谨慎。20 世纪 20 年代法国开始承认同居合法,1937 年后又突然改

---

① Req. 15 juin 1892, S., 1893, 1, 281.

弦更张。在社会法领域,司法实践一直以来都不利于工会或集体诉讼。绝大多数法官严格遵循法律,甚至不假思索地套用维希政府的歧视性规定。不过比起之前的法官,该时期的法官们在注意到《法国民法典》的不足之后,更希望自己能像罗马的执政官那样更新法律的解决方法。蒂耶里堡(Château-Thierry)的"好法官"马尼奥(Paul Magnaud, 1848—1926)就是一个极端的例子。他于 1890 年至 1905 年出任法官,后来成为激进党议员。他基于公平进行裁决,在判决理由中批评现行法律。① 大部分法学教师极力批判这种行为,惹尼(François Gény, 1861—1959)称之为"某种无政府主义的印象派"做法,但同时也承认其体现出的判例法大胆的革新精神。

120 法学学说的野心

19 世纪 80 年代后,法学学说与判例的关系发生了更为深刻的变化。一方面,法学教师垄断着学说,尽管一些著名的教师曾在最高法院任职,但他们与法官之间的职业分化越来越严重。另一方面,新的判决集层出不穷,法学院对法院判决的兴趣愈发浓厚,判例法在教学中占据重要地位。判例法逐渐成为一种习惯或是一种真正的法律渊源,有学者如惹尼、朗贝尔(Édouard Lambert, 1866—1947)对法官的权力和判例法的地位展开了系统性的理论研究。一些民法学家反对司法解释,法条主义观念根深蒂固,但大多数作者在研究中还是极其重视判例法。最突出的例子是埃斯曼,他于 1902 年参与创办《民法季刊》(*Revue trimestrielle de droit civil*),公开声明支持判例法。他主张判例法作为"真正的、实在

---

① R. Weyl et M. Picard-Weyl, Socialisme et justice dans la France de 1895: le «bon juge Magnaud», *Quad. Fior.*, 1974-1975, p. 367-382.

的法律",构成一个"逻辑系统",很好地解释了《法国民法典》。①

考虑到持续创新的判例法和不断变化的法律法规都是零散不成体系,学者希望在科学的基础上建立一个法学理论体系,使法学学科规范化。法学教授希望通过指导法官,纠正他们可能犯的错误,以达到解释司法实践的目的,同时实现埃斯曼所说的"为未来的判例法做准备"。他们还希望能借此推动立法,或者说至少能帮助立法者制定新的技术性规范。正是因为这一点,他们创立了立法研究会。1926年开始出版在《达洛兹汇编》(Recueil Dalloz)上的法学"编年史"也能体现出法学教授们参与的积极性。但是,学者的这些期待基本都落空了。在两次世界大战之间的这段时期,法学的活力远不及19世纪末。法学家们越来越担心法学的发展。学说的影响力逐渐局限在大学里,其权威性似乎已经减弱:它从未影响立法活动,立法和判例依然源源不断地出现。对判例的研究转变为"判例法实证主义"(«positivisme jurisprudentiel»),原先对立法的盲目尊崇也还未退潮,逐渐背离了学说原本寓意大胆批判法学的初心。

二、 创新法学方法的重要人物

121　萨莱耶与法学进化论

在19世纪90年代,雷蒙·萨莱耶开风气之先,把矛头直指《法国民法典》评注者们那些抽象的论证,而且在其一百多篇专著和文章中,他提出了对"法律现实"(«réalité juridique»)的另一种研究方法。萨莱耶是天主教法学院和巴黎法学院的学生,师从拉贝、吉德和比弗努瓦,

---

① *RTD civ.* 1902, p. 5-19.

后来成为比弗努瓦的女婿。一方面,他是一个虔诚的天主教徒,与勒米尔神父关系很好,认为神学与科学可以相协调。另一方面,他于 1884 年取得教师资格,先后在第戎和巴黎任教,心怀对共和主义的热爱。他在整个职业生涯中一直在努力平衡天主教徒和共和主义者这两种身份。作为一个出色的德国法律研究者,他深受历史学派和耶林(Rudolf Von Ihering, 1818—1892)的影响。因此萨莱耶的早期作品致力于德国法和罗马法研究,如 1890 年出版的专著《关于〈德国民法典草案〉中债法一般理论的研究》(*Essai d'une théorie générale de l'obligation d'après le projet de Code civil allemand*),他还对耶林关于占有的论文展开讨论。在此基础上,他提出了法学进化论这一动态的概念,即法律是历史的产物且随着历史的发展而不断进化。他认为,法律史是一种"法律社会学"的表现形式,首先具有方法论的作用。法学家应该放弃对过去之无意义的留恋,去关注社会事实。由此,萨莱耶于 1902 年得出他的结论:历史学派已经过时,法律解释不应该忽视法学思想。在看完施塔姆勒(Rudolf Stammler, 1856—1938)的论文之后,他断言存在一种内容可变、随着社会发展不断演化的自然法。

这种法律概念既属于实证主义范畴,也是一种唯灵论。在该理念指导下,萨莱耶主张,当法定解决方法缺失时,法官有权诉诸类推的方法、集体良知或比较法来解释法律文本,做到萨莱耶所说的"基于民法典,但要超越民法典"。他还支持社会学基础上的立法创新,积极推动立法研究会(Société d'études législatives)以及民法典修订委员会(commission de révision du Code)的工作。

122 惹尼和自由科学研究

弗朗索瓦·惹尼也深受德国法律和耶林的启发,人们常常把他与萨莱耶联系在一起,毕竟 1899 年萨莱耶曾为其作品作序。他于 1887 年取得教师资格,曾在阿尔及尔、第戎和南锡担任教授,1919 年至 1925 年在南锡任法学院院长。除去一些专著(如 1911 年的《论外交邮件》)、文章和讲座,惹尼的大部分工作都是关于法律解释方法的研究。他是批判传统法律解释方法的第一人。他在《实证私法的法律渊源与解释方法》(*Méthode d'interprétation et sources du droit privé positif*, 1899)中指出:立法的拜物教使得法律停滞不前,导致辩证法脱离事实变得抽象。同时他提出了重建方法论和法律渊源理论的方案。惹尼并不质疑法律的主导地位,甚至不同意歪曲法律文本以使其适应社会要求。然而,惹尼主张对立法者留下的空白之处进行"自由科学的研究",即"基于民法典,但要超越民法典"。他主张重新重视习俗,因为习惯对于社会来说始终是必要的。他将判例视作间接的惯例来源和习俗"催化剂"而非法律的形式渊源,呼吁法学家群体通过观察社会现象,依靠正义原则去构建真正具有"科学性质"的法。

在《实证私法中的科学与技术》(*Science et technique en droit positif*, 1914—1924)中,惹尼展示了他对自然法思想的偏爱,他认为自然法对于弥补实在法的缺陷是不可或缺的。他在法学家的活动中区分了自然存在(donné)和人工建构(construit)。自然存在源自对事物性质和历史的科学观察,源自对不变的理性箴言和多变的现时原景之考量。社会学因此有了一席之地,同时在柏格森(Henri Bergson, 1859—1941)的影响下,直觉也得到了重视。人工建构指通过法律技术操作使自然存在的潜在真实变得有拘束力。这种技术性工作基于各种理性分析,并通过形式渊源表现出来。惹尼似乎倾向于理性的自然存在,但没有明确说明自然法是仅限于一些模糊的假设,还是形成了一套预先设定的规则。他的思想朝着批判解经法的方向发展,追求以适当速度变化的法,这不同于社会主义任何一种革命,深刻影响了法国国内外特别是美国私法的概念。

123 新论著与新理论

在19世纪最后的二十年,法学教学依然很重视《法国民法典》的文义解释。1882年德莫隆布的作品完结,人们仍在重印奥布里和劳的评注,同时又出现了两部专著,展现了解经法持久的生命力。于克(Théophile Huc,1829—1906)的《〈民法典〉理论与实践评注》(Commentaire théorique et pratique du Code civil,共12卷,1892—1898)一步一步遵循民法典的文本,将其与法学的各个分支联系起来分析。博德里(Gabriel Baudry-Lacantinerie,1837—1913)的《民法要义》(Précis de droit civil,1882)也是如此,它旨在明确《法国民法典》"文本的原则和意义"。不过,一人撰写大部专著的时代结束了:为了编写《民法的理论与实践》(Traité théorique et pratique de droit civil,共22卷,1895—1900),博德里召集了包括瓦尔(Albert Wahl,1863—1941)和蒂西耶(Albert Tissier,1862—1925)在内的民法学家组成团队,使得这部作品在第一次世界大战后仍然很出名。1924年至1935年该书由博纳卡斯(Julien Bonnecase,1878—1950)补编。比弗努瓦和伯当(Charles Beudant,1829—1895)在口头讲授中创新了研究方法,他们在作品中留下的革新痕迹则相对较少。夏尔·伯当于1879年至1887年任巴黎学院院长,他的课程讲义在他逝世后的1896年由其儿子整理出版(共5卷)。在两次世界大战之间的时间里,该讲义在保罗·勒雷布尔-比中尼埃(Paul Lerebours-Pigeonnière,1874—1954)的指导下又有了新发展:它展现了一种对判例和习俗的开放性。比弗努瓦的课程讲义《所有权与合同》(Propriété et contrat)也是在其死后于1900年出版,作品有着对传统法学概念的新批评。

直到马塞尔·普拉尼奥的三卷本《基础民法学》(*Traité élémentaire de droit civil*, 1899—1901)出版,人们才可以说整个民法的论述有了明显的变化。普拉尼奥于1880年获得教师资格,从1887年起任巴黎大学教授。他将第一部作品献给了法律史,1885年出版了关于布列塔尼习惯法的作品。他还做了大量的判例评注,在《达洛兹汇编》上发表了200多篇。同时,普拉尼奥想通过写一本比以往的论著都要简短的"学生用书"来进行创新。在1895年教学人纲改革的支持下,他不再遵从《法国民法典》文本的顺序,以期更好地把握民法完整"有力的生命"。他还加入了《法国民法典》中没有涉及的方面,比如保险。普拉尼奥谈到了自然法的"模糊概念",只承认少数不变的箴言,但他没有纠缠于法律哲学,而是打算专注于现实。他把判例(即"最近形成的习惯法")置于首位,并且毫不犹豫地引用学说作者的名字。他还在作品中有理有据地融合了法律史、比较法、经济学和统计学的具体发展成果,从而表明民法典并非"从天而降"。

这种看似更加科学的方法促使普拉尼奥提出全新的理论观点。普拉尼奥认为任何权利都是人与人之间的关系,并在奥尔托兰影响下将物权重新定义为一种消极的普遍义务。他否认人格拟制的神话,支持集体财产的"积极概念"。他将过错定义为违反预先存在的(法定或约定的)义务,不以传统方法区分合同和侵权中的过错,并批评了有关权利滥用的"不准确表述"。他还抨击了在他看来"错误""无用"的债之原因理论。他在概念上大胆创新,评价当时适用的法律规则时却又表现得十分克制。在普拉尼奥看来,《法国民法典》是一部延续历史但又不能"轻易触碰"历史的"和解之法"。尽管他认为第三共和国的立法杂乱繁多,但他也赞同其中的一些改革。比如他支持离婚,视之为"必要的恶";他认为限制父权的运动是一种进步,并维护非婚生子女的权利。同时,他也认为禁止亲子关系确认与已婚妇女无行为能力的规定是合理的。这种保守的悲观主义在再版的《基础民法学》(*Traité élémentaire*)和十四卷本的《法国民法实践教科书》(*Traité pratique de droit civil*,1925—1934 年)中更加明显。前者自 1925 年后由里佩尔(Georges Ripert,1880—1958)负责;后者为鸿篇巨制,由普拉尼奥和里佩尔共同主编,鲁阿(André Rouast,1885—1979)、萨瓦捷(René Savatier,1892—1984)和埃斯曼(Paul Esmein,1886—1966)参与合著。

将方法论革新与理论倾向联系起来的另一个例子,是 1914 年科林(Ambroise Colin,1862—1929)与卡皮唐(Henri Capitant,1865—1937)出版的三卷本《民法导论》(*Cours élémentaire de droit civil*),它与普拉尼奥的《基础民法学》有着十分相近的理念。安布鲁瓦兹·科林于 1916 年结束了他在最高法院的职业生涯,他因对亲子关系和继承法的贡献而出名。亨利·卡皮唐出版了《民法学导论》(*Introduction à l'étude du droit civil*,1897),是第一个旨在向初学者灌输基本概念的人,也是第一个挑选并汇编民事案例中的"伟大裁决"的人。[①] 科林和卡皮唐在他们的课程中也诉诸比较法、历史学、统计学和社会学,其课程讲义经朱利奥·德·拉·莫朗迪埃(Léon Julliot de la Morandière,1885—1968)浓缩后于 1938 年以《精要》(*Précis*)的形式出版。科林和卡皮唐在判例法的基础上形成了自己的观点,并且毫不犹豫地对立法提出批评。他们担心离婚制度的发展,反对 1907 年关于非婚生子女准正的法律,支持 1912 年关于亲子关系确定的法律。他们大声疾呼,反对父亲对子女的惩戒权,并对自由主义者在所有权、合同方面的说法小心甄别。1923

---

① *Les grands arrêts de la jurisprudence civil*,1934.

年,卡皮唐在其著名作品中提出了全新的债之原因理论。总的来看,两次世界大战期间,债法引发了最广泛、最前沿的研究:德莫格(René Demogue, 1872—1938)于1923年出版的作品七卷本专论和戈德梅(Eugène Gaudemet, 1872—1933)于1937年出版的《债的一般理论》(*Théorie générale des obligations*)推动该领域的传统学说迈向现代化。

124 围绕法学的社会化

随着法学家对社会现象的兴趣愈发浓厚,加之立法和判例对《法国民法典》进行修改,人们开始在1890年至1930年就民法的演变展开一连串思考。这些源于不同灵感的尝试都注意到了集体主义现象兴起之际个人主义的退却。他们或极为震惊,或满怀希望地思忖"法律的这种社会主义化"。除了严格的实证主义方法之外,他们经常援引自然法,将其视为一种能够抵制或促进这种转变的理想方法。

毫无疑问,伯当的《个人权利与国家》(*Le droit individuel et l'État*, 1891)就是首个例子。它是法律学说史的初级课程讲义,主要涉及对个人权利的捍卫,反对国家社会主义,也为作者归因于实证主义和社会学的"社会法"的愿望而进行有力辩护。伯当认为所有的立法都应以基于个人自由的自然法为导向。莫兰(Gaston Morin)的作品核心也是个人主义和集体组织之间的斗争。1920年莫兰起草了《反对〈法国民法典〉的轶事集》(*La récolte des faits contre le Code*),他希望重新定义工会的作用并建立世界性的劳工组织。

朱尔·沙尔蒙(Jules Charmont, 1859—1921)是蒙彼利埃大学的教授,其作品的重心似乎在于法的演变。他在1903年的作品中毫不犹豫地支持法学朝着旨在建立起社会所有成员间的真正平等的社会主义方向发展。在1910年的《自然法的重生》(*La renaissance du droit naturel*)

一书中,沙尔蒙指出:施塔姆勒这一派人视为内容可变的典范的自然法是解决法哲学危机的唯一办法。在《民法的转变》(Les transformations du droit civil, 1912)中,他对《法国民法典》在解放已婚妇女、废除父亲对子女的惩戒权和承认亲子关系确认等方面的渐进式改革做出了积极评价。他还支持平等继承,为抵抗资本家的小股东们辩护。但矛盾的是,对于风险责任和权利滥用的概念,他表现得更为谨慎。他在20世纪之初,作为一名相对信心十足的共和主义改良派,他阐述了对于未来的期望和憧憬。

同是在1912年,狄骥出版了一本与沙尔蒙的作品名相似的书,《〈拿破仑民法典〉以来的私法变迁》(Les transformations générales du droit privé depuis le Code)。狄骥是波尔多法学院著名法学家,1901年曾任法学院院长,这是他针对民法的主要研究。他之所以在私法和法律史方面有深厚素养,是因为他成长于只有单一教师资格考试的年代,各个法学门类之间的区别还没有显现。狄骥深受涂尔干的影响,这也引起了多数民法学家的批评。他的理论将法的规则建立在社会团结的基础之上,极大地影响了那些支持法的"社会主义"概念的人,这种"社会主义"在广义上是不依附于任何政党的。作为一个现实主义者以及孔德派的实证主义认识论者,狄骥大力抨击那些在他看来纯粹是"形而上"的传统概念。他尤其抨击了主观权利的概念,认为它是"一种意志强加于另一种意志的力量",预设了一个不现实的意志等级制度。他也不承认法律人格的概念。他认为,当代私法的发展立足于个人主义的法律概念,证实了这些理论的不足。他乐于见到所有权有了社会功能以及法律行为的发展,如格式合同或集体合同,这些都无法在意思自治的基础上得到解释。狄骥对于私法演变的讨论,与他伟大的对手——图卢兹的莫里斯·奥里乌(Maurice Hauriou,1856—1929)一样,是针对法律现象的大规模学术辩论的见证。

125 社会主义法学

除了这些关于法律走向"社会主义化"的立场,社会主义理论家对法律的关注在世纪之交日益增长。拉萨尔(Ferdinand Lassalle,1825—1864)和门格尔(Carl Menger,1840—1921)对法律问题比对马克思更感兴趣。法国社会主义者受这两人的影响,在让·饶勒斯(Jean Jaurès,1859—1914)和夏尔·安德莱(Charles Andler,1866—1933)的思想运动中赞成通过和平手段夺取政权,逐步建立新的法律。在民法学家中,主要是埃马纽埃尔·莱维(Emmanuel Lévy,1870—1944)发扬了这种阶级斗争的法律观念。莱维先是在阿尔及尔担任教授,在那里遭受了反犹太主义;之后前往里昂法学院任职,与保罗·皮克(Paul Pic,1862—1944)、爱德华·朗贝尔关系密切。他收录在《社会主义法律观》(*Vision socialiste du droit*,1926)和《法律的基础》(*Les fondements du droit*,1933)中的许多文章都阐明了他的观点。他将法律制度归结为一种基于集体信仰的虚构或表述。所有权不是一种手手相传的权力,而是一种由公众舆论通过规定确认的权利;基于善意的合同只赋予了权利以价值。莱维注意到了集体债(créances collectives)的广泛应用,预测并希望劳工权利(droits du travail)能吸收资方的权利(droits du capital)。这些论断受到惹尼和里佩尔的强烈批评,难以说服民法学家,但社会主义法学有助于拉近法学家与工会和工人运动的距离。

126 若斯兰:不安的创新者

路易·若斯兰(Étienne Louis Josserand,1868—1941)是里昂法学院教授,后成为院长,又出任最高法院顾问。他的作品横跨了四十多年,展示了第一次世界大战后一些创新思潮的演变。1914 年之前的若斯兰像一位民法领域的"青年土耳其党人"。1897 年,他发表了《无生命物的侵权责任》(De la responsabilité des choses inanimées),主张法律应该承认一种基于风险且与物的使用者所获得的利益或意愿相关的责任。1905 年,他在判例法的基础上建立了一套权利滥用的理论,出版了作品《论权利滥用》(De l'abus de droits)。在他看来,每种权利都有一个随时间变化的目的:任何使权利偏离这一社会功能的行为都是权利的滥用,行为人需要为此承担责任。他于 20 世纪 20 年代出版的两部作品《权利相对论》(De l'esprit des droits et de leur relativité, 1927)和《私法上法律行为中的可变因素》(Les mobiles dans les actes juridiques du droit privé, 1928)中,运用了一种重视法律主体之心理状态的"实验"方法,更加充分地发展了他的论点。若斯兰在书中似乎始终赞成一种"社会和道德化的趋势",这种趋势将弱化主观权利的自我概念。

若斯兰于 20 世纪 30 年代刊行了大量按年份评论立法与判例的著述,还有他的《法国实证私法讲义》(Cours de droit civil positif français, 1929 年至 1940 年共 3 版)。然而在这些作品中,他的希望似乎变成了对未来的忧虑。首先,其研究方法变得更加死板。在民法这一"最典型的法"中,若斯兰将与习惯法相似的判例法作为其研究的"原材料",以"基于判例法,但要超越判例法"为口号。他声称要把"辩证法"减少到刚刚好的程度,还把起源问题留给了法律史学家。因为这位经历过教师资格考试分化的职业法学家断定"术业有专攻"。他越来越怀疑立法文本的不连贯性,尤其是在 1935 年的法令颁布之后,而且反对通过常规议会修订《法国民法典》。他在《民法的进展与现状》(Évolutions et actualités. Conférences de droit civil, 1936)的最后说:"保留我们古老的民法典吧。"若斯兰也十分担忧法律自身的演变。他虽然依旧支持发展客观责任,但不愿看到经济限制下的"合同国有化"(«étatisation du contrat»)和法律"过度物质化"(«excessive matérialisation»)。在他看来,家庭正处于危机之中,它的转变看似有着不容置疑的优势,实则"充满了危险"。他认为离婚是有益的,支持废除已婚妇女无行为能力的规定。他在最初的作品中用了一整章的篇幅论述"自然家庭"(«famille naturelle»)和同居,同时否认(对第三方施加义务的)"长期同居"(«concubinat régulier»),而且为了使女性同居者在情夫意外死亡的情况下不再有获得赔偿的资格,他还前往最高法院工作。此外,他认为允许乱伦所生子女准正的立法"根本站不住脚"(«indéfendable»)。人们常常把若斯兰说成是一位社会主义法学的工匠,但他在很多方面仍然坚持着传统的理论。

188

127 里佩尔:保守的实证主义者

在两次世界大战之间的这段时期,众多争议将若斯兰与乔治·里佩尔对立起来。里佩尔比若斯兰的年纪小,他于 1906 年取得教授资格,在艾克斯担任教授,1918 年后在巴黎担任教授,1938 年至 1944 年任巴黎法学院院长,其职业生涯一直持续到了第二次世界大战结束。里佩尔是贝当(Philippe Pétain, 1856—1951)的支持者,在 1940 年 9 月至 12 月担任教育部国务秘书期间,他开始在大学里推行反犹太法,尽管他自称反对种族歧视的法律。1944 年解放时期里佩尔免于起诉,他继续刊行作品,1949 年出版了《法律的陨落》(Le déclin du droit),1953 年出版了《法律的创造性效力》(Les forces créatrices du droit),在战后几年里产生了很大的影响。不过在民法以及其专长之一的海商法领域,他在1945 年以前就形成了自己的基本观点。这些观点从他的判决书评注、专栏文章中,从他与普拉尼奥合作、不断再版的论著中,特别是与布朗热合作的 1942 年版的《基础民法学》(Traité élémentaire),以及他的两部作品《民事债务中的道德规则》(*La règle morale dans les obligations civiles*, 1925)和《现代法中的民主》(*Le régime démocratique et le droit moderne*, 1936)中,我们都能略窥一二。

里佩尔笃信天主教,在合同法和属人法中都十分重视道德观念的影响。他捍卫建立在婚姻基础之上的家庭,批评离婚和姘居的发展,对于收养或改善非婚生子女的地位则持保留态度。同时,里佩尔偏向选择立法规则而牺牲判例法,主张尊重既定的法律秩序,从这一点来看他是一个坚定的"实证主义者"。对于旨在引导道德的法的规则,他有着固定、标准的看法,排除了自然法的概念。然而,里佩尔丝毫不崇拜法律:他借鉴了耶林为法律斗争的思想,认为法律规则是统治者意志的体现,是社会力量作用的结果。里佩尔想对立法的演变做出基于个人道德标准的判断,他在20世纪30年代毫不掩饰自己对立法"失望苦闷的印象"。他极度敌视法国人民阵线,他曾在1936年夏天结束后写道:"蚂蚁会知道,蝉为了获得不偿还债务的权利,已经唱够了革命的调子。"他认为第三共和国政权完全对"现代民法"起了反作用:一些议员听信了政治游说团体,不断催生"即兴创作型"立法,也带来了照顾工人和最弱势群体的"阶级立法"。他悲叹"契约"随着他称之为"公共经济秩序"的扩张以及国家对家庭事务的干预而逐渐"衰落"。他谴责"神职人员的背叛"以及法学家尤其是"社会主义法学"的支持者的态度,因为他们向平等主义意识形态让步,采用了权利滥用、客观责任、具有社会功能的所有权和格式合同等理论。里佩尔毫不犹豫地极力肯定主观权利的绝对性和至高无上,正视主观权利具备"后天的优势""高于其他任何人的权力"。里佩尔的理论建立在他对法学众多领域的渊博学识之上,他的思考清楚地说明了在两次世界大战期间,法学的创新浪潮多少有些枯竭了,众多法学家不再认可他们所学或所教的法律,陷入了紧张不安之中。随着这位普拉尼奥的"弟子"的出现,这个始于19世纪最后几年的循环才得以结束。

三、 新的法学思潮

128 从风险理论到客观责任

在19世纪80年代,整个民事侵权责任法仍然以过错概念为中心,这种观念在耶林的《私法中的过错要素》(*De la faute en droit privé*)的影响下进一步强化。尽管法律不再允许动物所有者证明无过错,建筑物所有者对建筑缺陷的责任也很难归于个人过错,人们依然还是用过错推定来解释《法国民法典》第1384条至1386条。然而,意外事故造成的损害似乎随着机器的进步变得愈发严重。面对这些事故,"过错推定"这种主观主义的概念开始暴露出它的无力。法学著作者们和法官首先想到的是将第1386条"建筑"的范围扩大,将"机械"并入其中。① 但是这条路很快就进入了死胡同。在1883年至1884年,对于通常归咎于偶然事件的工伤事故,人们提出,与其诉诸《法国民法典》第1382条——由受害者承担过错的举证责任,还不如诉诸合同责任。尽管这种想法得到了许多作者的支持,也在比利时成功适用,但雷恩法院并没有采用它。②

到19世纪90年代,有三种因素促进了侵权责任法的发展。首先,职业风险理论(*risque professionnel*)的普及,根据该理论,企业家要对与其从事的营利活动有关的事故负责。其次,一些与工伤事故无关的司

---

① Civ. 19 avril 1887, *DP*, 1888, 1, 27.
② 20 mars 1893, *S.*, 1894, 2, 36.

法判决基于《法国民法典》第 1384 条,借用过错推定的概念,首次认定所有者对其物招致的伤害负责。① 最后,国家通过 1895 年 6 月 8 日关于司法错误赔偿的法案和同年 6 月 21 日的行政判例法,②一定程度上基于客观基础承认了责任。最高法院对侵权责任法的发展动向很是敏感,但一开始是摸索着前进的:著名的 Teffaine 判决③曾犹豫不决,以《法国民法典》第 1384 条为依据,却将其推广到了建筑缺陷,还与另一个同样涉及蒸汽机爆炸的判决④相抵触。虽然如此,萨莱耶和若斯兰两人还是不谋而合地利用 Teffaine 判决发展出了保管人对保管物所致的损害负责的原则。⑤ 也正是若斯兰挣脱了过错推定的束缚,在这条路上走得最远,他的"风险创设"(risque créé)概念适用于物的任何用途,甚至超出了萨莱耶所限定的工业企业的范围。

萨莱耶和若斯兰把希望寄托于判例法的演变,不希望立法干预。1898 年 4 月 9 日关于工伤事故的法律纳入了职业风险的理论,一定程度上中断了客观责任的发展。至该世纪末,像普拉尼奥这样的革新者均反对在第 1384 条的基础上衍生出物的一般责任。在工业领域之外,客观责任还未得到承认。

129　从推定的过错到推定的责任

1900 年到 1930 年则是判例法重新助力扩大物之保管人的责任,将其适用于 1898 年法律未涵盖的各种事故,如煤气管道爆炸⑥、脱粒机起

---

① Grenoble, 10 février 1892, S., 1893, 2, 205.
② CE 21 juin 1895, Cames.
③ Civ. 16 juin 1896, S., 1897, 1, 17.
④ Req. 30 mars 1897.
⑤ Il avait déjà évoqué la question dans la Revue bourguignonne, 1894, p.647-666.
⑥ Req. 3 juin 1904, DP, 1907, 1, 177.

火①、苏打水虹吸管道爆裂②。最著名的案例可能是 1906 年波尔多站月台上的树脂油桶燃烧案。最后，1920 年判决将责任归于物的保管而非物本身。③ 这仍然是推定过错的问题，不过保管人不能再提出无过错的抗辩事由。这一判例法扩展到建筑物火灾事故，让许多人感到不安，以至于立法者不得不通过 1922 年 11 月 7 日的法律对此进行干预，否认了火灾蔓延到其他建筑时的这种过错推定。同时，里佩尔提议限制保管人对危险物的责任。④ 学说在立法之后制止判例法迈出更大胆的一步。

几年后，交通事故越来越多，推动判例法取得了决定性的新进展。早在本世纪初，强制性保险尚未出现时，一些法学家例如科林就开始对车辆撞伤行人的赔偿问题感兴趣了。两次世界大战期间，这个问题随着汽车文明的到来变得愈发严重。1924 年，最高法院决定将第 1384 条适用于机动车造成的损害，对物或人所造成的事实不加以区分，一些上诉法院也已经这么做了。⑤ 对于需要作出二次裁决的最高法院以及陷入激烈争论的学说来说，著名的让德尔案给他们提供了一个澄清客观责任概念的机会。在第一次判决中，最高法院的法官似乎让保管人为保管物所致的危险负责。⑥ 里佩尔等作者的结论则是：“过错推定”只适用于危险物，当危险物的使用不受控时产生过错。勒内·萨瓦捷等人甚至要求无过错证明可以推翻这种推定。这是一种限制甚至"否认"客观责任的尝试。但联合法庭总检察长马特（Paul Matter, 1865—

---

① Req. 25 mars 1908, *DP*, 1909, 1, 73.
② Req. 19 janvier 1914, *DP*. 1914, 1, 303.
③ Civ. 16 décembre 1920, *S.*, 1922, 1, 97.
④ *D.*, 1922, 1, 25.
⑤ Civ. 29 juillet 1924, *DP*, 1925, 1, 5.
⑥ Civ. 21 février 1927, *DP*, 1927, 1, 97.

1938)对此得出了暗含了风险理论的结论,判决排除了物的危险,并以"责任推定"取代了"过错推定"。① 一部分学者拒绝将第 1384 条作为"民事责任的重要原则",试图指责这一变化,或最小化其影响。相反,1930 年 3 月 3 日关于手推车造成的事故的诉讼可以证实,最高法院认同客观责任的理论,这一理论的积极倡导者若斯兰对此感到十分满意。

然而,相关争论一直持续到了 1945 年。在科诺诉弗兰克案(affaire Connot contre Franck)中,最高法院的惊人反转展现了其对客观责任之极端后果的回应。根据卡皮唐的评注,最高法院认定按照法律,车主在汽车被盗后没有丧失对汽车的保管权,②之后最高法院又认为只有实际保管物的人才能承担责任。③ 在维希新政权下,得到里佩尔认可的过错概念重新生效,而若斯兰在联合法庭作出判决前的一段时间与世长辞,其思想的影响慢慢消退。同时期的好几个判决都在保管人完全不作为时免除了保管人对保管物的责任。④ 最高法院在某种程度上推翻了传统观念,之后又在最保守的民法学家的支持下改弦易辙。

130 权利的滥用

权利滥用的概念在风险理论出现后不久发展起来,常常得到同一批作者的支持维护。这一概念引发了很多争辩,反映出一种对基于主观权利之绝对主义的传统理念的质疑。19 世纪 90 年代至 20 世纪初,文章、著作和论文围绕权利滥用百家争鸣。几乎所有的作者都希望从中看到一种诞生于判例法,能够适用于各领域,将众多法院的判决有序化和系统化的理论思想。实际上从 1890 年开始,法官主要是在处理工

---

① 13 février 1930, *DP*, 1930, 1, 57.
② Civ. 3 mars 1936, *DP*, 1936, 1, 81.
③ Ch. réun. 2 décembre 1941, *DC*, 1942, 1, 25.
④ Civ. 22 janvier 1940; Civ. 19 février 1941, *DC*, 1941, 85.

人和雇主关系中援引权利滥用。他们通过权利滥用的概念来解释 1890 年 12 月 27 日关于单方面中止无限期劳动合同的法律,甚至以此限制工会将工人列入黑名单,①或用来阻止工人诉诸罢工运动。② 其余的则是重提以前关于相邻关系的判决,或者是一些惩罚因伤害意图而产生恶意的诉讼人或行为人的零散裁决。矛盾的是,这一受到德国法和行政法中权力滥用的启发而产生的概念,正是在常常致力于规范社会权利的判例法中突显。

权利滥用理论由惹尼和沙尔蒙提出,主要由萨莱耶和若斯兰发展完善。萨莱耶早在 1890 年就引入了使得权利滥用的具体条款写入《德国民法典》的德国学说。起初,萨莱耶不愿推广这个基于权利人个人心理的概念。在 1905 年,他又赞成在《法国民法典》修订中引入如下规定:"以故意损害他人为目的的行为违法。"同年,若斯兰用了一整部作品来阐述权利滥用的判定"标准":他承认这一概念意味着对个人动机的研究,他在权利滥用中发现了行使"权利的不正当的、反社会的目的"。对于这两位改革者来说,主观权利是相对的而不是绝对,这一观点是对判例法乃至家庭法立法发展的核心解释。权利滥用的概念甚至比风险理论受到了更多人的抨击,其中不仅有如里佩尔这样的对主观权利之"至高无上"的捍卫者,甚至还有那些本身认为权利应该受社会限制的学者。有些人认为权利滥用这种表述不准确,如普拉尼奥所言"权利在滥用之际便消失了";有些则如狄骥那样认为这种说法很矛盾。还有些人觉得它没有任何作用,如在马佐兄弟(Henri Mazeaud,1900—1993;Léon Mazeaud,1900—1970)看来它是另一种形式的过错。面对

---

① Civ. 22 juin 1892, *DP*, 1892, 1, 449.
② Civ. 9 juin 1896, *DP*, 1896, 1, 582.

来自主观权利和过错的传统观念的阻力,这一理论创新的实践空间似乎相当有限:判例法中仅有少数判决遵循了这一理论,其中大部分与所有权有关,如著名的克莱蒙-巴亚尔案(affaire Clément-Bayard)涉及所有权人所谓的为抵御飞艇而建造的工程。①

131 所有权的社会功能

同样是从 19 世纪 80 年代和 90 年代开始,越来越多的法学家批评 19 世纪中叶民法学家所推崇的那种极端个人主义的所有权理论。学说几乎未受到社会主义论调影响,却十分敏感于对所有权的利己主义的反复抨击。教会对此仍然有着决定性影响:1891 年,教皇利奥十三世(Leo XIII, 1810—1903)发布《新事物》(Rerum novarum)通谕,果断地解决了社会问题。他提醒人们,虽然私人所有权是一种自然权利,但该权利的行使应当基于善意。与此同时,"共和主义道德"既歌颂"个人"所有权,也纳入了"社会的所有权"理念。因此,在 20 世纪初,像里佩尔、瓦雷耶-索米埃(Pascal de Vareilles-Sommières, 1846—1905)以及狄骥这样不同的作者重新开始对所有权的法律分析。年轻的里佩尔在其 1902 年的博士论文中拒绝将所有权视为一种无限的自然权利,并试图通过无过错责任来解释对未在"正常条件下"行使其权利的所有权人(特别是工业家)所施加的义务。里尔天主教学院院长,瓦雷耶-索米埃侯爵在 1905 年的一篇著名文章中强调,"自然的法"限制了所有权人的权利。② 受奥古斯特·孔德的启发,狄骥从 1905 年开始宣传"社会功能"来限定所有权。根据狄骥的观点,即使资本的持有者首先考虑满足个人需求是合法的,但也必须开发资本的社会作用。

---

① Trib. civ. Compiègne, 19 février 1913, DP, 1913, 2, 177.
② La définition et la notion juridique de propriété, RTD civ., 1905, p. 443-495.

这些甚至连萨莱耶这样思想开放之人都感到冒犯的观点在两次世界大战之间的时期继续传播,1930年勒纳尔(Georges Renard,1847—1930)和特罗塔巴斯(Louis Trotabas,1898—1985)出版的《私人所有权的社会功能》(*La fonction sociale de la propriété privée*)便是例证。1931年教皇庇护十一世(Pie XI,1857—1939)在《四十年》(*Quadragesimo anno*,1931)通谕中强调了所有权"社会和公共"的一面,合理化了社会生活之需要所带来的负担和限制。(这一通谕的标题指此时距《新事物》通谕发表已有四十年,庇护十一世借此再次阐述了天主教会在面对社会秩序变化时的立场。两者皆为天主教社会学说的重要文本。——译者注)基督教民主党人依靠这种基督教社会学说来解释所有权的演变,如1935年保罗·科斯特-弗洛雷(Paul Coste-Floret,1911—1979)的论文。这些思考更多的是伴随着而非引发了对所有权的立法限制。尽管如此,它们对判例法的影响不容忽视。有好几项通常与权利滥用理论有关的裁决都援引了所有权人的"社会责任"。① 对主观权利概念的批评自然也就指向了所有权。

132 对意思自治的质疑

从19世纪80年代起,国际私法学家就批评了意思自治理论。直到为民法学家所熟知之际,该理论的基础依然备受抨击。耶林作品的法译本和1890年萨莱耶对德国债法理论的研究让法国人了解到莱茵河彼岸各种反对意志至上的论点。1891年,勒内·沃姆斯(René Worms,1869—1926)也同样引入了支持单方允诺产生合同的观点。从1893年起,塔尔德就拒绝视合意为契约的唯一来源。1900年,比弗努瓦认为

---

① Trib. civ. Draguignan, 17 mai 1910, *DP*, 1911, 2, 133;前引Trib. civ. Compiègne, 19 février 1913.

"意思自治难以实现自我约束"。在世纪之交,人们以维护公共秩序的名义增加了对合同自由的限制,许多作者如普拉尼奥意识到合同法正在经历明显的转变。

1901 年萨莱耶出版《论意思表示》(De la déclaration de volonté),首次尝试厘清问题。他展示了德国关于意思表示的新理论(Erklärungstheorie),即解释合同必须依据明示的意志而非虚构的、当事人隐含的意志。萨莱耶对此似乎也很赞同。合同不是一种"由可以创造权利的意志来控制的行为",而是一个必须符合公平正义的社会事实。同时,萨莱耶阐明在"所谓的契约"的发展中,当事人的不平等使真正的选择变得不可能:这些格式合同必须由法官检查,以免出现探寻当事人合意带来不公正的结果。这一术语通过一些关于格式合同的论文得到普及,但它并没有成功地适用于判例法。1912 年,埃马纽埃尔·古诺(Emmanuel Gounot, 1885—1960)在其论文《私法中的意思自治原则:对法律个人主义的批判》(Le principe de l'autonomie de la volonté en droit privé, contribution à l'étude critique de l'individualisme juridique)中全面批判了个人主义和唯意志论的契约观。1923 年,德莫格在其出版的《债法总论》(Traité des obligations en général)中寻求调和之路:在他看来,意思自治的理论"充满了夸张","但又并不完全是错误的"。至 20 世纪 30 年代末,戈德梅和若斯兰的观点也是十分模糊。意思自治这种表达方式仍有光明的前景,即使对它的批评让人们对错误、损害、善意和公共秩序这些概念重新展开理论思考。

133 对法律人格的重大争论

直到 19 世纪 80 年代,几乎只有商法学家密切关注着与公司有关的法律人格概念。在法国,人们强烈反对承认完全的结社自由,学说一直以来在这一议题上的沉默也如影随形。随着 1884 年法律承认工会自由,加上同年通过的极为重要的《市镇法》(Loi municipale)明确使用了"法人"(« personne civile »)的概念,特别是 1901 年通过《社团法》后,之前的一切都发生了转变。1891 年,判例法将法律人格(personnalité morale)扩展到民事公司,与"人格权"密切相关的法律人格问题引起了越来越多的探讨。① 继德国学者耶林、布林兹(Alois von Brinz, 1820—1887)、贝塞勒(Georg Beseler, 1809—1888)和基尔克(Otto von Gierke, 1841—1921)之后,越来越多的法国法学家批评萨维尼关于拟制的"传统理论"。根据萨维尼的理论,人是唯一有意志能力的法律主体。公司企业、社团协会都是没有思想和意志的抽象存在,通过立法者认可的拟制才能获得法律行为能力。该理论强调行会团结,几乎总是在为有权授予、拒绝或撤销法人权利的国家的干预行为背书,甚至不惜以牺牲社团中的个体权利为代价。

法国学说开始探索不同的理论,以期取代拟制的经典论述。结社自由的原则足以让德·瓦雷耶-索米埃在他的《法人》(Les personnes morales, 1902)中放弃拟制。从 1900 年起,普拉尼奥便极其坚定地为"集体所有权"这一更大胆的理论辩护,该理论起初也很受欢迎。其支持者认为法律人格的拟制无用又危险:它是一种虚构,最终走向国家对社团的控制。在普拉尼奥看来,法人(personne civile)并不存在,只存在从个人所有制中剥离出来的集体财产。因此,正如耶林所希望的那样,合伙人仍然是集体权利的真正享有者,就像卢浮宫属于所有法国人而非一个抽象的实体。一些商法学家比如塔勒尔(Edmond-Eugène Thaller, 1851—1918)对其进行了细微改动,运用该理论将公司描述为具有目的

---

① S., 1884, 2, 21, note Labbé; Saleilles, *Revue critique*, 1900, p. 94-101.

和代表性的集体财产。这一理论也可以与德国布林茨提出的目的性财产（patrimoine d'affectation）的概念相结合。

跟随贝塞勒和吉尔克的脚步，在孔德的实证主义和有机论的影响下，其他作者则为法律人格的现实性辩护。他们从当时蓬勃发展的企业和协会的社会现实中推导出集团拥有自我之自由意志的法律现实。公法学家莱昂·米舒（Léon Michoud，1855—1916）支持这种"集体存在"的概念，于1906年出版了一部划时代的巨作《法人人格理论及其在法国法上的应用》（*La théorie de la personnalité morale et son application en droit français*）。私法领域的萨莱耶则在1910年出版的比较法课程讲义《论法律上的人格：历史与理论》（*De la personnalité juridique. Histoire et théories*）中捍卫了现实的理念。他通过强有力的论证方式，试图同时解释法律人格中个人权利的多元性与目的的统一性。他批评集体所有权理论创造了一种需要法律进行干预的新的所有权形式，也把优先地位给了对公司来说具有决定作用的财产方面，其代价则是损害了作为社团本质的结社活动。随着人们对关于现实的"历史"和"社会"的理论的承认，不再有任何出于"纯粹的权利"（«droit pur»）的理由可以证明社团和基金会的法律人格必须首先得到国家的特许。

法律人格的现实性这一观点吸引了像勒内·沃姆斯、亨利·卡皮唐和路易·若斯兰这样不同的法学家，也影响了莫里斯·奥里乌对"制度"（institution）的反思。然而它并未得到普遍认可。狄骥完全放弃主观权利和法律主体的概念，不接受集体意志的观点。他试图结束一切关于法律人格的争论，声称法律事实中唯一重要的是社团协会的目的以及它是否有利于社会团结。在两次世界大战之间的时期里，学说对于团体所采用或将要采用的形式比对法律人格的来源更为敏感，一些作者批判地看待工会，也重新燃起了对组织结构的研究兴趣。在人们对于教会组织和政教分离问题的激情消退后,"大争论"也逐渐停息。

延展阅读

134 法兰西第三共和国的立法者与《法国民法典》

尽管阿科拉斯做了很多工作,但共和党人并没有制定民法改革方案。1872年甘贝塔断言:"这不是一个社会问题……而是一连串的麻烦亟待解决。"人们没有将民法问题视为最紧迫的问题,在19世纪80—90年代的议会选举中,候选人给出的承诺几乎不涉及此类问题。虽然第三共和国议会制定了大量的立法,包括在私法领域,但这是一种无序的、局部的改革,这些立法文本并没有全部纳入《法国民法典》,1889年7月24日关于废除父权的法律便是一例。参众议员并非对民法不感兴趣或是对其一无所知。从 Y. Gaudemet, *Les juristes et la vie politique de la IIIe République*(Paris, PUE, 1970)一书中可见至少在1914年前,法学家在议会中占据主导地位。其实我们更应该考虑到议会程序的不确定性,有无数新颖的提案流产,参议院又有着很大的否决权。此外,在某些左右派分歧不是很明显、选民也没有强烈要求的社会问题上,议会也难以形成"多数意见"。

在19世纪八九十年代,修订《法国民法典》的想法得到了一些认同,如1893年12月19日议员古雅(Claude Goujat, 1845—1926)提交了法典修订提案。格拉松虽然在 *Le Code civil et les classes ouvrières, Séances et travaux de l'Académie des sciences morales et politiques*(1886, t. 125, p. 843-895)中承认《法国民法典》忽略了工人群体,但又在 *Revue politique et parlementaire*(1894/II, p. 213-214)中断定修订法典是危险

的举动。*Le Code civil 1804-1904. Livre du Centenaire*（Paris，1904，t. II）很好地呈现了人们对于修订法典的各种态度。大多数法学家像普拉尼奥一样，担心法典会"朝着民主和社会主义方向"转变。若确实需要重修法典，他们更愿效仿德国，选择由一个法学家委员会进行修订，而议员们不太可能会接受这种做法。不过立法研究会的工作依然值得详细研究。

在两次世界大战之间的这段时期，鉴于经济和社会形势，法国出台了大量的立法和法令，这引发了法学家对立法者新的批评，最明显的例子便是 G. Ripert, *Le régime démocratique et le droit civil moderne*（Paris，1936）。还有一些人指责那些凝聚了广泛政治共识的立法文本前后不一致或有失公正，这些指责本身并非总是有失偏颇。维希政府时期，一些法律技术人员进行"立法"来回应第三共和国之理想，但其立法的技术质量并不高。关于反犹太法对私法的影响，可以阅读 *Le genre humain. Juger sous Vichy*（Éd. du Seuil，1994）和 *Le droit antisémite de Vichy*（Éd. du Seuil，1996）上的文章。

135 法学教学与教师群体的发展

关于19世纪80年代开始的法学院课程改革，有许多研究可以参考：J. Gatti-Montain, *op. cit.*；M. Miaille, Sur l'enseignement des facultés de droit en France（les réformes de 1905，1922 et 1954），*Procès. Cahiers d'analyse politique et juridique*（1979，p. 64 et s）。我们也要考虑到那些致力于研究"新学科"的法学教师有着越来越高的声望，比如研究行政法的拉费里埃、狄骥和奥里乌，研究商法的塔勒尔以及研究比较法的朗贝尔。改革也给了民法教授更多的自由，他们不必再严格遵照法典的顺序。尽管法学院引入了选修研讨课，但主要课程依然是教授主讲课。

关于教师群体的社会学研究,以及与其他大学教员相比,通过教师资格考试的法学教师的特别性,可以参考 Ch. Charle, La toge ou la robe? Les professeurs de la Faculté de droit de Paris à la Belle Époque (*RHFD*, 1988, n° 7, p. 167-175); *La République des universitaires, 1870-1940* (Éd. du Seuil, coll. « L'Univers historique », 1994); M. Malherbe, *La Faculté de droit de Bordeaux (1870-1970)* (Presses Universitaires de Bordeaux, 1996)以及前引 V. Bernaudeau 的研究(见 n° 43)。

私法教师在多大程度上受到了 1880 年至 1945 年间人文科学发展的影响? 我们不能否认法律与新兴的社会学之间的联系,相关内容可以参考:C. -H. Cuin et Fr. Gresle, *Histoire de la sociologie* (Paris, 1992, 2 vol.); J. -M. Berthelot, *La construction de la sociologie* (Paris, PUF, coll. « Que sais-je? », 1993); Ch. Prochasson, *Les années électriques, 1880-1910* (Paris, 1991)。不过法学家对社会学这门竞争学科持保留态度,可参考:H. Saint-Marc, Droit et sociologie (*Revue critique de législation et de jurisprudence*, 1888, p. 50-64); M. Hauriou, Les facultés de droit et la sociologie (*Revue générale du droit*, 1893, p. 289-295); P. Lascoumes, Le droit comme science sociale (*in* F. Chazel et J. Commaille [dir.], *Normes juridiques et régulations sociales*, 1991, p. 39-49); L. Mucchielli, *La découverte du social. Naissance de la sociologie en France* (Paris, 1998)。似乎很少有法学家采用莱昂·布儒瓦的社会连带主义理论及准合同的概念(Solidarité, 1896),但"团结"的主题相继得到富耶、涂尔干和狄骥的宣传,已是广为人知,可参考 J. Donzelot, *L'Invention du social* (Éd. du Seuil, coll, «Points-Essais», 1994)。近来有两种关于其影响理论观点:Ch. Atias, Premières réflexions sur la doctrine française de droit privé (1900-1930) (*RRJ*, 1981, n° 2, p. 189-201)强调实证主

义的进步,Ch. Jamin, L'oubli et la science. Regard partiel sur l'évolution de la doctrine positiviste à la charnière des XIXe et XXe siècles (*RTD civ.*, 1994, p. 815-827)则阐明了社会有机论思想的作用。Fr. Audren, *Les juristes et le monde de la science sociale en France. Deux moments de la rencontre entre droit et science sociale au tournant du XIXe et au tournant du XXe siècle* (thèse droit dactylogr., Université de Bourgogne, 2005)和《La Belle Époque des juristes catholiques (1880-1914)》(*Revue française d'histoire des idées politiques*, 2008, n° 28, p. 233-271)这两部作品极大地丰富了对法学家和社会科学之间关系的新研究,也表明保守派同样可以再研究法律科学之革新这样的主题。对于这些与社会科学的交流,外省法学院往往比巴黎法学院更为开放,例如里昂新学院,可参考: Hugues Fulchiron (dir.), *La Faculté de droit de Lyon. 130 ans d'histoire* (Lyon, Éditions lyonnaises d'art et d'histoire, 2006); D. Deroussin (dir.), *Le renouvellement des sciences sociales et juridiques sous la IIIe République. La Faculté de droit de Lyon* (La Mémoire du Droit, 2007)。

学说领域的主要群体——法学教授,一边清楚地表明其中立性,一边又十分关注身边的政治环境,有些人甚至公开参与政治。许多法学家与天主教运动联系密切,这使他们既批评第三共和国的世俗立法,又在社会改革(Réforme sociale)或称社会周(les Semaines sociales)等组织出现之后对社会问题萌生兴趣。(1904年,两名天主教教徒创设社会周,旨在聚集天主教教众,传播天主教社会思想并展开社会辩论。——译者注)德雷福斯事件让法学院一如整个法国社会在立场上出现分裂,一些教授加入了法国人权联盟。在二战时期德国占领法国期间,一些有名的法学家在维希政府机关找到了一席之地,学者通过分析法国立法,未对其提出抗议,推动了反犹措施普遍化,可参考: D. Lochak, La doctrine sous Vichy ou les mésaventures du positivisme (*in* CURAPP, *Les usages sociaux du droit*, PUF, 1989, p. 252-285); D. Gros, Le « statut des Juifs » et les manuels en usage dans les facultés de droit (1940-1944): de la description à la légitimation (*in* Ph. Braud [dir.], *La violence politique dans les démocraties occidentales*, Paris, 1993, p. 139-171)。另一些法律教授则选择了法国抵抗运动组织,亦称自由法国阵营,可参考 Fr. de Menthon, R. Capitant, P. Coste-Floret, H. et L. Mazeaud, René Cassin。M. Milet, *Les professeurs de droit citoyens. Entre ordre juridique et espace public*, contribution à l'étude des interactions entre les débats et les engagements des juristes français (1914-1995) (thèse science politique, Paris II, 2000)研究了法学家的政治立场。关于法学家和第三共和国之间的关系问题,参见 A. Stora-Lamarre, J.-L. Halpérin, Fr. Audren (dir.), *La République et son droit (1870-1930)* (Besançon, Presses Universitaires de Franche-Comté, 2011)。一些期刊则研究科学抱负和政治取向间的较量,如 F. Cherfouh, *Le juriste entre science et politique. La Revue générale de droit, de législation et de la jurisprudence en France et à l'étranger (1877-1938)* (thèse droit dactylogr., Bordeaux IV, 2010)。

136 19世纪末的转折点

在19世纪最后十年,随着萨莱耶、惹尼、普拉尼奥和狄骥等人之杰作的出版,该时期学说百花齐放。这些作者往往自视为打破传统方法和理论的创新者。这种观念催生了对"解经法学派"的"黑色传说"(« légende noire »,即对"解经法学派"的负面评价。——译者注),当下 Ch. Jamin 的文章(见前引)以及 Ch. Atias, *Philosophie du droit: les enjeux d'une fin de siècle* (*in* G. Planty-Bonjour et R. Legeais [dir.],

L'évolution de la philosophie du droit en Allemagne et en France depuis la fin de la seconde guerre mondiale, Paris, PUF, 1991, p. 235-273)也揭露了这一点。然而，我们似乎也很难否认这个"混乱的时代"(A.-J. Arnaud)的贡献:G. Gurvitch, *L'idée du droit social* (Paris, 1932)展现了萨莱耶、狄骥和奥里乌是如何重新思考法律之概念; Nader Hakim, F. Melleray (dir.), *Le renouveau de la doctrine française* (Paris, Dalloz, 2009)比照了其中几位革新者的职业生涯和作品。N. Hakim, « De l'esprit et de la méthode des civilistes de la seconde moitié du XIXe siècle » (*Droits*, 2008, n° 47, p. 45-75)呈现了萨莱耶的岳父——比弗努瓦的过渡性作用。关于萨莱耶，可以参考 E. Gaudemet, *Revue bourguignonne* (1912, t. XXII, p. 161-263)，萨莱耶的朋友们合作的 *L'œuvre juridique de Raymond Saleilles* (Paris, 1914)，以及 J.-M. Trigeaud, *RHFD*, 1988, n° 7, p. 210-213); J.-H. Robert, Saleilles et le comparatisme (*RHFD*, 1991, n° 12, p. 143-149); Fr. Tellier, Le droit à l'épreuve de la société. Raymond Saleilles et l'idée de droit social (*RHFD*, 1999, n° 20, p. 147-177)。A. Stora-Lamarre, Raymond Saleilles ou l'édification d'une morale juridique (1870-1914) (*in* St. Michaud [dir.], *L'édification*, Paris, 1993, p. 59-77)突出了萨莱耶这位"调停者"(« homme des conciliations »)的求知欲。P. Grossi, Assolutismo giuridico e diritto privato. Lungo l'itinerario scientifico di Raymond Saleilles (*Rivista di diritto civile*, 1993, p. 348-398)巧妙地分析了使萨莱耶作品更易懂(assouplissement des textes)的历史方法。A. Aragoneses, *Derecho fin de siècle. Cartas de Saleilles a Huber (1895-1911)* (thèse dactyl., Bellaterra, 1999)公开了萨莱耶写给休伯(Eugen Huber, 1849—1923)的一些非常有启发性的信件。该作者还著有 *Un jurista del modernimo. Raymond Saleilles y los ori-*

gines del Derecho comparado(Madrid，2009)。此外,还可以参考 M. Sabbionetti, *Un cattolico « protestante »*, *La crisi della Separazione tra Stato e Chiesa*(Turin, 2005); A. Stora-Lamarre, *La République des faibles. Les origines intellectuelles du droit républicain*, *1870-1914*(Paris, Armand Colin, 2005); M. Xifaras, « La *Veritas juris* selon Raymond Saleilles. Remarques sur un projet de restauration du juridisme »(*Droits*, 2008, n° 47, p. 77-148)。萨莱耶是忠实的天主教徒,与教士勒米尔、马克·桑尼耶(Marc Sangnier，1873—1950)和社会改革派关系密切。然而,他不赞同勒普莱及其追随者的任何理论:在继承问题上,他选择子女之间更加灵活地分割财产的方式(*La réforme sociale*, 1902/II, p. 145)。他支持政教分离的合法尝试,密切关注社会问题,比如劳动合同,他由此发展出格式合同。他十分欣赏狄骥,两人关系很好。里佩尔眼中"深受民主思想感染"的萨莱耶深度参与了他那个时代的立法运动,致力于民法典的改革。这位转向法律史和比较法的民法学绝不是一个保守派。惹尼期待创立的"科学学派"在这几年来一直受到激烈的争论,可以参考 M. Villey, F. Gény et la renaissance du droit naturel, *Seize essais de philosophie du droit*(Paris, 1969, p. 121 et s.); Fr. Terré, En relisant Gény (*APD*, 1961, p. 125-140)。O. Cayla, L'indicible droit naturel de François Gény (*RHFD*, 1988, n° 6, p. 103-122)和 P. Kayser, Ch. Atias et B. Oppetit (*Quad. Fior.*, 1991, p. 53-117)给出的观点更为细致,后者坚持"回归现实主义"以及惹尼这位谨慎的天主教徒的新自然主义。在 Cl. Thomasset, J. Vanderlinden, Ph. Jestaz (dir.), *François Gény, mythe et réalités*(Québec, 2000)中,Ch. Jamin 坚持认为惹尼从20世纪的前辈那里汲取了一些思想元素,M.-Cl. Prémont 则指出了惹尼与施奈德家族在法国勒克勒佐(au Creusot)的联系。Éd. Lambert, Une réforme nécessaire des études de droit civil (*Revue internationale de l'enseignement*, t. XL, 1900, p. 216-243)批评了惹尼关于法律来源的理论。惹尼时常担忧法律的演变,他谴责"社会主义不切实际",为妻子从属于丈夫的观点辩护,并批评奸生子女的准正。

对于"自由派"民法学家更为详细的研究也很受欢迎,这些法学家有伯当(巴黎市议员,温和的共和派)、普拉尼奥(承认离婚制度并批评勒普莱的理论)、卡皮唐(1904年格勒诺布尔市副市长,1906年未当选为代表的候选人)。关于自然法的"复兴"(沙尔蒙是热衷于此的人之一),可参考 J.-L. Sourioux, La doctrine française et le droit naturel dans la première moitié du XXe siècle (*RHFD*, 1989, n° 8, p. 155-163)。除了埃马纽埃尔·莱维(工人国际法国支部成员,1919年至1924年担任里昂市副市长)的文章之外,"社会主义法学"的代表有马克西姆·勒鲁瓦(Maxime Leroy [1873-1957], *Le Code civil et le droit nouveau*, 1904)和 A. Mater (Le socialisme juridique, *Revue socialiste*, t. XL, 1904, p. 1-27)。关于这一主题,可参考 N. et A.-J. Arnaud, Le socialisme juridique à la «Belle Époque»: visages d'une aberration (*Quad. Fior.*, 1974-1975, p. 25-54)。在 *Socialismes des juristes*, *Cahiers trimestriels Jean Jaurès* (n° 156, avril-juin 2000)上有一些关于勒鲁瓦和莱维的作品,如关于莱维的文章有:Fr. Audren, « Le droit au service de l'action. Éléments pour une biographie intellectuelle d'Emmanuel Lévy (1871-1944) » (*Droit et Société*, 2004, n° 56-57, p. 79-110)。至于狄骥,他宣称存在"社会主义法学"之概念。这并不妨碍他批评马克思主义,也不影响他的名字出现在共和党联盟的名单上,于1908年当选为波尔多市议员,参见 É. Pisier-Kouchner, *Le service public dans la théorie de l'État de Léon Duguit* (thèse droit, Paris, 1972)以及 Ph. Raynaud, Léon Duguit et le droit naturel (*RHFD*, 1987, n° 4, p. 169-180)。

137 两次世界大战之间的混乱与僵化

20世纪20年代和30年代的学说似乎没有那么大胆,更多地表现出对未来的担忧。D. Fenouillet, Étienne-Louis Josserand (1868-1941) (*RHFD*, 1996, n° 17, p. 27-45)研究了若斯兰思想的演变,这位法学家在最高法院结束了其职业生涯但影响力犹存。他关于责任、权利滥用及可变因素(les mobiles)的创新作品明显不同于他在30年代出版的沉闷的编年史,可参考:La transcription vue à travers le décret-loi du 30 octobre 1935 (*DH*, 1936, 1); Sur la reconstitution d'un droit de classe (*DH*, 1937, 1; Le contrat forcé et le contrat légal, *DH*, 1940, 5)。他的《实证私法讲义》(*Cours de droit civil positif*)也有一些创新之处,比如其中讨论了自然家庭(famille naturelle)和无体财产(propriétés incorporelles)。不过他仍然坚持意思自治原则,信任由议会之外的法学家修订《法国民法典》。关于巴黎和外省之对抗的影响,Fr. Audren et C. Filon, «Louis Josserand ou la construction d'une autorité doctrinale» (*RTD civ.* 2009, n° 1, p. 39-76)有很大的参考价值。

乔治·里佩尔的思想也在不断发展。在第一次世界大战之前,里佩尔赞成对于非正常行为适用无过错责任制,限制所有权人的权利,这使他看起来像惹尼学派的"捣乱者"(他批评了里佩尔的论义,参见 *RTD civ.* [1902, p. 812-849])。在两次世界大战之间的这段时期,他自称为主观权利的捍卫者,猛烈抨击法律社会化。至于里佩尔在维希政权下的定位,可以参考 C. Singer, *Vichy, l'Université et les Juifs* (Paris, Les Belles Lettres, 1992)。二战后,里佩尔集中抨击了法国肃清运动,民族化及解放运动,此后批评了种族法,参见 *Le déclin du droit* (1949,

p. 136);*Les forces créatrices du droit*(1955, p. 139)。里佩尔始终希望将实证主义置于对道德规则的尊重之中,参见 Droit naturel et positivisme juridique(*Annales de la Faculté de droit d'Aix-Marseille*, 1918, n° 1, p. 4 et s)。这是一种"祛魅的"(«désenchante»)的实证主义,它不再相信法律的价值,也与狄骥作品中的现实主义方法毫无关系。它不相信社会学,通过价值判断拒绝那些人们认为具有社会危险性的理论,将其研究局限在法学领域。M. Troper 甚至称这种形式的规范学说为"伪实证主义"。A. Simonin 在 *La République et son droit*, op. cit. (au n° 135)中也对此展开了论辩。关于德莫格和卡皮唐,则可以参考 Ch. Jamin, Henri Capitan tet René Demogue: notation sur l'actualité d'un dialogue doctrinal (*L'avenir du droit. Mélange sen hommages à François Terré*, Paris, 1999, p. 125-139)。

138 备受偏爱的侵权责任法

在 1880 年至 1945 年侵权责任的扩展中,民事责任之诉讼在学说与判例法中引发了极大的争论,几经波折。风险理论支持者(如萨莱耶,尤其是若斯兰)与优先推定过错的捍卫者(如普拉尼奥、卡皮唐、里佩尔、马佐兄弟)产生了分歧。在某种程度上,这一分歧使风险社会化的倡导者与侵权责任之个人主义、道德概念的追随者相互对立,后者担心人民因此丧失主动性(paralysie de toute initiative)。虽然最高法院的判例法正在朝着客观责任的方向不断发展(未想诉诸风险概念),但许多私法学家坚持过错的概念,其试图采取的立场在不断后退。关于侵权责任的学说争论,可以参考 J.-L. Halpérin, «French doctrinal writing» (*in* N. Jansen [ed.], *The Development and Making of Legal Doctrine*, Cambridge University Press, 2010, p. 73-95)。

但是我们要对这一总体情况做一些限定说明。人们可能会想知道风险理论的起源,疑惑谢松(Émile Cheysson, 1836—1910)等社会改革者和意大利实证主义学派的刑法学家起到了什么作用。关于这一新概念的详尽介绍,可参考 P. Bettremieux, *Essai historique et critique sur le fondement de la responsabilité civile* (thèse droit, Lille, 1921),尤其是 Fr. Ewald, *L'État-providence* (Paris, 1986)。普拉尼奥、科林和卡皮唐已经指出了判定"非法行为"(« fait illicite »)的经典过错理论的不足之处。H. et L. Mazeaud, *Traité théorique et pratique de la responsabilité civile délictuelle et contractuelle* (Paris, 1re éd., 1931, 2 vol)重新对这一主题进行了深入的探讨。马佐兄弟两人反对风险制度,他们重新定义了准侵权行为(faute quasi-délictuelle),即"客观过错"(« faute objective »)或行为人无意导致的错误,同时对因物引起的侵权责任给出了独特的解释,即"保管时的过错"(« faute dans la garde »)包括物不受控时产生的过错。还应注意的是,像卡皮唐这样的过错支持者认为,立法者的干预和保险救助十分有必要,参见 Les fluctuations de la théorie de la responsabilité du dommage causé par le fait des choses inanimées (*DH*, 1927, 49)。人们在批评让德尔判决的同时,可能真正关注着对受害者赔偿(如莫里斯·皮卡尔[Maurice Picard, 1887—1968]),参见 Fr. Ewald, *L'accident nous attend au coin de la rue* (Paris, 1982)。

139 对主观权利的批判

权利滥用、所有权的社会功能、意思表示以及法律人格的现实性这些理论都有一个共同点,即它们建立在批评主观权利之个人主义和自愿主义的概念之上,这种概念多被认为是萨维尼的观点,有时甚至过于偏激。在上述这些领域,法国法学家十分关注德国学说的影响,特别是耶林的学说，其作品从 1875 年开始被翻译成法语后不断引发讨论。越来越少的民法学家相信"实践中的意志"（«la volonté en exercice»）产生权利（le droit），他们认为有必要用符合社会关系的实用性或目的性观念来解释主观权利之概念。权利滥用理论是为了在没有立法干预的情况下限定主观权利的权利范围。该理论主张解释判例，但它对法院的影响尚待考证——法官援引该理论来阻止大家诉诸罢工权，使其可能成了对抗社会主义理论的幌子，参见 A. -J. Arnaud（op. cit., p. 95）。关于所有权概念的更新，可以参考 G. Ripert, *De l'exercice du droit de propriété dans ses rapports avec les propriétés voisines*（thèse droit, Aix, 1902）；P. Coste-Floret, *La nature juridique du droit de propriété*（thèse droit, Montpellier, 1935）。关于狄骥的观点，可以参考 A. Mestre, Remarques sur la notion de propriété d'après Duguit（*APD*, 1932, p. 163-173）；N. Hakim, «Duguit et les privatistes»（*in* F. Melleray [dir.], *Autour de Léon Duguit Bruxelles*, Bruylant, 2011, p. 81-114）；关于瓦雷耶-索米埃的观点则可以参考 J. -C. Matthys, La philosophie politique du marquis de Vareilles-Sommières（*RHFD*, 1993, n° 14, p. 43-86）。在此，人们可能也会怀疑这些观点是否是真正的创新，或者是回归到了《法国民法典》颁布之初盛行的功利主义财产观，回应 19 世纪中期人们所采取的立场。至于 1907 年 1 月 2 日关于政教分离后教堂之用途的法律，我们可以说它初步体现了没有指定所有者的"目的性财产"理论。

对合同中意思自治的抨击与对意志论（Willenstheorie）的批评密不可分，可以参考 Éd. Meynial, La déclaration de volonté（*RTD civ.*, 1902, p. 545-573）；V. Ranouil（*op. cit*）。然而，很大一部分学者很依赖这种表达，比如科林、卡皮唐和若斯兰。莫里斯·奥里乌通过他的制度理论，从质疑契约至上转到夸大法律人格的作用，可以参考 A. Dufour, La conception de la personnalité morale dans la pensée de Maurice Hauriou et ses fondements philosophiques (*Quad. Fior.*, 1982/1983, t. II, p. 685-719); O. Beaud, Hauriou et le droit naturel (*RHFD*, 1988, n° 6, p. 123-138)。伴随着工会的发展、1901 年法律的出台(与草案不同,该法律最终未建立在拟制理论的基础上)以及政教分离时期关于基金之权利(le droit des *fondations*)的疑惑,法律人格这个问题在本世纪初备受关注。基金(*fondations*)是否意味着没有法律主体的权利呢？萨莱耶和狄骥对此也十分感兴趣。萨莱耶的观点可参见 *Bulletin de la société d'études législatives* (1908, p. 357-417 et 1909, p. 26)。狄骥则在龚古尔案(affaire Goucourt)中为遗嘱基金辩护。萨莱耶于 1910 年出版的巨作中囊括了所有的理论,并将主观权利定义为一种自主意志出于服务社会之目的而行使的权力。这一定义让许多理论创新者在第一次世界大战前夕达成了共识。同时,在德国的影响下,人格权的概念开始出现。关于这一领域可以参考一篇具有奠基意义的文章:Perreau, *RTD civ.* (1909, p. 501-536)。

第二章　家庭法改革

140　前言：共和派和家庭

　　第二帝国时期,法国共和派考虑改革民事立法,谴责《法国民法典》在家庭婚姻领域的反动色彩,并援引革命法之例为家庭民主化背书。然而,在共和主义传统思想中,家庭制度远不如公民与国家间关系那般重要。此外,大多数共和派领袖仍秉持基于婚姻和父权(或夫权)的传统家庭观。以朱尔·西蒙为首,他们期望在人际关系中实现"尽可能多的自由",但不能"淡化家庭观念"。个人主义者拒绝为家庭的更高利益而牺牲个人权利,他们反对自由主义和无政府主义者关于同居及节育(limitation des naissances)的想法。"投机的"共和派上台后并未实施整体性的"家庭政策",大刀阔斧地改革家庭法:第三共和国议会在这一领域对《法国民法典》的改革往往是间接的。在追求国家世俗化和反教权主义盛行的背景下,离婚制度得以重建。弃儿援助、义务教育、未成年人用工限制均削弱了父权。同样,继承法改革也与利好城乡小产权的社会政策亦步亦趋。

　　相反,捍卫家庭并视之为超越个人的基本制度,是保守派最重要的主张之一,亦是反对政教分离者的凝聚点。保皇派、传统天主教徒、勒普莱的门徒乃至社会天主教徒和第一批基督教民主党人,无论有何分歧,均一致要求设立一项货真价实的家庭政策。"鼓励生育者"呼吁为多子女家庭提供财政奖励,"家庭主义者"则更加强调道德价值的重塑。

他们慷慨激昂地激烈抨击共和派,指责其立法削弱家庭,致使同居成为主流。家庭法改革引起了激烈的政治斗争和保守派抵制,其中不乏许多法学家的身影,这或许是共和派步调谨慎的原因之一。

然而,无论是鼓励生育者和爱国的共和派(républicains patriotes),抑或是基督教民主党人和激进党人,在支持"法国家庭"一事上观念均逐步趋同。1913年,议会通过两项法律,一项旨在帮助有需要的多子女家庭,另一项则事关产假。第一次世界大战后死伤惨重,生育问题因而受到高度关注。1919年,国民联盟(Bloc national)在议会选举中获胜,后于1920年成立高等生育委员会(Conseil supérieur de la natalité)。同时,共和国总统保罗·德沙内尔(Paul Eugène Louis Deschanel,1855—1922)明确了"捍卫作为国家基础的家庭"之职责。两次世界大战期间,家庭法改革成效显现,这得益于广泛共识和相关法律,即奖励多子女家庭(1923年)、社会保险(1928年)及家庭津贴(1932年)。1938年2月8日,乔治·佩尔诺(Georges Pernot,1879—1962)向参议院提出质询,呼吁制定"融贯的家庭政策"。1939年7月29日,一项法令应运而生,糅合民法条文和社会措施,共167条。该法被称为《家庭法》,是共和派目标不断发展的迟到成果。维希政府时期,"家庭主义"倾向进一步加剧,某些领域(如离婚)的争议仿如昨日重现,其余则沿用第三共和国后期的政策。

家庭法改革看似有所进展,但实际变化有限。在某种程度上,1880年至1945年的政治背景可以解释这一现象。共和派既担心教会借女性强化影响力,又对女权运动疑虑重重,因而在妇女解放道路上踌躇不定。尽管1938年2月18日的法律已消除夫权,妇女解放仍是未竟之事。亲子关系法的改革渐进且无序,立法者努力避免传递鼓励同居的信号。救助弃儿的意愿促进了父权和收养关系的变革,但时间上相对较晚。讽刺的是,《法国民法典》的富有平等色彩的继承规则在 1880 年至 1944 年间遭受了最激烈的抨击。

一、 妇女解放发展缓慢

141 重建离婚制度

1884 年 7 月 27 日,共和派立法重新引入离婚制度,首次展现出改革家庭法的意志。该法能够通过并非因为妇女们投票(votée pour les femmes),却毫无疑问地促进了家庭自由和平等。在很大程度上,是阿尔弗雷德·纳凯和其"离异"友人们的坚持促成了这项法律。1876 年和 1878 年,纳凯提出的前两个法律草案迟迟没有通过,为重新引起争论,他增加了在外省的游说(tournées)次数。19 世纪 80 年代,离婚虽称不上舆论热点,但至少能在议程中出现。教皇利奥十三世于 1880 年发布通谕,狄东神甫(Henri Didon,1840—1900)在圣菲利普·杜鲁尔教堂激情布道,可见天主教徒对此忧心忡忡。因此,许多共和派将重建离婚制度视为世俗化阵营对抗教会影响力的胜利成果。

1881 年初,政府尚未做出投票指示(consigne de vote),纳凯的一项提案即已遭到国民议会议员否决。然而,共和派赢得 1881 年大选后,最激进的离婚主义者和仅视离婚为不幸婚姻补救措施的机会主义者迎来了达成一致的有利时机。1882 年,大多数国民议会议员投票决定恢复离婚,其中包括两愿离婚(divorce par consentement mutuel)。① 参议院的磋商过程更为艰难,朱尔·西蒙、律师阿卢(Édouard Allou,1820—

---

① 费里、甘贝塔(Léon Gambetta,1838—1882)、瓦尔德克-卢梭(Pierre Waldeck-Rousseau,1846—1904)弃权;布里松和布儒瓦反对。

1888)等共和党人均反对离婚。政府赞同采取折中方案,即回到《法国民法典》最早的设计而非 1792 年法律,但否决了两愿离婚。为捍卫自己口中的"道德化法律",纳凯接受了这一让步。尽管已有互相妥协之意,双方在论辩时的观点交锋依然异常激烈:纳凯认为婚姻不可解除的信念纯属天主教在社会中的残余,昂热教区主教(évêque d'Angers)弗雷佩尔(Charles-Émile Freppel, 1827—1891)则在一次公开的反犹主义演讲中强烈反对离婚。

最后,该法分别以 153 票对 116 票、355 票对 155 票在参议院和国民议会通过。依照其规定,离婚是对夫妻一方过错的惩罚,以下三种情形可构成婚姻破裂的原因:通奸、暴力、虐待或严重侮辱,以及一方被判处身体刑或名誉刑(peine afflictive ou infamante)。如此一来,1884 年 7 月 27 日的法律不再按性别区别对待,男方或女方通奸均可作为离婚理由。然而,《法国刑法典》有关通奸的不平等条款仍然有效,只是适用频率逐渐降低。根据夫妻任何一方的要求,别居期满三年后可转化为离婚,但作为对天主教徒的让步,法律规定法官仍可拒绝离婚申请。此外,离婚者可以复婚(除非夫妻一方在此期间重新结婚又再次离婚),但通奸双方不可结婚。

142 关于离婚的论战

1884 年法律通过后,有关离婚原则和效果的论争并未平息。立法方面,议会率先做了四十年(1884—1924)努力,旨在促进离婚便利化并改善离婚者的生活条件。1884 年 4 月 18 日的法律简化了离婚程序,尤其令调查程序不再像《法国民法典》时期那样严格。1893 年 2 月 5 日的法律规定夫妻双方离婚后均改回本名,并大力改革别居制度,扭转此前妻子实施任何处分行为都需得到丈夫授权的窘境。改革的起源可追溯至 1884 年的一项提案,提案人是一群希望阻止或推迟离婚法表决的参议员。随后,他们的主张得到了左右两派的一致支持,左翼议员希望改善别居女性的生活条件,右翼议员则意欲提升别居较离婚而言的吸引力。1893 年法律消除了夫权对别居妻子的影响,标志着妇女解放步入新阶段。此后,1904 年 12 月 15 日的法律废除了通奸丈夫和奸妇再婚的禁令,这引起了部分法学家的公愤,他们指摘这是一种"连续的一夫多妻制(polygamie successive)"。经过激烈讨论,1908 年 6 月 6 日的法律规定别居三年后自动转为离婚。尽管过去很少有人拒绝这种转化,但留有一定余地本是为了照顾天主教徒信仰上的顾虑,现如今这一余地也不复存在。1924 年 3 月 26 日的法律取消了一些针对离婚者的再婚禁令,完成了离婚自由化的进程。

离婚支持者和反对者对这些立法调整均颇有微词。20 世纪前十年,以马格里特兄弟(Paul Margueritte,1860—1918;Victor Margueritte,1866—1942)、律师库隆(Henri Coulon,1855—1936)和"好法官"马尼奥为首,要求建立两愿离婚的呼声渐起。无论是这方面的建议,抑或是以遗弃家庭或精神错乱为由的"单方"离婚都遭到了议会的否决,但仍增加了那些支持稳定婚姻关系的人心中的顾虑,其中包括涂尔干一类的共和派。至 1914 年,社会中离婚的实践中缓慢增长(pratique du divorce fit des progrès modérés),其增速和 1852 年至 1868 年间别居的情况相当。1885 年,离婚人数为 5000 人,1894 年增至 9144 人,1913 年达到 15000 人。离婚数量在第一次世界大战后持续增长:20 世纪 20 年代,每年约为 25000 起,第二次世界大战前夕则达到 27000 起。只有不到 10% 的离婚申请被驳回,而女性提出的申请约占总数的 60%,这个比例远低于别居的情况。

与结婚数量相比,离婚在 1900 年之前一向是边缘现象,直至 1940

年仍是极少数。然而,那一代人对这种"传染病"格外敏感,离婚始于大城市(不仅限于资产阶级家庭),并逐步蔓延至最顽固抵抗的地区(dernières zones de résistance)。保守阵营对离婚有着强烈的敌意,许多法学家并不赞成这一制度,包括安布鲁瓦兹·科林、保罗·屈什(Paul Cuche, 1868—1943)、乔治·里佩尔。另一些法学家则对判例法的进展感到担忧。1906 年,立法研究会(Société d'études législatives)发布报告,呼吁对离婚便利采取应对措施。两次世界大战期间,时常有人指责法院无止境地扩大严重侮辱的概念,从而造成些司法闹剧(comédies judicaires),将两愿离婚当作过错离婚处理。1939 年 11 月 29 日,一项法令临时将别居转为离婚的期限缩短为一年,重新点燃了人们的激情。关键在于,维希政府试图减少离婚的数量①:如司法部长约瑟夫·巴泰勒米(Joseph Barthélemy, 1874—1945)所愿,1941 年 4 月 2 日的法律禁止婚后前三年提出的所有离婚申请,明确规定暴力、虐待和严重侮辱的范围,并再次宣布别居转化为离婚不具有强制性(caractère facultatif)。显然,这证明了两种家庭法观念在离婚问题上仍有分歧。

143 简化结婚程序

第三共和国时期,《法国民法典》"结婚"一章历经多次修改,四十年间约有 15 部相关法律出台。立法者考虑到道德变化,即父权减弱,首先计划放松 1804 年以来家庭对婚姻的约束。1896 年 6 月 20 日的法律规定,尊敬证书只要有一个就够了,毕竟人们公认尊敬证书过于低效。经过几次改革尝试后,1907 年 6 月 21 日更进一步,以简单的通知(后被 1933 年 2 月 2 日的法律废除)取代了尊敬证书,并取消了《法国

---

① 贝当(Philippe Pétain, 1856—1951)本人也曾与一名离婚女性结婚。

民法典》中对达到法定结婚年龄男女的特别规定。此后，所有已满 21 岁的成年人都可以不经父母同意而结婚。这些法律由勒米尔神父这样的保守派或天主教议员提出，但得到了共和派的支持，其目的在于减少被视为犯罪的非法婚姻数量。婚姻也丧失了作为家庭公约、国家保障的社会机构公约之特征，而重新成为一种私人之间的契约安排。因此，1927 年 7 月 17 日的法律消除了父亲在同意未成年人结婚时的主导作用：父母意见不一致时，视为同意。

第一次世界大战对这些问题产生了不可避免的影响。婚姻的形式进一步简化了：证人数量根据 1919 年 8 月 9 日的法律由 4 人减至 2 人，对于公示的复杂要求（système de publication）亦取消。此外，有些观点甚至认为应当专门立法，针对应征入伍的士兵妻子因为认为丈夫已失踪而重婚的情况（1919 年 6 月 25 日的法律）。[①] 阻碍婚姻的因素亦有所减少：如缩短解除首婚后强加给妇女的"等待期"（1922 年 12 月 9 日的法律），或放宽许可直系姻亲结婚的范围（1938 年 3 月 10 日的法律）。以上所有改革毫不掩饰促进生育的目的。显然，这对婚姻数量影响甚微，结婚量持续下降，直至 1890 年跌至 269332 起，20 世纪最初几年有所回升（1912 年为 311 929 起）并在一战结束后异常增长（1920 年为 623869 起），但在两次世界大战之间又再次回落（1925 年为 353167 起，1938 年为 273000 起）。有分析家甚至认为，立法促进婚姻便利化产生了"恶劣"效果，合法婚姻开始向事实婚姻趋同。

144 同居的进展

20 世纪初，同居（concubinage）——通常被称为法律之外的结合

[①] 法院以国籍错误为由宣布和德国人缔结的婚姻无效：Trib. civ. Seine, 4 février 1918, *DP*, 1918, 2, 78。

(union libre)——从边缘地带走进了法学家的研究焦点。法院判例不仅不断处理同居者之间的财产赠与是否有效的问题,①育有子女同居双方也从较为善待非婚生亲子关系的法律中获益。普拉尼奥因此认为,1896年3月25日的法律允许赠与非婚生子女更多财产,鼓励了那些对家庭失望的人摆脱婚姻束缚。1912年11月16日的法案迈出了决定性的一大步,将"众所周知的同居关系"纳入《法国民法典》(第340条),作为确认亲子关系时可接受的情形之一。对于许多法学家而言,这无异于引狼入室(le loup était désormais dans la bergerie)。

第一次世界大战加速了法律对同居关系的认可。议会和政府发布通告决定实施1914年8月5日的士兵"家庭"法以及1918年12月29日关于向阵亡士兵继承人缴纳抚恤金(pécules)的法律,从而向军属伸出援手,提供救济。另外,一些非婚生子女的父亲在去世时尚未达到结婚条件,1917年4月7日的法律提升了他们通过判决获得殁后准正(légitimation posthume)的便利度;1918年3月9日的法律则关注房屋租户应征入伍(locataire mobilisé)的情形,规定其同住人可留在原处。法官先是允许债权人就同居者伴侣的购买行为对其本人起诉,后又对事故失踪人员的同居伴侣进行了物质损害赔偿。② 奥里乌、保罗·埃斯曼、乔治·里佩尔等人所代表的法学界几乎一致谴责这种"二等婚姻"形式(organisation d'un « mariage de seconde zone »)。或许是在若斯朗的影响下,最高法院的判例在1937年否决了此前判例法上的进展,从而和学说观点转为一致。③ 相较于社会变迁,判例法的波动更让法学家们

---

① Paris, 23 juillet 1914, *DP*, 1918, 2, 51; Req. 8 juin 1926, *DP*, 1927, 1, 113(指出赠与原因冲动且难转圜这一问题)。
② Crim. 26 novembre 1926, *DP*, 1927, 1, 73.
③ *DP*, 1938, 1, 5, note R. Savatier.

难以接受,他们不断地谴责"婚姻危机",但在两次世界大战期间,婚姻似乎并未真的出现危机。

145 修正已婚妇女无行为能力之原则

1882 年,英国赋予妻子完全行为能力,与此同时,法国法仍将已婚妇女无行为能力奉为原则。1880 年,卡米耶·塞(Camille Sée, 1847—1919)向国民议会提议给予已婚妇女一定程度的行为能力,但是其议案甚至未得到讨论。大多数法学家坚持默示委托理论,一些法院以不当得利的概念作为补充,从而认定家庭主妇对自己的财产负有义务。在这一理论的基础上,1881 年 4 月 9 日关于储蓄银行的法律对已婚妇女无行为能力的原则进行了第一次立法纠正。自第二帝国起,储蓄银行开始接受已婚妇女的存款和提款。1878 年,在人们讨论创设邮政储蓄银行的背景下,中右翼提议将这一惯例合法化。这项提案透露出浓厚的家长式作风:在老百姓中,丈夫往往没有储蓄习惯,提案旨在激励"警惕的家庭管理员"的节俭美德。共和派并不想违反《法国民法典》的规则,最轻微的偏离亦不例外:1880 年,邮电部长提出草案时并未赋予已婚妇女任何权利。但是,改革在参议院得到了拉布莱的支持,国民议会委员会(commission de la Chambre)和参议院重新引入妻子可不经丈夫授权存款或取款的条文,存取款的最高限额为 1 500 法郎,因此无法形成小金库(caisse noire)。与此同时,丈夫保有反对妻子取款的权利。但鉴于储蓄银行要求反对意见必须以书面形式为之(opposition en forme),此类情况鲜有发生,且 1895 年 7 月 20 日的法律允许妻子在这种情形下向法院寻求救济(saisir la justice),从而进一步强化了改革。因此,妻子可以自由地从用于储蓄的共同财产中提取其份额,她们虽然没有行为能力,却享有一种属于自己的权利(droit propre)。根据 1886

年7月20日的法律,同样的制度也适用于支付养老基金。"好家庭主妇"的地位有所提高,但在女权主义者看来,法律方面的进步还远远不够。

146 女权运动的初步成果

世纪之交,女权运动蓬勃发展,在第三共和国初期建立了报纸和协会。一些共和派加入了玛丽亚·德雷斯梅(Maria Deraismes, 1828—1894)、休伯丁·奥克莱尔(Hubertine Auclert, 1848—1914)等早期女权活动家之列,如1883年《妇女法典》(Code des femmes)之父莱昂·里歇尔。这场运动在优先事项(追求公民权利或政治权利)和手段(改革或革命)上存在分歧,并未得到左派的广泛支持,许多社会党人认为社会问题比女性地位问题更为重要。但是,女权主义赢得了一批跨越政治分歧的支持者:1894年,国民议会(Chambre)中约有40名议员赞成妇女解放的构想。1900年,国际妇女地位和权利大会(Congrès international de la condition et des droits de la femme)通过了一项旨在全面消除夫权的统一纲领(tout un programme)。另一方面,法学家仍保持谨慎,试图将女性斗争的影响力降到最低。然而,越来越多的法学家认为已婚妇女无行为能力的规定与道德风尚演变趋势相抵触,并认为《法国民法典》第1124条将女性和精神病人、儿童一并列为无行为能力人的规定令人震惊。已婚妇女无行为能力似乎与单身女性的民事权利互相矛盾,尤其是在1897年12月7日的法律允许女性担任户籍证明(actes de l'état civil)和公证书的证人之后。最后,以1900年生效的《德国民法典》[BGB]》和1907年生效的《瑞士民法典[ZGB]》)为代表,欧洲其他国家同样主张改革。

1907年7月13日的法律从提出到通过经历了漫长的过程(longue

genèse de la loi),这证实已婚妇女解放遭遇了强烈抵制。1890 年的第一部法案针对丈夫行为不端的情况,旨在以温和的方式保护职业女性的收入免受夫权侵害。1893 年,首位女性法学博士、后来成为律师的女权主义者让娜·肖万(Jeanne Chauvin, 1862—1926)发起新闻宣传运动,主张已婚妇女应自由处分其工作所得。一项法案采纳了该原则,并于 1896 年在未经国民议会议员讨论的情况下通过。然而,该法案在参议院搁置了 9 年之久,直至 1907 年激进派赢得大选后才最终获表决通过。面对女性的诉求,许多法学家和立法研究会成员逐渐表示支持,但议员们的怠政(force d'inertie des parlementaires)成功地将这项改革推迟了 15 年以上。

1907 年 7 月 13 日的法律规定,无论采取何种夫妻财产制(régime matrimonial),无论她们的婚约中有何种条款,所有已婚职业女性都可以自由处分其工资、工资的储蓄收入以及用储蓄购买的财产,从而实现了"财产的小规模合法分离"(«petite séparation des biens légales»)。不过妻子在从事一项职业前仍需征得丈夫的同意,且丈夫在妻子滥用其同意时(en cas d'abus)仍可通过民事法庭撤销妻子的权力,尽管如此,这项法律依然是对已婚妇女行为能力的极大扩展。然而,这一"重大的女性利益保护法"在实践中的效果却不尽如人意。首先,民法学家发现妻子对保留财产(biens réservés)的权利很难和每种夫妻财产制各自不同的规则相协调。(妻子因职业活动所取得的财产视为其保留财产。——译者注)其次,银行、股票经理和公证员不放心妻子的资金来源,因而要求她们证明款项是工作所得,且其权力未被判决剥夺。正如惹尼于 1902 年所料,妻子在投资或管理储蓄时总是遇到难题。1907 年的改革如此姗姗来迟,又如此快速地暴露了其不足。

147 夫权的削弱

女性在第一次世界大战中发挥了重要作用,这使已婚妇女无行为能力的原则变得更加不合时宜。然而,除了一些紧急措施(1915年7月3日的法律)和1917年3月20日关于监护权的法律,法国议会并未赋予女性任何民事或政治权利,而在许多欧洲国家,女性已获得选举权。20世纪20年代,法国法已远远落后,大多数法学家和政治家却仍未觉察到改革的紧迫性。直到1925年,立场激进的司法部长(garde des Sceaux)勒内·勒努(René Renoult,1867—1946)本人虽然反对妇女选举权,但也成立了一个专家委员会研究此事。1928年,该委员会提交了支持已婚妇女享有完全行为能力的意见。四年后,即1932年,勒内·勒努向参议院提交了政府草案,而草案最终通过仍需将近六年的努力。

人民阵线(Front populaire)获得大选胜利后,勒努的草案才在1936年12月至1937年3月之间进入参议院的讨论范围,随后在1937年4月至1938年2月得到国民议会的讨论。改革的原则并未遇到任何障碍,但是参议院决定暂时搁置有关修改法定夫妻财产制的条款,因此,草案的影响范围受到很大限制。1938年2月18日的法律从法典第213条中删去了妻子对丈夫的服从义务,但并未实现夫妻在家庭中的完全平等。丈夫仍享有优势地位,单独保有父权,且有权选择共同住所(除非妻子就权利滥用寻求司法救济)。该法案甚至试图规定丈夫有权请求法院限制其妻的行为能力,不过这一权利最终未得到议员的支持。参议员乔治·佩尔诺以尊重"法国家庭传统"确立的"父亲之家庭权威"为名义提出修正案,此后,最终案文将丈夫定义为一家之主。政府将这一让步化为简单的附加条款(réduisit cette concession à une simple incidente),但仍清晰地反映着夫妻平等面临的阻力。最后,丈夫可以反对妻子从事与其不同的职业,在这种情况下,法院享有对家庭内部权力产生冲突的最终决定权。

由此可见,仅限于个别条款的 1938 年 2 月 18 日法律显然并不全面,就连采用分别财产制的妻子亦未获得完全行为能力。在长期支持妇女解放的司法部长约瑟夫·巴泰勒米倡议下,维希政府通过 1942 年 9 月 22 日的法律,为改革提供了更大空间,该法律秉持已婚妇女享有行为能力的新原则,调整了《法国民法典》《法国商法典》和《民事诉讼法典》中的若干条款。适用于所有夫妻的一般婚姻法(droit matrimonial commun)得以确立。丈夫仍是一家之主,但应当"为了家庭和孩子的共同利益"行使这一职权,而妻子则要和丈夫共同"在精神和物质上领导家庭"。新法律明确把教育子女列为婚姻的目标之一。为满足家庭需要,修订后的第 220 条规定已婚妇女有权代表丈夫,默示委托的理论转为法定委托(mandat légal)的立法规定,且夫妻双方均可通过司法授权代表无表意能力的配偶。

148 夫妻财产制缺乏彻底改革

世纪之交,法学家们注意到《法国民法典》有关夫妻财产制的规定背离了大多数已婚人士的意愿,二者正渐行渐远。这种失调首先源于夫妻财产契约数量的下降(1882 年占婚姻总数的 39%,1898 年不足 29%)及奁产制的迅速衰退。超过 80% 的夫妻财产契约规定了不同的夫妻共同财产制(variante de communauté),共同财产通常限缩为婚后所得,法国南部亦不例外。两次世界大战期间,奁产制在格勒诺布尔彻底消失,在诺曼底和图卢兹附近也急剧衰退,其阵地仅限于少数顽固地带,包括埃罗、加尔、罗讷河口、沃克吕兹、阿韦龙、上阿尔卑斯、下阿尔卑斯和科西嘉。奁产制下的收益共同制自西南地区起不断向外蔓延,纯粹的奁产传统仅在罗纳河谷南部和地中海沿岸得以延续。对于想掌控个人投资的人而言，奁产制过于僵化，一战后货币不再稳定，这一情况变得尤为明显，仍保持奁产制者多为年金收入者或公务员。

然而，行为上的统一对于法律共同体的制度而言只意味着一种默认的胜利（victoire par défaut）。分别财产契约的数量增长缓慢（1898年不足夫妻财产契约的3%），且仅限于大城市，但在改革者看来，夫妻别财原则（principes séparatistes）似乎与已婚妇女行为能力的提升步调一致。1908年，参议员博基耶（Charles Beauquier，1880—1914）提议将分别财产制认定为一项法律制度。尽管1907年的法律已在这一领域对《法国民法典》的整个体系加以质疑，规定已婚妇女享有自由支配收入的权利，但在1914年之前，夫妻财产制改革始终未被提上议程。1924年，卡皮唐受《瑞士民法典》启发，建议采用混合制度，将分别财产制和婚后所得共同制相结合。1932年，勒努的草案采纳了这一观点，提出以婚后所得参与制（participation aux acquêts）作为法定制度：婚姻存续期间，夫妻双方均保留对个人财产和共同财产的所有权和管理权；婚姻解除后，双方有权要求分割共同财产。但在1936年至1937年，参议院并未支持这一大胆的想法。

直到1939年，议会才重新恢复工作，二战前夕，参议院决定支持婚后所得共同制。鉴于议会无力完成夫妻财产制改革，维希政府于1942年9月22日颁布一项法律，对《法国民法典》进行了必要的调整，但并未修改法律制度。在动产及所得共同制下，丈夫享有共同财产的唯一管理权和对妻子个人财产的管理权，但在妻子生前即使为了安置子女也无权未经其同意处分财产。夫妻协作的情形极为有限，与1939年的最后一项草案相比，这是一种倒退。在分别财产制之下，妻子有权自由处分其财产（第1536条），就奁产制而言，她对其奁产外的财产享有同样的权力（第 1576 条）。① 但为了实现夫妻平等，我们仍需要一部有关夫妻财产制的全新法律。

二、儿童状况的改善

149 对弃儿的保护

第三共和国初期，大众舆论为"受虐待儿童"的命运心痛不已，这些孩子是家庭暴力和虐待的受害者，他们亦使得越来越多的社会改革者开始关注青少年犯罪问题和弃儿的命运。慈善机构和团体提出改革意见，在泰奥菲勒·鲁塞尔博士（Théophile Roussel，1816—1903）等知名人士和终身参议员勒内·贝朗热的推动下，改革意见得到议会的采纳和发展。同时，重视提高民众的道德水平的保守派和希望限制父权的左派加入了这些独立的共和主义者。19 世纪 80 年代，这些努力汇聚在一起，于《法国刑法典》第 335 条和 1874 年 12 月 7 日关于儿童从事流动职业的法律规定之基础上，增加了剥夺父权的新情形。1881 年，鲁塞尔和贝朗热向参议院提交了一份关于"保护被遗弃、被抛弃或被虐待儿童"的提案，规定暂时剥夺不称职父母的监护权。同年，司法部长提出一项草案，重新组织儿童援助服务，并扩大了请求剥夺父权的诉讼权范围。1883 年的第一次辩论表明，这些草案面临着部分右派的抵制，他们认为这侵害了父权这项"自然权利"。政府草案在参议院通过，但在此后几年中却陷入困境，这主要是由于改革成本令人担忧。最

---

① 《法国民法典》第 1536 条："夫妻双方于夫妻财产契约规定采用分别财产制者，妻由有完全管理其动产与不动产及自由享用其收益的权利。"第 1576 条第 1 款："妻对其奁产外的财产享有其管理权及用益权。"——译者注

后，一项更为温和的法律文本于1888年提出，并在第二年几乎未经讨论就得以通过。1889年7月24日的法律规定，以下情形可剥夺父权：一是作为某些刑事犯罪的自动或选择性后果；二是父亲或母亲因酗酒、品行恶劣或虐待行为而损害子女的健康、安全和品德。当检察院提起诉讼或未成年人的其中一方父母提出要求时，这项一般条款允许民事法庭宣告父权丧失。通过民事法庭，国家对家庭的控制扩展至刑事司法范围之外，更重要的是，很大一部分相关儿童需托付给公共援助机构。

1889年法律实施后的头几年，宣告丧失父权的次数显著增加，至1895年超过1000起。然而，由于法律文本过于僵硬，热潮很快便开始回落。法院为调整其干预程度，尝试宣告部分失权，例如撤销监护权。1898年4月5日至19日的刑法提出更严格的纠正措施，加重对于暴力伤害儿童的处罚，并规定刑事法庭权宣告父权部分丧失。根据1921年11月15日的法律，这项制度推广至民事法庭。然而，对儿童施暴的现象往往掩盖在家庭和邻居的沉默之下，父权基本没有受到这种家长式立法的影响。

150 父权的缓慢衰退

整个第三共和国时期，父权顶住了批判，只受到局部影响，且往往是间接影响。1882年提出小学义务教育，随后1892年11月2日的法律禁止未满13周岁的儿童在工厂工作，这都削弱了父亲的权力，防止他们迫使年幼子女工作。1896年至1933年间有关婚姻法的多项改革虽不涉及对未成年人行使的父权，但仍反映出家庭约束的放松。我们不应扩大1910年4月6日法律的效力范围（portée excessive），该法规定未成年人财产的法定管理权（根据《法国民法典》第389条委托给父亲),并对最重要的行为(actes)进行司法控制。① 这项法律花了近30年才得以达成,但仅涉及极少数通过继承或赠与拥有个人财产的儿童。

至于作为父权真正的"核心"的父权惩戒(correction paternelle),《法国民法典》的规定越来越过时,共和派却显得出奇谨慎。各种批评纷至沓来,1895年邦让(Georges Bonjean, 1848—1918)等法官、1899年贝泰勒米等学者相继发声,但是直至1909年,一场新的丑闻引发了公众舆论对于难管教的孩子(enfants difficiles)在父亲监禁下的生活条件(conditions de détention)的关注,议会才因此提议废除父亲监禁子女的权力(pouvoir d'incarcération)。此外,1904年至1912年,在外省日渐式微的父权惩戒又在塞纳河畔悄然复苏。一战后,监禁令的数量迅速下降,参议员路易·马丁(Louis Martin, 1859—1944)提议赋予母亲等同于父亲的权力,即便是这样一份提案也在议会遇冷并以失败告终。直至1935年10月30日,政府未经议会辩论直接颁布了赖伐尔(Pierre Laval, 1883—1945)法令,这才修订了《法国民法典》第375条及以下各条。即便如此,收容至监管机构的方法虽然取代了监禁,但是其程序在很大程度上由父亲主导。父权依旧不可动摇,1938年2月18日的法律更明确规定父亲是一家之主。

151 要求保护非婚生子女

在保护弃儿运动的背景下,自1880年至1890年,有关非婚生子女地位的问题得到了高度关注。1890年和1914年间,近9%非婚生子女的比例达到了历史最高点。非婚生子女的待遇在大革命时期优于《法国民法典》生效之后,共和派难以对此视而不见。1895年,笃信社会主

---

① 《法国民法典》第389条第1款:"父于婚姻关系存续中,管理其未成年子女的个人财产。"——译者注

义的议员格鲁西(Arthur Groussier, 1863—1957)要求给予非婚生和婚生子女相同的权利。以平等原则为名,文学家和少数法学家长期奔走在推动自然亲子法(droit de la filiation naturelle)彻底改革的第一线。在这个问题上,他们可以向保守派和天主教人士寻求支持。后者往往认为《法国民法典》过于严苛且不公平,让"无辜"的孩子承受父母因"过错"埋下的苦果,在某种程度上是在嘉奖诱奸者的卑劣行径。无法确认亲子关系是许多社会痼疾的根源:人们往往把堕胎、杀婴、弃婴视为未婚母亲不幸命运的归宿。然而,出于对婚姻首要地位或遭受质疑的担忧,第三共和国历届政府再次裹足不前。依循当时议会程序犹豫不决的节奏,法律文本以分散的顺序提出,逐步零敲碎打地修改了《法国民法典》中有关非婚生子女的部分(telle ou telle partie)。早在1878年,已有首个提案建议允许确认亲子关系,但直到1912年才最终实现,此时1896年3月25日的《继承法》已通过多时,其起源则可追溯至1888年。还应注意的是,尽管1939年《家庭法典》修改了非婚生子女的监护制度,但除此之外,改革浪潮在一战后几乎停滞。

在研究1896年法律及继承法演变时,需要从1907年7月2日的法律开始,这部法律在多个方面具有重要意义。首先,该法既源于参议员泰奥多尔·吉拉尔(Théodore Girard, 1851—1918)的议会提案,亦出自司法部长莫尼(Ernest Monis, 1846—1929)的政府草案。其次,这项改革在参议院通过后,得到了当时正处于起步阶段的立法委员会的支持,并在激进派赢得1906年大选后由国民议会投票通过。最后,更为重要的是,1907年的法律体现了学者的观点,承认对于非婚生子女的父权(puissance paternelle),尽管《法国民法典》对此保持沉默。这样一来,该法虽未消除两种父权的差异,但已迈出了对非婚生和婚生子女一视同仁的一大步。因此,法律不承认生父母的法定监护权,将他们视为民事

225　法庭监督下的监护人（1939 年 7 月 29 日的法令在各区设立监护委员会[Conseil des tutelles]），并将父权予以首先认领孩子的父母。如果父母双方同时认领孩子，那么父亲享有优先权，并行使父权。鉴于母亲单方认领孩子的情形最为常见，父权不再与"男性的权力"（magistrature virile）划上等号，未婚母亲获得了不可忽视的权利。法院有权"在符合孩子利益需求的情形下"将父权转移给父母中的另一方，由此可见社会精神面貌已焕然一新。以家庭单位接收非婚生子女，通常是单亲家庭，需明确贯彻保护未成年人经济和精神利益之原则。

152　允许确认亲子关系

　　第二帝国以来，对《法国民法典》第 340 条批评与日俱增，尽管判例法能够起缓和作用，但人们仍认为这一条属于"值得谴责的条文"。① 非婚生子女的维护者认为，允许确认亲子关系是正义之举，符合社会和道德的需要：我们应当在家庭中予以非婚生子女一席之地，并发挥诉讼的约束力，鼓励（父母）自愿认领（子女）或推动同居合法化。然而，历经三十余年，改革才取得成功。参议员贝朗热于 1878 年提出提案，并于 1883 年重申其提案，但由于共和党人朱尔·卡佐（Jules Cazot, 1821—1912）在报告中的反对意见，该提案于 1883 年在参议院遭遇首次失利。国民议会议员里韦（Gustave Rivet, 1848—1936）也认同提案内容，他于 1883 年、1890 年和 1895 年连续向国民议会提议未果。1897 年，某议会委员会起草了一份比这些提案更温和的案文（texte moins ambitieux），但并未就此组织辩论。毫无疑问，1896 年法律提高了非婚生

---

① 《法国民法典》第 340 条："非婚生子女不得请求其父认领。在其母被略诱的情形，如略诱时间与怀孕时间相符时，略诱人得因利害关系人的请求被宣告为子女之父。"——译者注

子女的继承份额,这导致人们更加抵触强制认领形式(forme de reconnaissance forcée)的建立。这或许也可以解答为何在 1903 年,以马塞尔·桑巴(Marcel Sembat,1862—1922)为首的共和派从《德国民法典》中获取灵感,试图在法国法中引入确认亲子关系之诉,并规定仅需对非婚生子女行使抚养权。最后,贝朗热和此时已成为参议员的里韦的温和提案占据上风,该法于 1912 年 11 月 16 日投票通过。

议会并未制定专门的法律,而是决定改革《法国民法典》第 340 条,从此允许在下列五种情况下进行确认亲子关系之诉:绑架或强奸、欺诈型诱奸、书面承认亲子关系(aveu écrit de paternité)、生父母为众所周知的同居关系、推定的父亲(père prétendu)参与孩子抚养和教育。国民议会报告员称,"法律必须保持谨慎":诉讼应当仅限于以上情形,视具体事实而定,考虑若干拒绝受理的理由(如母亲品行不端),过程控制在短时间内,并对恶意上诉人处以刑事处罚。为了防止推定的父亲受到敲诈勒索,出台了一些限制性条款,抵消了许多非婚生子女的权利。此外,该法仍然禁止通奸和乱伦所生的子女确认亲子关系。他们可继续受益于此项立法之前的判例法所认可的关于抚养费的经济诉讼:母亲因欺诈型诱奸提出的侵权之诉以及父亲承诺提供抚养费时未成年人提起的诉讼。改革的象征性意义大于实际效果。最有远见的诱奸者可轻易地采取措施预防上述五种可立案的情形(cas d'ouverture)。学说倾向于赞成法律的妥协精神,但对于如何平衡判例的宽泛解释和诉讼范围过广的风险,则莫衷一是。①

---

① 20 世纪 30 年代末,法院面临血液检验证据带来的问题。

153 准正的发展

世纪之交时,传统上旨在弥补非婚生子女"错误"的准正制度得以恢复。1860 年至 1890 年,因生父母婚姻而准正的子女数量大幅上涨,此后增速趋于平缓:1900 年,每 100 个非婚生子女中有 33 人得以准正。《法国民法典》第 331 条修订后,通奸或乱伦所生的子女身份不得准正,改革者认为,帮助这些孩子的最佳途径是使其父母有可能结婚。① 就通奸所生子女而言,离婚的发展带来了新的前景,1904 年 12 月 15 日法律取消通奸双方的再婚禁令后更是如此。《法国民法典》第 164 条规定的豁免数量有所增长,支持乱伦所生子女准正的人因此立场更加坚定了。②

1906 年,国民议会议员维奥莱特(Maurice Viollette,1870—1960)(社会主义共和派)和施特格(Théodore Steeg,1868—1950)(激进派)提出一项仅针对奸生子女的提案。1907 年 2 月,国民议会投票通过该提案,参议院对之加以修订,将范围扩大至乱伦所生子女,但仅限于特定几类。参议院担心,一旦男性有权使其第一段婚姻中和情妇所生的子女准正,则意味着"某种意义上的重婚合法化"。作为微妙妥协的结果,1907 年 11 月 7 日法律规定,通奸和乱伦所生子女的准正仅限于以下两种情况:一是夫妻处于别居或离婚过程中,孩子出生于双方收到分居两处判决书 300 天后;二是孩子母亲否认亲子关系后与奸夫再婚。该法通过不久,维奥莱特提出一项有关奸生子女的新法案,并于 1908 年在

---

① 《法国民法典》第 331 条:"非婚生子女,除乱伦或通奸所生的子女外,如其父母事后结婚,于结婚前合法予以认领或在婚姻证书中认领时,即取得婚生子女资格。"——译者注

② 《法国民法典》第 164 条:"但基于重大原因,国王有权取消前条规定禁婚的限制。"——译者注

国民议会通过,同样,参议院对其进行修改。此外,参议院收到一份支持婚后准正(légitimation post nuptias)的提案。1910年,立法研究委员会建议进行有限制的改革,以避免产生"破坏家庭"的倾向。1915年12月30日法律主要受此启发,审慎规定丈夫通奸所生子女的准正条件,要求他在第一段婚姻中无婚生子女。该法的重要创新在于实现了附随于婚姻的准正,表明疏忽或无知的夫妻均可适用这项制度。婚后准正在法院管辖范围内,因而避免了权宜收养(adoption de complaisance)。1924年4月25日的法律将这一准正形式的适用范围扩大至所有奸生子女。

此项立法并非准许奸生子女的认领,而是侧重于他们的准正,这推倒了《法国民法典》构筑在这些孩子周围的沉默之墙。两次世界大战期间的学者(惹尼、若斯朗、里佩尔)对此持保留意见(fut plus que réservée),认为该法区别对待不同类别的奸生子女,并使通奸成为权利之源。因此,当1941年9月14日的法律废除第331条的限制(1915年制定,1924年维持不变)时,不难理解某些法学家的尴尬。该法本是为贝当的园丁而设,因而得名"园丁法",似乎既不"道德",也不符合维希政府的家庭政策目标。这项法律彰显了准正推广运动(mouvement d'élargissement de la légitimation)的活力,在这场运动中,非婚生子女案件辩护人和婚姻捍卫者站在了统一战线之上。

154 婚生子女资格的新观念

改革触及自然亲子关系和非婚生子女的准正,不可避免地影响着《法国民法典》亲子关系部分已然脆弱不堪的整体结构。否认亲子关系的程序只经历了一次详细的改革,即1933年2月19日关于离婚诉讼期间所生子女之法律,但其理论基础却引起越来越激烈的讨论。在1902年的一篇著名文章中,安布鲁瓦兹·科林分析指出,推定亲子关系应为父亲的意志行为,是隐含在婚姻中的预先承认。判例法始终认为,如果认领孩子的男性并非其母的丈夫,就毫无价值,与此同时,爱德华·莱维(Édouard Lévy)则提议由母亲否认亲子关系,以便实现后续的奸生子女准正。

两次世界大战期间,关于婚前怀孕、婚内所生子女的判例显示,相较于促进通奸的风险,保护儿童的利益更为重要。1930 年起,根据"旨在维护婚姻尊严和家庭团结的法律推定",最高法院认为婚后 180 天内出生的孩子应视作婚生子女(légitime),而非因父母结婚而准正的子女(légitimé)。① 以鲁阿为代表的部分学者批评这"会鼓励婚外关系,是一种危险的追溯力(rétroactivité)"。几年后,最高法院将这一判例法扩展至父亲于孩子出生前遭遇工伤事故的情形。父亲为使孩子成为有权享有抚恤金的婚生子女,或在事故不久后结婚,但最高法院会以事故日期为标准,尽最大可能往前推算怀孕日期。② 这种"因人而异"的判例法破坏了有关婚生子女资格的传统观念。

155 允许收养未成年人

直至一战前夕,儿童收养数量增长缓慢,1910 年达到 139 人。1909 年 2 月 13 日非婚生子女收养法明确规定,非婚生子女的情况改善后无须再对其进行收养。学说并不支持收养制度,社会改革者虽注意到弃儿数量与日俱增,但并不认为收养能作为帮助被遗弃未成年人的渠道。令人不解的是,共和派并未察觉收养制度的红利(intérêt),这一制度源于大革命(d'origine révolutionnaire),其发展符合共和派的观念,即更强调自愿的家庭关系。第一次世界大战的惨剧使人们意识到,必须将孤

---

① Civ. 8 janvier 1930, *Degas, S.*, 1930, 1, 257, note Gény.
② Civ. 4 January 1935, Héranoal.

儿安顿在家庭中,而他们中的一部分已成为由国家抚养的战争孤儿。1916年至1918年,围绕收养制度改革的议会提案开始涌现,之后,1920年至1921年,立法委员会根据爱德华·莱维的报告表明立场,支持收养未成年人。法学家的想法直接启发了1923年6月19日的法律,国民议会几乎未经讨论即通过该法。

这项法律准许收养未成年人,并废除了有偿收养、特殊监护(tutelle officieuse)和遗嘱收养。收养人无论是单身抑或是已婚但无婚生子女,其最低年龄要求均从50岁降至40岁。按照法律规定,收养应当"有正当理由并对被收养人有利",其使命已朝着慈善和教育事业转变。收养人获得父权并对被收养的未成年人行使则证实了这一变化。然而,《法国民法典》的观念并未被彻底推翻:收养仍是一项合同行为(acte contractuel)(应征得被收养的未成年人父母之同意),需要法院认可(且判决有可能撤销),效力依然十分有限。例如1804年时,儿童被收养后并不脱离原生家庭,只是在收养人和被收养人之间建立法律关系。因此,1923年法律相对而言是失败的:尽管两次世界大战期间,年均收养数量超过1000人(1921年已上涨至300余人),但很快便开始回落,政府部门对收养弃儿持保留态度。早在1924年修改意见业已提出,然而1930年至1931年间,立法研究会始终没有达成一致意见:法学家采取保守谨慎的态度,面对收养申请人的要求和援助工作的实践,始终后退一步。

156 《家庭法典》和收养准正

技术官僚的倡议(initiatives technocratiques)促成了随后的收养改革,也许是因为议会辩论的缺席,改革主张更为大胆。1939年7月29日,"关于家庭和法国人口出生率"的法令颁布,共167条,涉及家庭津贴、以"种族保护"之名制止堕胎和伤风败俗之事、收养和监护非婚生子女,达拉第政府视之为"保护法国家庭的法典"。该法由人口高级委员会(Haut Comité de la population)拟定,委员会成立于 1939 年 2 月,旨在回应乔治·佩尔诺在参议院的质询,即呼吁一项强有力的生育和家庭政策(未提及收养问题)。"保护儿童"是支持家庭的必要措施,但以此为由,在这项把各种大相径庭的措施融为一炉的法律中掺杂对《法国民法典》的新修订,令法学家们难以接受。乔治·里佩尔反应激烈,抨击编写不当的各项规则,可见未参与法律起草的学者对此耿耿于怀。①

1939 年改革标志着"社会"收养观念向前迈进了一大步。这首先涉及严格意义上的收养(adoption stricto sensu),此后进行收养时,法院可同时切断被收养人和原生家庭的联系。在这种情况下,他们不再能成为事后认领(reconnaissance postérieure)的对象(以避免一切敲诈风险);但并不就此进入收养人家庭,而仅与收养人个人产生联系。这与收养准正(légitimation adoptive)截然不同。后者以 5 岁以下、父母不明或被公共援助机构抛弃的儿童为收养对象,且仅对 40 岁以上且无婚生子女的夫妻开放。这一新收养形式不具有合同性质,而是以收养人的"正当动机"和儿童的利益为考量因素,经过调查后由法院判决宣布。收养准正确保被收养人和婚生子女享有同等权利:与原生家庭彻底断绝关系(除婚姻障碍外),几乎完全融入收养家庭(受限于直系尊亲属和特殊旁系亲属享有的复杂反对权)。1939 年法令区分家庭在教育和传宗接代两方面的角色,将儿童利益置于血脉联系之上,在 1889 年 7 月 24 日法律的基础上,进一步践行"拯救"弃儿的事业。

在这一领域,维希政府延续了第三共和国后期的政策,在不到 20

---

① *DH*, 1940, Chron. 4.

年内,通过立法进行了第三次收养改革。1914 年 8 月 8 日法律的主要目的是扩大收养准正的范围:被收养人方面,涵盖失去双亲的孤儿(里佩尔指出的 1939 年法令之空白);收养人方面,拓展至结婚 10 年以上,无子女且一方超过 35 岁的夫妻。法律明确规定,被收养儿童不再属于原生家庭并对可能反对该儿童成为新家庭合法子女的范围加以限制。在儿童的社会"再分配"上,1941 年的法律再进一步,尝试允许有成年婚生子女的夫妻进行收养准正,试行期为两年。这与传统收养观念之间存在一道不可弥合的裂隙,战火纷飞下,探索之路漫漫。收养准正的混合制度(institution hybride de la légitimation adoptive)应社会需求而生,给法学家带来了新的技术难题,且有可能因"可收养"儿童少于收养申请人而引发冲突。

三、 继承法的修改

157　未亡人享有用益权

1866 年 7 月 17 日法律有关文学和艺术作品的著作权(droits d'auteur),规定作者去世后,未亡人对其著作权享有用益权,可见《法国民法典》第 767 条面临愈发激烈的批评,该条款将未亡人视为非常规继承人(successeur irrégulier),仅置于国家之前。[①] 原则上,基于对死者感情的推定,这一规则不再符合道德:1866 年法律的立法说明承认,"通过推定丈夫意图可否认《法国民法典》,将遗孀提升为第一顺位继承人"。正是因此,早在 1872 年,保守派国民议会议员德尔索尔(Jean Delsol,

---

① 《法国民法典》第 767 条:"如死者未遗有按其亲等得以继承的血亲,亦未遗有非婚生子女,遗产归属于未离婚而尚生存的配偶。"——译者注

1827—1896)的议案已将改革第 767 条提上日程,根据其建议,未亡人与近亲属参与分配时,应享有自留份(quotité variable)的用益权,而在有远房亲属的情况下则应享有一半遗产的所有权。此后不久,1873 年 3 月 25 日关于新喀里多尼亚流放者(巴黎公社流放者——译者注)的法律规定,未亡人可以继承犯人在殖民地获得的财产。难道保守的共和国不允许法国遗孀和巴黎公社社员配偶享有同等待遇吗?

然而,法律通过花了近二十年时间。不同寻常的是,人们就德尔索尔的提案展开调查,征求最高法院、上诉法院和法学院的意见。法官和教授在这个问题上似乎存在分歧:最高法院反对"在动荡时期"进行这种改革,许多上诉法院仅愿根据(旧制度时的)亡夫遗产原则(principe du douaire)授予未亡人用益权。德尔索尔参考这些保留意见,于 1876 年提交了一份影响范围较小的新提案,1877 年,参议院投票通过该提案。然而,国民议会的讨论一再推迟,一个又一个任期过去,拖延至 1890 年。终于,1891 年 3 月 9 日法律规定,有孩子时,未亡人可获得四分之一财产的用益权,如无孩子,则可获得一般财产的用益权。这种用益权仍然受到不利于再婚的立法限制,不仅如此,未亡人一旦再婚也会失去其用益权!

继承法的首次"共和式"改革虽来之不易且有一定局限性,但更产生了不可忽视的影响。改革主要面向遗孀,为已婚妇女境遇改善运动出了一份力。同样,这也为关于非常规继承人处境的辩论拉开帷幕,并向非婚生子女的捍卫者提供论据。最后,以夫妻关系为核心的家庭纽带更为牢固,就此而言,改革标志着决定性的一步。这种趋势在第一次世界大战之后和两次世界大战之间得以延续。1917 年 4 月 3 日法律允许再婚的未亡人保留用益权。同年,财政部长在一项预算条目(article budgétaire)中提议,将继承权限缩在四代亲属以内(1886 年以来这一主张反复出现)。战争时期,出于显而易见的财政考虑,国家试图剥夺远房亲属的继承权,从而获得更多遗产。参议院不愿走到这一步,但也必须考虑到"大家庭"有目共睹的衰落。1917 年 12 月 31 日法律规定,除死者兄弟姐妹的后代之外,其余六代以上的旁系亲属不再享有继承权。同样,1925 年 4 月 29 日法律规定,在有普通旁系亲属的情况下,未亡人享有全部遗产的用益权,1930 年 12 月 3 日法律则首次规定,同一代亲属中如无人继承,未亡人继承全部遗产(une part en pleine propriété)。家庭的纽带显然强于家族(lignage)的联系。

158 非婚生子女的继承权

《法国民法典》第 757 条和 908 条严格限制非婚生子女的继承权,心怀公益的律师高举作为共和价值的平等大旗,要求扩大非婚生子女的继承权。① 直至 1888 年,国民议会议员勒泰利耶(Alfred Letellier, 1841—1910)提出议案才挑起这一领域的斗争,此时有关是否承认亲子关系确定之诉的辩论已逾十年。这种不一致表明,共和派在有利于非婚生子女的改革范围上存在分歧。以勒泰利耶和参议员德莫勒(Charles Demôle, 1828—1908)、托兰(Henri Tolain, 1828—1897)为首的平等主义派系希望,就继承权而言,非婚生和婚生子女能得到近乎同等的对待。更为温和的共和派则积极从共和历二年(1793 年)雾月 12 日法律的革命先例中汲取灵感,同时援引不受宗教教义影响的自然法,以便从亲子关系的简单事实中演绎出继承资格(vocation successorale)。1891 年至 1896 年,大多数议员和司法部长特拉里厄(Ludovic Trarieux,

---

① 《法国民法典》第 757 条:"非婚生子女对于死亡父母遗产的权利,依下列的规定:如父母有婚生子女时,非婚生子女的权利为婚生子女应继份的三分之一;如父母无婚生子女而有多数直系尊血亲或兄弟姊妹时,为二分之一;如父母既无直系卑血亲亦无直系尊血亲且无兄弟姊妹时,为四分之三。"第 908 条:"非婚生子女,不问依生前赠与或遗嘱,不得受领超过继承章所规定的限度。"——译者注

1840—1904)担心这样的草案会影响婚姻制度和"民族发展",因此持反对意见。特拉里厄认为,一旦非婚生和婚生子女享有同样的家庭地位,那么"同居和婚姻间那一纸文书之隔将不复存在"。

1894年,这场辩论在参议院中格外激烈,最终在"适度且实用"的改革方向上达成一致。或许,一些议员同意提高非婚生子女被认领后的继承份额,只不过是为了延缓接受亲子关系确定之诉。1896年3月25日法律将被认领的非婚生子女提升至合法继承人地位,对其父母的遗产享有法定占有权(saisine sur la succession),但对其(外)祖父母不享有任何继承权。相较1804年法律,其继承份额有所增加,但仍远低于婚生子女。和婚生子女参与分配时,非婚生子女"如具有合法身份,则可享有遗留部分财产(portion héréditaire)"之半数,即最多四分之一的遗产。与直系尊亲属或特殊旁系亲属参与分配时,这一份额为四分之三。面对普通旁系亲属时,非婚生子女则获得全部遗产。

可见非婚生和婚生子女间仍有显著差别,尤其当双方参与分配时,非婚生子女(即便受到遗嘱青睐)不能获得高于任一婚生子女的继承份额。在无婚生子女的情况下,得益于对《法国民法典》第908条的改革,非婚生子女的情况明显好转。为使之获益,其父母从此可通过遗嘱将全部或部分自留份遗赠给非婚生子女。因此,当直系尊亲属参与分配时,他们能够获得高达八分之七的遗产,而面对无特留份的特殊旁系亲属,则可获得全部遗产。非婚生子女接受生前赠与的能力仍受限于他们的继承资格,理由则相当奇怪,即赠与是自发且草率的运动结果,而遗嘱通常是可撤销的。普拉尼奥评价道,立法者"自己不敢做的事,却让父母去做"①。在他看来(一如科林和惹尼),迈向婚生和非婚生子女

---

① Marcel Planiol, *Traité élémentaire de droit civil*, 1901, vol. III, p. 2946.

事实平等的大跨步实在令人遗憾。虽然难以衡量这一新遗嘱自由的行使情况,但1896年法律的后果之一是延缓了非婚生子女亲子关系证明形式的拓展,以避免授予太多孩子继承权。同样值得关注的是,1896年乃至很久之后,第337条的限制性规定仍得以保留。① 然而,另一种意义上,1896年法律为1905年至1919年间的一系列社会措施铺平道路,特别是对多子女家庭的津贴和援助,这些措施使非婚生和婚生子女得以享受平等待遇。

159 遗产分割法的首次改革

第三共和国早期,主张修改遗产分割法之人尚在四处奔走。勒普莱发起社会改革运动(mouvement de la Réforme sociale),参与其中的保守派不断呼吁立法反对分割小型家庭地产(petites propriétés familiales)。对此,以阿尔贝·德·曼(Albert de Mun,1841—1914)为首的社会天主教徒和勒米尔神父等第一批基督教民主党人均予以支持。更新奇的是某些共和派的态度,他们一方面重视维护平等的革命原则,另一方面又希望帮助工人和农民家庭拥有土地(accéder à la propriété),而不希望看着他们的努力被毁灭性的遗产分割破坏殆尽。这两种思想流派的结合催生了目标和适用范围限定的特别法律,并开始挑战《法国民法典》中关于(遗产)共有(indivision)和实物分割(partage en nature)的原则。

因此,在朱尔·西格弗里德(Jules Siegfried,1837—1922)(勒阿弗尔市长、德雷福斯派共和党人)的倡议下,1894年11月30日法律出台,准许维持低成本住房共有,甚至可将其完整转让给子女之一或作为个人

---

① 《法国民法典》第337条第1款:"夫妻一方,为婚姻前与他方以外之人所生的非婚生子女的利益,于婚姻中认领时,其认领不得妨碍该他方以及该婚姻所生子女的利益。"——译者注

房屋共有人的配偶。1908 年 4 月 10 日的里博法(1881 年里博[Théodule Ribot,1839—1916]拟议。——译者注)——遭遇参议院和税务部门的阻挠,西格弗里德提议后十余年该法才通过——将同一制度推广至劳动者农圃(jardins ouvriers)和不足 1 公顷的小型农村地产。1909 年 7 月 12 日法律规定设立不可扣押的家庭财产(bien de famille insaisissable),对这一社会新风更具重大意义。追本溯源,这一法律出台得益于受美国宅地(homestead)之例影响的社会改革理论家、1896 年创建法国土地和家庭联盟的勒米尔神父、雷维雷(Jules Léveillé,1834—1912)和维奥莱特等共和派的共同倡议。人们因此达成广泛共识,一致同意保护小型家庭地产,允许通过公证将价值低于 4000 法郎的不动产(包含或不包含土地的房屋或其一部分)作为不可扣押的家庭财产。家庭财产设立人(constituant)死亡时,作为《法国民法典》第 815 条的例外,治安法官有权下令维持家庭财产共有,直至最小的未成年继承人达到成年年龄。① 根据 1891 年法律,未亡人是一定份额(quote-part)的共有人,可参与家庭财产的分配。毫无疑问,这部法律过于复杂,且不利于受益人获得信贷,因此在实践中并不成功:1914 年仅设立(constitués)243 起家庭财产!

一战后的几年内,立法者继续针对特定类别的财产制定例外继承制度。1924 年 6 月 1 日法律在阿尔萨斯-洛林引入法国法,并保留了当地法律的特殊性,根据该法,"农业、工业或商业经营场所(exploitation)"可在被收复的省份全面传承(transmission intégrale)。通过向共同继承人缴纳补足金的制度,直系继承人(或未亡人)有望获益,分得的遗产份额或高于其法定份额外加可(通过遗嘱)处分部分之和。在一个地

---

① 《法国民法典》第 815 条第 1 款:"任何人不得被强制维持遗产共有的状况,即使有相反的合意与禁止,仍得随时请求分割遗产。"第 2 款:"但继承人间得成立在一定期间内不分割的契约;此项期间,不得超过五年,但无妨予以更新。"——译者注

域内,实物平等分割(égalité en nature)原则首次在维系农场或企业的经济需求面前遭到挫败。

160　从优先分配到延期工资

备受这些"经验"鼓舞,家庭政策的倡导者和 20 世纪 30 年代的政府在挑战《法国民法典》遗产分割规则之路上再进一步。矛盾的是,保守派数十年来期冀的改革,最终于人民阵线时期纳入生育和社会政策范畴并得以启动。布卢姆、肖当和达拉第政府声称坚持继承权平等的大革命原则,但与此同时,亦承认这一原则的适用范围需大幅调整,以改善有意继续经营农场的继承人和未亡人境况,从而应对出生率下降和农村人口外流之难题。

首先,1937 年 2 月 13 日的法律(起源于 1929 年至 1930 年)协调了廉租房和家庭财产的继承制度。该法借用 1924 年 6 月 1 日法律中的补足金制度,创造了向继承人优先分配住房的便利条件。其次,在公证员和参议员唐吉(Yves Tanguy, 1876—1943)的倡议下,1939 年 2 月 7 日法律重新采纳某些可追溯至 1909 年的提案,为保证分享赠与(donations-partages)的稳定性,试图确定赠与日期,并以此替代死亡日期作为财产估算(estimation des biens)之日。1938 年 6 月 17 日法令在革新上更胜一筹:该法规定对价值低于 20 万法郎的农场,得应未亡人或任何继承人要求,维持其共有现状,并确保未亡人和任何"切实且亲自参与耕作"的继承人能够优先分配。此后,形成或组成份额时,人们应当"避免分割遗产或分解农场(exploitations)"(第 831 条为全新条款,但第 826 条得以保留)。①

---

① 《法国民法典》第 831 条:"先取后,遗产总体中的剩余部分,应按共同继承人的人数或房数均化作均等的分配份。"第 826 条:"各共同继承人,就其应继份,得要求取得属于遗产的动产或不动产的现物。但如有债权人声请扣押或提出异议,或过半数的继承人认为有出卖(现物)以清偿遗产债务的必要时,动产以通常方式公开卖之。"——译者注

这些法律存在诸多空白,1939 年 7 月 29 日法令的部分条款受乔治·佩尔诺启发并得到填补。儿子若留在家父的土地上工作将遭遇不公正待遇,为纠正此现象,《家庭法典》设立一种延迟工资的雇佣合同,允许从任何可能的补足金中扣除一笔虚拟款项,以支持继续耕作者。宣称重视家庭财产的维希政府并未与这项政策决裂。1943 年 1 月 15 日法律将有权进行优先分配的农场定义为能够养活一个农民家庭的"经济单位"。《法国民法典》第 815 条和第 832 条因这一系列有利于农村财产的改革而产生深刻变化,这些改革侧重不同的意识形态,部分地实现了勒普莱门徒们的计划。①

延展阅读

161 何种家庭政策?

有关家庭政策的观念在第三共和国缓慢发展:贝蒂荣医生(Jacques Bertillon,1851—1922)领导的法国人口增长全国联盟虽倾向于吸纳左派人士,但生育和家庭运动的诉求还是相对保守,R. Talmy, Histoire du mouvement familial en France (thèse lettres, Lille, 1962)认为应归因于此;R. Coirard, L'apport des catholiques sociaux à la politique familiale française (thèse droit, Aix, 1943)则强调社会周的影响力;C.-S. Kselman, The Modernization of Family Law. The Politics and Ideology of Family Reform in Third Republic France (Diss. Univ. Of Michigan, 1980)指出许

---

① 《法国民法典》第 832 条:"分配份的组成与构成,应尽可能避免不动产的细分和经营的割裂;且如有可能,在每一分配份中应划入同一数量的动产和不动产、同一性质和价额的权利或债权。"——译者注

多议员支持改革并希望捍卫基于婚姻的家庭,从而反映左右派在这一问题上的对立。大多数共和党人仍保持着朱尔·西蒙所宣扬的父权主义观念(*La Liberté*, 1859),20 世纪初期,批判共和国在家庭领域立法的论文颇有论战之势:C. Tassart, *Étude critique de la législation contemporaine concernant la famille* (thèse droit, Paris, 1910); J. Thabaut, *L'évolution de la législation sur la famille depuis 1804* (thèse droit, Toulouse, 1913); P. Moutier, *La législation nouvelle de la famille. Étude critique* (thèse droit, Nancy, 1920)。最为激进的还属 H. Taudière, *Les lois françaises contre la famille* (Paris, 1913),不仅谈及当代共济会(la franc-maçonnerie contemporaine)发起的反家庭联盟,还提到 1918 年家庭权利联盟创始人、前国民议会议员马萨比奥(Joseph Massabuau, 1862—1939)曾激烈抨击社会主义者促成的立法(*La Réforme sociale*, 1916, t. ll, p. 353-363)! 相比之下,共和党人似乎没有勇气肯定个人在民主家庭内的自主。参议院的保守主义倾向是否应当备受指责? 一些法律文本的确因参议院拖延表决而蹉跎多时,涉及已婚妇女工资自由、消除夫权、亲子关系确认之诉等事宜,但除此之外,剥夺父权等领域的缓慢立法则与之无关。关心家庭法的议员并不常见,只有一小群"专业的"国民议会议员和参议员,他们往往受过完整的法律教育,如贝朗热、维奥莱特和佩尔诺。关于勒米尔神父的特殊地位可参见:J.-M. Mayeur, *L'abbé Lemire (1853-1928). Un prêtre démocrate* (thèse lettres, Paris, 1968)。法学教授认为自己被排除在改革进程之外:H. Capitant, Comment on fait les lois aujourd'hui (*Revue politique et parlementaire*, 1917/1, p. 305-317) 激烈批判了 1917 年 3 月 20 日有关监护的法律的"不当之处"。

两次世界大战期间,热情有所消退,19 世纪 30 年代鼓励生育者提议编纂的《家庭法典》便是例证。维希政权则认为提升家庭地位是国民革命计划(Révolution nationale)的基础。(国民革命是维希政府推行的官方意识形态计划,虽以"革命"命名,实则宣扬传统价值,试图颠覆法国大革命以来的社会变革。——译者注) A. Coutrot, La politique familiale (Le gouvernement de Vichy, 1940-1942, Paris, A. Colin, 1972, p. 245-263)指出,这种道德主义色彩在宣传中更为显著,除了离婚问题外,立法仍保持了一致性。家庭总署(Commissariat général à la famille)于1941年成立,由菲利普·勒诺丹(Philippe Renaudin, 1898—1989)领导,其政策参见1944年出版的小册子 La famille dans la vie du droit,该书作者包括惹尼、里昂律师埃马纽埃尔·古诺、短暂出任家庭部长但惨遭失败的乔治·佩尔诺、以学术观点催生1942年7月23日关于遗弃家庭的法律的安德烈·鲁阿。立法研究会同样秉持这种"家庭主义"精神,1942年,他们开始讨论勒内·萨瓦捷提议承认家庭法人资格的法案(详见 DH, 1939, Chron. 49)。

162 婚姻危机

这种说法在20世纪初开始流行:1901年,法制史学家弗朗索瓦·奥利维耶-马丁(François Olivier-Martin, 1879—1952)结合当代情况,完成其博士论文 La crise du mariage dans la législation intermédiaire, 1789-1804;1910年,维勒纳夫的勒加尔(J. de Regard)支持里昂一篇题为 La crise du mariage et le problème juridique de l'union libre 的博士论文。重建离婚制度引起一系列反对意见: H. Le Goasguen, Le divorce devant l'opinion, les chambres et les tribunaux (thèse droit, Rennes, 1913); Ch. Blanc du Collet, Contribution à l'histoire du rétablissement du divorce en France depuis 1884 (thèse droit, Paris, 1939); N. Arnaud-Duc, L'esprit d'un code et ses variations apparentes: la législation sur le divorce en France au XIXe siècle (*MSHDB*, 1991, p. 219-232); Fr. Ronsin, *Les divorciaires* (Paris, 1992)。1884年起,保守派期刊抨击离婚泛滥:Morizot-Thibault, La femme et le divorce (*La Réforme sociale*, 1901/II, p. 195); H. Perreau, Le divorce et son abolition (*Revue catholique des institutions et du droit*, 1925, p. 108-113)。许多法学家反对该法,担忧离婚数量快速增长,代表性文献参见:E. Glasson, *Le mariage civil et le divorce dans l'Antiquité et dans les principales législations modernes de l'Europe* (Paris, 2e éd., 1880)和Les effets de la loi sur le divorce (*La réforme sociale*, 1895/II, p. 861-879)。科林和卡皮唐在Cours élémentaire de droit civil (Paris, 1914, t. I, p. 194-196)中指出,离婚在工人阶级中逐渐普遍化,或致使社会道德滑坡。反离婚的著作不断发展(Paul Bourget, *Un divorce*, 1911),涂尔干反对通过两愿离婚重建离婚制度的法案(dans la *Revue bleue*, 1906, p. 549-554)。一战后争议仍未平息:可参阅 P. Bureau, *L'indiscipline des mœurs* (Paris, 1920)或 A. Mollier, *La question du divorce* (thèse droit, Dijon, 1930)。法学家谴责1939年11月3日关于法定分居转化为离婚的法令之后,维希政权试图使离婚更加困难,详见Joseph-Barthélemy, *Ministre de la Justice, Vichy, 1941—1943, Mémoires* (Paris, 1989, p. 284)。自战后起,离婚开展发展,至1945年前夕,已在一定比例上得以恢复。

1900年起,同居的发展同样引起了法学家的关注和不安。下列博士论文与之相关:A. Peytel, *L'union libre devant la loi* (thèse droit, Paris, 1905); A. Boyer, *Conséquences juridiques des états de fait entraînés par l'union libre* (thèse droit, Montpellier, 1908); Ch. Benoit-Callin, *Les effets juridiques de l'union libre* (thèse droit, Grenoble, 1922)。20世纪30年

代,在奥里乌的评注后(S., 1928, 3, 97),三个著名专栏试图分析这一现象:L. Josserand, *L'avènement du concubinat* (*DH*, 1932, Chron. 45)关注判例法;P. Esmein, *L'union libre* (*DH*, 1935, Chron. 49)仍认为同居是工人阶级的行为;M. Nast, *Vers l'union libre, ou le crépuscule du mariage légal* (*DH*, 1938, Chron. 37)从女权主义和"新式婚姻"的角度加以批判。Ed. Laskine et A. Dubrugeaud, *L'Union libre devant la loi et les tribunaux* (Paris, 1935)认为,在这种立法者公认但尚未量化的现象(phénomène [non quantifié] reconnu par le législateur)面前,这些法学家捍卫的是"道德观点而非法学理论"。

163 已婚妇女获得行为能力

即便是第一次世界大战前夕,法国在这一领域显著落后于其他欧洲国家,法律和道德间的鸿沟也进一步扩大。但是,大部分法学家认为女性可通过默示代理或法定抵押权的可让与性享有完全独立地位:P. Lerebours-Pigeonniere, *Livre du Centenaire* (1904, p. 288-289); H. Vialleton, *L'autorité maritale sur la personne de la femme* (thèse droit, Montpellier, 1919)。敢于革新的理论家在这一问题上亦保持审慎:1902年,立法研究会报告员蒂西耶认为妇女在一定程度上无行为能力是维系法定共同财产制的必然要求;1903年,萨莱耶在莱昂·里昂-卡昂(Léon Lyon-Caen)的博士论文前言中明确表态,反对为"家庭公正"而限制夫权的突然改革。女权运动的发展参见 M. Albistur et D. Armogathe, *Histoire du féminisme français* (Paris, 1977, t. II),备受法学家的轻视或嘲讽之时,女权运动赢得了广泛关注:Lucien-Brun, Le féminisme au Congrès de la Société d'économie sociale (*Revue catholique des institutions et du droit*, 1901/II, p. 341-362); G. Théry, *L'autorité maritale* (ibid.,

1909/II, p. 103-113)。许多政治家担忧教会对于解放女性的影响,详见 B. Schnapper, Autorité domestique et partis politiques de Napoléon à de Gaulle, in *Voies nouvelles en histoire du droit* (Poitiers, PUF, 1991, p. 555-596)。

女性在第一次世界大战中的作用不可忽视,国民议会却依旧毫无消除夫权之意。H. Capitant, L'abolition de l'incapacité de la femme mariée (*DH*, 1932, Chron. 97)指出已婚妇女无行为能力的规则正在瓦解,尽管如此,立法者仍于 1924 年取消了阿尔萨斯-洛林地区(départements recouvrés d'Alsace-Lorraine)已婚妇女享有行为能力的规定。1938 年 2 月 18 日的法律并未改革夫妻财产制,因而影响有限,在工人阶级中尤其如此。有分析甚至认为,该法不过一种让步,旨在掩盖参议院拒绝赋予女性选举权的行径。夫妻财产制仍有待一场深刻改革,已婚妇女解放也因此受限。自 20 世纪末起,奁产制加速衰亡:亚当(L. Adam)发表于 *Bulletin de la société de législation comparée* (1900, p. 562-577)的报告显示了 1898 年登记管理局的统计结果;P. Arsac, Le comportement juridique des individus d'après les contrats de mariage (Grenoble, 1886-1939) (*Revue d'histoire économique et sociale*, 1973/3, t. 51, p. 380-428)分析了分别财产制在格勒诺布尔的发展,并认为这是奁产制思想的延续。J. Bonnecase, La réforme du régime de communauté légale et les enseignements de la pratique (*RTD civ.*, 1911, t. X. p. 317-376)赞成采用婚后所得共同制作为法定财产制。J. Carbonnier, *Le régime matrimonial, sa nature juridique sous le rapport des notions de société et d'association* (Bordeaux, 1932)预言了 1942 年 9 月 22 日法律的某些条款(L. Julliot de La Morandière, *JCP*, 1943, 1, 304)。

164 救助弃儿

如 C. Rollet-Échalier, *La politique à l'égard de la petite enfance sous la IIIe République*（Paris, PUF, 1990）所述，儿童问题在第三共和国时期处于核心地位。民法改革既源于慈善之心，亦出于对工人阶级进行"社会控制"的意愿，后者参见 J. Donzelot, *La police des familles*（Paris, Éd. de Minuit, 1977）。1889 年 7 月 24 日的法律是国家监督在家庭领域迈出的关键一步，详见：《〈法国民法典〉百年纪念研讨会论文集》, *Archives aquitaines de recherches sociales*（1989）及合著 *Autorité, responsabilité parentale et protection de l'enfant*（Chronique sociale, Lyon, 1992）。鲁塞尔博士和贝朗热议员的行动至关重要：B. Schnapper, *Le père, le procureur et l'enfant: le mythe des enfants martyrs au XX siècle*（*Travaux et recherches de la Faculté de droit de Poitiers*, t. X, PUF, 1983, p. 357-374）。尽管如此，一些法学家仍对父权的削弱感到遗憾：P. Nourrisson, *Étude critique de la puissance paternelle et de ses limites*（Paris, 1898）。

改革运动发展至第二阶段，非婚生子女从中获益。得益于一些文学作品和报纸报道，改革事业自第三共和国之初就得到了"进步共和派"的广泛支持。天主教和保守派法学家们则追随勒普莱和总检察长拉科因塔（Jules Lacointa, 1835—1898）的脚步，援引慈善美德和过错的人格（la charité et la personnalité des fautes）：A. Gigot, *La séduction et la recherche de paternité*（*La Réforme sociale*, 1902/L, p. 189）。许多议员和著名的民法学家或担心家庭遭到破坏，或担心继承法和亲子关系证明手段领域的改革难以调和。因此, A. Colin, *De la protection de la descendance illégitime au point de vue de la preuve de la filiation*（*RTD civ.*, 1902, p. 257-300）更支持判例法的渐进沿革，而非轻率或过度的立法改革。J. Coste-Floret, *La recherche judiciaire de la filiation naturelle* (thèse Montpellier, 1907)也赞成纯粹为了获得抚养权提起的诉讼(action purement alimentaire)。1912 年法律的影响还有待考察(认领的比例自 1890 年起上升):R. Savatier, *La recherche de la paternité* (Paris, 1927)完全是司法层面的研究,记录了阿尔萨斯-洛林地区对推定的父亲提起扶养诉讼的情况。

矛盾的是,准正改革引起的争议最大,或许是因为这涉及奸生子女,且最有可能破坏婚姻和婚生家庭。1907 年至 1915 年间通过的法律是学说批判之下的妥协结果:A. Colin et H. Capitant (*op. cit.*, t. L, p. 303-304); Fr. Gény, L'enfant naturel et la famille (*Le maintien et la défense de la famille par le droit*, Librairie du Recueil Sirey, 1930, p. 117-148)。与此相反,Éd. Lévy, *Traité pratique de la légitimation* (Paris, 2e éd., 1926)建议扩大否认亲子关系和准正的适用范围。A. Rouast, Les tendances individualistes de la jurisprudence en matière de filiation légitime (*RTD civ.*, 1940-1941, p. 223-242)抨击了有关婚后前 180 天内所生子女的判例法。只有婚后准正的确立是众望所归。引起家庭总署抗议的"园丁法"让民法学家们措手不及:P. Coste-Floret, Une réforme regrettable: la loi du 14 septembre 1941 sur la légitimation des enfants adultérins (*DC*, 1942, p. 1-4)。

在第一次世界大战的冲击之间,收养从未引起学说或舆论的关注,只有 1904 年 6 月 27 日有关受救济儿童的法律间接提到了非官方监护人。1923 年法律可视作法学家们的杰作,受到立法研究会提出的草案影响(*Bulletin*, 1920, p. 136-140)。与之相反,1939 年法令确立收养准正制度则更像一种"官僚主义"创新,乔治·佩尔诺并未在其中起到决定性作用,医生开始就这个问题提供专家意见,改革在某种程度上出于安置和援助工作的需要。1929—1930年,立法研究会对这项改革的范围存在分歧,其中大多数成员反对完全隔绝被收养人和原生家庭之间的联系(*Bulletin*,1930,p. 115-120)。法学家对1939年和1941年的改革也意见不一:G. Ripert, La réforme de l'adoption (*DH*, 1940, p. 1-4)对此极力批判;R. Veliounsky, *La légitimation adoptive* (thèse droit, Paris, 1954)则提出了相对平衡的看法。

165 走向折中的继承法

耗时良久的1891年和1896年法律虽面临一些批评之声,但并未引起剧烈反响(véritables passions):H. Lambrechts, Les droits successoraux des enfants naturels (*Revue catholique des institutions et du droit*, 1896/I, p. 305-318, et II, p. 10-27);A. Colin, Le droit de succession dans le Code civil (*Livre du Centenaire*, 1904, p. 297-325)。修改遗产法是勒普莱的追随者们一直以来的诉求。《社会改革》(*Réforme sociale*)定期发表这一主题的文章,此处列举其中几篇:H. Duquaire, De la loi successorale au point de vue de la natalité (1888, p. 689-705);Flour de Saint-Genis, L'heritage rural et la famille française (1904/II, p. 709-736)。小型农村地产的继承问题也引起了立法研究会(1905)和其他派别的法学家们的兴趣:L. Picaud, *Des partages d'ascendants comme moyen d'éviter la dispersion de la petite propriété paysanne* (thèse droit, Paris, 1902);M. Viollette, Le bien de famille (*Revue politique et parlementaire*, 1904, t. 39, p. 60-78);P. Chenevaz, *Le bien de famille insaisissable* (thèse droit, Grenoble, 1910)。围绕廉价住房和家庭财产相关法律,保守派和社会党人、激进派和基督教民主党人、所有权捍卫者和土地均分论者达成了和解。勒米尔神父和维奥莱特都赞成设立家庭财产,只是前者首先考

虑的是房屋继承，后者则关注土地的不可扣押性。安布鲁瓦兹·科林的观点很能说明这种新思潮（*Livre du Centenaire*，p. 315-320）：他捍卫平等继承的原则，但考虑到财产的性质，也支持对遗产分割法进行部分改革。Éd. Thaller, La population et les lois successorales（*La Réforme sociale*，1908/II，p. 709-724）同样承认勒普莱的学说需要"现代化"改进。一群有志之士开始合作，例如，首个市政卫生办公室、法国廉价住房协会的创始人西格弗里德便和勒普莱的门徒谢松保持联系。这解释了人民阵线为何会采纳 20 世纪 20 年代的议会提案，推行这项从《家庭法典》延续至维系政权的改革。1901 年法律确立了遗产税的累进性，但是 20 世纪初的遗嘱实践和遗产税的效果方面仍存在研究空白。

第三章　特别立法之兴起

166

自 1804 年以降,有关《法国民法典》未涉及的私法事项,特别立法的存在已然得到认可。由于在日益复杂的社会中分工不断增加,并且国家通过立法对不同领域的具体政策进行了更多干预,特别立法自 19 世纪 80 年代开始迅速发展。以个人和潜在选民(électeurs potentiels)的阶层以及财产的类别来更好地区分法律情况的诉求,违背了普通法规范的一般性与《法国民法典》的抽象的平等原则。越来越多有关私法的改革在形式上脱离了《法国民法典》的范畴。此外,新立法修改了法典中有关所有权和合同的规则与概念。上述立法更为重视公共事业抑或社会需求,因而逐渐催生出新的法学分支。农村立法以及住房或城镇规划(législation du logement ou de l'urbanisme)立法的发展加剧了城市和农村的鸿沟。特别合同法的形成见证了民法与商法的互动,而最能动摇传统私法秩序的毫无疑问是劳动法。

一、农村立法

167　地块立法（UNE LÉGISLATION PARCELLAIRE）

机会主义共和派在很大程度上是依靠农民的选票上台的,上台后,希望满足并保护(ménager)他们的农村选民。无论是甘必大还是梅利纳(Félix Jules Méline, 1838—1925),"土地均分论者"(agrariens)于1881年创建了农业部,并于1892年采取关税保护主义来应对大萧条。当立法有可能威胁到农民的社会结构时,土地均分论者谨小慎微。政府的共和派在完成了法典编纂的部分工作后,放弃了编纂完整《法国农村法典》的想法。为保全颜面,法兰西第三共和国选择逐步通过一系列与《农村法典》有关的单行法(lois indépendantes),由此组成农村法。其中一部分法律主要是技术性的:1881年7月21日关于动物卫生管理(la police sanitaire des animaux)的法律旨在规定时效,有的可追溯至旧制度时期;1881年8月20日关于隶属公社农村道路的法律则试图标明这些交通路线的地理位置。

同日通过的另一项法律修订了《法国民法典》中关于相邻关系的若干条款,其中共同所有权的范围囊括所有围栏、种植园间的距离、围栏内土地的地役权。1884年8月2日关于可以解除动物买卖合同的瑕疵之法律,修订了先前1838年的法律,在这一方面《法国民法典》第1648条诉诸惯例。① 1889年4月4日的法律也具有一定连续性,它继承并完善了1791年关于由动物造成损害的条款。仅1898年4月8日关于水域制度的法律以及1902年6月25日关于长期租赁的法律,对《法国民法典》进行了重大修改。前者修订了《法国民法典》第641条至643条的内容,这与最高法院的观点背道而驰。为了保护低地所有人的利益,法律限制了"公共和通行用水道"的水源所有者之权利。此种情况下,原土地所有者降格为使用人。第二部法律最终承认了长期租赁的合法

---

① 《法国民法典》第1648条:"关于得据以解除买卖的瑕疵的诉讼,买受人应于最短期限内提起之,此项期限应依得据以解除买卖的瑕疵的性质及买卖的习惯。"——译者注

性,并规定了其"物权化"的性质,使该权利可抵押亦可进行长期租赁。

在农村土地使用(usages ruraux)方面,明显缺乏真正的改革。1889年,议会决定废除共同放牧权(le parcours et la vaine pâture),除非市议会向省议会(conseil général)提交请求。这一措施引起轩然大波,各地抗议连连,立法者不得不做出让步。根据1890年6月22日通过的新法,共同放牧权得以保留,但只有市政府有权批准或拒绝共同放牧。不同于1889年法律,新法允许在天然草地上行使共同放牧权,仅废除相邻村落间的共同放牧权(le parcours)。1898年6月21日乡村管理条例(la police rurale)禁止在圈占地内"拾穗"和捡拾残剩葡萄,这意味着在葡萄园和空地上仍可根据惯例捡拾。因而在20世纪初,地方的惯例并没有湮灭,甚至成为新出台法律的主要内容。1924年,农会(Chambres d'agriculture)负责编纂地方惯例,1939年65个省份已经出版或更新了惯例汇编。

168 农事租赁的稳定性

第一次世界大战前,立法者便表现出犹豫的一面,这在农事租赁方面尤为显著。承租制度(le fermage)似乎没有造成严重的问题:农产品价格下跌和农村人口外流,使得预租赁人(candidats à la location)的数量减少,农民的地位得到加强,有时能获得来之不易的减租或者续租(renouvellement)的有利条件。然而,农业的进步与化肥的普及提出了新的法律问题。当租赁期满时,农民是否应当因其劳动使土地增值而得到补偿? 在适用《法国民法典》的过程中,为尊重所有权,在学说和判例中否定的答案显然占据上风。[1] 然而,也存在着与之相反的惯例,特

---

[1] Douai, 20 mai 1903, S., 1904, 2, 69.

别是在法国北部,人们自旧制度以来便会在农民得不到补偿的情况下心生怨恨(le mauvais gré)。19世纪末,议会提出了几项有利于农民的提案。然而由于担心土地所有人可能不得不支付高于土地价值的补偿金,使之变成类似于征用的制度,上述提案并没有通过。

相反,分成租佃制度引发了激烈的争论。追随勒普莱的保守派思想家推崇资本与劳动联合(l'alliance du capital et du travail),而阿列省和朗德地区的佃农则组织工会,谴责带有"封建"陈规的不平等合同。埃米尔·吉约曼(Émile Guillaumin)于1904年《平民的一生》(*La vie d'un simple*)一书对这种尖锐社会冲突给了了最好的例证。1889年7月18日的法律作为议会长期斗争的结果,并没有成为人们预期中的伟大改革。这项法律由13条极为含糊其词的条款组成,并没有改变合同的性质。它没有使任何一方满意,也没有减轻佃农的负担。法律并没有确切地定义分成租佃制度,这种"在一定时期内"签订的租约仍承认口头约定的年租。正如一位议员严肃地表示:这一规定的出台,"是因为分成租佃制度不应当是永久性的,中世纪在立法中时常便如此规定"!将收益一分为二不符合公共秩序,相反的规定也可以推翻这种分成方式。土地所有人应得的附加补贴(prestations accessoires)可以保留,如实物租金、无酬工作日(journées de travail non rémunérées)、殖民税(impôt colonique)。出租人保留对农场经营的一般管理,可以选择耕种或买卖牲畜。

诚然,除了在19世纪末的朗德地区有所发展,分成租佃制度已趋于衰落。而资本与劳动的联合不过是一个假象,包税人(fermier général)作为恼人的中间人往返于土地所有者和经营者之间,他们有时实际上决定着佃农的选择。第一次世界大战前夕,佃农改善自己处境并非始于运用法律手段,而是通过结成农会的运动。1897年2月8日法律有关可随时收回的土地租约,从中我们同样可以看到立法的畏手畏尾,事实上，布列塔尼地区已逐渐不再适用这一法律。一些因危机致贫的承租人或放弃使租约延期的权利(droit de provoquer le congément)，该法向他们施以援手，根据判例法认可的条款仅对此情形加以详细规定。放弃上述权利不再阻碍承租人于租赁期满或作物轮作期结束时结束租约。

169　国家干预主义的发展

为保障城市供给，第一次世界大战迫使共和派更为公开地干预农业部门，需临时制定有关农产品征用(réquisition)和征税(la taxation)的完整立法，如1915年10月16日、1916年4月20日和10月30日的法律。根据梅利纳更为激进的提议，1916年2月2日法律规定土地经营者参军入伍后，国家将征用不再有人耕种的土地。但这种对所有权的侵犯仅限于战争时期，并由"乡村耆老大会"形式的市镇农业行动委员会进行监管，这种征用形式并不常见。随后，战争带来的破坏促使人们思考土地结构重组的必要性。1918年11月27日的"肖沃法"(La loi Chauveau)通过促进实物交换鼓励土地并合，但所有者工业联盟并不能采取强制性行动。1919年3月4日的法律除了在受战火影响地区有所成效以外，由于缺乏国家财政支持，这一创举的影响范围似乎相当有限。截止到1935年，仅合并了35000公顷的土地。

20世纪20年代的"自由主义"政策旨在巩固中小型家庭农场，但无意改变现有的土地结构。针对农业工人的劳动立法则进程缓慢：1898年关于工业事故的法律直到1922年才适用于农业。考虑到土地所有者作为货币贬值的受害人，1927年6月9日的法律允许修改租约。20世纪30年代，面对经济危机和随之而来的盈余滞销、价格暴跌，政府违背有关所有权和合同的普通法而采取行动。在塔尔迪厄(André Tardieu, 1876—1945)的推动下，1931年7月4日的法律成为真正的葡萄酒法规。政府开始以"有形的手"控制生产,例如,该法禁止在土地上种植葡萄并要求建立库存(obligation de constituer des stocks)。自1933年起,许多法律文本试图以同样的补救措施解决谷物盈余问题。尽管1934年12月24日的一项法律声称要重铸市场自由,但越来越多的声音支持建立农业贸易组织(organisation des échanges agricoles)。此外,国家通过1933年4月8日的法律和1935年8月8日的法令进行干预,强制减少农民租约。人民阵线多数派赞成指导农业经济的政策,于1936年8月15日通过法律建立国家跨行业小麦办公室(l'Office national interprofessionnel du blé),负责制定价格、组织销售和确定每个生产商的配额。小麦的购买被委托给小麦合作社,贸易活动则由国家控制。参议院并没有通过农业部长乔治·莫内(Georges Monnet,1898—1980)完全取消小麦自由贸易的意见。尽管国家干预的新形式遭到多次抨击,但国家跨行业小麦办公室最终扭转了价格曲线,并在人民阵线时代幸存下来。

170 农业领域租赁权物权化的失败

在两次世界大战之间,批判土地所有者不正当致富的呼声越来越高,他们辞退承租者并利用土地附加值提高租金。土地回收权(le droit de reprise)也遭到了反对,在北方和布列塔尼地区,新的承租人往往要向上一任承租人进行补偿。人们还抱怨有的土地所有者在每次调整租约时都要受贿。1926年6月30日法律在商业领域承认了某种形式的物权化租赁权(propriété commerciale),这促使承租人要求在农业领域实现类似的租赁权物权化(propriété culturale)。1925年1月,受比利时和英国法例的启发,《雅德法》(loi Jadé)试图对租期届满的承租人予以补偿,因其在土地所有人的授权下改良了土壤。1928年3月,国民议会未经辩论就通过了这一温和的法案,但却遭到了参议院的阻止。更大胆地支持续租权的提议引起了法国农业协会的敌视,这些提议甚至未经议会程序的第一阶段。尽管判例法在某些情况下认可现任承租人对前任承租人给予补偿,①但却拒绝要求土地所有者为承租人"因所有人的利益而自负风险"所做的改进支付费用。②

布卢姆政府的农业部长乔治·莫内于1936年11月提交了一份雄心勃勃的草案,试图建立耕作物权。他不仅提议要补偿承租人在离开时对土地附加值所作的贡献,还提议通过赔偿驱逐的承租人(une indemnité d'éviction)赋予他们续租权,以及对所售土地的优先购买权,以此避免因土地出售而无法续租的情况。仲裁员应确定新的租金。1937年5月莫内的草案经国民议会投票通过,却遭参议院否决,他们坚决捍卫所有权,根据农业部和法国农民协会的说法,这种权利受到"社会主义意识形态"的威胁。土地所有者的抵制情绪依然强烈,由于有的承租人实际上享有稳定的租约,因而承租人内部意见也并不一致,所以这些提案并没有得到议会表决通过。

171 维希政府与回归土地(le retour à la terre)的立法

随着维希政权的建立,因其部分思想基于土地的回归,"土地均分论者"能够不经议会讨论,将他们关于家庭农业和工团主义(corporatisme)的想法应用于实践。(工团主义指将立法的权力交给产业、农业和职业团体代表的政治体制。——译者注)1940年7月至1942年4月的农业部长皮埃尔·卡齐奥(Pierre Caziot, 1876—1953)领导了这项有创新性且尊重"农民价值"的政策。1940年12月2日,在国家农民公司(Corporation nationale paysanne)这一庞大的机构成立后,研究农场租

---

① Douai, 13 mars 192, *JCP*, 1929, 524.
② Civ. 28 mars 1939, *DC*, 1942, 119.

赁改革的委员会也相继建立。1941年7月,委员会提出了一项大胆的草案初稿,给予承租人续期权和对所售土地的优先购买权,这与莫内的提议极为相似! 面对司法部和法国农业协会的敌意,维希政府选择采取更为保守的措施。1942年7月15日的法律修订了《法国民法典》第1776条,给予租赁期满的承租者以补偿,因他们对土地进行改良而非耕作使得土地附加值得以升高。1943年9月4日的法律尽管被称为租赁法规,但却被缩减为16条,它要求以书面形式起草租赁合同,规定合同期限除非有特殊情况否则至少为9年,并规定在终止合同时必须提前一年通知。联合委员会(commissions paritaires)负责起草标准合同并裁决土地所有者和承租者之间的诉讼。然而,关于续期权和优先购买权不再存在任何争议。

卡齐奥同时是1941年3月9日关于土地合并法律的幕后推手,该法律在土地所有者不具积极性的情况下将主动权交由省长。此后,法律强制要求土地所有者进行地块重组规划。这一变化表明国家对农业控制的加强,上述趋势在维希政权初期便能略窥一斑,并且随着配给的严格更加明显。1941年3月9日的法律征用农村劳动力,1942年2月19日和1943年5月23日的法律不顾其所有者的意见转让废弃农场和未开垦的荒地,对农产品的价格也进行了强制规定。工团主义思想最终让位于国家干预主义和中央集权。

二、住房或城镇规划立法

172 廉价住房

19世纪末,"通过住房改革进行社会改革的想法"不断发展,这要归功于朱尔·西格弗里德等人在1894年11月30日发起的创建廉价住房的法律。该法律从米卢斯雇主建造的单层工人住宅区或里昂修建的健康集体住房中受到启发，鼓励通过免税或从信托局贷款来建造"健康且低成本的房屋"。鼓励工人和雇员购得房产的首次尝试仍谨小慎微，参议院对此展开了激烈讨论，国家应尽可能减少干预，仅限于激发个人积极性。1906年4月12日的《施特劳斯法》(loi Strauss)为廉价住房建设商提供税收优惠和贷款，随后1908年4月10日的《里博法》(loi Ribot)针对花园和小于1公顷的土地也赋予了同样的优惠政策，1912年12月23日的法律为廉价住房公共办公室(les offices publics d'HBM)的建立起到了关键作用。塞纳河省的廉价住房公共办公室创建于1914年，是首个授权参与公司竞争的办公室，这些公司在1914年仅建造了8000套住房。

第一次世界大战后，为促进重建和整改贫民窟，国家和公共机关的干预显得尤为必要。主要城市都设立了市政廉价住房办公室，里昂和波尔多分别于1919年和1920年设立。1922年12月5日的法律整合了所有有利于廉价住房的措施，最重要的是，1928年7月13日的《卢舍尔法》(loi Loucheur)启动了建设20万套住宅的大型计划，国家给予2%的贷款援助。与此同时，为帮助那些饱受战争和通货膨胀之苦的中产阶级，低租金住房也应运而生。这种"理所当然的社会保护政策"一直以来都旨在鼓励购买如郊区独立住宅区和花园城市模式的房屋。1919年10月31日的法律甚至授权市镇收购土地，对其进行分割并转售，使得并不富裕的人更容易拥有住房。《卢舍尔法》的蓝图因20世纪30年代的经济危机戛然而止，即便市镇通常会接替国家进行干预，但1931年后信贷数量减少，建筑行业也萎靡不振。

173 有关租金的特殊立法

第一次世界大战促使国家更为直接地干预房屋所有人与租户间的关系。议会出台了一系列关于战争期间暂停支付租金的延期性法令，考虑到入伍者的利益，议会又于1918年3月9日的法律中规定了诸多特殊措施。这部法律不仅允许受战争影响的租户延迟交租、减免租金，甚至免除了入伍者和小租户的租金，还规定了现存所有租约自停战法令出台后至少两年内可进行延期，且不得增加任何条件。为裁决上述法律引起的纠纷，租金仲裁委员会成立，由一名主审法官、两名房屋所有人和两名租户组成。立法有意差别对待不同类别的租户和房屋所有人，对缴纳的所得税低于一定上限的小房主提供补偿金。1918年3月9日的法律引发了大量诉讼案件：1918年至1920年间，最高法院民事庭就此作出了10447项判决！在审判过程中法官遇到了诸多困难，在延长租约的起始点方面尤为显著。

1918年至1922年期间通过了6项补充性法律，此后，议会在希望恢复自由和担心租户不满之间权衡，于1922年3月31日通过了一项具有决定性意义的法律。该法律对延期做了新的规定，并确定于1925年1月1日后恢复适用普通法。上述法律给予租户额外的宽限期，为抑制投机行为，按照1914年租金价值的一定比例进行计算，以此规定限价，但这些为促进稳定所作的努力在持续性的住房危机面前最终无功而返。经1929年6月29日的法律修订，1926年4月1日的法律在通过了20多项租金立法后再次试图实现全面解决这一问题。法律要求房屋所有人根据不同地区和租金价格的水平为租户甚至是转租的承租人（sous-locataires）以及善意占用人依法延期最长至1931年，1929年的法律又规定可延期至1939年。同时，1926年和1929年的法律限制了租金上涨的程度①,在房屋所有人希望自己或其长辈和后代占有房屋的情况下,授权他们收回房屋。法律所追寻的平衡点很难把控:房屋所有人是资本增值的受益者,但为"满足合法利益",收回权仅能使用一次,并且权利不得对抗战争遗孀、大家庭的一家之主等多种租户。大多数法学家认为这事实上使得"所有权支离破碎",并且构成了对合同法的严重侵犯,他们还批判基于身份的区分标准,外国人会因此无法享有延期的利益。租金逐步自由化的经济效果开始彰显,建筑业自1926年至1930年回暖,资产阶级的住宅情况也有所改善,但与此同时,通货膨胀致使房屋修缮工程无利可图,住房条件加剧恶化。自战争伊始,几乎从未维修过的住宅的数量已超过一百万。此外,法国为应对30年代的经济危机实行了通货紧缩政策,1935年7月16日的法令因此规定降低租金。第二次世界大战前夕停止降租,1937年12月31日的财政法恢复了1929年的规定,并确定了新的期限,但租金并没有完全实现自由化。矛盾之处在于,人民阵线试图通过有利于房屋所有人的措施来刺激建筑业的发展,例如向建筑商提供利率补贴或组建共有公寓(copropriété)。

174 共有公寓的组建

第一次世界大战后由于土地价格上涨,并且资本家因租金立法不再投身于创收性不动产(immeubles de rapport),共有不动产(la copropriété des immeubles bâtis)的建设顺势发展。未来的共同所有人组成协会或公司进行建设,房地产经纪人按楼层转售已建成的建筑。《法国民法典》第664条的不足之处便显而易见:根据法律要求,任何新设

---

① 与1914年的租金相比最高增长100%,自1929年至1931年最多增长150%,考虑到通货膨胀从1931年起每年增长15%。

施的安装都应得到共同所有人的一致同意,许多共有人受其所困。① 有关共有财产的条例已成为惯例,但他们对于公寓购买者是否拥有抗辩权仍存在争议,楼主托管人(syndic)是每位共有人都可予以撤销的共同代理人。早在1925年,立法研究会便起草了一项法案,但经1938年6月28日的法律表决后才得以实现。这项法律并不具有强制性,共同所有人组成联合会,根据多数决的原则进行决策,并指定一位拥有一定自主权的楼主托管人负责执行决策。有关共有财产的条例明确规定了所有人在私人区域和公共区域的权利,其在副本(transcription)中可产生抗辩效力,共有公寓成为"可视为具有法人资格"的集体组织。尽管这一模式存有缺陷,但1938年的法律承认了共有公寓的法律地位,并鼓励公司发展此模式。

175　涉及公共利益的地役权之扩张

1880年至1945年间,技术的进步对所有权提出了新的限制,以公共利益之名强加了诸多法定地役权。根据1885年7月28日的法律,国家有权在私有财产上空架设电缆,在建筑物的墙壁、屋顶或平台上有权建立支撑电报或电话线的电塔。1906年6月15日和1925年2月27日的法律为公司宣称用于公用事业而铺设电线的行为创设了地役权。为满足航空业的发展需要,1935年7月4日的法律在机场附近创设了空中地役权,周围任何建筑都受到限制且须得到批准。惯例承认涉及公共利益的地役权之特点,包括里沃利街或星形广场在内等巴黎纪念性

---

① 《法国民法典》第664条:"一座房屋的数层楼分属于数个所有人时,如所有权契据中未规定修缮或重建的办法,修缮或重建应依下列规定办理:大墙及屋顶,由全体所有权人,各按其所有某层楼价值的比率,分担费用。每层楼的所有人各负责修建其在上面步行的地板。一层楼的所有人负责修建上升至一层楼的楼梯;二层楼的所有人,负责修建从一层楼上升至二层楼的楼梯,并依此类推。"——译者注

建筑群都受到了地役权学说的影响。这些地役权可追溯到买卖合同中限制建筑商自由的条款,上述条款可以限制房屋高度、要求提供公共庭院、根据整体风格装饰外墙,或者规定建造资产阶级住宅(habitation bourgeoise)。在没有法律和需役地(fonds dominant)的情况下,上述关于资产阶级住宅的条款可视作创设的地役权。①

除了合同规定的情况以外,相较于《法国民法典》第 649 条和第 650 条关于依法设立地役权的规定,附属于行政法的城市规划限制(sertitudes d'urbanisme)制度有过之而无不及。② 有些学者甚至拒绝使用地役权一词,因为在这种情况下并不存在需役地。随着分区(zoning)的发展和认可,地役权的数量和种类不断增加。根据 1935 年 7 月 25 日的法令,在人口聚集地可以正式确立工业区或住宅区的"规划"中包含"美学""考古"或"卫生"方面的地役权。

176　历史遗产保护

一项大规模的历史遗迹清查工作自 1837 年展开:将半个世纪以来近 2000 座建筑进行归录(classement)。但该归录仅具有象征性,并未向有关建筑物所有人施加任何义务,甚至没有禁止对建筑物的毁损行为。有些列入名录的古迹因缺乏保护性立法而销声匿迹。由于"在历史或艺术方面,对建筑物的保护涉及国家利益",1887 年 3 月 30 日的法律标志着议会首次干预建筑物保护。此后根据新的行政地役权,禁止破坏归录的古迹,对其进行任何维修或修复都必须经公共教育部(Instruction

---

① Civ. 30 juin 1936, *S.*, 1937, 1, 161.
② 《法国民法典》第 649 条:"法律规定的役权,得为公共的或地方的便宜,亦得为私人的便宜而设立。"第 650 条:"为公共的或地方的便宜而设立的役权,得以沿通航河川的通道,公共或地方道路的建筑或修缮,以及公共或地方其他工事的建筑或修缮为客体。一切有关此种役权的事项,由特别法令规定之。"——译者注

publique)的授权。这种对所有人权利的限制看似严格,实则效果甚微。事实上,归录工作必须经由所有人正式的书面同意。参议院的法律报告员解释道:"归录具有合同性质;有关情况还有待商讨。"法律承诺对强加给所有人的负担会给予补贴,尽管该补贴并不具有强制性。如果建筑物所有人拒绝,那么只能通过高难度、高成本的征用方式来解决该问题。为避免其所有人仓促销毁建筑物,1889年1月3日的法令制定了无须所有人同意的事先归录程序。

  1887年的法律的效力范围有限,因而1906年4月21日关于保护艺术性自然遗址和古迹的法律以及1909年7月19日关于艺术品的法律又对其进行了补充。1913年12月31日的法律授权国家不经所有人同意,归录其不动产或动产,这对所有权构成了更为严重的侵犯。转让禁止出口的动产也受到限制。为完善这一制度,1927年7月23日的法律创建了保护受威胁古迹的补充清单,并赋予行政部门在拆除这些建筑时对其附属部分的追索权。1930年5月2日的法律也对自然遗址和古迹作出了类似的规定。同一时期,出于对美学的关注和对艺术遗产的保护,又在其他方面对所有权进行了限制:1902年1月27日和1910年4月20日的法律禁止在古迹上张贴告示,1911年7月13日的《沙特内法》(Loi Chastenet)旨在保护巴黎的纪念性建筑。最高行政法院根据《沙特内法》作出了著名的戈梅尔(Gomel)判决,但上述法律的适用并不严格。① 相较于立法理论,实践在这方面更加尊重私有财产。

177 卫生方面的进展

  在治理卫生条件不佳的住房方面,1850年4月13日的法律没有任

---

① CE 4 avril 1914, *S.*, 1917, 3, 25.

何显著的成效。最高法院以及最高行政法院都认为,市长有权责令房屋所有人采取措施清理其住宅,但房主可"自由采取任何方式来达成这一目标"。清洁工作无法按规定强制执行,房屋所有人通常对此无动于衷,所处罚款也不过是象征性的。朱尔·西格弗里德等人坚持卫生原则并要求改善公共住房,卫生法的通过并未让他们刀枪入库,一位议员在1893年对此感叹道:"这是集体主义。任意使用和处分的权利(jus utendi et abutendi)不再受到尊重。"

1902年的法律标志着建筑许可证发展的关键阶段。这是由于法律强制规定,在所有居民人数超过20000人(1935年降低至5000人)的市镇内需通过建筑许可证检验规划是否符合卫生规定。起初这种由市长颁发的卫生许可证并未普及,但在第一次世界大战后成为城市规划法发展的典范。最终政府能够依规要求卫生状况差的建筑采取清理措施,房主则可通过上诉寻求救济。在秩序混乱的郊区,究其住房状况差的原因,需转向楼盘分售商(sociétés de lotissement),他们以高额利益出售荒地,免除自身在施工前需进行准备工作(travaux de viabilité)的责任并将1902年法律的义务转嫁给经费有限的购买者。两次世界大战期间,1919年3月14日、1924年7月19日和1928年3月15日的法律试图帮助这些"不幸"之人(« mal lotis »),以完成某些开发工程为条件,出售或出租分割的土地。为维护居民的卫生状况,1917年和1932年最终通过了有关危险建筑或卫生状况欠佳住房的法律。

178 城市规划的新蓝图

城市规划(urbanisme)一词的出现可追溯到1910年,一战结束后,重建的需要与日益增长的城市规划发展需求相结合,公共机关因而增加了对城市规划的干预。1918年11月6日关于征用的法律预示了这项新政策的产生,同时标志着房屋所有人特权地位的下降。法律规定按区征用土地,不再将公共事业局限于特定公共工程建设。公共设施建设往往使得土地价格上涨,房屋所有人或从中获利,该法试图更有效地打击这种投机行为。

在规划的方面,1919年3月14日的《科尔尼代法》(loi Cornudet)堪称"城市规划的宪章",是奠基性文本。根据此法,居民人数超过10000人的城镇必须在三年内制定一个发展、美化和扩展计划,包括要建立或改造的道路、绿地和公共服务的场所。靠近规划道路和广场的土地的所有人必须遵守边线的规定,没有市长颁发的建筑许可证不得建造新建筑。① 由于法律没有附加任何惩罚性措施,直至1936年仅有256座城市制定了上述规划。

1935年,一系列政令根据城市发展政策进一步限制了房屋所有人的权利。虽然1935年8月8日的法令废除了征用陪审团,但1935年7月25日的几份文本创建了涉及某些市镇的区域城市规划项目,并规定了巴黎地区的发展项目,将获得建筑许可的义务扩大到首都的整个郊区。通过这种方式,巴黎成为国家城市规划政策的典范。在维希政权下,这种国家控制的趋势在1943年6月15日的重要法律中达到了顶峰,法律设立了中央城市规划部门,恢复了发展计划制度,并普及了由省长签发的建筑许可证。建筑权依旧作为所有者的绝对自由而存在。

---

① 1924年7月19日的法律授权道路分段建设工程,或者在缺少资金的情况下给予建设者一定自由。

三、 特殊合同立法

179 立法干预主义时期

自 1880 年至 1945 年,国家并没有倏然转向挑战契约自由的指导经济(dirigisme économique):立法者仅视情况对与经济和社会转型最息息相关、最常见的特殊合同加以规定。在第三共和国的前几十年,"自由化"运动,也称"商业化"运动持续进行,随之而来的是对第二帝国期间诸多合同规则的修订。1885 年 3 月 28 日的法律赋予证券期货交易所(marchés à terme de valeurs en bourse)和期货出售(ventes à terme)更多的自由,禁止各方利用《法国民法典》第 1965 条规定的赌博债务偿还无诉权的例外来逃避其义务。① 次年,1886 年 1 月 12 日的法律满足了自由主义者长期以来的诉求,废除了商业事务中对利息的法律限制,只禁止民间高利贷以及违约利息的规定,该利息在 1900 年 4 月 7 日的法律中有所降低,又于 1918 年 4 月 18 日的法律有所提高。

矛盾之处在于民间利率的限制迟迟没有废除,直至 1918 年 4 月 18 日的"临时"法律出台并维持了很长一段时间。1889 年 3 月 4 日的法律规定了司法清算,有意使中止偿付的诚信商人能够免于破产,这也符合 1838 年和 1867 年的法律关于减轻《法国民法典》对商人过于严苛限制之意旨。1894 年 6 月 7 日的法律则废除了汇票必须当场交付的条件,体现了支付和信贷工具的演变愈发不适用于汇票合同。

在契约自由方面,1901 年 7 月 1 日关于结社的法律毫无疑问具有

---

① 《法国民法典》第 1965 条:"法律对于博戏债务或赌博债务的偿还,不赋予任何诉权。"

最显著的进步。自第三帝国以来,政府在授权提出申请的协会时更为通融,法院为使获得授权的协会(association)能够缔结合同,甚至将其视为"个人"。由于共和派对宗教团体的敌意,立法改革在瓦尔德克-卢梭任总理时期才有所成效,政府对此提出了第33项法案,这是自1871年以来首次有所进展!虽然宗教团体需进行立法授权,但1901年的法律创建的制度赋予普通协会以完全自由。它们只需事先向省政府申报便可获得法人资格,尽管这类协会与从事公共事业的协会相比获得财产的权利更为有限,特别是不得接受捐赠和遗产。

1914年,具有创新性的立法干预旨在保护消费者免受欺诈,尤其使梅兰纳希望保护的"小农"免受过度竞争的影响:1887年3月14日关于黄油销售的法律、1889年8月14日关于葡萄酒的《格里夫法》以及1905年8月1日适用于所有商品欺诈行为的法律。以上法律涉及刑事制裁,也是虚假广告判例的依据所在。1907年的葡萄酒危机使捍卫"合法真实的贸易"的政策得到加强,如1907年6月29日的法律禁止在葡萄酒中加糖,考虑到受无良商家所害的农民,1907年7月8日的法律允许解除有害化肥销售合同。以上文本背离了"《法国民法典》的一般原则",如动产购买者利益受损时可解除合同,以此保护缔约弱势一方,这也是消费者法的雏形。①

第一次世界大战从根本上改变了立法者对合同法的干预范围和性质。战争爆发后,1914年8月5日的法律授权建立了延期偿付的全面制度,该制度直至1920年才被废除。1916年,食品和生活用品都要征税。民事法庭拒绝适用情势变更的理论,而议会于1918年1月21日通

---

① 1900年3月12日和1926年12月14日有关分期销售的法律也是如此。

过了《法约法》(loi Failliot),据此债务人可以要求取消战前签订的合同。① 因立法者并未强制进行合同修改,法官也可以裁决是否附带赔偿金,因而大多数法学家认可"谨慎法律"的"良好效果"。在 20 世纪 20 年代,法国并未就通货膨胀而减少的债务进行重估:国家干预主义聚焦于房屋租约和农场租约。

20 世纪 30 年代,受经济危机影响,"经济公共秩序"发展进入新阶段。国家拟通过法律和法令对某些食品实行最低价格,或强制降低房租和土地租金的金额。② 同时,国家还采取了有利于困难债务人的措施,经营资产的购买者可以诉诸 1935 年 6 月 29 日的法律,1936 年 3 月 25 日的法律允许内庭法官给予宽限期,1936 年 8 月 20 日的法律再次修改了《法国民法典》第 1244 条,要求法官考虑到"债务人的地位"和"经济状况"。③ 1936 年 8 月 21 日的一项法律也撤销了对未缴纳所得税的债务人的诉讼。许多民法家对"合同的衰落"和"法律社会化"表示担忧。而在第二次世界大战期间,1940 年 8 月 16 日关于组织委员会的法律以及 1940 年 11 月 16 日关于不动产出售需省长批准的法律,进一步加剧了这种干预主义。

180 姗姗来迟的立法干预:保险合同

继 1898 年的工业事故法之后,要求对常被视作"格式合同"的保险合同进行立法的呼声高涨。1902 年由保险公司主导的议会外委员会

---

① Paris, 21 décembre 1916, *DP*, 1917, 2, 33.
② G. Ripert, L'ordre économique et la liberté contractuelle, Recueil d'études sur les sources du droit en l'honneur de Fr. Gény, Paris, 1934, t. II, p. 347–353.
③ 《法国民法典》第 1244 条:"债务人不得强迫债权人受领债的一部清偿,虽该债系可分时亦同。审判员斟酌债务人的境况后,得许其于适当期限内暂缓清偿,并暂停诉讼程序的进行,一切仍维持原状。但审判员行使此项权限时须尽力审慎。"——译者注

（extra-parlementaire）起草了一项政府草案，并于1904年提交议会，但没有经其讨论。虽然国外在这一领域有诸多详尽的立法，但法国议会的工作仅限于通过了1904年12月8日禁止为12岁以下的儿童提供人寿保险的法律，以及1905年3月17日因安贝尔-克劳福德（Humbert-Crawford）丑闻而加强国家对人寿保险公司监督的法律。1912年在埃德蒙·塔勒尔的帮助下，投保人试图组建联盟提出关于保单的示范性草案。

自1920年起，为保护投保人、加强国家控制以及减少贸然起诉保险公司的现象，编纂合同惯例的想法再次浮出水面。1930年7月13日的法律经历了1924年的议会外委员会、1925年朱斯坦·戈达尔（Justin Godart，1871—1956）的政府草案、1926年以来的分庭审查这漫长的制定过程，试图通过87条法规明晰保险合同的基本规则。尽管立法者看似增加了大量有关公共秩序的条款，但这实际上是继承了过去的实践成果，即合同必须以"清晰的文字"书写，失效条款（clauses de déchéance）更应清晰表述，在未支付保险费的情况下，保险的效力只能在催告后的20天中止。然而，合同的结构（l'économie des contrat）并未因上述法律而陷入混乱。当侵权责任法因汽车事故问题而变革时，保险于司机而言仍非必然选项。

181 有限的立法干预：运输合同

19世纪末，"运输合同"这一名称并未出现在任何法律中，原则上仍以《法国民法典》和《法国商法典》中关于承运人的规定进行管辖。在铁路方面，1883年公司与国家之间达成新的协议。铁路运价由国家批准，交货时间的相关规定也由国家控制。仅1888年4月11日的法律修改了部分关于损害、损失或延误行为的诉讼和失效规则。关于货物运输，《法国民法典》第1784条和《法国商法典》第103条已经确立了对承运人的过错推定,对此原告必须证明所遭受的损害金额。① 铁路公司以较低的票价换取在合同中添加免责条款。乘客无法再依据铁路兴起前那些将免责条款视为无效的判例和学说。自 1874 年以降,法院判定免责条款会导致举证责任倒置,由货物托运人举证。1895 年激进的议员拉比耶(Fernand Rabier,1855—1933)发起了反对免责条款的运动,他认为此类条款违背了缔约各方的自由。认识到格式合同的危险所在,1905 年 3 月 7 日投票通过了宣告免责条款无效的法律。

立法者对运输合同的干预遭到个别法学家的批评。在客运领域,相关法律通过判例得以发展。在很长一段时间内,不同于塞纳河的商事法庭,民事法庭拒绝将合同责任的原则适用于客运领域,因为受害者必须证明承运人的侵权过错(faute délictuelle)。② 自 1911 年起,法国最高法院修改其判例,认为运输合同包含了默示的安全义务。③ 基于"合同指导主义"的法律结构使得举证责任倒置,由承运人承担。如果说立法者使货物托运人心满意足,那么失去强大机构支持的运输事故受害者则在法院中找到了依靠。

182 立法者与公司:从合同到制度

第三共和国期间,1867 年的法律仍作为股份有限公司的章程,上述公司数量的不断增加吸引了其他的公司形式。特别是在 1884 年和 1902—1903 年间,曾多次考虑对该法进行彻底改革。随着股份有限公司和其他形式公司(indirectement)惯例的变化,议会选择对 1867 年的法律进行部分改革。1893 年 8 月 1 日的法律首先做出调整:将股份有

---

① 《法国民法典》第 1784 条:"水陆运送人应负受托运送物灭失及毁损的责任;但其证明灭失或毁损系出于意外事故或不可抗力所造成者,不在此限。"——译者注
② Civ. 10 novembre 1884, S., 1885, 1, 129.
③ Civ. 21 novembre 1911, 27 janvier et 21 avril 1913, DP, 1913, 1, 249.

限公司的最低股份数额降低至 25 法郎,并允许小股东联合在股东大会(assemblées générales)上进行投票,从而使股份有限公司更广泛地向公共储蓄开放。该法律还决定应将具有股份有限公司形式的民事公司视为商业公司。在使民事公司的地位趋向于股份有限公司的思潮中,立法者做出了贡献(apportait sa caution)。传统学说认为依靠某些资产联合的民事公司、"关系密切的"公司并不会做出向外拓展的行动规划,但近期的判例以及普拉尼奥和塔勒尔等诸多作者都完全承认民事公司的人格。① 商法理论由此对民法的影响不断扩大。②

关于公司的演变以及从合同到制度的过渡之特点的辩论持续了二十余年,这场辩论的焦点在于股东特别大会(assemblée générale extraordinaire)中修改公司章程的必要多数票。合同论的支持者则认为需经股东一致同意。1892 年,在注重公司"内部"人格理论的影响下,法国最高法院赋予股东特别大会的多数票以修改章程的权力。③ 塔勒尔评论道:"在这种情况下,并不意味着'推翻或更新合同',而是在'完善组织'。"判例法区分了公司章程中可由大多数股东修改的次要条款,以及需经股东一致同意才得以修改的基本条款。立法者最终把判例创造的解决方案变成法律。1903 年 11 月 16 日的法律允许股东大会设立优先股,只要利益相关(de la catégorie atteinte)的股东特别大会批准,即可授权简单多数修改公司章程。这样的规定违反了股东间的平等原则。最后,1913 年 11 月 22 日的法律规定了股东大会修改公司章程的权力,但改变公司国籍或增加股东负债(engagements des actionnaires)的情况除外。

---

① Req. 23 février 1891, *DP*, 1891, 1, 337.
② 特别是关于采矿公司;后来在 1919 年 9 月 9 日的法律中将矿场的开采视为一种商业行为。
③ Civ. 30 mai 1892, *DP*, 1893, 1, 105.

同样，立法者并未预先制定相关法律，而是与股份有限公司组织发展的步调一致，如 1929 年 1 月 23 日关于创始人股份的法律、1937 年 8 月 31 日关于投票权的法律，以及在维希政权下 1940 年 11 月 16 日关于董事会的法律和 1943 年 3 月 4 日关于董事长责任的法律。另外，诸多有关新型公司形式的法律文本也体现了在商业、民事和劳动关系中的公司模式的发展。在梅利纳的倡议下，1894 年 11 月 5 日的法律创立了农业信贷公司(les sociétés de crédit agricole)。1917 年 4 月 26 日关于工人参股的股份有限公司之法律有望达成资本与劳动间的合作，但不过是昙花一现。最后，基于在阿尔萨斯-洛林适用的德国模式，1925 年 3 月 7 日的法律创建了有限责任公司(SARL, société à responsabilité limitée)，这种原始的公司类型，兼具股东承担有限责任的资本公司和控制股份转让的合伙公司之性质。无论其目的如何，有限责任公司毕竟是商业性的，因而商法再次彰显出其活力及广泛影响力。

183 经营资产：混乱的立法

第三共和国时期，经营资产的历史是立法者干预合同领域的另一个佐证，这也体现了随着"企业"或"交易"概念的发展，商法充斥着某些手工业者和自由职业者的民事活动。学说在更好地定义经营资产时优先考虑客户群等无形因素，同时议会也逐步进行立法，基本为回应贸易商的要求。为解决涉及塞纳河商事法院的判例法冲突，并满足于某些以酒商为代表的使用这种抵押方式的贸易商，1898 年 3 月 1 日的法律在《法国民法典》第 2075 条中增加一段，首次承认以经营资产抵押的合法性。[①] 但这

[①] 《法国民法典》第 2075 条："前条的优先权如以无形动产——例如有关动产的请求权——为标的，仅得以公证书或私证书作成且经登记并通知设定质权的请求权的债务人时，始得成立。"——译者注

部法律不仅没有定义何为经营资产,而且其规定也不完善,导致某些欺诈行为趁虚而入。随后,1909年3月17日的法律投票通过,承认贸易商对经营资产所列要素拥有所有权。该法律采纳了参议员科尔德莱(Louis Cordelet, 1882—1923)的建议,普及经营资产销售的公开制度,以此保护让与方的债权人。

第一次世界大战后,贸易商抱怨房舍稀缺、"顶费"(pas-de-porte)上涨,以及房屋所有人为从地理位置优势的附加值中获益而驱赶商业租户的滥发财行为。1919年,国民议会投票通过一项法律文本,规定希望续租的土地占用者享有优先权,但直到1924年左派联盟(Cartel des Gauches)选举胜利后,参议院才接受这一原则。立法工作获得了一定成效,1926年6月30日关于"商业所有权"的法律加强了租赁权在经营资产中的地位,并规定除非房屋所有人收回房屋,否则在拒绝续租的情况下应补偿对租户造成的损失。(此处的"商业所有权"指商业领域的租赁权物权化。——译者注)尽管商业所有权这一表述在法律上并不恰当,但这次改革极大地加强了贸易商的权利。随后,考虑到遭1930年危机所害的经营者,立法者再次进行干预,1935年6月29日的法律授权"购货人"对超过三分之一的损害部分进行申诉。议会有意选择改变合同平衡,使之有利于作为债务人的贸易商。

四、劳动立法

184 1884年的法律初步承认集体行为(l'action collective)

镇压巴黎公社(Commune)11年后,1884年3月21日的《瓦尔德克-卢梭法》承认了工会自由,此为共和派在劳工立法方面的首个重大举措。这部法律同 1881 年 6 月 30 日关于集会自由的法律相一致,具有自由主义色彩,尽管该法律也允许建立雇主工会和农业工会,但依然算作是一部工人的法律。1884 年的法律废除了自《勒沙普利埃法》(loi Le Chapelier)以来 90 多年间禁止行业协会的规定,从此可以自由组建工会,无须事先授权,亦承认其法人资格,参加、解散和集会都享有完全自由。

1884 年的法律是在紧张的社会环境中通过和实施的,工人们对其并不满意,他们注意到立法者为规范工会活动增加了一些限制性条款。至少最初,向市政府或省政府提交章程和领导人名单的义务似乎就是一种治安限制(contrainte policière)。有些组织拒绝遵守这一程序,由此导致 1893 年至 1896 年关闭巴黎劳工交易所之类的冲突及法律诉讼。还令工人感到遗憾的是,针对歧视工会成员的雇主并没有采取任何制裁措施。最重要的是,工会行动仅限于维护经济、工业、商业或农业利益,不可介入任何政治领域。另外,参议员们虽然承认工会联盟,但认为其并不具有法人人格。

尽管法律最终承认了"工人集体",但仅将工会视为个人利益的补充。由于担心永久管业财产(biens de mainmorte)的构成,工会获得不动产的能力受限,其接受捐赠的权利也有待商讨。主要的法律难点在于工会的起诉权。根据由瓦尔德克-卢梭政府 1887 年协商认可的针对 1884 年法律之严格解释,工会只能采取诉讼保护其资产以及捍卫集体利益,而不能维护任何成员的个人利益。几年后,学说和判例才发展出更自由的解释方式,即不禁止工会提出的诉讼与个人诉讼的并合。①

针对 1884 年法律的不足之处,自 19 世纪 90 年代起,为摆脱对工会

---

① Ch. réun. 5 avril 1913, *DP*, 1914, 1, 65, à propos d'un syndicat viticole.

的行政管制以及提高其民事能力,关于立法改革的提案数不胜数。1899年,瓦尔德克-卢梭本人代表政府提出了一项扩大工会能力范围的草案,赋予工会联盟以有限的能力,并试图更有效地惩处侵犯工会自由的民事不法行为。尽管这项草案谨小慎微,但还是没能获得通过,这也意味着集体行为的发展道阻且长。直至1920年3月12日的法律颁布,工会和联盟才能够在法庭上充分代表行业的整体利益。一般而言,判例仍反对包括罢工在内的许多工会行动方式:法国最高法院认为罢工违反了劳动合同。① 此外,视作权力滥用的罢工可能会导致工会或参与其中的第三方遭到损害赔偿的判决。② 在雷塞吉耶(Rességuier)案中,法院甚至判决饶勒斯和米勒兰(Alexandre Millerand,1859—1943)违法。对共和派的大多数人而言,工会行动仍然是冲突的根源,在没有国家干预的情况下有必要通过仲裁或根据1892年12月27日的法律进行解决。

185　劳务合同的出现

自1890年以降,随着大规模工业和按时授薪制的发展,工人立法有助于认识真正的"劳务合同"(«contrat de travail»)之特殊性,不再将其归于雇佣这一简单形式。1890年7月2日至18日的法律在此迈出了第一步,它废除了工人手册,但是儿童、未成年女孩以及里昂织造厂等拥有特殊手册的行业工人不包括在内。上述法律宣告废弃手册,取消了工人依赖于雇主这一饱受诟病的形式。从此,唯有目前雇用工人的雇主可从扣押的工资中扣除偿还预付款的部分。"劳动合同"(«contrats industriels»)不再属于治安管理的领域,原则上回归于普通债法,而

---

① Req. 18 mars 1902, *DP*, 1902, 1, 323; Civ. 4 mai 1904, *DP*, 1904, 1, 289.
② Req. 29 juin 1897, *S.*, 1898, 1, 17.

对几乎总以口头形式签订的合同而言存在一定风险。

几个月后,1890 年 12 月 27 日的法律重申无限期劳务租赁合同 (contrat de louage de services à durée indéterminée)的特殊性,并证明立法者愈发干预雇主与工人间的关系。这部法律的酝酿过程始于 1880 年,涉及铁路雇员的解雇问题,以及他们向雇主支付的养老基金该何去何从,上述法律允许单方面终止无期限劳动合同。根据《法国民法典》第 1780 条的新规定,根据缔约人单方的意志终止合同可能会导致损害赔偿。① 在大多数法官和作者看来,1890 年的法律只是简单地认可了过去雇主只在突然解雇的情况下负责的判例,但并没有遵守中止工作合同惯用的通知时限。② 但是,主要由普拉尼奥捍卫的、更为广泛的解释不断发展,即任何构成过错或权利滥用的解雇行为都会导致损害赔偿。原则上举证责任由被解雇方承担,因而法律实际的适用范围受到限制,但法官会调查解雇的原因,从而在一定程度上对雇主解雇的决定起到监督作用。

在上述立法和判例的背景下,"劳务合同"一词越来越多地被用以定义劳务租赁合同,并在严格意义上与劳动力租赁合同相区别。在世纪之交,更多法学家为规范合同的立法干预提供理论支持,为发展独立于民法的真正劳动法而奋斗。1910 年 12 月 28 日的法律是认识到劳动法后的首个成果,它包括了工人的法律,包括《劳动和社会保障法》(Code du travail et de la prévoyance sociale)的第一卷,其中第二篇为"劳务合同"。虽然第二篇只是重申了 1890 年的法律,但确实存在着新的术语。

---

① 《法国民法典》第 1780 条:"人们仅得就一定的期限或一定的工作,负担对他人提供劳务的义务。"——译者注

② Grenoble, 23 janvier 1893, *DP*, 1893, 2, 377.

然而，第三共和国的立法者在制定某些合同条款时踟蹰不定。只有社会主义者坚定地捍卫根据法定通常价格规定最低工资的想法。事实上，在亚历山大·米勒兰的提议下，1899年8月10日的法令要求市政工程(travaux publics)公司在招标细则中加入最低工资的规定。后来，1915年7月10日的法律规定了家庭工人的最低工资。立法者尽力保护工人工资并保障他们能够获得全额的酬金：1895年1月12日的法律宣布雇主扣押的工资不能超过一成，并禁止通过在雇主的职工小卖部中购物的方式代替应付工资，1910年3月25日的法律废除这种小卖部。但车间条例，这种"雇主彰显其最高权力的文书"在皮克看来徒有"协议的外表"，针对这一问题议会，尤其是参议院迟迟未表态。尽管最早限制雇主专制的提案可追溯至1890年，但直到1932年2月5日的法律才禁止对违反内部条例的行为处以罚金！

186 保护性法律的外延

第一阶段的社会法律只是为保护"弱势群体"，特别是儿童。第三共和国期间，国家保护的对象逐渐扩展到妇女和成年工人。经参议院长期抵制，1892年11月2日的法律终于得以通过，取代了1874年的法律，并较之在此有明显的进步。该法不仅提高了儿童进入工业机构的年龄门槛，除家庭作坊(ateliers familiaux)①等特殊情形，将其从12岁提高至13岁。1892年的法律还将妇女的工作时长限制为每日11小时，并批准成年工人每日最多工作12小时。此外，极大地加强了劳动监察局的结构和权力，即便违法者只会受到简单的治安罚款。

许多雇主并没有适用1892年的法律，他们仍要求儿童每日工作11

---

① 16岁前，每日工作时长限制为10小时，16岁至18岁为每周60小时。

小时。早在 1893 年,便有人提议将受保护人法定工作日的时长减少至 10 小时。而国民议会和参议院在 1900 年才达成共识。1900 年 3 月 30 日的法律规定在相同地点工作的儿童、妇女和成年工人的法定工作时间统一为 11 小时,这看似是一场"历史倒车"。但上述法律还规定在 1904 年将每日最高工作时长逐步降低为 10 小时。此外,较之于 1892 年的法律,1900 年的法律文本中禁止 18 岁以下儿童和妇女从事夜间工作的例外情况有所减少。20 世纪初,雇佣童工的现象总算有所收敛。

同时,工业立法和条例不再局限于保护相邻财产免受污染企业的危害,还通过有关卫生和安全的预防措施保护工人的人身安全。例如 1890 年 7 月 8 日关于矿场的法律设立了工人安全代表,以及专门规定卫生和安全的 1893 年 6 月 12 日的法律与 1913 年 7 月 10 日的法令。

第三共和国时期,议会在规定每周的休息义务时,长期犹豫不决。根据 1880 年 7 月 12 日的法律,当时致力于政教分离的共和派废除了 1814 年 11 月 18 日禁止星期日工作的法律。直至 1906 年 7 月 13 日的法律才将星期日休息的原则重新引入工人立法中,但存在着例外情况。同样,8 小时工作制的诉求也迟迟未果,1906 年允许井下开采矿工每日工作 8 小时,第一次世界大战结束后工人骚乱不断,为满足工人诉求,1919 年 4 月 23 日的法律便在这种压力下诞生。直到 1914 年,除了保护工人健康的简单措施之外,议员们畏葸不前。

187 侵权责任法与工业保险

19 世纪 80 年代到 90 年代,工业事故问题愈显严峻,其中大部分事故属于偶然事件,并没有明确的原因。诚然,法院会对雇主进行过错推定,以证明他们已经采取了所有安全预防措施。尽管如此,法官们仍然忠于传统理论,要求多数情况下最无能为力的工人来证明其雇主的过错。许多法学家意识到了这种程序方式的不公后果,并不会导致工人或雇主任何一方满意。为在《法国民法典》的框架内减轻工人的举证责任,有些人(拉贝和普拉尼奥在比利时的圣克莱特和法国的索泽会面)①支持合同责任的理论。基于雇主对工人的安全负责之理念,包括谢松在内的勒普莱拥护者更倾向于由雇主通过保险来承担职业风险。由于使用机器会带来一定风险,若斯兰和萨莱耶试图从《法国民法典》第1384条中引申出对物的责任。② 最高法院似乎采纳了这一观点,让雇主对船上发生的锅炉爆炸负责。③

由于法国在立法方面已经远远落后于其他国家,在这种情况下立法者的干预显得尤为必要。尽管在1880年至1888年期间,马丁·纳多(Martin Nadaud,1815—1898)和费利克斯·富尔(Félix Faure,1841—1899)等共和党派发起了十余项相关的议会提案,但直到1888年,国民议会才投票通过了第一项法律文本,由于参议院拒绝接受任何强制性保险制度,因而长期未通过这项文本。1894年6月29日的法律只要求矿工的雇主建立救济和养老基金。最终,国民议会和参议院以1898年4月9日的法律达成妥协。该法体现了职业风险理论,除非因不可抗力或工人故意过错,均由雇主对工伤事故而非职业病负责。根据事故后果的严重程度以及法官和当事人都应遵守的价格标准来统一规定赔偿金。参议院认为,如果工人有不可原谅的过错,法官可减少这笔法定付

---

① S.,1886,2,97.
② 《法国民法典》第1384条:"任何人不仅对其自己行为所致的损害,而且对应由其负责的他人的行为或在其管理之下的物件所致的损害,均应负赔偿的责任。父,或父死后,母,对与其共同生活的未成年子女所致的损害应负赔偿的责任。主人与雇佣人对仆人与受雇人因执行受雇的职务所致的损害,应负赔偿的责任。学校教师与工艺师对学生与学徒在其监督期间所致的损害,应负赔偿的责任。前述的责任,如父、母、学校教师或工艺师证明其不能防止发生损害的行为者,免除之。"——译者注
③ Civ. 16 juin 1896, Teffaine, *DP*, 1897, 1, 433, note Saleilles.

款,并且可以选择保险进行赔付。

如果没有保险义务,1898 年的法律很快就显得不痛不痒。赔偿金对小雇主而言或许过于沉重,而且当雇主无力清偿时,需国家进行干预。1899 年 5 月 24 日的法律通过加强国家保险基金(la Caisse nationale d'assurances)的作用以及国家对私营保险公司的管控,来弥补上述缺陷。然而,面对将代价社会化的保险制度,人们仍有些犹豫不定。经过 20 年的努力,有关工人退休的法律终于有所成效。自由党人,甚至是 1895 年的莱昂·布儒瓦仍坚持自愿的和家长式的储蓄概念(conception volontaire et paternaliste de la prévoyance)。国民议会投票通过了 1906 年的法律文本,但在此后的四年内参议院一直反对意见,1910 年 4 月 5 日的法律采用了谨小慎微且不堪一击的解决方案。低额养老金由工人和雇主支付的缴纳金加之国家的补贴组成。最高法院裁定,不得从拒绝缴纳养老金的工人工资中合法扣除任何法律费用。工会长期以来批判 1910 年的法律,因而其仅适用于少数工人。

法国在医疗保险方面的发展更为迟缓。第一次世界大战前,由于参议院的态度,议会仅通过了 1893 年 7 月 15 日关于免费医疗援助的法律以及 1905 年 7 月 14 日关于援助老年人和贫困者的法律等援助法,而针对上述法律的适用规定并不完善。鉴于阿尔萨斯和洛林大区曾受益于德国的保险制度,在 1918 年回归法国后需迫切改革相关制度。开始于 1921 年的立法工作一直持续到 1928 年 4 月 5 日的法律投票通过,这部法律规定所有低于一定标准的雇员应缴纳统一保险,包括疾病、生育、伤残、老年和死亡的情形。医学界并不赞同由保险全额支付医生医疗费的条文规定,新的制度直到 1930 年 4 月 30 日禁止第三方支付的法律才得以适用,此后 1935 年和 1938 年的法令又对其进行了补充,1932 年 1 月 21 日关于家庭津贴的法律也包含在该制度当中。强制保险是职业风险的必然结果,其确立过程长达四十余年。

188 集体协议的产生

1884年的法律承认工会后,在有些国家极为普遍的集体劳动合同传入法国,并在纺织、采矿、建筑和城市交通等活动中逐步发展。在20世纪初,通过1906—1907年立法研究会的辩论可见,法学家的研究转向工会和企业家签署的新协议。集体协议对有些人而言可能会侵犯缔约方的个人自由,但另一些人则认为这种方式可以弥补劳动合同中双方的不平等地位。上述问题涉及集体协议的法律性质,根据法学理论,此类协议类似于授权书、规定第三方的条款抑或是规章。

判例采纳了酝酿良久的解决方案。法院承认集体合同的有效性,但限制其适用范围:个人劳动合同永远可以违背集体协议,任何工会成员为避免适用集体协议都可退出工会。集体协议对非工会成员而言毫无约束力,工会执行协议的能力也是有限的。1899年瓦尔德克-卢梭以及1906年杜梅格(Pierre-Paul-Henri-Gaston Doumergue,1863—1937)提出的相关法案并未通过议会程序的第一个阶段。1919年3月25日的法律经始于1913年的激烈辩论得以通过。参议院的抵制再次催生出一项折中的法律文本,该文本承认集体协议优先于个人合同,工会自身有权提起责任诉讼,协议的适用范围以签署团体的成员为限,并为少数不想遵守协议的人之辞职提供便利。集体协议因其适用有限,在20世纪20年代渐趋减少。

189 人民阵线的社会进展

除了社会保险领域,劳动立法在1919年至1936年间止步不前。1928年7月19日和20日的法律并未改变劳动合同的结构,法律授权调查解雇的原因,但根据最高法院的观点,举证责任并未倒置,公司在与其他公司合并后亦应遵循其所作的承诺。随着人民阵线的建立和马提尼翁协议的签署,劳动法取得了重大进展。(1936 年 6 月 7 日法国政府、雇主和劳工之间达成马提尼翁协议,增加了工人工资,重申工会自由和集体合同的原则,还确立了每周 40 小时工作制,带薪休假,企业设立职工代表等制度。——译者注)根据 1936 年 6 月 20 日和 21 日的法律,工作时间有所减少了,但工资并未削减,工人拥有两周的带薪休期,每周工作时间最长为 40 小时。1936 年 6 月 24 日的法律更是彻底改变了集体关系。该法在普通法的集体协议体系中增加了新的体制,适用于"最具代表性"的工会组织缔结的协议。根据劳工部长的决定,此类协议的适用范围可扩展至所在地区同行业的所有雇员。上述法律还规定在雇员超过 10 人的企业中选举产生"职工代表"。1938 年 5 月 2 日和 11 月 12 日的法令进一步发展了集体协议的适用范围以及职工代表的请求权(droit de réclamation)。最高法院设立社会庭,同时集体行动在劳动法中占据了核心地位。

人民阵线的法律文本遭到雇主的强烈抵制,在 1938—1939 年期间废止了包括 40 小时工作制在内的诸多进步举措。在干预主义的背景下,维希政府禁止罢工并解散主要工会联合会,以此反对人民阵线。1941 年 10 月 4 日的法律颁布的《劳动宪章》试图通过拆散工会以及借鉴行会制度的方式重构劳动关系。该法律通坚持集体协议并建立包括管理人员在内由三方构成的社会企业委员会(comités sociaux d'entreprise),然而其适用部分极为有限,这也反映了自 19 世纪 80 年代以来阻碍劳动立法的个人主义和自由主义概念之衰落。

延展阅读

190 畏葸不前的农村立法

1953年3月12日的法律通过1955年4月16日的法令得以实施,该法律下令合并有关农业的法律文本,严格地说,在这之前并没有《农村法典》。第三共和国不声不响地放弃了编纂《农村法典》的想法,自1881年起通过的零散法律并没有形成一部真正的法典。这可能是为了避免正面解决某些问题,特别是经营者和土地所有人之间的关系。农村法律逐渐成为农民的法律,而农民群体是必须予以重视的选举人,参见 G. Duby et A. Wallon (dir.), *Histoire de la France rurale* (Éd. du Seuil, 1976, coll. «Points-Histoire» t. III, p. 467-468)。分成租佃制度尤其缺乏广泛的改革,参见 J.-M. Augustin, Le métayage au pays d'Émile Guillaumin avant 1914 (*Études d'histoire du droit à l'époque contemporaine*, Publications de la Faculté de droit de l'Université de Poitiers, PUF, 1983, p. 29-61),上述文献将 *La vie d'un simple* 的作者置于其地理环境和工会背景中。19世纪80年代到20世纪初,一系列议会提案开始提出补偿承租人给土地带来附加值的相关问题(*RTD civ.*, 1903, Parliamentary notes, p. 725-729)。对此,民法专家显得犹豫不决,除了洛朗(Laurent)基于佛兰德地区的习俗撰写了 *Principes de droit civil français* (Bruxelles-Paris, 1878, t. 25, n° 453),以及法国农业公司(Société des agriculteurs de France)为维持现状而聚集了富裕的地主。

第一次世界大战后,国家以多种方式干预农业生产领域,关于以香槟为代表的原产地名称,以及1919年5月6日的法律存在着争议。最主要的法律争点在于物权化租赁权(propriété commerciale),法律草案补偿农民为土地带来的附加值并赋予他们续租权,如 1927 年的《多农提案》(propositions Donon)和 1928 年的《沙布兰提案》(propositions Chabrun)。法学家并不十分赞成这一改革,如 J. Hirigoyen 的博士论文 *La propriété culturale* (thèse droit, Paris, 1930)便指出这一点,以及 G. d'Hauteville, *Un nouveau régime du fermage, la propriété culturale* (thèse droit, Paris, 1930),和 G. d'Hauteville, *Un nouveau régime du fermage, la propriéré culturale* (thèse droit, Lyon, 1938)。关于维希政府时期的农村立法,可以参考 O. Bajeux, *Vers la propriété culturale* (thèse Lille, 1945. P. Barral)和 I. Boussard, La politique agrarienne (*Le gouvernement de Vichy, 1940-1942*, Paris, FNSP, 1972, p. 211-233),上述著作认为"大革命在农业问题上几乎没有革新性"。

191　城市财产的变迁

有关廉价住房的立法并未导致财产关系的动荡,参见 A. -M. Fribourg, Les grandes étapes de la politique du logement en France (*Administrer*, décembre 1989, n° 207, p. 6); S. Magri, « La réforme du logement populaire: la Société francaise des habitations à bon marché, 1889-1914 » (*in* Christian Topalov [dir.], *Laboratoires du nouveau siècle. La nébuleuseréformatrice et ses réseaux en France*, 1880-1914, Paris, Éd. de l'EHESS, 1999, p. 248 et s.)。但两次世界大战间隔时期的特殊租金立法则并非如此。以下三部著作很好地从法学角度予以分析,M. Planiol et G. Ripert, *Traité élémentaire de droit civil* (11e éd., Paris, 1932, n° 1706 *bis*, p. 623-630); L. Josserand, *Cours de droit civil positif francais* (Paris, 1939, t. ll, p. 742-746)和 F. Marnata, *Les loyers bourgeois de Paris, 1860-1958* (Paris, 1961)。这项经常被指责为导致住房危机的

租金立法，其经济和社会意义何在？A. Hirsch, in A. Sauvy (dir.), *Histoire économique de la France entre les deux guerres* (Paris, 1972, t. III, p. 76-110)中列出了回答该问题的所有论据。首先，不要忘记1914年之前房租急剧上涨，1878年到1900年巴黎的房租上涨了18%，1901年到1914年上涨了12%，因而租户组成了各种联盟向房主联合会（chambres syndicales de propriétaires）提出要求。其次，我们要注意到延长租约的主要结果是富人"迁出巴黎"，而租户仍然留在公寓内，甚至人数已然饱和（devenus trop grands），导致供给不足，不利于寻求住房的人。以流通中的法郎计算，1925年的租金比1914年低了四倍，富裕的租户因而从既得利益中获益。在住房危机中，这种现象的影响力比建筑商不愿意建造新楼还大，因为即便人们有所顾虑，建筑商也并没有受到租金冻结的影响。此外，不应将住房危机与建筑危机混为一谈。建筑危机在经历了20世纪20年代的波动后，随着经济的全面衰退而在30年代突然爆发。同样有意思的是，并非只有多数派进行租金立法，左派联盟（Cartel des Gauches）通过的1926年法律不如由右翼议会表决的1929年法律对租户有利。大多数议员希望继续实行特殊措施。第一次世界大战和第二次世界大战间隔期间，房东的数量的确增加了。由于缺乏精确的统计数据，应注意到独立住宅现象和共同所有权的兴起。关于这一制度的历史，还有待充分发掘，参见R. Jacquier, *De la division par étages de la propriété des maisons* (thèse droit, Aix, 1935, et J. Chevallier, DP, 1939, 4, p. 73-90)。

城市规划是导致所有权后退的另一个原因，但所有权依旧负隅顽抗。关于保护遗产的立法很难实行，参见F. Cros-Mayrevieille, *De la protection des monuments historiques ou artistiques, des sites et des paysages* (thèse droit, Paris, 1907)和J. Boivin-Champeaux, *Des restrictions apportées à la propriété dansun intérêt esthétique* (thèse droit, Paris, 1913)。面对判例法持有的"所有权人"立场,1902 年 2 月 15 日关于卫生管理的法律艰难诞生,Fr. Burdeau, *Propriété privée et santé publique* (*Mélanges en hommage à Jean Imbert*, Paris, PUF, 1989, p. 125-133)中有所描述。关于城市规划地役权的发展,参见 R. Vénot, *Les servitudes légales d'intérêt généralen matière de travaux publics, de voirie et d'urbanisme* (thèse droit, Paris, 1940)。在城市规划和建筑许可方面,E. Touzé, *La loi du14 mars 1919* (thèse droit, Paris, 1924),和 G. Mas, *Le permis de bâtir* (thèse droit, Paris, 1939)说明了立法历经曲折,在实际应用中仍面临着困难。

192 立法者与特别合同

法兰西第三共和国关于民商合同的立法似乎杂乱无章,我们批判其为干预主义和分类式立法,里佩尔甚至称其为受制于选举对象利益的"阶级立法"。这种分析有些简单化了。首先,国家干预主义只是随着第一次世界大战的爆发才真正得以发展,参见 J. -E. Gueullette, *Des effets juridiques de la guerre sur les contrats* (thèse droit, Paris, 1918)。1935—1938 年间受危机影响,进一步侵犯了契约自由,法学家对此表示诧异,参见 G. Ripert, Le droit de ne pas payerses dettes (*DH*, 1936, p. 57-60)和 L. Josserand, Le contrat dirigé (*DH*, 1933, p. 89-92)。还值得注意的是,立法者采取了有利于消费者或使用者的干预措施,为重建受实践中格式合同威胁的合同平衡。关于保险,可以参考 M. Planiol, *Traité élémentaire de droit civil* (Paris, 1900, t. ll, n° 2140 et s.)以及 A. Missol, *L'assurance contrat d'adhésion et le problème de la protection del'assuré* (thèse droit, Lyon, 1934)。关于运输合同,参见 L. Josserand, *Les transports* (in E. Thaller [dir.], *Traité général théorique et pratiquede droit commercial*, 1910)。关于人员承运人的责任,参见 P. A. Rémy, La « responsabilité contractuelle »: histoire d'un fauxconcept (*RTD civ.*, 1997, p. 323-355)以及 J. -L. Halpérin, La naissance de l'obligation de sécurité (*GP*, 1997, n° 264-266, p. 2-9)。

最后,我们必须考虑到商法的影响力日益增强,其学说通过以下著作得以夯实,参见 Ch. Lyon-Caen et L. Renault, *Précis de droit commercial* (Paris, 1879)以及 E. Thaller, *Traité élémentaire de droit commercial* (Paris, 1898)。关于公司法的演变,详见 P. Pic, *Évolution récente du droit des sociétés, 1930-1940* (Lyon, 1941),其中维希时期的立法以 20 世纪 30 年代的丑闻闻名,还可以阅读 G. Ripert, *Aspects juridiques ducapitalisme moderne* (Paris, 1951)。Thaller, *Annales de droit commercial* (1894, p. 65-87)已根据 1935 年 10 月 30 日的法令提出了建立债券持有人集体组织的想法。超越了商法限制的经营资产立法颇受争议。CREDA, *L'entreprise personnelle* (Litec, 1981. P. Magnin, *Annales de droit commercial*, 1899, p. 469-476)提出了商业机构的问题,以及承认目的性财产的可能。最后,可以注意到法国立法者对企业家间的协议保持谨慎态度,参见 L. Mazeaud, *Le problème des unions de producteurs devant la loi française* (thèse droit, Lyon, 1924)。判例法试图限制《法国刑法典》第 419 条的适用范围,1926 年 12 月 30 日的法律只打算处罚旨在不正当扰乱市场价格的协议。

193 《劳动法》的解放

19 世纪 80 年代对劳动立法的发展而言至关重要,但这并不是工人斗争的"高潮",也佐证了 A. Jeammaud, Propositions pour une conception matérialiste du droit du travail (*Droit social*, 1978, p. 337-345)的分析。

有关此问题的首批文献,除了 M. Dufourmantelle, *Code manuel de droit industriel*(1892)十分谨慎的 G. Bry, *Cours élémentaire de législation industrielle*(Paris, 1895),皮克撰写的 *le Traité élémentaire de la législation industrielle*(6 éd. de 1894 à 1930)也是经典之作。随后,学说薪火相传,例如 H. Capitant et P. Cuche, *Cours de législation industrielle*(1921)和 G. Scelle, *Le droit ouvrier*(1922)。关于"劳动合同"之概念也展开了研究,G. Cornil, *Du louage de services ou contrat de travail*(Paris, 1895)赞成立法干预,P. Hubert Valleroux, *Du contrat de travail*(Paris, 1895)反对该干预形式,还有 G. Baudry-Lacantinerie et A. Wahl, *Du contrat de louage*(Paris, 1898),上述三部文献强调了工人处于从属地位的标准。普拉尼奥在 *Traité élémentaire*(1900, t. II, n° 1879)中赞成"劳动雇佣"的说法,而国会议员 Groussier 认为,"工人和工人劳动都不应像物品一样租赁"(*DP*, 1911, 4, 105)。如此看来,人们可能会质疑 1890 年 12 月 27 日法律的适用范围。这部法律是否改变了判例法,保护工人免遭不公正的解雇?法官对解雇工会成员或罢工工人的有效性犹豫不决,有利于工人的判决为 Civ. 19 juin 1897(*DP*, 1898, 1, 540);contra, Civ. 27 mai 1910(*DP*, 1911, 1, 223),以及 Civ. 19 octobre 1937(*S.*, 1937, 1, 373)。虽然被解雇的工人似乎很少获得赔偿,但承认这一原则本身便很重要,而 1928 年 7 月 19 日的法律认可了这一演变。

"工人立法"的发展可能看似停滞不前、杂乱无章。但除了政治因素外,还必须考虑到国际影响,如外国法律、条约、工会大会或社会主义大会,以及卫生学甚至生育政策的影响,因为在生育方面经常提及"种族保护"。在 20 世纪初,许多仁人志士投入到《劳动法》的编纂工作中,早在 1896 年格鲁西议员便提出了这一想法,并自 1901 年开始实行。有的人希望以《财产法》逐步取代《劳动法》,如:A. Tissier, *Le Code civil* et les classes ouvrières (*Livre du Centenaire*, 1904, t. I, p. 73-94)。1910 年出版的《劳动法》第一卷,以及历经漫长等待后,1924 年出版的第四卷和 1927 年出版的第二卷都不尽如人意(P. Pic, *RTD civ.*, 1911, p. 719-728),但是仍然需要实现《劳动法》与《法国民法典》的分离。

1884 年对工会的承认使得集体行动成为新《劳动法》的核心。但这在很长时间内仍遭到个人主义或无政府主义概念的反对,关于工会这一法律人格所带来的法律后果也尚不明确,参见 Fr. Babinet, Dit et non-dit du texte: rapports sociaux et portée juridique de la loi du 21 mars 1884 (*Convergences. Etudes offertes à Marcel David*, Quimper, 1991, p. 19-41); N. Olszak, Les avocats et l'acculturation juridique du mouvement ouvrier de 1884 à 1920 (*Revue de la Société internationale d'histoire de la profession d'avocat*, 1993, n° 5, p. 189-212),以及 Fr. Soubiran-Paillet, *L'invention du syndicat, 1791-1884* (Paris, LGDJ, coll. «Droit et société», 1999)。而判例法则倾向于惩罚滥用罢工权和工会黑名单(*index décrétée*)的行为。与 1914 年之前法国工人的低水平工会化相比有所不同,工会行动的发展提出了集体合同的问题,这对于判断与传统民事学说的距离至关重要,参见 C. Didry, *La construction juridique de la convention collective en France: 1900-1919* (thèse sociologie dactyl., EHESS, 1994)。J. Le Goff, La naissance des conventions collectives (*Droits*, 1990, n° 12, p. 67-79),突出了合同理论的支持者与迪吉、奥里乌等条例理论的支持者间的对立。当时主要的民法学者都对这个问题感兴趣,如普拉尼奥(*DP*, 1903, 2, 25: le contrat collectif est analysé comme une stipulation pour autrui ouvrant une action au syndicat)、卡皮唐(*DP*, 1909, 2, 33)、惹尼(*Pandectes*, 1898, 2, 241)以及萨莱耶。有关此问题的专著还有 M. Nast, *Des conventions collectives relatives à l'organisation du* travail（1907）和 A. Rouast, *Essai sur la notion juridique de contrat collectif* (thèse droit, Lyon, 1909)。

仔细分析 1936 年至 1944 年间法学家对劳动立法的回应将有所裨益, A. Rouast et P. Durand, *Précis de législation industrielle. Droit du travail* (Paris, 1943), 皮克 1937 年专论的补编, 卡皮唐和屈什 1939 年版的 *Précis* 都相对持谨慎态度。D. Bayon et L. Frobert, Paul Pic et les « Lois ouvrières »（*RHFD*, 1997, n° 18, p. 69-94）指出了皮克与瓦尔拉间的关联。E. Gout, P. Juvigny et M. Mousel, La politique sociale du Front populaire (in P. Renouvinet R. Rémond [dir.], *Léon Blum, chef de gouvernement*, FNSP, 1981, p. 241-276) 详细介绍了 1936 年的各种改革。1941 年的《劳动宪章》是一项平平无奇又自相矛盾的文本, 主要是由于行会的分歧, 参见 N. Dockès-Lallement, Les ambiguïtés de la charte du travail (*Études offertes à Marcel David, op. cit.*, p. 107-123)。

194 从侵权责任到保险

H. Hatzfeld, *Du paupérisme à la Sécurité sociale, 1850-1940* (Presses Universitaires de Nancy, 1989) 分析了法国社会保险的缓慢发展。R. Saleilles, *Les accidents du travail et la responsabilité civile* (1897) 以及在 *La réforme sociale* (1898/1, p. 634-667) 中体现了社会经济理论家对职业风险概念的贡献。由于司法程序的不公正, 立法者的干预必不可少, 由此每个案件都变成了工人和雇主间的公开斗争, 参见 E. Tarbouriech, *La responsabilité des accidents dont les ouvriers sont victimes dans leur travail* (Paris, 1896)。人们常认为第三共和国的立法落后于德国发达的国家社会主义, Fr. Ewald 和 J. Donzelot (*supra*, n° 135 et n° 138) 的作品以更细致的方式显示了连带责任的概念如何影响"社会法"的思想。

第三部分

劫后余生的《法国民法典》

第一章　民法学守护下的民法

195　前言:《法国民法典》的持久性

解放时期,传统民法似乎受到了严重的威胁。人们将民法典的修订提上日程。在计划经济和国有化的大背景下,许多法学家担心国家进一步干预民法。这不仅是法律像战前那样的"社会化"问题,还意味着公法在不断渗入私法领域。有些人甚至预言将迎来"法律的衰落"。然而民法的根基并未在战后动摇,《法国民法典》的修订工作裹足不前,家庭法的改革范围也十分有限。第四共和国的立法者保留了《法国民法典》,第五共和国时期则做了部分修订,并没有完全改变《法国民法典》的体系结构。同样,尽管有新学科的发展,但"旧的"民法学并未让位于一套综合的社会法。民法学家捍卫其学说的独创性,这些学说随着新的意识形态或方法论的对立面的出现而多样化。

一、立法的导向

196　解放时期的目标与希望

1944年至1945年,法国抵抗运动的许多成员希望制定新的法律。全国抵抗委员会在1944年3月15日制定的行动纲领中扬言要建立"经济和社会的真正民主"。盟军登陆法国后,临时政府在法律问题上主要关心的是与维希政府的"立法"彻底划清界限。1944年8月9日"关于在法国重建共和国的合法性"的法令肯定了作废原则,确认维希政府的所有立法行为无效,第三共和国的法律则依然视作有效,且其效力视为未曾中断。然而,作废原则并不是完全绝对的,这使得其应用非常复杂。实际上,它只适用于那些经1944年8月9日及之后的法令明确宣布无效的法律文本,不过法律的无效性自动对相关法律行为和判决产生追溯力;其他未提交审议的法律则暂时效力不变。维希政权的很大一部分立法因此得以保留或继续有效,比如民法领域1942年9月22日关于已婚妇女地位的法律。

解放时期人们再次提起在被德国人吞并的阿尔萨斯和洛林省重新推行法国法律的问题。1944年11月成立的立法统一委员会(commission d'unification législative)负责完成这一任务,同时借机提出了一些经德国法律启发的改革建议。与法国抵抗组织关系密切的法学家们(其中大部分是亨利·卡皮唐协会的成员)认为民法典的修订应该走得更远。他们先后说服了芒东(François de Menthon,1900—1984)和泰特让(Pierre-Henri Teitgen,1908—1997)这两位曾是法学教授的司法部长。于是司法部根据1945年6月7日的法令成立了负责总体修订工作的民法典改革委员会。该委员会仅有12名成员,所有成员均由法国司法部长任命,其中3位是法学教授,3位是最高行政法院法官,3位是司法机关大法官,剩下3位或是律师或是司法助理员。委员会希望在学说的导向、法官的习惯(考虑到行政法的贡献)和实践家的关注之间寻求一种平衡,同时也重视工作效率,这从他们为了支持"技术专家"而远离"政治家"的举动中可见一斑。议会只应在委员会起草并由政府接手后的最后讨论阶段干预草案。

在1944年后担任巴黎法学院院长朱利奥·德·拉·莫朗迪埃的

主持下,民法典改革委员会由亨利·马佐和尼布瓦耶(Jean-Paulin Niboyet,1886—1952)等温和派法学家组成,他们并不主张从上到下彻底修改民法。他们的目标是实现"法国法律制度的复兴",以恢复其国际影响力。这些法学家打算结合经济和社会转型起草一部新的法典,但他们希望对改革范围保持谨慎,慢慢观察"法国政治与社会的演变将走向何方"。委员会成员担心"社会化"的加速乃至集体主义制度的出现,因此没有直接处理与所有权或合同相关的问题,而是倾向于先和立法统一委员会一起处理更具体的问题。

至于临时政府,它则以法令的形式进行了一些其认为迫在眉睫的改革,如1944年12月至1945年10月第一波国有化改革,1945年6月30日冻结物价的法令,10月4日设立社会保险的法令,17日起草农村土地租赁条例,19日改革国籍法以及1945年9月1日和11月2日加强儿童保护机构建设的法令。所有这些关于经济和社会的法律文本自然都对私法产生了影响。

197 第四共和国的幻灭

1946年10月27日《第四共和国宪法》艰难通过,其序言着重肯定了男女平等、家庭自身发展的权利和"罢工权"的存在,新的议会机关出现,在此之后,重点立法议题中民法的改革停滞不前,远远落后于经济、社会以及殖民相关的议题。从1947年到1958年,议会对《法国民法典》所做的修订微乎其微,仅有的修订往往涉及包括家庭法在内的细节问题,如1949年4月23日关于修改被收养儿童的名字的法律和1950年12月8日关于遗嘱形式的法律。该时期《法国民法典》最为重大的改革源自条例规章制订权的行使:1955年1月4日和10月11日关于土地登记的法令规定土地转让必须经过公证,同时要求建立不动产档案。

　　政府的不稳定性可以解释上述情况的存在,历任司法部长在民法改革之外还要关注其他问题。民法领域的诸多立法均由议会议员发起,这使得议会在某些情况下鼓励收拢人心及利益集团的游说行为。此外,《法国民法典》之外的特别法不断发展。且不说劳动法方面一直以来都有专门的法典,第四共和国时期还出现了越来越多与房屋租赁、建筑、农村以及知识产权相关的法律,如1957年3月11日的法律承认了作者的精神权利,意义重大。与此同时,民法典改革委员会遇到了许多困难,其工作繁多却几乎没有得到任何响应。委员会成员很快在方法论和实质性议题上都产生了分歧,前者如是否要在法典中增加一个关于法律行为的"序编",后者则包括如何规范乱伦或通奸行为下的亲子关系、取消还是保留父亲一家之主的身份。1950年亨利·马佐的辞职使这些分歧公之于众。该委员会的确在1953年12月提交了一份初步草案,但这份草案只涉及了基本上专门讨论法律的权威性和法律冲突的序章、自然人和家庭的问题,提出的改革也十分有限,如配偶在个人关系上平等,但在财产关系上不平等;承认通奸情形中建立亲子关系的可能性,但奸生子女只享有获得抚养费的权利。

　　朱利奥·德·拉·莫朗迪埃本人对这份草案不抱幻想。他意识到长期讨论带来的滞后性,也很清楚行政权力正在保持"缄默",以及解放巴黎以来发生的思想变化。随着"自由主义原则的大规模回归","社会化热潮"业已消退。理论家们的妥协既无法满足那些维护现状的人,他们担心家庭法的演变;同样无法满足的还有那些支持变革的人,他们对所有权和合同制度的维系感到失望。民法典改革委员会的工作一直持续到1962年,他们提交了关于第二编继承章的草案,但事实上,政府和议会均未跟进这项工作。

198 《法国民法典》的部分修订

与每一次政权更迭一样,法兰西第五共和国的建立有利于法律制度的革新,在私法领域亦然。政府在过渡时期以法令的形式围绕民事身份、儿童保护和收养等方面制定法律。新宪法通过区分法律和行政法规并且使议会活动合理化,推动了政府的改革。多数党与由此带来的政治稳定让法国司法部准备的法律文本得以迅速通过。最主要的原因则是此时出现了一种真正的政治意愿——希望对《法国民法典》逐步进行仅限于人法的修订。1964年至1975年期间,七部重要的法律修订了《法国民法典》第一编的六章和第三编的夫妻财产一章,改动超过了民法典的四分之一。

每部法律都选择了相同的方法。政府草案的起草工作由司法部长委托给专家小组,1962年至1967年,司法部长为让·富瓦耶(Jean Foyer, 1921—2008)。专家组成员不多,其中带头人卡尔博尼耶(Jean Carbonnier, 1908—2003)院长发挥着决定性作用(1966年起草收养法除外)。为了将法国习俗的变化和法国人的期望考虑在内,立法者主要借助民意调查技术进行了事前研究。为了使写入《法国民法典》的新文本的合法性最大化,为绝大多数人所接受,立法者不惜清除或扩充一些条款的内容,保留了法典原来的编号。这些法律本质上都受到了立法者折中之意的影响,它们试图考虑家庭行为的变化而非强制推行一种模式。本着某种家庭多元化的精神,它们丰富了人们的"选择",将规范的实施转移到其他监管体系,甚至放弃讨论某些问题。

这种方法上的独创性和灵感上的一致性并不妨碍这些改革之间存在某些差异。随着时间的推移,目的在不知不觉中发生改变:从1970年开始,改革的意愿在某种程度上超越了技术性解释的迫切需要,哪怕有时甚至与草案负责人的意见相左。比如司法部长勒内·普莱文（René Pleven，1901—1993）"继承"了上任部长关于亲子关系的改革，他也希望在一定限度内将其维持下去。在父权、离婚、夫妻财产制和非婚生子女准正这些最敏感的问题上，反对意见愈发强烈，政治集团的作用更加积极，议会修正案的作用也更为重要。尽管《法国民法典》之复兴的效果与相对一致性未遭到严重质疑，批评者仍然指责改革向一种"社会学至上"的想法投降，并为新发展开辟了道路。

此次改革还必须算上诸多本不属于修订"方案"中的修改民法规则的其他法律文本。其中一些已经写入了《法国民法典》，如1971年7月3日关于继承的法律以及16日关于不动产经营的法律（写入了第三编第八章第二节）。其他重点涉及合同法的法律则仍然作为单独的法律存在，无异于那些在劳动法、农村法和城市法领域蓬勃发展的特别法。在总体上以经济扩张为标志的十年左右的时间里，整个私法领域都受到了这一巨大的立法"现代化"浪潮的影响，而立法的形式结构并没有受到质疑。

199 适时的改变

私法领域立法政策的转变始于1975年。这并不是说立法活动减少了，相反，此时法律文本泛滥，1978年通过了多达千余部法律，刷新了历史纪录。不过政府和议会出于对经济和社会政策形势的优先考量，主要是通过日益多样化的特别立法来表达改革之意，例如消费者权益保护法的发展。因此，这些立法反映了20世纪70年代中期开始的经济危机以及1981年开始的多数党交替循环。尤其是后者，导致立法的"反复摇摆"越来越多：法国在1981年至1982年实行国有化之后，1986年至1988年及1993年至1995年又开始私有化；住房法则随着1982年《基约法》（lois Quillot）、1986年《梅艾热尼法》（lois Méhaignerie）、1989

年《梅尔马兹-马兰丹法》(lois Mermaz-Malandain)和1990年《贝松法》(lois Besson)的出台而不断重塑。同时,劳动法在1982年《奥鲁法》(lois Auroux)中得到大幅修改,其涵盖范围随着对政治经济动荡特别敏感的"就业法"的发展而受到限制。然而应该注意的是,部分特别法发展得一帆风顺,往往对应了一种更广泛的共识:在环境法、消费者权益保护法领域,甚至对于解除物价管制,人们更加追求法律的连续性而非断裂。从1978年《斯克里韦内法》(lois Scrivener)到1989年至1992年的《奈尔茨法》(lois Neiertz),从1985年12月30日的法律到1986年12月1日的法令,都能看出这一点。

特别立法热潮定然影响了私法的总体平衡,带来了法律上的某种不稳定性。而在此之下,针对严格意义上的民法的法律文本要少得多。这些法律条文并没有都进入民法典,如1985年7月5日关于交通事故责任的《巴丹泰法》(loi Badinter),而且它们均不在民法典修订总体方案的范围内。尽管有些法律完全修改了《法国民法典》中几章的内容,例如1977年12月28日关于第一编第四章"失踪"的法律和1978年1月4日关于第三编第九章"合伙"的法律,但它们更多的是通过一项改革来专门解决某一特定的、无法在《法国民法典》中找到答案的问题。这20年来写入《法国民法典》的绝大多数新法律都与人法有关。最初,立法者在1985年只是对以前的法律进行了有限的调整,如1976年对收养及1982年对亲子关系的改动。从1985年起,对1965年至1975年期间通过的"重要"法律的大整顿可谓进一步加速:立法机关有些狂热地实行"对改革的改革"。这一新周期始于1985年12月23日出台的法律。该法律规定夫妻共同行使对财产的法定管理权,法定共同财产制中夫妻双方独立管理财产,以此实现配偶间的完全平等。1978年至1979年的提案以及1980年7月4日和1982年7月10日涉及改革农民、手工业者和商人的夫妻关系的法律,它们所酝酿的变革由这项轻松通过的法律画下了句点。该法律回应了女权主义的诉求,重新反思二十年前立法者做出的妥协。

不到两年时间,议会以绝大多数票通过的1987年7月22日的法律又回到了离婚者、同居者共同行使亲权的问题上。立法者注意到同居者的处境与夫妻十分相似,对此有了指引道德发展的"训导"之心。1991年底1992年初,人们向议会提交了五项关于生物伦理、亲子关系和继承的法案。所有这些问题似乎相互联系,均受到医学和生物学进步的影响。此前,1984年至1991年的几次官方报告所强调的议会之外的大规模辩论,集中在立法干预是否必要的问题上。这场辩论带来的第一个成果是1993年1月8日的法律。该法在家事法官的设立中保持了与此前法律明显的一致性,立法同时涉及亲子关系、姓氏、亲权和收养。它没有全面改革亲子关系,更何况对奸生子女继承权的改革并没有成功,但还是在国民议会的倡议下修改了1987年法律的一些规定。1994年7月1日和29日三部法律出台,这场始于1992年11月的"立法马拉松"接近了尾声。写入《法国民法典》的第94-653号法律规定应尊重人体,并将辅助生育技术合法化,对第三方捐赠者介入的情况做了一些特殊规定。1996年7月5日的法律修改了《法国民法典》关于收养的若干条款,1998年3月16日的法律则是与国籍相关的条款。在议会提案的基础上,1999年11月15日的法国民事互助契约(pacte civil de solidarité, PACS)经过激烈的辩论后得以通过,最后成为《法国民法典》第一编末尾新增的第十二章,第515-1条至515-8条,最后一条界定同居。2000年3月13日的法律考虑到了证据法中的电子签名,这标志着技术的进步。2000年6月30日关于离婚经济补偿的法律很可能预示着家庭法和继承法的进一步改革。因此在20世纪的最后十年,立法者青睐短期内的改变,在人法领域特别活跃。人们在许多方面采用了与1964年至1975年完全不同的方法。然而,正如1993年一些人所建议的那样,议会也并不想完全修改家庭法,其追求的依然是停留在《法国民法典》体系内的折中之法。21世纪第一个十年里出现了大量关于继承(2001年12月3日的法律)、亲权(2002年3月4日的法律)、离婚(2004年5月26日的法律)、亲子关系(2005年7月4日的法令,经2009年1月16日法律批准)、担保(2006年3月23日的法令,经2007年2月20日法律批准)、对成年人的法律保护(2007年3月5日的法律)、信托(2007年2月19日和2008年8月4日的法律)以及时效(2008年6月17日的法律)的法律。在民法教授领导的委员会下,学说似乎影响了不少涉及《法国民法典》若干章的修订,其中一些在议会批准之前以法令形式通过。但我们很难说当前立法的修订是协调一致的,自2005年《卡塔拉报告》(rapport Catala)提交以来便争论不休的合同法草案将何去何从,我们还在观望。2000年欧洲人权法院(CEDH)在 Mazurek 案中审判法国,世界银行发布《营商环境报告》(rapports Doing Business),在此背景下,人们带着对民法典往日之辉煌的自豪与怀念,心情复杂地庆祝法典颁布两百周年。《拿破仑法典》艰难地走入21世纪,从三编扩充到五编,其中担保被移至第四编,第五编为适用于马约特岛的规定而单独设立,法条数量则从2281条增加到2534条。

二、学说的选择

200 私法学说的衰落或复兴?

1945年以来,一些因素在本质上改变了学说在私法领域的作用和影响。首先必须考虑到的是法律教学的演变,因为学说在很大程度上仍然"专属于"教育界。随着大学生人数的不断增加,战后几年里法国迎来了新一轮法律研究的改革。这些改革也是法国教育部部长和法学教师所希望看到的,1948年法学院教师协会转为国民教育联合工会。人们在经历了漫长的磋商之后起草制定了1954年3月27日的法令。该法令将法学学士学位的学制延长至四年,更新了教学大纲。民法不再是教学中的首要科目。在高等教育第一阶段的"公共基础课"里,它与公法、法律史和政治经济学平分秋色。第二阶段分科后,私法是学位的三种选择之一。人们对新兴法律学科如劳动法的承认,也挑战了民法的主导地位。不过除了进入法史学的历史以外,法学院并没有对社会科学做出更大的让步,社会学因此为法学学生所忽视。

到1968年,学业管理条例已经过多次修改,主要朝着逐步放宽经济学教学的方向发展,1959年设立了经济学学士学位,1960年至1962年取消大学第二学年的公共基础课。在1959年的博士生教育改革中,法律社会学怯生生地进入了法学院。大学在1968年5月之后经历的结构性调整并没有深刻影响教学内容。大学里的旧院系改头换面,由新成立的法学教研机构取代。总的来看,高等教育三个阶段的基础科目保持不变,1973年第一阶段颁发大学普通文凭,1976年第二阶段分设学士和硕士学位,1974年第三阶段改革。人们对法学教师的分级制度和职业所做的改变也没太撼动传统的教授招聘模式。1979年法国调整了大学教师资格考试的方式,该考试在保持私法"专业"的特殊性上依然有着重要分量,起着决定性影响。

这一制度框架的传承演变催生越来越多的专业化学科,对于保持私法学说的某种统一性也至关重要。法学教学较其他社会科学的教学更为独立,加上职业发展的迫切需要,使得私法趋于孤立,割裂了战前存在于法律、历史和社会学学科之间的一些联系。比较法和法哲学在大学中几乎没有生存空间,这加重了私法的这种"疏远"。此外,教学的多样化反而导致教师更注重法律技术,忽视了更周全的科学方法和民法的全面观。这一时期出现的其他现象,尤其是立法文本和判例参考的泛滥,也可能削弱学说影响力。在议会投票通过的改革中,法学教师的作用常常是不容忽视的,但比不上社会学的贡献。无论其作用如何,法律规定日益详细的特点已使得自由科学研究的空间变小。此外,人们推崇判例法,忽视理论研究。前者成为越来越多出版物的内容,后者则日渐成为极易过时的无用之物。

自20世纪80年代以来,许多私法学家认为"学说已经衰落",也试图回应法学教师自身对判例法的"盲目崇拜"。此时除了这些关于判例法这一在很大程度上是学说之"产物"的问题,在大学或法国国家科学研究中心(CNRS)的"合作研究团队"内兴起了集体研究,人们越来越热衷于法律的一般理论,这或将是学说复兴的迹象。我们可以思考,理论与实践之间的联系(与法律实践家、商人以及消费者的联系)是否在本质上会使人们重新反思学术理论的影响。

201 传统的支持者

1945年后出版的很大一部分私法学著作凸显了"中立"的学术传统,续写了20世纪初以来的重要教材和论义。众多作者在战时继续他们的作品,从未间断,而且基本上承袭了他们在1939年之前输出的观点。20世纪50年代,重新修订《法国民法实践教科书》(*Traité pratique*)的工作在普拉尼奥的指导下开始,在乔治·里佩尔的领导下继续进行,他们的个人作品也因此存续下来。参与编写这本法学家之工具书的还有安德烈·鲁阿、保罗·埃斯曼和勒内·萨瓦捷,他们在第二次世界大战前就已经为人们所熟知,其中埃斯曼还参与修订了奥布里和劳的课程讲义。在这方面意义重大的是人们基于科林和卡皮唐的课程,陆续对朱利奥·德·拉·莫朗迪埃的《民法要义》(Précis de droit civil)分别在1943、1947、1959和1964年所做的适度修改,其中1947年版的修订可与维希政府及解放时期的立法相互参照。

勒内·萨瓦捷的作品很好地证明了这种对"现代化"传统的执着。在《今日民法的政治与经济变迁》(Les métamorphoses économiques et sociales du droit civil d'aujourd'hui,1948年第1版,1952年第2版)中,萨瓦捷同里佩尔一样,对法律的发展更多的是充满担忧。他对私法的"无产阶级化"和"契约的分裂"(«éclatement du contrat»)感到遗憾,认为这是公民自由衰落的标志。他积极主张承认家庭是法律的主体,以建起一道"防线",对抗国家的侵犯以及离婚和同居的发展。同时,他对生物进步的法律后果和所有权的一些形式萌生了新的兴趣。在他的《民法讲义》(Cours de droit civil,1943年和1947年版)中,他基本支持保守主义,批评了关于离婚和亲子关系的立法。

与此同时,在战后的二十年里,法学理论(théorie du droit)承认并更新了那些早期学说中似乎受到非议的"经典"概念。让·达班(Jean Dabin,1889—1971)和保罗·鲁比耶(Paul Roubier,1886—1964)的作品复兴了主观权利的概念。前者的《论主观权利》(Le droit subjectif,1952)捍卫了主观权利的不可或缺性,并参照所有权的模式将其定义为"归属和控制权"(«appartenance-maîtrise»),即对他人产生效力的物的自由处置权。后者的《主观权利与法律状态》(Droits subjectifs et situations juridiques,1963)区分了代表权利享有者利益的"主观法律状态"和突出义务的"客观法律状态",由此发展出一种限制性更强的方法。面对第二次世界大战的罪行,人们又开始呼唤自然法,新托马斯主义的自然法再度兴起。

法律文本的剧增,使得综合论著的编写更加困难,但 1954 年的改革带来了教科书定期再版更新的盛况。在这些面向法学生的作品中,我们依然可以感受到作者对古典主义方法和概念的忠诚。马佐兄弟的《民法学课程》(Leçons de droit civil, 1955 年第 1 版)既表达了作者对新家庭法的敌意,也反映出他们乐于深化合同与责任的一般理论。他们很少引证历史,事实上也忽略了社会学,而是通过援引理想主义的原则来丰富法律规则的价值判断。因此他们赞成承认家庭的法律人格(personnalité morale),认为合法家庭,即"唯一的家庭",是社会的基本要素;他们反对离婚、支持由夫妻双方选择他们的结合是否属于不可离婚的结合,主张创立家庭投票制度,反对奸生子女准正。马蒂(Gabriel Marty, 1905—1973)和雷诺(Pierre Raynaud, 1910—1991)于 1956 年出版了《民法学》(Droit civil),两人属于同一学派,深受天主教的影响。他们从奥里乌关于制度的论文中得到启发,也批评离婚,视其为一种罪恶,并呼吁制定打击同居的方案。

202 开启法律社会学之门

1945 年后,得益于真正的法律社会学的出现,这两个经常相互竞争的对立学科联合了起来,社会学逐步影响着私法学说。亨利·莱维 布吕尔(Henri Lévy-Bruhl, 1884—1964)原为罗马法学家,著有《法的社会面向》(Les Aspects sociologiques du droit, 1955);乔治·古尔维奇(Georges Gurvitch, 1894—1965)著有《法律社会学基础》(Les Éléments de sociologie juridique, 1940)。这两位的作品对私法领域社会学方法的出现起到了决定性作用。20 世纪中叶,人们完成了一些实地调查,这在民法学家看来为社会事实的科学研究铺平了道路。

让·卡尔博尼耶的作品则无疑是私法学说这一演变的明灯。从他的《民法教科书》的第 1 版(1955)开始,卡尔博尼耶院长就坚定地转向了对法学家来说"有时不太寻常"的视角:历史(比起学说,其对制度的兴趣更明显)、比较法、法律逻辑,尤其是社会学。他把社会学视作法学的"辅助科学",提供统计数据和原始概念,以启迪法学家的思考。因此,人们通过不直接干预法律理论、指出相对性的不同方法进行交叉引用,使重提主观权利等传统概念、限制判例法入侵的实证法的经典表述"现代化"。这种完全脱离教条主义的方式容易让作者们唤起 20 世纪 60 年代以来的变化,而后将其融入立法之中。让·卡尔博尼耶接替古尔维奇教授法律社会学,他在《柔性的法》(*Flexible droit*, 1969)中为"一种不严谨的法律社会学"申辩。他重述埃利希(Eugen Ehrlich, 1862—1922)和古尔维奇的法律多元主义思想,从而区分了国家规定和判例法的作用。他通过研究法律无效现象和事实情况,发展出社会存在"无法之地"(espaces de *non-droit*)的观点。此外,他继续捍卫主观权利的概念,拒绝将其变成一种纯粹的手段。卡尔博尼耶院长在他的教科书《法社会学》(*Sociologie juridique*, 1978)中为这门学科的科学和实践功能辩护,未将其与"教义的法"(«droit dogmatique»)混淆。民法与法律社会学相结合但不混同的这种探索此后主要由弗朗索瓦·泰雷(François Terré)继续下去。

203 法哲学的影响

近几十年来,学者愈发意识到其技术选择并不中立,而且往往基于哲学假设。民法学家更愿意坚持自身法律哲学的观点,批评只是装点门面的"人云亦云式的实证主义"(«positivisme didactique»)。这一运动主要是由于自然法支持者与实证主义捍卫者再度争论了起来。古典自然法立足于亚里士多德和圣托马斯关于自然观察的概念。得益于米歇尔·维莱(Michel Villey, 1914—1988)在其作品中主张内容可变的自然法,它从20世纪60年代起又重获青睐。自然法的这种"复兴"有很多不同的表现形式,比如塞里奥(Alain Sériaux)对天主教教权的捍卫,阿蒂亚斯(Christian Atias)受经济学家哈耶克极端自由主义影响、建立在自发的社会秩序的信仰之上的"现实主义",以及热斯塔茨(Philippe Jestaz)对世俗的、面向未来的自然法的信念。有一些民法学家从中发展出新的契约理论之基本概念,试图调和实用与正义,即协调商品和服务的交换与契约双方当事人间的矫正正义。另一些人则借助自然法来捍卫无权处置生命的严格概念,以反对近期关于堕胎和生物伦理学的立法。

实证主义的支持者不希望把形而上学和道德判断纳入反认知主义(anticognitivisme)的法律科学。两次世界大战期间的凯尔森规范主义理论(théories normativistes)在1945年后依然影响着人们。"后实证主义者"(postpositivistes)的理论后来取代了凯尔森的理论。在后实证主义者看来,人们通过语言来理解世界,因此法律科学可以自由地创造其研究对象,也必须专注于法律推理和论证。巴舍拉尔(Gaston Bachelard, 1884—1962)和库恩(Thomas Kuhn, 1922—1996)关于科学发展的观点为反现实主义之潮推波助澜。米歇尔·米亚耶(Michel Miaille, 1941—)在其作品《法的批判导论》(Introduction critique au droit, 1976)中谴责了民法教科书中所谓价值中立的表述,指责它们是在为实在法的简单格式化辩护。他基于马克思的历史理论,批评"历史虚无主义的"、普遍主义的唯心论掩盖了社会实践的合法性。这种批判性的方法一方面让米亚耶没有绝对地看待传统概念及分类,如法律主体、主观权利,他认为其具有社会功能;另一方面使得米亚耶否认"法律拜物教"

的所有理论,无论是法自然主义、社会实证主义、凯尔森规范主义还是结构主义。不过在法国,公法学家似乎比私法学家更受后实证主义理论的影响。在民法学说急于保持其独立性这一点上,我们是否应该看到,人们对于唯意志论地认同最新的立法发展深感不安?

204 方法论和概念性的新进路

近来人们对法学理论的痴迷最终应归于众多民法学家希望在真正的法学认识论中更新其研究方法和概念。从战后不久的莫图尔斯基(Henri Motulsky)到20世纪六七十年代的卡利诺夫斯基(Georges Kalinowski)和佩雷尔曼(Chaïm Perelman,1912—1984),关于法律逻辑和法律语言的研究与日俱增。皮埃尔·勒让德尔(Pierre Legendre,1930—)则转向精神分析,试图触碰到"法律事务的核心"。保罗·阿姆斯勒科(Paul Amselek,1937—)关于法律现象学的著作以及安托万·扎莫(Antoine Jeammaud,1943—)关于"模式"之概念的著作也引发了人们对"规范"之概念的思考。克里斯蒂安·阿蒂亚斯则试图弄清"法律知识的演变"以及沉淀下来的法学理论。同时,人们对于民法的一些基本概念又开始争论起来。1960年吉诺萨尔(Samuel Ginossar)写了相关论文探讨物权与人权之区别,合同中的主客观要件、人的法律概念与尊重私人生活的法律概念等等也重新成为争论焦点。这场运动的规模似乎不及19世纪末的那场,它并没有成功地完全改变现行民法的建构方式,也没有确立未来法律的范式。在学说的这次失败中,我们可以看到以下两点产生的影响:一方面,理论家走向专业化;另一方面,相较于学者的观点,由最高法院判例法补充的立法规则长期占据主导地位。

延展阅读

205 1945 年以来的立法者与《法国民法典》

在许多法国抵抗运动成员看来,解放时期代表着一种不仅是与维希政权,也是与战前法国,在社会、法律层面上的决裂。然而,抵抗运动行动计划(programme du CNR)的发起者和那些思索新制度的法学家之间存在着很多意识形态上的分歧。D. de Bellescize, *Le Comité général d'études de la Résistance*(thèse dactyl., Paris II, 1974 和 *Les neuf sages de la Résistance*, 1979)展示了温和派的法律技术人员在准备重建共和主义法制中的作用。这引起了诸多有关废止概念的争论。亨利·卡皮唐协会(该协会创建于 1935 年,自 1937 年起使用此名称)中继承了战前学说思想的"自由派"法学家萌生了重启《法国民法典》修订工作的想法。他们认为这样可以维持法国法律的国际影响力。民法典改革委员会主席莱昂·朱利奥·德·拉·莫朗迪埃也绝不是一个革命者:1941 年至 1942 年,他作为司法部涉外立法委员会的成员,温和地领导大学肃清运动的工作。或许他缺少活力和影响力去指挥、推进这样一项集体立法工作。1945 年至 1946 年,我们从该委员会逐年公示的工作中可以看到,修订工作因不稳定的政治环境和新的宪法制度而受到了阻碍。委员会成员很快在方法论和实质性议题上都产生了分歧,例如法典选择何种体例,是否需要"序编"(« partie générale »)等。在此说明一下亨利·马佐的坚定立场:他赞成严格的民法框架(第一部分,第 206 页)和反对扩大关于通奸子女的立法(第一部分,第 438 页)。委员会于 1953 年提交的初步草案备受非议:有人认为它的文风太过平庸,其传递的思想受到 20 世纪初理论的影响,有些过时。该草案似乎与当时的形势格格不入:它提议重组家庭法,主要通过削弱夫权;而日益强大的"家庭主义"势力鼓动议会维持现状,一些政治集团的确也可以出来支持改革,这一点从 1955 年和 1956 年关于亲子关系的法律出台就能看出。第四共和国的立法者在民法领域尤为踌躇,使得怀疑主义愈发盛行。1958 年的《刑事诉讼法典》、1976 年的《民事诉讼法典》和 1994 年新的《刑法典》很好地证明了修订拿破仑式法典的可行性。然而,无论是在民法还是商法领域,编纂新的私法法典总是困难重重。解放时期,曾有改革委员会想制定一部"私法大法典",但不久就放弃了。1989 年,法典编纂委员会带着明确的"恒定法"(《à droit constant》)的立法目标重新启动,起草了一部商法典。国民议会法律委员会于 1994 年 6 月否决了该法典,于 1992 年通过了一部文学艺术产权法典。随后,1999 年 12 月 16 日的法律授权政府通过法令形式进行此类法典编纂,宪法委员会则承认了法之可及性(accessibilité du droit)的宪法价值。因此,政府于 2000 年 9 月 18 日颁布法令,着手重新编纂《商法典》,并准备出台《环境法典》。相关内容可参见:C. Arrghi de Casanova et O. Douvreleur, La codification par ordonnances. À propos du Code de commerce (*JCP*, 2001, I, 285)。

关于第五共和国的民事立法,首先可以参考卡尔博尼耶院长的文章 *Répertoire du Notariat Defrénois* (1979) 以及 *Droit et passion du droit sous la Ve République* (Paris, 1996)。其作品突出展示了在法律和道德之间,"法律制定者"(《législateur juridique》)的哲学。M.-P. Champenois et J. Commaille, Sociologie de la création de la norme: l'exemple de changements législatifs intervenus en droit de la famille (*La création du droit. Aspects sociaux*, Paris, Éd. du CNRS, 1981, p. 135-205),该作品研究了 1966 年收养法和 1975 年离婚法的制定过程;J. Commaile,

L'esprit sociologique des lois (Paris, PUF, coll. «Droit, Éthique, Société», 1994),则从政治社会学的角度全面分析了1972年至1993年的家庭法。它将卡尔博尼耶遵循的方法与起草1987年《马吕雷法》(loi Malhuret)、1993年《萨宾法》(loi Sapin)时所使用的方法进行对比,强调"立法者"和司法部的缺位,以及最新法律的影响,这种影响与其说是民事的,不如说是"社会的"。许多法学家批评过去十年的法律中的经济和"官僚主义"色彩,参见:A. Colomer, La réforme des régimes matrimoniaux ou vingt ans après (*D*., 1986, Chron. 49);J. Carbonnier, Une législation revisitée comme un champ de bataille (*Hommage à Ioanni Deliyannis*, Université de Thessalonique, 1991)。关于法律在构建民法和立法技术中地位之演变,参见 Fr. Terré, La crise de la loi (*APD*, 1980, p. 17-28);Ed. Bertrand, *L'esprit nouveau des lois civiles* (Paris, 1984 et A. Cœuret, *RTD civ.*, 1989, p. 398)。关于《法国民法典》的两百周年诞辰,参见 *Le Code civil 1804-2004. Livre du Bicentenaire* (Paris, Dalloz, 2004),相关批判性作品参见 A. Wijffels, « Un Bicentenaire fatigue? » (*Le Monde*, 17 mars 2004)。

206 法学学说的质疑

战争结束后,民法学家们开始思考民法的未来。有认为私法捍卫人之自由者,参见 R. Savatier, Droit privé et droit public (*D*., 1946, Chron. 25);有认为私法之首要地位不可撼动者,参见 H. Mazeaud, Défense du droit privé (*D*., 1946, Chron. 17)。第四共和国政府的新自由主义演变驱散了这些忧思。1954年的法学研究改革引发了新的争论,但很快就平息了,参见 A. Tunc, Sortir du néolithique (*D*., 1957, Chron. 71)(相较于历史,作者更加支持发展比较法、社会学和法哲学)。

关于法学教学,可以参考:G. Wiederkher, Éléments de philosophie du droit dans les manuels contemporains de droit civil (*APD*, 1965, p. 243-265); Ch. Atias, L'état actuel du droit et de son enseignement *Encyclopédie philosophique universelle. L'univers philosophique* (Paris, PUF, 1989, t. I, p. 1341-1347);关于法学院教师向社会学的逐步转变,可以参考1968年巴黎的一份调查结果,详见 P. Bourdieu, *Homo academicus* (Paris, 1984)。

1945年后,人们重提学说之衰落,它常常与立法泛滥、对判例法的崇拜所带来的法学之衰落联系在一起,可以参考:P. Durand, La connaissance du phénomène juridique et les tâches de la doctrine moderne du droit privé (*D.*, 1956, Chron. 73); Ch. Atias, La mission de la doctrine universitaire en droit privé (*JCP*, 1980, I, 2999); Une crise de légitimité seconde (*Droits*, 1986, n° 4, p. 21-33); J.-D. Bredin, Remarques sur la doctrine (*Mélanges offerts à P. Hébraud*, 1981, p. 111-123)(关于学说的"自我毁灭"); Ph. Jestaz, La jurisprudence:réflexions sur un malentendu (*D.*, 1987, Chron. 11); La jurisprudence, ombre portée du contentieux (*D.*, 1989, Chron. 149); Déclin de la doctrine? (*Droits*, 1994, n° 20, p. 85-96),该作品否认学说的衰落,指出学说大论战即将结束;A. Perrot, La doctrine et l'hypothèse du déclin du droit (*La doctrine juridique*, CURAPP, Paris, PUF, 1993, p. 181-209),则指出面对日益多元化的权威学说,"法学教师"的衰落;Ph. Jestaz et Ch. Jamin, L'entité doctrinale française (*D.*, 1997, Chron. 167)以及同作者的 *La doctrine* (Paris, Dalloz, 2004)。

自20世纪70年代以来,人们重拾对法学理论的兴趣。在此我们列举私法领域里的几部作品,从作品标题中便能知晓各种学说选择及其影响:关于马克思主义方法论的思考,参见 M. Miaille, *Une introduction critique au droit* (Paris, Fr. Maspero, 1976);从新自由主义视角出发的作品,可以参考 Ch. Atias, Droit, législation et épistémologie (notes d'une lecture partielle de F.-A. Hayek) (*RTD civ.*, 1986, p. 524-536); *Théorie contre arbitraire* (Paris, PUF, coll. «Les voies du droit», 1987); *Épistémologie du droit* (Paris, PUF, coll. «Que sais-je?», 1994);阐释并捍卫天主教会所主张的新托马斯主义法学观念的作品,可以参考 A. Sériaux, *Le droit naturel* (Paris, PUF, coll. «Que sais-je?», 1993); Droit naturel et procréation artificielle. Quelle jurisprudence? (*D.*, 1985, Chron. 53); *Les personnes* (Paris, PUF, coll. «Que sais-je?», 1992);关于根植于社会普遍良知和常理的世俗的自然法学说,可以参考 Ph. Jestaz, L'avenir du droit naturel ou le droit de seconde nature (*RTD civ.*, 1983, p. 233-262);关于"规范"概念的思考,参见 A. Jeammaud, La règle de droit comme modèle (*D.*, 1990, Chron. 199)。其他作品还有:M. Troper, Le positivisme juridique (*Revue de synthèse*, 1985, p. 187-204); Ch. Grzegorczyk, Fr. Michaut et M. Troper (dir.) (*Le positivisme juridique*, Paris, LGDJ, 1992); P. Amselek, Le droit, technique de direction publique des conduites humaines (*Droits*, 1989, n° 10, p. 7-10); S. Goyard-Fabre, L'ordre juridique et la question de son fondement dans la philosophie du droit contemporaine en France (*in* G. Planty-Bonjour et R. Legeais [dir.], *L'évolution de la philosophie du droit en Allemagne et en France depuis la fin de la seconde guerre mondiale*, Paris, PUF, 1991, p. 95-126); J.-F. Niort et G. Vannier (dir.), *Miche Villey et le droit naturel en question* (L'Harmattan, 1994); J.-F. Niort, Formes et limites du positivisme juridique (*RRJ*, 1993/1, p. 157)。

关于所有权的新观点,可以参考:S. Ginossar, *Droit réel, propriété et créance, élaboration d'un système rationnel des droits patrimoniaux* (Paris, LGDJ, 1960); F. Hage-Chahine, Essai d'une nouvelle classification des droits privés (*RTD civ.*, 1982, p. 705 – 743); Fr. Zenati, Pour une rénovation de la théorie de la propriété (*RTD civ.*, 1993, p. 305-323); *Les biens* (Paris, PUF, coll. « Droit fondamental », 1988);关于合同领域,可以参考:J. Ghestin, *Traité de droit civil. Les obligations. Le contrat : formation* (Paris, LGDJ, 3ᵉ éd., 1993);关于人法领域,可以参考:P. Kayser, *La protection de la vie privée* (Paris, 1984); *L'avenir du droit. Mélanges en hommage à François Terre* (Paris, 1999)。

第二章 人法的重塑

207 前言：改革的步调

从 1945 年到 1995 年这五十年间，《法国民法典》的人法编经历了深刻的变化：不再是像 1880—1945 年那样仅限于某些条款的简单调整，而是对法典整体进行了彻底改造。这不是一蹴而就的，而是依照与出生率变化相近的节奏逐步实施的。这一立法变迁可以分为三个阶段：首先，1945—1964 年，在有些领域这一阶段或可延至 1968 年，并与婴儿潮相适应（出生率的转折始于 1964 年，在 1968 年变得更加明显）。在这大约二十年间，改革的范围相对有限，延续了第三共和国的谨慎。立法者认为，在这个人口扩张的时期没有必要在人法上大动干戈，当时人们正围绕着由中产阶级发展的婚姻单位模式谈论家庭的"复兴"。其次，1968—1975 年。在 1968 年五月风暴的冲击之后，短暂却具有决定性作用的重大法律改革浪潮自 1964 年开始了：这个"法律的春天"与消费社会发展的高峰相吻合，被一些人描述为（道德上）"放任自流"，其标志是 1967 年批准避孕药合法的法律和 1975 年允许自愿终止妊娠（l'interruption volontaire de grossesse）。有人说，家庭亲密关系已经和法律脱离，而《法国民法典》第 9 条后来吸收了 1970 年 7 月 17 日的法律，肯定了对私人生活的尊重。① 最后，1975—2000 年。尽管有了新的法

---

① 《法国民法典》第 9 条："任何人均享有私生活受到尊重的权利。"——译者注

律，关于人法之未来的辩论也有了深刻的更新，超越了严格的家庭框架，但不确定性仍然普遍存在。

一、婴儿潮背景下的家庭法

208 解放时期的选择

解放时期，临时政府在考虑其家庭政策时，选择延续第三共和国的甚至维希政权时期的立法宗旨。如专设了旨在促进维持家庭结构的机构，即负责协调家庭相关政策的公共卫生和人口部，该部门由罗贝尔·普里让（Robert Prigent，1910—1995）领导；制定出生奖励措施，如家庭补助金。在家庭法领域，只有废除了少数由"事实上的管辖当局"发布的文本：1945年5月3日的条例不溯及既往地废除了1941年9月14日关于奸生子女准正的法律；1945年4月12日的条例恢复了1941年4月2日关于离婚的法律的若干规定，废除了头三年婚姻的不可解除性，并重新建立了以前别居转离婚的制度。然而，关于使得无法忍受婚姻生活继续维持的事由的规定（暴力、虐待和严重侮辱），以及对公开从事风俗业的刑事制裁都得到了保留。此外，还计划通过社会调查以确定儿童的监护权。对比战后离婚数量急剧增加的社会现象，法律的这些变化似乎范围相当有限。离婚人数从1945年的23000人上升到1946年的52000人、1947年的57000人，然后1949年回落到不到40000人。

然而，1942年9月22日关于已婚妇女民事行为能力的法律，1941年8月8日关于收养准正的法律，以及1942年7月23日关于遗弃家庭的法律都得以保留。在这些领域，维希政府的立法并不违背共和国的传统。1945年10月19日的条例（《国籍法》）只增加了一项内容，允许法国人收养外国人。维希政府制定的婚前证明制度,其规则并不十分严格(1942年12月16日和1943年7月29日的法律),1945年11月2日的母婴保护法保留了这一制度。1943年1月15日关于维持农场共有(l'indivision des exploitations agricoles)的法律也是如此,它与1937年以来的继承法的思想一致。

继1945年2月2日关于儿童犯罪的条例之后,1945年9月1日关于保护儿童的条例是唯一影响家庭法的全面改革,该法律规定可以取消父母的监护。父亲和检察院提起的惩戒(la correction par voie d'autorité et par voie de réquisition)之间的区别终于消失了。此后,在父亲、母亲或负责监护儿童的人的要求下,由少年法庭庭长采取安置措施,他在进行社会调查后单独做出决定。包括未成年人本人都可以对安置令提出上诉。父亲的惩戒权原则上仍然存在,但父亲的独裁权力已经丧失,比如赦免权(droit de grâce)。

209 第四共和国的不确定性

1946年的《宪法》序言规定,"国家保护家庭和个人的必需的发展条件"。尽管第四共和国(尤其是人民共和运动方面)肯定了其对家庭的社会关注,并进行了大量的家庭福利方面的立法,但在家庭法的改革上并没有做太多工作。由于政府的不稳定或是复杂的议会程序,修订《法国民法典》的计划最终搁置了,许多文本仍停留在提案阶段。因此在收养方面尽管存在大量的改革提案(1945—1954年不少于23件),但只通过了一部(1949年4月23日的法律,允许根据收养人的要求修改16岁以下被收养人的名字),对比鲜明可见一斑。在夫妻财产制方面,尽管《法国民法典》改革委员会(la commission de réforme du Code civil)开展了工作,还有一些带有女权主义色彩的建议,但立法完全没有做出改变。在继承法领域,1957年3月26日的法律继续改善未亡人的处境,与普通旁系亲属竞争时给予未亡人继承人身份和全部遗产。这项法律是1930年法律的延续,但没有对最常见的未亡人与直系卑亲属竞争的情况作出规定。

立法者决定通过1952年7月25日关于非婚生子女姓名的法律(允许在确定父子关系之诉中替换姓名),特别是1955年7月15日和1956年7月5日的法律,在亲子关系方面进行干预。其中1952年的法律允许儿童通过身份占有在司法上证明自己的身份,让非婚生母子关系的建立更便捷。德莫隆布的理论站住了脚,但并没有取得胜利:这一证明只能用于确定母子关系和诉讼程序中。在有关非婚生亲子关系的审判中,首次在法律上承认血液比对检测结果(l'examen comparatif des sangs)。法律更重要的创新在于修改了通奸或乱伦所生子女的规定。这些孩子现在可以通过诉讼向他们的父亲和母亲索要抚养费,而且因为不再受限于亲子关系确认,诉讼的途径可以说彻底畅通了。这是支持确认通奸或乱伦亲子关系者和反对者之间妥协的结果。饱受此前歧视性制度之苦的子女们组成了一个非常活跃的协会,为修法积极奔走。这在议会中引起了激烈的辩论,国民议会和参议院之间出现了分歧。学者批评这种"抚养性亲子关系"(paternité alimentaire)是纯粹的人造产物,以及以此为依据在证据方面对通奸或乱伦所生子女与其他非婚生子女设定的不平等。事实上,法院对给予后者提起两项诉讼的权利犹豫不决,一是抚养费,二是亲子关系确认。① 源自《法国民法典》亲属法的一致性,本就已经为1912年的改革所动摇,现在更是受到了严重

---

① Civ. 13 janvier 1959 dans le sens du refus, D., 1959, 61, note Rouast; contra Civ. 20 mai 1969, D., 1969, 429.

的破坏。

1956年7月5日的法律以一种奇怪的历史讽刺的方式，采纳了1941年9月14日的法律（诨名为"园丁法"）中关于奸生子女准正的规定。并且，即使丈夫在第一次婚姻有婚生子女，也可以通过第二次婚姻使奸生子女准正。这部法律源自国民议会议员、工人国际法国部成员曼若（Jean Minjoz, 1904—1987）的提案，该法虽在参议院通过，但重回维希政府时期的法律困难重重，更有破坏一夫一妻原则的隐忧，国民议会就此展开了激烈的辩论。这部法律延续了1907年和1915年的改革，彰显了长期以来对于准正制度的支持，同时，困于《法国民法典》构筑的沉默之墙中的通奸或乱伦所生子女也因此寻得了另一个缺口。

210 第五共和国的专断政策

新政权从成立后的头几个月就开始活跃起来，通过影响民法、司法组织和刑事诉讼的法律或命令进行了一系列广泛的改革。在人法和家庭法领域，这种积极主动的倾向在1958年夏天随着8月23日一项简化公民民事身份（l'état civil）规则的条例而变得明显。几个月后，1958年12月23日的两项条例表明，通过将新条文纳入《法国民法典》，新政府希望在改革方面取得进展的迫切。条例中的第一条与保护儿童有关，废除了父亲的惩戒权（correction paternelle），并修改了限制父权的程序（les procédures de contrôle de la puissance paternelle），规定了可由儿童法官决定的一整套教育支助措施（assistance éducative）。该条文回应了《法国民法典》改革委员会和卫生部很久以前提出的建议，为《法国民法典》第375条至382条提供了新的表述方式。它综合了1889年和1935年开始的限制父权和惩戒权的诉求：对父母和子女的"不当行为"的制裁现在要放在同一系列的条款中。反对的声音渐小，主流观点认为应当客观考虑到未成年人的"健康、安全、道德或教育"受到损害的情况。

1958年12月23日的第二部法令历时数年,通过修订《法国民法典》第344条至370条,使有关收养的立法有序化。

政府注意到收养准正的成功,将被收养儿童的最高年龄限制从5岁提高到7岁,促进了收养准正的推广,并借鉴其规则,修改了传统的收养概念:它不再是一个契约性的制度,而是采取了司法形式。如今收养是由大审法院(tribunal de grande instance)的判决宣布的,不仅可以决定切断被收养人与其原生家庭之间的联系,还可以推翻被收养人父母滥用权利拒绝同意收养的行为。在这里,法官的权力再次得到加强,违背了《法国民法典》起草者的初衷。

211 收养制度的建设

收养的例子说明了第五共和国政府顺应社会发展趋势,有着坚持不懈进行民事制度改革的决心。专门针对这一问题的立法文本快速连续的出台,可见在一个公众舆论压力很大的领域里,要使法律适应现实需要并非易事。在1958年12月23日的法令之后,1960年12月21日的法律只是将收养人的最低年龄从40岁降低到35岁。这是一项微小的、不充分的改革。当时法国正热衷于诺瓦克案(affaire Novack),该案提出了遗弃的定义问题。在这个案件中,最高法院一开始认为,父亲进行产前承认来阻碍收养准正的行为是正常的[1],但随后改变了主意,确认将孩子的监护权移交给收养人。[2]

为了应对针对该立法的批评浪潮(特别是来自全国收养家庭协会的批评),司法部长让·富瓦耶起初同意通过1963年3月1日的法律澄

---

[1] Civ. 6 juillet 1960, D., 1960, 510.
[2] Ass. plén. 10 juin 1966, D., 1966, 604.

清遗弃的概念,该法案综合了相关议会提案。正如这次辩论中所承诺的那样,他随后提出了一个更加雄心勃勃的改革项目,其灵感来自一个研究收养相关问题的委员会。讨论的气氛往往很紧张,最终成果即为涉及了所有议题的1966年7月11日的法律。出于对连续性的渴望,二元收养制度得以保留:简单收养(adoption simple),不限制被收养人的年龄,并且被收养人可以保持与原生家庭的联系,这体现了对1923年改革的传统收养规定的承继;完全收养(adoption plénière),针对15岁以下的被遗弃儿童,将断绝与原生家庭的联系,取代了"收养准正"这一称呼。事实上,这项改革比简单地改变术语要深入得多。该法生效后,简单收养使被收养人加入了收养人的家庭,例如,对养祖父母有继承权(但不享有特留份继承人资格)。它的目的不再仅仅是传承遗产,而且还使第二任配偶收养的初婚子女有可能融入其中。完全收养则是这样一种模式:收养人不仅限于夫妇,被收养人的地位完全等同于婚生子。为了更有把握地确定遗弃情况,除了国家监护人外,法律规定了两个新的程序:父母可以同意收养(有三个月的反悔期),以及当父母在一年内明确表示对孩子漠不关心时,由法官宣布司法遗弃声明。此外还规定了一个"试行期"(temps d'épreuve),即在作出收养判决之前,孩子将在其未来的家庭中"试住"至少6个月(即"收养安置",le placement en vue de l'adoption——译者注)。1966年的法律为未来的改革铺平了道路,规定经国家元首特许,允许在有婚生子女的情况下收养。由此看来,收养似乎是一种"重塑家庭"的工具,能够应对各种各样的情况。

起初这种立法是符合立法者意愿的。简单收养不仅没有消失,反而得到了发展,每年都有超过2000起收养案件(1967年1890件,1984年2693件)。完全收养同样也繁荣发展,从1967年的2446件增加到1984年的3850件,1977年甚至达到4806件。在90%的情况下收养人都是夫妇,单身人士收养几乎没有得到发展。与某些国家相比,法国的收养数量仍然有限,收养申请的数量与可收养儿童的数量之间存在很大的不平衡:1983 年,有收养意愿的家庭数量估计为 2 万或 3 万个。弃婴的数量一直在稳步下降,法院在适用司法遗弃声明时相当谨慎。

面对这些变化,立法者并不想对 1966 年法律的主要平衡做出改变,这也得到了大多数学者的支持。鉴于国家元首特批数量的增加,1975 年高等收养委员会成立之后,1976 年 12 月 22 日的法律开放了有婚生子女情况下的收养。它再次试图通过界定父母"明显缺乏关心"(défaut manifeste d'intérêt)来澄清遗弃的概念。自 1976 年以来,外国儿童的完全收养成倍增加:20 世纪 70 年代初占收养的不到 10%,1980 年达到 30%,20 世纪 90 年代初则超过 50%。立法者通过 1996 年 7 月 5 日的法律进行新的干预、1998 年《海牙公约》获批均与这一现象密不可分。

212 监护法改革:一个典范

第五共和国在收养法改革后不久就开始了监护法的改革:1959 年 1 月 3 日的法律对 1880 年 2 月 27 日关于保护被监护的未成年孤儿所有的有价证券的法律进行了轻微调整。但监护法需要进行更彻底的改革:过时的法典文本适用性差,程序繁琐,费用高昂。在父母一方死亡的情况下,(反映了对未亡人之不信任的)监护已变得极为罕见,家庭委员会的运作往往因家庭地理上的分散而变得不可能。1945—1946 年和 1952—1953 年,《法国民法典》改革委员会已经提出了改革建议。① 1964 年 12 月 14 日的法律获得一致通过,随着《法国民法典》近百个条

---

① 围绕 Civ. 23 juin 1953 判决的菲娜丽案(affaire Finaly),被驱逐子女的监护权这一极其特殊的情形引起了非常激烈的论战。

文(第389条至第487条)重新起草,整个体系得以重塑:这是在卡尔博尼耶院长的领导下全面、彻底重铸家庭法的第一个案例。这项改革基于大约15年前进行的一些法律社会学研究。

新的法律简化了监护法,并使之恢复了活力。在父母一方死亡的情况下,另一方生者的监护权让位于司法监督下的法定管理(administration légale sous contrôle):不再需要家庭委员会,只有处置未成年人财产的行为必须在法官的事先授权下进行。这一制度也适用于离婚和非婚生家庭,因为法定管理与孩子的监护或父权的行使有关。从此,监护(la tutelle)一词本身只适用于失去双亲的儿童:和以前一样,监护可以是遗嘱性的(testamentaire)、法定的(légale)或指定的(tadive)。主要的创新体现在家庭委员会由监护法官自由选择的四至六名成员组成。该法官(原则上是小审法院法官)应在管理小额资金或在紧急情况下对监护人进行某些授权。立法者倾向于使监护的实践更灵活,以使投资业务和有价证券的日常管理更容易。本着更好地"保护儿童"(第427条)的目的,1964年的法律试图在监护的公共性和家庭性之间取得平衡。监护法官的新地位似乎是法官对家庭生活的一种新的侵入,但外国的国家监护模式(haute tutelle d'État)的影响仍然有限。这一制度符合现代家庭的概念,围绕着夫妻核心以及与未成年人最亲近的亲属收紧,亲情取代了亲缘上的接近,也取代了《法国民法典》本着监督家庭财产的精神希望在直系和旁系之间实现的严格平等。该法还使非婚生子女的情况更接近婚生子女,并使未成年人在符合习俗的情况下拥有更强的行为能力。

几年后,紧随监护改革的步伐,关于无行为能力成年人的法律得到了全面修订。1968年1月3日的法律也受卡尔博尼耶院长的启发,制定了一系列的保护制度,以在无行为能力人的个人能力发生改变而无法表达意愿的情况下保护其个人。从司法救助(sauvegarde de justice)——基于在检察院登记的医学声明之上的临时性潜在无行为能力制度,到保佐(curatelle)——在出现挥霍时提供可能的援助的财产管理制度,再到监护——取代了司法禁止(l'interdiction judiciaire)的持续性协助代理程序(procédure de représentation continue),新法组织了一个既灵活又复杂的系统,置于医学专家和司法当局的双重控制之下。在实践中,为了满足越来越多的需要(1990 年有 35000 件监护和保佐案件),有必要更多地求助于专业管理人员,这是家庭团结(solidarités familiales)逐渐式微的标志。

213 夫妻财产制改革

司法部长让·富瓦耶利用同样的方法,在 1965 年成功地实现了多年来停滞不前但又迫在眉睫的夫妻财产制度改革。1938 年废除已婚妇女无行为能力的规定,导致了《法国民法典》中关于配偶间财产关系的规定不协调,这一点在 1942 年得到了不完善的纠正。由于女权主义者锲而不舍地要求夫妻双方完全平等,彻底改革的需求更加迫切。在 1949—1950 年期间,《法国民法典》改革委员会在没有达成共识的情况下就开始工作:委员会中的微弱多数决定选择婚后所得共同制作为法定财产制(régime légal),而关于废除丈夫一家之主(chef de la famille)地位的审议则引起了某些法学家的强烈抗议,例如亨利·马佐,他希望保护"基督教家庭",反对"以马克思主义规范为准则的生活方式"。①

1959 年,政府提交了一份主要受《法国民法典》改革委员会工作启发的草案。虽然参议院赞成拟议的文本,但更女权主义的国民议会却

---

① *D.* 1951, Chron. 141.

批评它过于畏首畏尾,因为草案依然保留了丈夫对妻子财产的管理权。面对两院之间这种不可调和的冲突,政府宁愿撤回法案。在调解失败后,由于7月13日的法律(在有孩子的情况下增加可通过遗嘱处分部分)和1963年11月6日的法律的通过,司法部使配偶之间的赠与制度更加灵活,并借由对拟议改革进行的民意调查(1963—1964)来澄清其方针。最后,卡尔博尼耶院长起草了一份新的法律草案。监护法改革所尝试的方法在夫妻财产制上取得了同样的成功,1965年7月13日的法律获得了一致通过。

随着动产的重要性逐渐强于不动产,选择婚后所得共同制作为法定财产制并没有引起太多的争议:古板地把妻子在结婚时所有的证券(valeur)、经营资产(fonds de commerce)和债权(créance)划入共同财产范畴已不合时宜。同样,废除自战争以来使用率急剧下跌的奁产制以及建立婚后所得参与制,几乎没有遇到阻力。争论最多的就是适用于所有人的法定夫妻财产制(régime matrimonial primaire)、共同财产的管理和妻子个人财产的归属。1965年的法律深刻修改了《法国民法典》第214—226条:尽管丈夫仍然是一家之主,而且原则上由他来选择家庭住所,但夫妻双方不能单独行使处置家庭住房的权利(disposer des droits par lesquels est assuré le logement de la famille),妻子也获得了不经丈夫同意即可工作的权利。法定委托消失了:配偶中的每一方都可以为了维持家庭或子女的教育单独签订合同,为对方创设连带债务。从此以后,妻子可以自行开立银行账户。对于配偶一方损害家庭利益的情况,法律中也规定了相应的保障措施。

在新的法律制度下,丈夫仍然管理着共同财产,但他现在要为自己所有的管理不善负责,而且最重要的处置行为也必须共同决定。然而,作为交换,妻子失去了退出共同财产的权利,可以适用法定抵押的情况大大减少。最后,作为在法学家中引起最多保留意见的"改革的真正支柱",已婚妇女终于可以自由地管理个人财产,只有"已获得但未享用的劳动收入"(fruits perçus et non consommés)才作为婚后所得成为共同财产(la communauté à titre d'acquêts)。这一规定基于卡尔博尼耶院长设想的资本化(capitalisation)概念,将部分共同财产寄望于配偶的善意。这有可能伤害妻子,因为她的丈夫不会为她节省其个人财产的收益。①法律讨论的范围是有限的,而自有财产的收入只占家庭预算的一小部分。1965年的法律反映了公众舆论对共同财产原则的重视(调查显示,超过四分之三的夫妇选择了法定财产制度),该法律试图协调夫妻平等和丈夫的某些优势。尽管它的文本质量很高,但它让女权主义者和许多严厉的、持怀疑态度的法学家感到不满。妇女劳动权利的进步②和1968年五月风暴很快使这种妥协产物的某些方面受到质疑。

二、 五月风暴后的立法成果

214 1970年6月4日关于家长权威(autorité parentale)的法律

继《法国民法典》第一编第十一章和第十二章之后,第九章"亲权"(父权)又在1970年进行了全面改革,在卡尔博尼耶院长的启发下,人们开始重新起草第371—387条(以及第213、215和1384条)。虽然改革大致延续了1964年以来右翼政治多数派对家庭法的整体构想,但

---

① H. Mazeaud, D., 1965, Chron. 91.
② 这关涉到妇女劳动权利的"回归",战后妇女劳动减少,回归职场的现象在20世纪60年代末尤为瞩目。

1970年6月4日的法律标志着改革风向的转变,这与五月风暴和第五共和国的发展息息相关。诚然,早在1952年,《法国民法典》改革委员会就曾提议在行使亲权方面确立配偶间的平等。但这个被许多法律专家批评的立法计划仍然是一纸空文。更重要的是,当司法部在1967年重新启动亲权改革的计划时,政府起草的文本受到了来自最高行政法院的负面评价。五月风暴对传统的权威形式提出了质疑,并让人们意识到现行法律越来越不适应社会风尚的发展。因此,蓬皮杜总统当选后,高层对家长权威取代父权这一构想的抵制有所缓解。1970年的法律可以视为在没有降低民事成年年龄的情况下对"年轻一代的愿望"的有限让步。

五年前,1965年关于夫妻财产制的法律在妥协中达到某些"平衡",而今这些"平衡"饱受质疑,可见改革进程正高速推进。1970年6月4日的法律作为家庭关系的新宪章,从法典第213条中删除了"一家之主"的表述,规定"夫妻双方要共同在精神和物质上领导家庭"。因此,原则上,家庭住所的选择必须是协商一致的结果(第215条)。但丈夫的优势地位还留有余烬:丈夫在没有协商一致的情况下,有权决定家庭住所,但妻子可以向法院寻求救济。① 本着同样的精神,新的第372条规定了通过婚姻结合的夫妻双方共同行使家长权威,而不再是父权的规则。为了便于在与第三方的关系中行使这一权力,当配偶一方单独实施与孩子的人身有关的习惯行为时,建立了一个权力推定的制度。如果配偶之间出现分歧,可以请求监护法官解决争端。该项法律的反对者批评,如果允许法官涉足干预家庭生活,可能会导致丈夫、妻子和

---

① 1975年7月11日关于离婚的法律废除了丈夫的这种特权。在对孩子的财产进行法定管理方面,合法父亲也保留了相对优先的地位。

法官之间的"家庭三人行"(ménage à trois)。然而,这种类型的司法求助在 1970 年之前就已经存在,此后似乎也没有很大的发展:法官最经常介入的还是那些已经陷入危机的夫妻关系,特别是在事实分居的情况下。至于分居的夫妻,1970 年的法律将家长权威的行使与孩子的监护权联系起来。对于非婚生子女,法律的创新之处在于将家长权威委托给认领孩子的母亲,除非法院干预,否则无须考虑可能的父亲何时认领。这一规定逆转了 1907 年推行的规则,未婚母亲的权利因此得到了真正的承认。另一方面,离婚子女的监护没有变化,原则上是由获准离婚的配偶负责。

就家长权威的内容而言,1970 年的法律强调了 1889 年就已经开始并在 1958 年继续发展的理念,设想了一种最终"保护儿童的安全、健康和道德"的权力。监护、监督和教育既是父母的权利,也是父母的义务。此外,立法者几乎没有给仅仅是"构想"的概念下定义,立法者满足于只将某些源于判例法的规则纳入其中,例如祖父母探视孩子的权利(第371-4 条)。① 同样,1958 年关于限制家长权威的程序的法律也没有什么变化,这些程序逐渐演变为保护措施,而不是刑事制裁。根据法律体现的精神,应尽可能避免完全剥夺家长权威。

1970 年的法律似乎很快就弥补了法律落后于时代的缺陷,但没有对家庭进行革新。1974 年 7 月 5 日的法律将成年公民的年龄降低到 18 岁,这进一步突出了对年轻人独立性的认可。这部法律与吉斯卡-德斯坦总统的选举有关,几乎没有经过辩论就获得了通过,②却让法学家们

---

① 《法国民法典》1970 年法律修订的第 371-4 条:"除非有重大理由,父亲和母亲不得阻止孩子与祖父母接触。如果双方没有达成协议,这些关系的处理方式应由法院管理。在特殊情况下,法院可以给予其他人通信或探视权,无论他们是否是亲属。"——译者注
② 政府最初设想的是只降低选举权的最低年龄,但两院都希望更进一步。

有些不安:甚至连卡尔博尼耶院长这样的"改革者"都认为它"缺乏细微差别"。新法让男性的成年年龄与法定适婚年龄一致,削弱了父母对子女婚姻的权威,有人因此指责这会淡化家庭关系。不过这满足了1968年五月风暴中最具广泛性的要求之一。

215 亲子关系里的平等

回到《法国民法典》第一编,在1964年家庭法重构以后,合乎逻辑的下一步就是修改关于亲子关系的第七章。此外,1955年和1956年关于奸生子女的改革、1966年关于收养的法律均得以通过,判例法也越来越倾向于对非婚生和婚生子嗣一视同仁。在这些进展的冲击下,亲属法已经失去了很大一部分的一致性。① 女权运动呼吁立法机构着手修法,1966年以来非婚生子女比例的增加和1970年以来对其认领的增加似乎也导致公众主流舆论赞成扩大非婚生子女的继承权。② 1970年12月31日的一项法律通过废除"可憎的"第337条实现了第一次改革。③ 尽管秉持以婚姻为基础的传统家庭观的法学家(如亨利·马佐)严厉批评上述法律,但在1971年,卡尔博尼耶院长主持提出了一个更宏大的立法计划,并在1972年顺利通过。

虽然1972年的法律确定了所有子女平等的原则,并规定了一些共同适用于婚生和非婚生子女的条款,但确定婚生亲子关系和非婚生亲子关系的方法仍适用不同的规则。对于前者,新法律"复活"了父子关系的推定:判例法认为在结婚后头180天内出生的孩子从受孕的那一

---

① Civ. 26 mars 1968, concl. Lindon sur l'article 337, *D.*, 1968, 485.
② *Sondages*, 1970, nº 4, p. 65.
③ 《法国民法典》被废除的第337条:"夫妻的一方,为婚姻前与他方以外之人所生的非婚生子女的利益,于婚姻中认领时,其认领不得妨害该他方以及该婚姻所生子女的利益。但认领于该婚姻解除并未遗有子女时发生全部效力。"——译者注

320 刻起就是婚生子女,当孩子的出生没有得到丈夫的指明(indication)时,母亲可以使推定无效,而且可以自由提呈不认领的证据,诉讼时效为六个月。这种举证自由(包括可能使用血液分析)是为了使法律上的父子关系符合生物学上的真实。

对于非婚生亲子关系,新的法律倾向于社会学意义上的真实。在认领这个环节里,增加了母亲姓名指明(indication du nom de la mère)和身份占有的组合来证明母子关系(第337条)。① 这一妥协条款最终给了身份占有一定的地位,②而没有使出生证明成为充分的证据。③ 至于对父亲身份的司法调查,其范围在1912年提出的五种启动情形的基础上得到了扩展:它也由此保留了其特殊性。在1975年,法官支持了258项调查请求,驳回了82项。作为一个"安全阀",颇具争议的补助金诉讼(action à fins de subsides)取代了1955年在仅具有亲子关系可能性的情况下设立的抚养费诉讼,可以让多个被告承担给付责任。此外,还取消了禁止自愿或被迫地承认奸生子女的规定。

1972年的法律还对非婚生子女准正的法律进行了重大修改。它确认了1907年开始的立法演变,允许通奸或乱伦所生子女因生父母结婚而准正,并且没有附加任何特殊条件。与以前的法律相比,它允许以一种新的革命性的方式进行的婚后准正:母亲与孩子的生父再婚后,可以就第一任丈夫与孩子的父子关系提起诉讼,并且这一诉讼与准正的申请有关。这样一来,父子关系的推定便既可以由母亲推翻,也可以由父亲推翻。判例法将这种准正方式发挥到了极致,未取得母亲和第二任

---

① 《法国民法典》1972年法律修订的第337条:"当受到身份占有证实时,出生证上母亲指明的效力等同于认领。"——译者注
② 身份占有的地位受到了判例法的限制:Civ. 8 mai 1979, *GP*, 15 septembre 1979。
③ 这与1970年国民议会通过的一项法案是完全不同的,该法案被参议院驳回了。

丈夫共同子女身份的孩子也得以准正。① 最后,在父母双方"不可能"结婚的情况下,可以适用司法宣告准正(légitimation par autorité de justice)。(父母双方"不可能"结婚的情况包括一方已死亡或患有精神病等。——译者注)这种准正对奸生子女特别有利。然而,受通奸行为损害的配偶有否决权。生父母双方可以共同申请司法准正,也可以仅由其中一方申请来实现这种前所未有的身份并和(cumul)。这个受到皮埃尔·雷诺批评的规定,使合法的亲子关系与婚姻愈加分离,就像向单身人士开放完全收养一样。不过,该种类型的准正数量不多(1980年有148个),这可能部分消解了反对者的忧虑。

基于平等原则,1972年的法律规定:"一般来说,非婚生子女在与父亲和母亲的关系上,具有与婚生子女相同的权利和义务。"此外,"他或她加入其亲生父亲或母亲的家庭",就会产生一个非婚生家庭(famille naturelle),即使奸生子女在合法家庭中生活需要配偶的同意。由此1972年的法案给继承法带来了深刻的变化,几年来一直在谈论这一领域的"重大改革"。② 虽然非婚生子女获得了与婚生子女完全相同的权利,但对之前的奸生子女仍有一些限制:在遭受背叛的配偶或婚生子女存在时,他们的继承份额要减少一半。这种寻求平衡的做法反映了1972年法律的精神,它既是一部平等的法律,也是一部"妥协的

---

① Civ. 16 février 1977, *JCP*, 1977, I, 2859. 该判决遭到了亨利·马佐的强烈批评。这起诉讼相对而言很罕见,而且由于判例法承认所有利害关系人都能对准正提出抗议,这种诉讼在孩子实际身份和身份占有不一致的情况下是无用的。

② 1971年7月3日的法律实现了一系列的修改,灵感来自皮埃尔·卡塔拉(Pierre Catala, 1930—2012)的研究,总体维持了生前遗产分配的现行规定,同时规定在死亡之日甚至是生前分配之日对赠与进行评估。(Une série de modifications avait été réalisée par la loi du 3 juillet 1971, inspirée des travaux de Pierre Catala, qui maintenait globalement le statu quo sur les partages d'ascendants, tout en prévoyant l'évaluation des donations au jour du décès, voire du partage.)

法律"。

216 离婚自由化

20 世纪 60 年代,包括别居在内,离婚的数量在增加。1963 年为 32862 起,到了 1974 年则增长为 60694 起。1975 年的离婚率则"只有" 13%,相对同时期其他年份来说已经算较低的了。离婚的增长对 1884 年的法律框架提出挑战。法庭如剧场(la comédie judiciaire),许多夫妻为了让婚姻的破裂"不那么戏剧化",纷纷以过错和控诉(des torts et des griefs)作为两愿离婚的论据。与其他新教欧洲国家的立法发展相一致,大多数公众舆论似乎赞成离婚自由化,即使这个问题没有引起大规模的请愿运动。在提交了几个议会提案后,司法部长要求卡尔博尼耶在 1973 年起草一份法案。该法案在其下一届七年任期内再次提上议程。议会辩论大幅修改了提案,并催生了 1975 年 7 月 11 日的法律。左派要求根据"瑞典模式",围绕一个客观原因统一离婚制度。而部分右派则谴责因共同生活破裂或心智能力受损而离婚实质上是一种休妻制度。出于务实的考虑,最后的文本由大多数人投票通过,建立了一个"点菜式离婚"(divorce à la carte),失去了一些卡尔博尼耶院长构想的一致性。

具有代表性的是,新法将两愿离婚放在首位,其次是"因共同生活破裂"(pour rupture de la vie commune)的离婚,然后才是过错离婚。在第一个理由下,律师签字的合意离婚(le divorce sur requête conjointe,需要由双方律师或共同指定的律师签字——译者注)和无法对离婚后果达成合意的离婚(le divorce sur demande acceptée,双方合意离婚但对离婚后果未达合意——译者注)很不协调:前者由婚姻事务法官审查并批准配偶之间的协议,后者是对事实的双重承认的结果,导致有共同过错的离婚(divorce à torts partagés)。因共同生活破裂离婚分为两种情况:事实分居至少6年,或配偶一方的心智能力受损。在这两种情况下,申请人都要承担离婚的所有后果(婚姻解除后甚至还要承担救助义务),在特殊困难的情况下(d'exceptionnelle dureté)必须推迟申请。最后还有过错离婚(le divorce pour faute),适用于夫妻一方严重或反复违反婚姻责任和义务,使得其配偶无法忍受继续在一起生活的情况。因此,抽象和一般的原因取代了1884年法律规定的具体原因(如通奸)。1975年的法律还在离婚的经济后果方面进行了创新,区分了补偿费(prestations compensatoires)与离婚分得财产(profit du divorce)。

在法律表决通过后的几年里,与1978年仍占六成的过错离婚和不断增长的两愿离婚相比,以共同生活破裂为由的离婚并不常见。律师签字的合意离婚(1978年占39.2%,1981年占52.4%)则不受好评,尤其是程序时长问题。一时间,无法对离婚后果达成合意的离婚因其速度之快(在一个特殊案例中仅用时4天!)而吸引了许多诉讼当事人,这为它赢得了"闪电离婚"的绰号,并引起了学界的关注。最引人注目的是离婚数量的爆炸性增长,从1979年的77207起上升到1984年的102432起。让立法者始料未及的是,这一社会文化运动造成了由根据法律和儿童特殊利益设立的儿童监护权和支付补偿金在执行中的困难。1984年12月22日的法律建立了一个通过政府生活补助中心的干预来帮助托收的机制。1975年法律本应成为家庭法重大改革时代的尾声,但矛盾的是,因为太多人不想结婚,仅以同居的方式生活在一起并抚育孩子,致使该法再度历经数次修改。

三、不确定家庭的时代

217 平等的活力

随着左翼政府的上台,平等原则在亲子关系和配偶关系领域取得了进一步发展。1982年6月25日的法律对1972年的"伟大"法律进行了重大修改,将身份占有作为非婚生亲子关系的法外证明,并将关于非婚生亲子关系和婚生亲子关系的规则稍稍拉近。这项法律旨在废弃最高法院的谨慎解释,导致了判例法的逆转,使这一解释部分失去作用。然而,议会并没有像部分学者所希望的那样,对亲属法进行全面改革,也没有溯及既往地废除对奸生子女的限制。

1985年12月23日的法律将平等的逻辑贯彻到夫妻关系中,该法律在通过时并未引发热烈讨论,但却是真正的革命,因为它废除了男性在家庭中一切形式的优先权。由于《法国民法典》现在只提到"配偶",丈夫不再是法定制度下共同财产的主宰:从此以后,夫妻双方都有权管理共同财产,除了要为自己的过错负责,且无偿处置和某些重大有偿行为需获得对方的同意。因此,基于夫妻双方独立的管理制度(administration concurrente),比共同管理(administration conjointe)更受欢迎,因为人们认为共同管理过于繁琐,并怀疑它悄悄保护了丈夫的支配地位。对于双职工夫妻而言尤为如此。彼时,70%在25到40岁之间的妇女都有工作。因此,法律在重申"夫妻双方都可以自由地工作"(新的第223条)之后,取消了保留财产的类别,让夫妻双方都能自由地单独处置自己的个人财产。(丈夫单独享有共同财产管理权时,妻子有权管理其保留财产,即工资收入。——译者注)根据同一原则,已婚妇女的法定抵押权也消失了。

这部法律还规定了父母平等,让已婚父母共同行使(未成年人财产的)法定管理权,而在1970年这一权利是留给父亲的。在离婚的情况下,法律承认夫妻双方共同监护孩子的可能性(自1984年起被最高法院采纳),同时共同行使法定管理权。对于同居的非婚生父母,则仍然需要通过判决来分配共同监护权,但法定管理权对已婚父母来说变得纯粹而简单。最后,在立法者以前不愿意触及的一个高度象征性领域,1985年的法律允许任一成年人将其母亲的名字"以习俗的名义"加入他或她的名字中,但不能传给子女。一封行政通函似乎加速了这种"父名的终结",它对配偶的名字而不仅仅是孩子的名字作出了裁决。

不到两年,1987年7月22日的法律通过,使已婚、离婚或同居的父母的差别变得更小,引发了另一场平等主义运动。它确认了法官将家长权威共同授予离异夫妻的可能性,因此虽非夫妇仍为父母的"双亲"对孩子来说仍然是不可分的。同时,法律禁止求助于轮流居住的制度。对于未婚父母来说,现在只需在监护法官面前发表简单的声明,就足以获得对子女的共同监护权。由人权国务秘书马吕雷(Claude Malhuret,1950—)提出的法律虽然得以通过,但也为部分学者批评为蛊惑人心的"花架子"。它提出的"准婚姻"或许过于激进(incitative),既没有吸引很多同居者,也没有解决分居造成的冲突。

218 立法如何应对家庭多元化

20世纪的最后二十年,以婚姻和婚生亲子关系为基础的家庭模式衰落。结婚人数从1970年的393686人急剧下降到1993年的255200人。离婚越来越为人们所接受,自1984年以来每年的离婚数量在10万至 11 万之间,从 1985 年开始影响到 30% 的婚姻。同居仍然难以统计,1990 年大概有 200 万对伴侣选择这种形式的结合。非婚生子女在 1965 年只占总数的 8.5%,到了 1984 年则上升至 18%,1990 年超过 30%(现在三分之二的孩子在出生时由父亲认领)。这些现象导致了家庭结构的极大多样化,单亲家庭成倍增加。1981 年有 92.8 万单亲家庭,其中 88% 以母亲为中心。家庭的分解(décomposition)和重组(recomposition)让"点菜式家庭"诞生。

同样地,科学的进步不可能不影响亲属法。现在不仅可以证明无父子关系(non-paternité),而且由于基因检测的存在,还可以肯定地确定孩子的父亲。绝大多数法学家都反对在法律程序之外使用这类证据,最高法院也拒绝允许以这种专家意见开启亲子关系诉讼。① 最重要的是医学辅助生育的迅猛发展,尽管涉及的儿童数量不多,但从 70 年代起就引起了法学家的关注。夫妻间的人工授精(IAC, insémination artificielle à l'intérieur du couple)是最早的技术,几乎不构成任何法律问题,除非是死后授精。② 这也适用于内源性体外受精(FIV, fécondation in vitro endogène)。用匿名捐赠者的精子对妇女进行人工授精(IAD, insémination artificielle d'une femme avec le sperme d'un donneur anonyme),当父母不曾改变最初的意图时,可以相当容易地确定孩子的亲子关系。然而,同意其妻子或伴侣授精的"表面上的"父亲可以改变主意,否认自己的亲子关系:通过否认婚生亲子关系的诉讼,③或在非婚生亲子关系的认领上提出质疑。一些法学家呼吁立法者进行干预,以防

---

① Civ. 5 juillet 1988, D., 1988, Inf. rap., 214.
② Admise par TGI Créteil, 1er août 1984, RTD civ., 1984, 70; contra TGI Toulouse, 26 mars 1991, RTD civ., 1991, 310.
③ 最早的案例之一:TGI Nice, 30 juin 1976, D., 1977, 45; contra Paris, 29 mars 1991, D., 1991, 562。

止这种逆转的发生。如果是通过卵子捐赠的试管婴儿,母子关系的确立规则有利于真正分娩的妇女。

最具争议性的问题来自使用一名男子的精子对略带尴尬地称为"代孕母亲"的女性进行的人工授精,而这名男子既是生父也是法定父亲。问题在于确立母子关系,因为代孕母亲保留了与孩子联系的权利(le droit de se faire rattacher l'enfant)。一般来说,代孕母亲匿名生下孩子后,父亲的妻子会收养孩子。代孕母亲协会本已成立,却遭到解散,因为它们的目标违反了无权处分个人身份(l'indisponibilité de l'état des personnes)的原则。① 然后,在 1991 年 5 月 31 日的判决中,最高法院全席会议(l'Assembléc plénière)庄严确认,如果明确体现出收养是与代孕母亲执行合同的最后步骤,那么法官必须拒绝收养,但这并不是代孕最常见的情况。②

对这些不同的技术进行道德判断,以及如何使亲属法适应这些新情况方面,法学家们都有分歧。对一些人来说,1972 年法律足够灵活,因此不存在法律漏洞;而对另一些人来说,立法干预是必要的,以便扫除一些不确定因素。当局对这些敏感问题持谨慎态度,多次要求提供意见和报告(1986 年出自国家伦理委员会的要求,1988 年来自最高行政法院,1991 年为生物伦理和生命科学法的考察),然后在 1991 年 12 月至 1992 年 3 月期间提出了五项关于家庭法的法案。

1993 年 1 月 8 日的法律是第一个成果。这个跟以往有些不同的妥协性文本对家庭法的几个方面进行了改革,试图对收养、亲子关系和离婚领域出现的新问题作出全面回应(如家事法庭法官)。自此,法律禁

---

① Civ. 13 décembre 1989, *D.*, 1990, 273.
② *D.*, 1991, 417.

止对已有亲子关系、父母一方身故的孩子为完全收养。它在《法国民法典》中引入了匿名分娩（l'accouchement anonyme）的权利。经过激烈的讨论，议会决定废除亲子关系确认诉讼中的开庭审理（les cas d'ouverture）和拒绝受理（fins de non-recevoir）。亲子关系的科学证明也可以接受，但只有在有事先初步佐证（adminicules préalables）的情况下才可以，但这种佐证似乎是相当微不足道（dérisoire）的。对姓名权的改革也是通过废除共和国十一年芽月（1803年4月）的法律来实现的：父母与子女关系的建立或改变并不意味着成年人姓名的改变，除非该成年人同意；父母选择名字的自由得到了承认，但要受到法官的事后控制。

关于家长权威，1993年1月8日的法律回归了1987年法律的解决方案。它确立了在离婚情况下共同行使家长权威的原则："不可分离的怀念"（nostalgie de l'indissolubilité）使得父母双方在离婚后仍维持着联系。对于未婚夫妇来说（根据参议院主张的解决方案），共同行使家庭权力的前提是双重承认，第二次在出生当年进行，并伴随着有效同居关系的建立。因此，同居者被强加了一个程序，在分居的情况下有可能出现父亲的权利争议。最后，该法律谨慎地试图使国内法与法国在1990年批准的联合国《儿童权利公约》相一致。有辨别能力的未成年人现在可以在有关他或她的任何诉讼中发表意见，但其请求可以通过有据判决（décision motivée）予以拒绝。

议会在经过长时间的辩论后，选择通过1994年7月1日和29日关于生物伦理的三部法律，直面器官捐赠和人工生育所带来的问题。第94—653号法律（La loi n° 94—653）肯定了对人体的尊重和其不可侵犯性（《法国民法典》第16条）。它禁止任何为他人的生育或孕育的协议。医学辅助生育不仅只适用于由活着的男人和女人组成的"夫妻"（不包括死后人工授精),经申请人在法官或公证员面前明确表示同意后亦可适用于第三方捐赠者参与的情况。法律由此强化了这种亲子关系的自愿基础,几乎没有给未来可能的放开留后门。它还使不孕不育的夫妇有可能在法院判决后得到一个体外受精的胚胎。立法者决定禁止某些做法,并为新的亲属法奠定基础,但没有决定通过新的"夫妻"概念来确定接近配偶身份的同居者的地位。为了不妨碍科学进步,法律规定在五年后对这些问题进行审查:直到2004年8月6日和2004年7月7日的法律,议会才同意进行部分更新,如2004年禁止人类克隆或2011年允许交叉移植(don croisé d'organes)。

1999年11月15日关于民事互助契约(PACS)的法律在《法国民法典》第一编中增加了第十二章,正式确定了两个不同性别或相同性别的人之间的契约联系,以安排他们的生活。同时给出了同居的定义,即事实上的结合。因此,法国民法已经承认了婚外的异性或同性伴侣。这是对新家庭形式的认可吗?法律提到的彼此之间的实质帮助,以及在为日常生活和共同住所所签订的合同之债的连带责任。如果再考虑到这种联系很容易通过共同协议、单方决定或婚姻而解除,那么与其说是建立一个世代相传的家庭,不如说是在建立在没有合同的情况下、在共同制度下规范同居期间所获财产的制度。在欧洲和国际上日益承认同性结合的背景下,同性恋群体以及异性同居者对收养的诉求体现了这些制度的演变和家庭多元化的问题。关于同性婚姻的新发展,参见作者《代中文版序》。

在家长权威(2002年3月4日的法律废除了同居者需向法院申请才能在法律上共同行使家长权威的规定)、离婚(2004年5月26日的法律将因不可调和的分歧提出的离婚所需的分居时间从6年减少到2年)和亲子关系(2005年1月4日的条例废除了非婚生亲子关系和合法亲子关系之间的所有区别）领域进行的改革，也标志着一些制度的消失（如准正或否认父子关系），而其中某些制度历经了《法国民法典》两个世纪的历史。

延展阅读

219 第四共和国的家庭立法

就家庭法而言，这一时期的记录相当简陋。许多法学家对打破"基督教家庭"的传统模式仍持敌对态度：如 H. Mazeaud, Une famille sans chef (*D.*, 1951, Chron. 141)，和 R. Savatier, Le contrôle de la puissance paternelle (*D.*, 1947, Chron. 21)（contre «une sorte de ménage à trois, de la femme, du mari et du juge»）。关于1950年代的一些立法改革可以参考：A. Rouast, *Traité pratique de droit civil* (de Planiol et Ripert) (1952); R. Savatier, *Cours de droit civil* (Paris, 1947, t. I); *Les métamorphoses économiques et sociales du droit civil d'aujourd'hui* (Paris, 1952)和 G. Ripert, La condition des enfants adultérins après les lois des 15 juillet 1955 et 5 juillet 1956 (*D.*, 1956, Chron. 133)。形成对比的是，法学家们在家庭政策却达成了一致：R. Prigent (dir.), *Renouveau des idées sur la famille* (Travaux et documents de l'INED, n° 18, 1954); A. Prost, L'évolution de la politique familiale en France de 1938 à 1981 (*Mouvement social*, octobre-décembre 1984, p. 7-28)。

220 1964—1975年"法律的春天"

作为这一时期的立法主导者，卡尔博尼耶在他关于这些立法的随笔集里汇总了不少相关主题的篇章(见 *Répertoire du notariat Defrénois*, 1979)。卡尔博尼耶用谦逊又讽刺的笔触提炼出这一阶段立法的"哲学":并不仅仅是要让法律适应风俗,而且还要通过增加选项来迫使放弃对单一家庭模式的偏爱。想要更详细地了解这些法律文本的利害可以参考以下文章:G. Durry et M. Gobert, Réflexions sur la réforme de la tutelle (*RTD civ.*, 1966, p. 5-36); Fr. Terré, La signification sociologique de la réforme des régimes matrimoniaux (*L'Année sociologique*, 1965, p. 4-83); H. Mazeaud, La communauté réduite au bon vouloir de chacun des époux (*D.*, 1965, Chron. 91); R. Savatier, La finance ou la gloire: option pour la femme mariée? Réflexions sur la réforme des régimes matrimoniaux (*D.*, 1965, Chron. 135); Fr. Terré, A propos de l'autorité parentale (*APD*, 1975, p. 45-55); J. Hauser et E. Abitbol, De 1964 à 1970. Les retombées de la loi relative à l'autorité parentale sur les institutions tutélaires (*D.*, 1971, Chron. 59); M. Gobert, Réflexions avant une indispensable réforme de la filiation (*JCP*, 1968, 2207); H. Mazeaud, Une famille dans le vent; la famille hors mariage (*D.*, 1971, 99); P. Raynaud, Réflexions sur la légitimation par autorité de justice (*D.*, 1974, Chron. 167); G. Cornu, La filiation (*APD*, 1975, p. 29-44); M. Dagot et P. Spitéri, La réforme de la filiation (*JCP*, 1972, I, 2464); H. Mazeaud, Une dénaturation par la Cour de cassation (*JCP*, 1977, 2859); M.-L. Rassat, Propos critiques sur la loi du 3 janvier 1972 portant réforme du droit de la filiation (*RTD civ.*, 1973, p. 207-258); J. Carbonnier, La question du divorce. Mémoire à consulter (*D.*, 1975, Chron. 115); R. Lindon et Ph. Bertin, Le divorce-flash et ses mirages (*JCP*, 1979, I, 2944)。

总的来说,相比起政治家,法学家对这些立法的批评要多得多(除了离婚:卡尔博尼耶的社会学方法在此处就暴露了其局限性)。这一时期的大部分改革都没有引起广泛的争论运动,然而难道就可以据此将1970年代的加速立法和1968年五月风暴产生的意识形态危机相分割吗?婚姻法自身确实躲过了这一波改革,但承受了改革的后果。具体参考:M. Gobert, Le mariage après les réformes récentes du droit de la famille (*JCP*, 1967, 1, 2122); Ph. Malaurie, Mariage et concubinage en droit français contemporain (*APD*, 1975, p. 17-28)。

收养的改革在某种程度上与这一整个系列立法是分离的,这不仅归因于其起草过程的特殊性,还因为自1966年以来收养法就未曾经历过全面修订。具体参考: J. Rubellin-Devichi, Réflexions pour d'indispensables réformes en matière d'adoption (*D.*, 1991, Chron. 209)和 E. de Monredon, L'adoption aujourd'hui (*JCP*, 1992, I, 3607)。而继承法则是此次重整家庭法最大的缺席者。立法者在这一领域总是非常谨慎(1971年7月3日的法律竟然溯源至1963—1964年的一项立法建议),宁愿通过1960年和1980年的《农业指导法》来发展优惠分配制度——即便这可能加剧分配的不平等。具体参考 Fr. Terré et Y. Lequette, *Droit civil. Les successions. Les libéralités* (Précis Dalloz, 1983)。

221 1975年后人法的不确定性

若要分析家庭模式和家庭政策危机,可以参考 L. Roussel, *La famille incertaine* (Paris, 1989)和 I. Théry, *Le démariage* (Paris, 1993)。关于1985—1994年间出台的新法,可以参考 Fr. Zénati (*RTD civ.*, 1986, p. 199-209); J. Hauser et D. Huet-Weiller, *Traité de droit civil, la famille* (Paris, LGDI, 2ᵉ éd., 1993); J. Rubellin-Devichi, Une importante réforme en droit de la famille: la loi du 8 janvier 1993 (*JCP*, 1993, 1,

3659); H. Fulchiron, Une nouvelle réforme de l'autorité parentale (*D.*, 1993, Chron. 117)。而关于辅助生育的文献则相当丰富,在此只列举 J. -L. Baudouin et C. Labrusse-Riou, *Produire l'homme: de quel droit?* (Paris, PUF, 1987) (pondéré); P. Kayser, Les limites morales et juridiques de la procréation artificielle (*D.*, 1987, Chron. 189);反对立法干预的可以参考 J. Rubellin-Devichi, Procréations assistées et stratégies en matière de filiations (*JCP*, 1991, I, 3505)。关于 1994 年 7 月 29 日的法律,可以参考 Ch. Byk, La loi relative au respect du corps humain (*JCP*, 1994, I, 3788) 和 G. Raymond, L'assistance médicale à la procréation (*JCP*, 1994, I, 3796)。从社会学角度,可以观察到"家如蚕茧温暖"(famille-cocon)观念的回归助长了这场危机:1990 年,65.2%的 20—24 岁的年轻人(其中女性占到了 47%)与父母同住。与其说是家庭的衰落,不如说是"传统"家庭的衰落,以及在法律和实践中出现了多元的家庭结构。

由于最高法院的判例阻拦(参见 B, Beignier, À propos du concubinage homosexuel [*D.*, 1988, Chron. 215]),导致许多议会提案产生,推动了 PACS 成形,这在议会和舆论中引起了激烈争论。具体参考 D. Borillo, E. Fassin, M. Iacub, *Au-delà du PACS* (PUF, 1999),作者评阅了这一主题的大量文献,以及各种立场之间的对抗,不论观点是否来自法学家。斯特拉斯堡法院的判例影响了人权的立法,促使最高法院改变了对跨性别者的判例法,[①]而在 2000 年 2 月欧洲人权法院谴责法国之后,应该也会促使对奸生子女继承权的改革。在 I. Théry, *Couple, filiation et parenté aujourd'hui* (1998) 和 Fr. Dekeuwer-Defossez, *Rénover le*

[①] Ass. plén. 11 décembre 1992, *RTD civ.*, 1993, 97.

droit de la famille. Propositions pour un droit adapté aux réalités et aux aspirations de notre temps（1999）两份提交给政府的报告之后，通过 2001 年一项简化离婚程序的法案，家庭法的改革便以一种更全面的方式进行下去。

第三章　财产法的抵抗

222

五十年间,《法国民法典》的第一编经历了近乎大刀阔斧的修订,但是第二编和第三编除了随家庭法革新而改革的财产制度外,几乎没有变动。作为财产法与债法稳定的标志,《法国民法典》第 544 条和第 1134 条一字未易。① 人们惊异于《法国民法典》在这方面"一成不变",甚至可以说已然成为一种过时的形式。自 1945 年以降,针对所有权与契约自由的批判声便从未停歇。然而这一迹象表明,在所谓"新资本主义"或"新自由主义"的社会中,所有权、契约和侵权责任的准则亘古不变:所有权经历了衰落与进步,同时,鉴于合同惯例适用范围的扩大以及侵权责任法的影响不断增强,人们称之为债法的转变(parler de métamorphoses),而非衰退。

一、所有权的衰落与进步

223　国有化浪潮

1944 年 8 月 19—25 日解放巴黎之前,国有企业相对较少,国家在

---

① 《法国民法典》第 544 条:"所有权是对于物有绝对无限制地使用、收益及处分的权利,但法令所禁止的使用不在此限。"第 1134 条:"依法成立的契约,在缔结契约的当事人间有相当于法律的效力。前项契约,仅得依当事人相互的同意或法律规定的原因取消之。前项契约应以善意履行之。"——译者注

进行干预的同时"兼顾所有权"。20世纪30年代,因强制合并私有企业而形成的公私合营公司(sociétés d'économie mixte)已然存在,其中国家占股在25%到66%之间,如在1933年成立的法国航空公司(Air France)中国家占股25%,在1936—1937年成立的六家航空建设公司中国家占股则高达66%。1937年人民阵线衰落,此时激进派的铁路国有化工作十分谨慎,法国国家铁路公司(SNCF)就是国家与私营铁路公司协商而成的新产物,国家持有51%的股份,而私营铁路公司的股东继续获取股息。

1944—1948年的国有化规模截然不同,触及整个经济领域,包括煤矿业、主要的电力和天然气生产公司、四大储蓄银行、九家保险集团、航空运输业、航空制造业以及包括雷诺汽车公司(Renault)在内的汽车制造业。这多半导致所有资本由国家掌控,1949—1950年间国家以债券(titres obligataires)的形式给予前股东补偿,但这并非国有化的"先决条件"。赔偿金的"公平性"一直以来饱受争议。人们强烈谴责不应以国有公司证券大幅下跌时期的股票行情为参照,也有人认为将股票转成债券是一种"强制贷款"的行为。于乔治·里佩尔而言,不可胜数的小额财产牺牲在"国有化的神秘感"之下,从而致使"个人所有权泯灭"。事实上,补偿的额度不能以当时的金钱价值衡量:许多股东从与物价指数挂钩的中长期额外利息中获益,特别是那些受益于征收法国电力公司(EDF)1%营业额的股东。如果说解放时期的国有化进程标志着私有财产的衰退与庞大国营部门的形成,那么这并不算是一场显失公平的掠夺。

1981—1982年的国有化一举影响了通用电气公司(CGE, Compagnie générale d'électricité)、圣戈班集团(Saint-Gobain)、佩希内-于吉纳-库尔曼集团(PUK, Péchiney-Ugine-Kuhlmann)、罗纳-普兰克集团

(Rhône-Poulenc)以及汤姆逊集团(Thomson)五大工业集团,还影响了36家银行以及巴黎巴银行(Paribas)和苏伊士集团(Suez)两家金融集团。这一阶段的国有化以牺牲私有财产为代价,极大地拓展了国营部门。矛盾的是,1982年1月16日宪法委员会(Conseil constitutionnel)据此作出了一项至关重要的原则性决定,肯定了《人权和公民权宣言》(la Déclaration des droits de l'homme et du citoyen)第17条的全部宪法价值以及"所有权的基本性质"。即便宪法法官在本判决以及今后的判例中承认因"总体利益所需"而限制所有权的有效性,他们也不许立法者将私有财产限制到令人质疑其内涵的程度。随后,占据议会多数的党派来回变更,从而掀起了1986—1988年与1993—1995年两次捍卫所有权的私有化大浪潮。第一次大浪潮包括圣戈班集团、巴黎巴银行、法国商业信贷银行(CCF, Crédit Commercial de France)、法国兴业银行(Société générale)、法国电视一台(TF1)和苏伊士集团,第二次大浪潮有巴黎国民银行(BNP, Banque national de Paris)、罗纳-普兰克集团、埃尔夫石油公司(EIF)、巴黎联合保险公司(UAP, Union des assurances de Paris)、佩希内公司(Péchiney)、法国保险总公司(AGF, Assurances Générales de France)、雷诺汽车公司和布尔集团(Bull)。当政治风潮逐渐平复,解放时期的某些国有化措施重新回归,向全民持股(actionnariat populaire)敞开大门,此时的私有化进程重新赋予私有财产以活力,但并没有因此割裂相关大型企业与国家间的联系。1996年汤姆逊公司的私有化饱受争议,私有化委员会(Commission de privatisation)因而对此并不看好,自1997年以来,若斯潘(Lionel Jospin, 1937—   )政府出台政策,全部或部分转让国营企业,如法国电信(France Télécom)、汤姆逊无线电公司(Thomson CSF)、国民保险集团(GAN, Group des assurances nationales)、工商信贷银行(CIC, Credit Industriel et Commercial)、法国航空航天公司(Aérospatiale)、法国航空公司(Air France)、汤姆逊多媒体公司(Thomson Multimedia)、储蓄银行(Caisse d'Épargne)和里昂信贷银行(Crédit Lyonnais)。国家视情况采取不同措施,彻底放手工商信贷银行和国民保险集团等企业,而在法国航空等公司内保持强有力的国家参与。1993年7月的法律中清单的完成指日可待,与此同时复兴私有化的问题再次提上日程：2004年法国电力公司和法国燃气公司(GDF, Gaz de France)公务法人(établissements publics)改制为股份有限公司,法国电力公司向私人资本部分开放,2006—2007年法国燃气公司在与苏伊士集团的合并中实现了私有化。

224 从承租法规到农事租赁法规

解放时期,土地所有权也受到了严重冲击。1944年,政府废除了农民公司,但依然推进承租制度的改革,其经济目标为增加产量,社会首要任务为尽可能使更多的农民获得土地所有权。1945年10月17日的法令是一部名副其实的承租法规,该法令不仅继承了1942—1943年获得的成果,如对离任租户进行赔偿[①]、规定租约的最低期限为9年、建立平价法庭(tribunaux paritaires)裁决与承租相关的争议,还增加了两项重要的创新之处：一是续租权(le droit au renouvellement du bail),除了出租人对承租人严重不满或因地主自我经营而收回土地的情况；二是承租人对所售土地的优先购买权。作为补偿,地主可以根据主要生产的产品价格来确定租金,但金额不得超过1939年的价格标准。

国民制宪议会(l'Assemblée nationale constituante)的多数派认为这项法令仍不够深入,他们投票通过1946年4月13日的法律,以此进行

---

① 有关该问题的规定不再纳入《法国民法典》中,目前第1776条已无实际意义。

更为彻底的改革。新的法律文本涉及农事租赁的方方面面，最终在处理分成租佃制的相关问题时，极大地损害了地主的利益。农场的管理权转交由佃农，出租人仅可获得收成的三分之一，并且根据经营者的要求，可由分成租佃制转为承租制。农民的优先购买权有所扩大且优先于未从事耕作之人（non-cultivateurs）。埃斯曼（P. Esmein，1880—1958）、勒内·萨瓦捷（René Savatier，1892—1984）、乔治·里佩尔等许多法学家认为上述法律具有"明显的社会主义"甚至是共产主义色彩，使得所有权因出租人与承租人间阶级斗争的激化而受损。但生产资料并未进行社会化，由农民掌握所有权的准则仍占主导地位。优先购买权和收回权的双重机制旨在实现所有权与经营权的结合。在技术方面，农事租赁法规摒弃了耕作物权化的想法，也取消了补偿损失（indemnité d'éviction）的制度，法规宣布个人租赁权不可转让，动产或不动产均不得抵押（hypothèque ou nantissement）。考虑到法国北部地区承租人对稳定的渴望以及法国中部和南部地区佃农对独立的诉求，上述法规退而求其次，这大致符合特洛隆的预期，他认为承租人拥有的是"看似真实"（allure réelle）的权利。

225　法规的实施

自1946年以降，农事租赁法规不断修改，但其法律原则从未受到质疑，从长远来看，各项法规似乎在不断寻求不同力量之间的平衡点。立法者多次阻碍判例法所做的改变，其干预措施几乎都是旨在巩固承租人的地位。因而地主的收回权也愈来愈受到限制。1947年4月9日的法律要求地主具备"能够长久有效地经营土地的条件"。所以根据法国最高法院制定的判例法标准，法院能够以资质和经营意愿对所有人行使收回权的资格进行先验审核。1972年1月3日和1975年7月15

日的两部法律进一步限制了这种收回权。三年期的收回条款有利于出租人后代之利益,后改为仅在续租时采用的六年期条款。这样收回权的行使便推迟至土地使用的第 15 年。最后,1984 年 8 月 1 日的法律规定资质的举证责任倒置,改由出租人承担,且举证应符合相关结构条例(réglementation sur les structures)的条件。

承租人的优先购买权也几经修改。根据 1946 年的法规,在承租人拒绝购买土地的情况下,"农事从业人员"享有优先购买权。上述程序使得承租人被驱逐出土地,而新的购买者须直接进行土地开发。① 1956 年 3 月 27 日的法律废除了此程序,仅承租人享有优先购买权。早在 1963 年,农民就怀疑优先购买权是否真的能保证承租人的稳定:"所有权的意义何在?"优先购买权已然成为承租人选择土地购买者的一种方式,而后者承诺在一定时期内不行使收回权。

自 1946 年以降,承租人的权利在其他领域也得到了巩固。自 1967 年 7 月 12 日的法律出台以来,承租人可不经地主授权而进行某些改良工作。1984 年 8 月 1 日的法律甚至允许承租人改变耕作方式和土地用途,除非出租人在认为有土地退化的风险时提起上诉。该法律还扩大了承租人根据单方决定由分成租佃制转为承租制的能力。最后,法律实践常诉诸农事租赁中的无权处分原则,非法和秘密转让时需向承租人支付顶费(pas-de-porte)或是一般相当于地租两倍的私下转让费(chapeaux),承租人因而可以真正获得既得利益(rente de situation)。此外,尽管不再参照 1939 年的做法,但 1975 年的租金仍由政府规定,受法官审查,这就意味着土地资本的回报率往往非常低。为吸引新的农业资本,1970 年 12 月 31 日的法律采取税收减免政策设立长期租约,但并

---

① Soc. 19 janvier 1950, *JCP*, 1950. II. 5418.

未取得显著成效。另外,除了少数可能会影响农场家庭传承的例外情况外,长期租约必须遵守农事租赁法规。

在一定程度上,地主与承租人间的对立已然毫无意义,1980年地主经营者拥有47%的农业用地,农民以及出租土地的退休农民则拥有25%的农业用地。1954—1990年间,农事从业人员从400万下降到100万人,他们拥有近四分之三的土地,而地主往往是承租人的配偶或近亲。事实上城市资本家已不再拥有土地的所有权,对农民而言,拥有所有权也不过是使农场盈利的众多方式之一。据分析,这种变化可能或多或少会导致经济效果有待商榷、社会基础已然过时、司法实践也逐渐繁琐的承租法规退出历史舞台。

226 农业公司形式的建立

传统意义上,农业领域与公司的形式毫不相干:农场,如同土地所有权一样都属于个人或家庭事务。"集体农耕"的概念在20世纪60年代才得以发展,当时土地集中似乎很有经济必要,并且出于保护家庭财产的需要,除家庭援助法规(statut d'aide familial)以外还需创建新的方式。因此,1962年8月8日的法律建立了农业合作经营组织(GAECs, les groupements agricoles d'exploitation en commun),最多可包括10位合伙人(associés),他们皆为农事从业人员,特别是能将租约交由合作组织的承租人。为防止土地过度集中,这些民间组织必须得到政府批准方可设立。自1975年,鉴于税收和法律方面的优势,农业经营合作社通过在限定时间内联结父子关系,从而确保家庭农场的转让。1979—1988年间,农业合作经营组织的数量从15300个增至37700个,并占有11%的农业用地。由于配偶双方不得单独成立农业合作经营组织,因而据1988年数据统计,1985年2400名合伙人中四分之一的女性选择了有限责任农场制(EARL, exploitation agricole à responsabilité limitée)。

为吸引土地资本,立法者也创想出了其他类似公司的形式:1962年8月8日的法律设立土地农业组织(les groupements agricoles fonciers),随后在1970年12月31日的法律中更名为农用土地组织(GFA, les groupements fonciers agricoles)。针对这种非个人财产(propriété impersonnelle)的形式,即以全部财产投资于农用土地组织,立法者谨慎而为,以此安抚那些担心土地资本主义会使其沦为雇员的农民。农用土地组织的规模有限,当其资本的30%以上由现金构成时,则必须出租他们拥有的土地。给予农用土地组织的免税政策并不足以吸引大量外资投入农业。1984年,近7000个农用土地组织中,大约有80%是由同一家族的成员组成的,其主要目的则是财产继承。

227 所有权与农业结构管制

在农业结构"改造"方面,地主的权利也因计划经济的发展而受限。① 早在1946年的法规中,便禁止"租金之并和"(cumul des fermages),1958年12月27日的法律部分采纳了上述经济举措。第五共和国时期,1960年8月5日的《土地指导法》(la loi d'orientation foncière)制定了积极的农业政策,并于1962年8月8日的补充法中加以明确,这进一步限制了所有权以及土地经营。随着1960年土地治理与乡村建设公司(SAFER)的成立,以及1962年土地优先购买权的确立,国家希望加强对土地市场的管制,重建规模庞大的农场,从而重新安置因城市扩张或收回权的行使而驱逐出土地的承租人,并以此控制土地的销售价格。作为戴着"私法面纱"的营利性股份有限公司,土地治理与乡村建

---

① 根据宪法委员会1984年8月1日的决定,所有权并未遭到质疑。

设公司得到了国家的支持,且农业专业组织在其管理中起着主导作用。只要不涉及"平衡性"①农场,且买方与卖方间无亲属关系或买方不属于优先购买者,那么土地治理与乡村建设公司便可通过行使优先购买权获得土地,条件为在五年内须根据能力以及经营前途将土地转卖给所选择的农民。土地治理与乡村建设公司的优先购买权不得对抗当前的承租人,而当未来的购买人首先成为他中意土地的承租人时,可能会导致欺诈行为。1962年,立法者曾在"苏联式集体农庄与无政府状态"间寻求一条中间道路。在部分地区,土地治理与乡村建设公司的行为激起了农民的消极抵抗,法学家认为该公司对土地市场不断增强的控制,严重威胁到私有财产以及处置自由。自1984年以降,土地治理与乡村建设公司市场份额的增加主要是由于土地出售相对降低。此外,这家拥有大量"储备"的公司正经历严重的财政困难。

1962年,愈发复杂的法规出台,要求所有涉及农场合并的程序,在得到部门委员会的咨询意见后须经省长授权,合并方面的转折点也出现于此时。自1968年起便通过计算最低农场面积(SMI)控制合并,1980年7月4日的指导法将其改称为"结构控制"。基本上农场合并需要得到批准,而购买土地仍然相对自由。但如若地主意欲自己经营,则会在土地购买和收回权行使等方面受到控制。政府可授权跨越准入门槛,当经营者不具备所需的专业能力时,这种授权不可或缺,因而地土可能无法经营其所获财产。

但是,人们并未大规模应用合并条例,反而通过多种法律或其他手段加以规避。实践比文本灵活得多,因而进行制裁的情况非常罕见。在考虑过又放弃了设立土地办公室的想法后,立法者在面对有关控制

---

① Civ. 18 November 1975, *JCP*, 1976, IV, 11.

的范围时犹豫不决。虽然 1984 年 8 月 1 日的"罗卡尔法案"(Rocard)增加了对国家的约束,将原本的任意性管制改为强制性,但 1990 年 1 月 23 日的农业补充法又放宽了某些程序机制。由于定居的农民数量急剧减少,人们也越来越担心土地会被遗弃,因而合并趋势出现了"首次衰退"。同样,自 1960—1962 年起制定的关于收回荒地之立法,允许法官在地主不作为的情况下租赁荒废了五年的土地,随着"预留地"(gel des terres)面积不断扩大,该立法实际上形同虚设。20 世纪 90 年代,在环境保护领域,想要恢复农村地主自由的难度很大。

228 所有权与环境保护

20 世纪初期,有关自然区域和遗址的立法反映出,人们已经意识到有必要保护由某些财产及空间所组成的遗产。一直以来,都以 1930 年 5 月 2 日的法律作为参考文本,该法以历史遗迹的分类机制为模型对景观进行分类。第二次世界大战后,甚至是在立法者根据环境和生态概念寻求保护自然遗产的强化手段之前,这部法律似乎就已经不再适用于动植物的保护了。因而 1957 年 7 月 1 日的法律在 1930 年法律的分类框架内,建立了旨在保护动植物的自然保护区。1959 年 6 月 26 日的法令也规定在海岸和林区建立生态保护红线(périmètres sensibles),并于 1985 年改为生态敏感区(espaces naturels sensibles),自 1961 年起,各省在上述地区享有优先购买权。随后,根据 1960 年 7 月 22 日的法律建立了第一批国家公园,并对其所有人施加特定限制,如禁止狩猎、禁止进行新的工业或商业活动以及管制行动自由。

1976 年 7 月 10 日的法律承认了真正的环境权利,将类似于对国家公园的限制扩展至自然保护区。自然保护区也意味着会严重限制海岸及山区所有人的权利。沿海地区保护政策可追溯至生态保护红线的设立,在20世纪70年代得到发展,并于1986年1月3日的法律框架中得以系统化。由于沿海地区和湖岸保护协会(Conservatoire de l'espace littoral et des rivages lacustres)可以通过征用或优先购买的和平方式获得土地,因而,这一时期城市化发展在滨海地区处处碰壁。经广泛讨论后,为保护公众利益,1976年在3米宽的地带设立了自由进入海岸的地役权,但不得靠近住宅区附近的土地。为补偿私有财产所做出的巨大让步,在某些情况下,上述地役权可能会产生获得赔偿的权利。在山区,1977年11月22日的法令以及1985年1月9日的框架法都采取了类似的措施来限制城市化,尤其是禁止在水体周围300米内进行建设活动。在严格实施上述措施的同时,休闲活动并未得到发展。

在狩猎权方面,所有权的退却也值得注意。这一问题的产生与其说是由于旨在保护某些动物物种免遭毁灭而颁布的禁令,或是说由于1974—1975年制定的狩猎许可证,倒不如说是因为1964年7月10日的"韦代耶法案"(Verdeille)将狩猎权与所有权相分离。根据该法,在某些省份可以成立市镇狩猎协会,其中涉及了非狩猎者的财产。他们只有在拥有最低面积,即20—60公顷时才可以行使反对权。因此,不狩猎的地主可能要被迫接受他人在其土地内进行狩猎,相较于1789年制定的原则,这是一种奇怪的倒退现象。1999年,欧洲人权法院判决法国侵犯所有权,对1964年7月10日的法律提出质疑,于是法国2000年7月根据欧洲的限制开始改革狩猎法。环境政策也通过保护历史遗迹①和保护区,限制城市土地所有人的权利,自1962年8月4日的"马尔罗法案"(Malraux)出台以来,在历史遗迹和保护区内,建筑许可证必

---

① 在1913年12月31日法律的基础上,多次进行修订,特别是1983年1月7日的法律,首先将适用范围扩展至古迹地区。

须得到法国建筑设计师的同意。因此,在城市规划法涉及的广阔领域内,对所有权产生了诸多限制。

229 城市规划政策的转变

自解放时期以来,城市规划法不断发展,产生了数目繁多的法律文本,不断对1954年以来实施的行政法典提出质疑。城市人口在1945—1975年间增加了近1700万,并于1990年达到法国人口的74%以上。可见对住房和城市规划的需求程度之高,当时的许多法律指南时常缺乏合理性或实际效力,因而也有必要制定"城市政策"。但通过研究该政策的重大转变,我们可以更加明晰财产法的衰落与进步。

解放时期,首要任务是进行重建以及社会住房。1943年的法律创建了城市规划公共服务,根据指导经济和国家规划,重建与城市规划部采用了维希政府时期的法律。城市规划政策的法律文书几乎一字未易,国家行动集中于大规模的建筑援助。在这一领域,第四共和国仅通过了两项重要文本:1953年8月6日的法律,允许为建造住房区或工业区而征用土地;1957年8月7日关于建筑的法律框架建立了城市化优先发展区(ZUPs, les zones à urbaniser par priorité)以及庞大的低租金住房(HLM, habitation à loyer modéré)计划。

法兰西第五共和国通过新的法律方式制定了更加雄心勃勃的政策。其早在1958年就彻底改革了征用法,根据1958年12月31日的法令,在城市优先发展区重启城市规划,将大型建筑以及所规划的集体设施集中于此。1967年12月30日的《土地指导法》规定了发展方案及规划的新框架,原则上适用于所有城市。各个市镇都需制定土地使用规划(POS, plan d'occupation des sols),界定可建设或禁止建设的区域、集体计划取得的保留地以及可对抗土地所有人使用土地的地役权。容积率（COS, coefficient d'occupation des sol）限制了土地密度，这一系数囊括了自 1962 年以来的技术尝试。同时，协同开发区（ZAC, zones d'aménagement concerté）的程序取代了城市化优先发展区，允许在与开发商达成协议的条件下开展小范围的施工工作，开发工作可委托给私营部门。容积率的实施最开始举步维艰，1973 年后，住房政策逐渐脱离于公共资金。尽管 1975 年 12 月 31 日的《土地法》诞生于自由主义愿景，但它通过重新定义土地干预区（ZIF, zones d'intervention foncière）的优先购买权以及引入法定最大建筑密度（PLD, plafond légal de densité），加大了公共机关对土地的控制。

左翼多数派执政期间为城市规划政策带来了新的转变。在权力下放的过程中，1983 年 1 月 7 日与 1985 年 7 月 18 日的法律将许多权限移交给地方机关，特别是下放到有土地使用规划的市镇。对于其他市镇而言，根据限制建造性规则（la règle de constructibilité limitée），除了在已经实现城市化的地区外，禁止进行任何建设活动，这一施压手段效果显著，城市规划迅速得到采纳：1990 年，1 万 2 千座市镇都制定了土地使用规划，规定每座建筑物的位置及用途。同时，在土地市政化思想的影响下，进一步限制了所有人的权利，1983 年 1 月 7 日的法律甚至宣布"法国的领土是国民共有财产"。1986 年和 1993 年多数党更迭，针对土地管制以及建筑权，1986 年 8 月 19 日、1986 年 12 月 23 日以及 1994 年 2 月 9 日的法律转而采取更为自由的措施。然而，城市规划法的这两个基本方面并未受到质疑。

230 土地管制的研究

自 1945 年以来，由于城市人口的增加以及对住房和公共设施的新需求，人们对土地的需求日益增长，然而可建筑用地的数量有限。这些建筑用地的价格涨幅惊人，其平均价格在1950—1958年间翻了三倍，在1959—1963年间又翻了一番，1963—1969年间涨速减缓，翻了一倍。立法方面试图阻止这一发展形势的破坏性影响，为公共机关试图规范土地市场提供法律手段，并建立土地储备以备将来使用。

优先购买权，尤其是市镇在开发区内所享有的，限制了城市土地所有人的处置权。这一权利最初于1958年在城市化优先发展区临时设立，旨在遏制准备进行城市规划的领域内的土地价格的上涨，1962年在从缓发展区（ZADs, zones d'aménagement differé）适用优先购买权，随后，1975年其适用范围扩展至土地干预区，该区域由居住人口超过1万的市镇之土地使用规划所划分。根据1985年7月18日的规划法，适用范围更广的城市优先购买权取代了上述制度。这项新机制的适用范围甚至包括今后的城市化地区以及居住人口少于1万人的市镇，因此可以优先购买的地区增加了两倍。同时，对优先购买而获得土地的补偿条件也进行了修改，例如不补偿重新利用的土地，一般来说这并不利于所有人。他们只拥有相应的放弃权，以此迫使行政部门立即收购有关财产。人们强烈批判1985年7月18日的法律条款，从未全面实行该法，1986年12月23日的"梅哈涅里法案"（Méhaignerie）放宽了1985年法律的规定。在实践中，行使优先购买权的情况相对较少，200份转让意向书中仅1份涉及优先购买权，这反而对有关部门适度调整价格构成了威胁。最贫穷的地方政府无法建立大量的土地储备。尽管对所有权一再进行限制，但公权力仍未完全控制土地的价格。

231 建筑权的限制

1943年6月15日的法律普及了建筑许可证，为日益严格的建筑权限制奠定了基础，该权利在传统上是一种附属于土地所有权的特权。

随着城市规划规章的发展,获得建筑许可证的条件倍增:建筑规划不仅要符合线路规划(plan d'alignement)和卫生条例,还应符合土地使用规划。在没有土地使用规划的地区,则适用于国家城市规划条例,此后适用 1955 年 8 月 29 日、1961 年 11 月 30 日和 1977 年 7 月 7 日的法令。1983—1985 年间,一般法意义上的权力移交给拥有土地使用规划市镇的市长,这并未从根本上改变对所有人权利限制的本质。

一方面,需获得许可证的业务数量自 1943 年以来稳步增长,不仅包括任何新的建筑工程,即便是那些没有地基的工程,还包括任何改变现有建筑用途、外观以及空间大小的工程。建造一个简单的鸡舍抑或是面包烤箱都需要拥有建筑许可证,在某些地区还规定了拆除许可证。尽管 1986 年 1 月 6 日的"简化法"规定某些业务可采取事先申报制度,但对所有者而言,建筑许可证涉及的领域仍不断扩大。另一方面,城市规划地役权在 20 世纪 60 年代末已经超过了 180 种,并且从未产生过相应的赔偿,所有人在进行建筑时必须履行的诸多义务,这着实令人震惊。通过选址、分区、视觉效果、日照、楼间距、间距退让、楼高、卫生舒适度或关于建筑详细规定的准则,对建筑工程进行严格监督,甚至有的土地使用规划还对百叶窗的颜色作出规定。

若超过 1975 年 12 月 31 日的"加莱法"(Galley)制定的法定最大建筑密度,享有建筑权之人则需缴纳税款,并且在没有土地使用规划的市镇,为解决乡村地区无序扩张的问题,根据限制建造性规则可以轻而易举地完全剥夺建筑权。因而我们可以认为建筑权不再是所有权的自然属性了。在此,还应考虑到立法和实践间的差距以及目前的某些宽松措施。建筑许可证的发放往往会同城市规划的个别规则产生抵触,这些规则受到判例法、学说以及立法者自身的抨击,却导致许多影响美观的建筑建成。自 1986 年以降,由于土地使用规划的数量不断增加,各市镇可自由选择是否设立法定最大建筑密度,而限制建造性规则不再具有效力。虽然私人房主的建筑权相当有限,但依然具有重要价值。

232 城市所有权的发展与转变

在所有权所赋予的权力不断退却的同时,购房仍是家家户户不变的追求。1954 年,仅有 35%的家庭拥有其主要住所的所有权。1978 年这一比例上升至 47%,其中包括购房者(accédants à la proprieté),1990 年达到 54%。20 世纪 70 年代到 80 年代初,得益于独立住宅的建设,房屋所有人的数量显著增加。1990 年,30%的法国人居住在 1968 年以来建成的小屋中。通过共同所有权的发展,(不动产)产权得到了普及:战后,不动产所有人倾向于将公寓分批转售,而非按照 1948 年的法律条文进行租赁。随后 1965 年 7 月 10 日的法律加强了这一制度的建设:通过赋予社区管委会(Syndicat de copropriétaires)法人人格强调该制度的集体属性,并以肯定现存多种共同所有权的方式扩大其适用范围。

"民主化"现象极大地改变了城市不动产所有权。几乎所有人都是通过贷款取得房屋所有权,同时过度负债的风险不断增加,所以相较于单纯的合意转让(transfert solo consensu)原则,人们更倾向于不动产所有权的延期转移。1967 年 1 月 3 日关于待建楼房销售合同的法律规定了期房销售(ventes à terme)的方式,但这在实践中相当罕见。1979 年 7 月 13 日有关贷款中止情形的法律和 1989 年 12 月 31 日关于可撤销期限的法律进一步保护了买方利益,而 1984 年 7 月 12 日的法律则建立了以租代购(location-accession)的制度。与此同时,一场"个性化不动产特权(personnalisation des prérogatives réelles)"运动已经打响,房地产公司通过售卖股票使人们获得公寓的使用权。分配公司(sociétés d'attribution)采取的方式最初基于 1938 年 9 月 28 日的法律,后经 1971

年7月16日的法律所承认。1986年1月6日关于共享不动产分配公司的法律试图打破"多方共有"的幻觉,多方共有是指在规定期间内享有使用部分空间的单一债权。另外,值得注意的是1964年12月19日的法律创建了建筑用地土地租赁合同,试图重振先前的地表制度。在该合同中,承租人享有18—70年不等的不动产物权,他们承诺在出租人的土地上进行建设。1990年5月31日的法律规定了至少12年的恢复性土地租赁合同(le bail à réhabilitation),通过新的方式分割所有权。除了"经典的"个人房屋所有权以及共同所有权这种"所有权的复数形式"外,还存在一系列确保所有权与租赁权间过渡的物权和债权。

233 住房权的艰难认定

解放时期,当局继承了关于租金的特殊立法,并于1945—1947年间制定了有关延期和价格上涨的新规定。由于大量建筑物毁损或年久失修、建设工作停摆以及城市人口加速密集,所以需要更强有力的补救措施来解决波及甚广的住房危机。当务之急是确定一项具有前瞻性的政策,而不仅限于临时性的缓解措施,如1945年10月11日法令规定的征用空置住房的措施。1948年9月1日的法律旨在要求已建成房屋的所有人维持保护租户的公共秩序,同时,促进未来住房自由的制度则旨在刺激建筑工程。1948年前的住宅分成了四类,又根据其舒适度和地理位置进行细分。不同于两次世界大战间歇期间延期交付原始租金的做法,该法律引入了科学租金的概念,在考虑到光线以及放置的某些设备后,计算出实际面积,再将其乘以法令根据居住类别而确定的每平方米的基本价格。计算表基于建筑的平均价格以及房主需要承担的费用,仅能保证房主获得1%的收入。另外,租金与1957年以前底薪的变化相关联。任何租金都不得超过最初设定的高价房租收益,租金应当逐步上涨。事实证明,这种高度技术官僚式的租金计算方式在高通胀时期对房主极为不利。此外,1948年的法律进一步削弱了房主的特权,它赋予了租户等居住者在不受限制的期限内拒不搬迁的合法权利,该权利原则上不得转让,但已故租户的家人可享有这一权利。房主的收回权受到相当大的限制,特别是在房主无法安置搬迁的租户的情况下。

该法规建立一个具有大型"社会性质之私营部门"的双重租赁市场,使房主不再对其建筑进行维护,而对部分租户而言这是一种创租的情形,在经济方面产生了消极影响。在旧住房的参考框架内,逐渐放宽了这一法规的要求。1958年12月27日的法令使得1948年的法律不再适用于居民人口少于1万人的市镇,1964年12月23日的法律进而规定,政府可以用法令决定哪些城市不再适用1948年的法律。因此,主要在1967年至1969年间,该法在1万5千座市镇内变得形同虚设。自1962年起,中期或短期的减损性租约(baux dérogatoires)应运而生,随后,舒适度较高的公寓类型不再适用于1948年的法律。20世纪70年代初,为保护收入有限的租户,主流观点是1948年法律针对的住所应不断减少,1970年为139万6千套,1988年为50万2千套。然而,立法者没有魄力废除这项在不到四十年间修改了50多次的"陈规"。低租金住房一词首次出现在1950年7月21日的法律中,主要在1967年至1975年间得以发展,原则上应遵守1948年法律的规定,除了特殊的规则,如租户收入状况改变时,需缴纳附加租金。

"自由的部门"自1948年以来持续扩大,直至经济危机爆发、租金上涨以及住房供应量减少,从而导致立法者再次进行干预。左翼政府上台后,于1982年6月22日投票通过了"基约法案"(loi Quillot)。该法案宣布"居住权"(droit à l'habitat)是一项"基本权利",而后受劳动法的启发,建立了集体谈判制度以此确定租金,除了少数例外情况以外,授予租户自动续租权以及在出售时的优先购买权。① 随着税收负担的加重、更具吸引力的投资方式的发展以及政权的更迭,对出租人权利之限制松松紧紧。1986 年 12 月 23 日的"梅哈涅里法"(Méhaignerie)试图在长达 9 年的过渡期后,重新确立在租赁期满时自由决定租金的做法。这为新的租约预设了更大的自由。

作为"政权更迭"的受害者,"梅哈涅里法"甚至在过渡期结束前,就因政府提议而被 1989 年 7 月 6 日的"梅尔马兹-马朗丹法案"(Mermaz-Malandain)所取代。这部新的法律明确提出了"住房权"(droit au logement),1990 年 5 月 31 日的法律也采用了这一表述。通过维持过渡性制度的理念以及重新引入"基约法案"中关于集体关系的部分机制,"梅尔马兹-马朗丹法案"旨在平衡房主和租户之间的关系。除例外情况外,初始租金的确定必须"参照附近相似住房的通常租金",但在"租赁市场异常"的情况下,可通过法令来调节租金,例如巴黎市及其郊区的某些省便是如此。续租为租户的权利,除非出租人有合理理由中止租赁合同,否则只有在租金明显低于市场价格的情况下才能增加租金。这种与经济环境和政治变化相关联的立法狂潮,并不妨碍维护租户信息的"共同核心"。建筑危机增加了确定长期住房政策的困难,这一时期无家可归之人数量增加使得"住房权"极其脆弱,1987 年约为 40 万人,且不包括"居住条件差的人"。国家试图通过 1991 年和 2000 年的法律迫使市镇建造社会住房,抑或是在 1999 年对空置住宅征税,同时有的法院在审理未经授权的居住者时,以紧急避险为由,根据宪法委员会在 1995 年将住房权作为宪法价值目标的规定,作出了有利于他们的

---

① 通过扩展 1975 年引入的机制,该机制适用于将建筑物分割成公寓之后,出售住宅的情况。

裁决。根据2000年12月13日关于城市团结与重建的法律(SRU, solidarité et au renouvellement urbains),地方城市规划(PLU, plans locaux d'urbanisme)取代了土地使用规划,上述法律规定在坐落于主要城市区、居住人口数超过3500的市镇中,社会住房比例需达到20%,2007年3月5日的法律创设了"可抗辩住房权"(DALO),并由省长进行调解和干预,为申请人寻找合适的住房。

二、债法的转变

234 公共秩序的兴起与契约自由的限制

第二次世界大战的结束并不意味着回归于19世纪,甚至是1939年前所谓的"契约自由"。战争时期采取的指导性措施暂时保留了下来,直到1946年专业组织委员会才将其废除,也有的指导性措施代之以对缔约方具有同样限制性的新法律文本。在资源匮乏和定量配给的经济背景下,担心通货膨胀构成威胁,临时政府在经过多次辩论后,于1945年6月30日发布了两项关于物价和违反经济立法的法令,即第1483号与第1484号法令。皮埃尔·孟戴斯-弗朗斯(Pierre Mendès France, 1907—1982)因兑换钞票的要求无济于事,于1945年4月辞去了国民经济部长的职务。政府自我授权制定所有产品和服务的价格,原则上将物价控制在1939年的水平,同时政府还确定了经济犯罪的罪行清单,如非法操纵价格与串通、拒绝交易、违规储蓄等。几个月后,于1946年1月制定了首个现代化计划,接着"指导性"规划也随之出台。直到1950年,工资都是由政府确定的。在当时的环境下,合同关系框架受到"指导性"公共秩序的严格限制。

解放时期的指导经济很快就让位于新自由主义的经济政策:虽然经济因马歇尔计划的援助有所恢复,但通货膨胀的无序状态依然存在,配给制直到 1949 年才得以废除,1947 年 1 月政府下调 5% 的物价最终以失败告终。然而,1945 年 6 月 30 日法令所规定的限制性手段却保留了下来。1952 年至 1957 年间,价格趋于稳定,1952 年 7 月比内(Antoine Pinay, 1891—1994)推行浮动工资制(échelle mobile des salaires),国家试图通过 1953 年 8 月 9 日的法令来鼓励竞争,以补充 1945 年 6 月 30 日的法令。(浮动工资制是通货膨胀的产物,即根据物价上涨自动调整工资。——译者注)在第四共和国的最后两年,通货再度膨胀,政府通过控制物价的方式进行应对。在第五共和国初期,比内回到财政部,货币和金融秩序得到恢复。1958 年 12 月 27 日的法令创设了新法郎,同时根据 1958 年 12 月 30 日的法令,除了最低工资以外,原则上禁止适用指数条款,以此避免通货膨胀对浮动工资制产生影响。规划应促进法国经济向对外开放,以及在新建成的欧洲经济共同体内促进贸易自由化。1963 年 8 月,"法国经济增长的黄金时代"并没有阻止通货膨胀以及对物价的再度冻结与控制。

随着 20 世纪 60 年代消费社会的兴起,对保护消费者的公共秩序之需求也逐渐显现:1963 年 7 月 2 日的金融法在处理虚假广告的问题时仍持谨慎态度,1966 年成立了国家消费者协会。然而,在 20 世纪 70 年代初,随着 1973 年 12 月 27 日"鲁瓦耶法"(loi Royer)的颁布,首要任务再次成为保护小商贩不受大型商场的影响,该法案规定大型商场的设立必须事先获得批准。在数次对特殊合同领域进行干预后,例如 1972 年 12 月 22 日关于销售与上门推销的法律,又经过了几年,消费者协会才发展到与专业人士谈判标准合同同样的效果,经"鲁瓦耶法"授权消费者协会可向刑事法院提起民事诉讼。1976 年法国消费事务国务秘书处的设立使得1978年议会选举前夕的立法运动层出不穷。考虑到专业人员和非专业人员之间的差异,根据1978年1月10日的两部"斯克里韦内法"(lois Scrivener),契约自由让位于保护消费者的迫切需要。第78-23号法律规定管制或禁止危险产品,通过"润色"1905年8月1日的法律加强了对"虚假广告"的打击力度,该法案还规定了资格证书或强制性的包装标记等有利于消费者的信息程序。最重要的是,它解决了附合合同中存在的大量"霸王条款"。上述法律第35条诉诸"滥用经济权力"的概念,列举了界定"霸王条款"的标准,并授权政府在听取特别委员会的意见后,可通过法令禁止或限制此类条款。国民议会积极讨论了这项复杂的法案,让·富瓦耶谴责这史无前例地损害合同的行为"破坏了民法"。最初的草案将控制权交由法院,而立法者则依靠监管权进行干预。事实上,仅1978年3月24日的法令确定了两项霸王条款,因而在很长一段时间内,针对其他霸王条款的影响,判例法与学说仍然存在分歧。① 1978年1月10日的另一部"斯克里韦内法",即第78-22号涉及消费信贷的法律,特别规定了要约内容和承诺条件,以及7天内撤回的可能性。

自1978年以降,保护消费者的"公共秩序"便持续发展,特别是1979年7月13日关于不动产贷款的法律为借款人设立了冷静期,随后1988年1月5日的法律允许消费者协会介入民事法庭的审判。最后,1989年12月31日关于个人过度负债以及1992年1月18日关于规范新的销售程序以及在有限范围内授权对比式广告的两部"奈尔茨法"(lois «Neiertz»),加强了现已编纂的法律之自主性。同时,新自由主义

---

① 1991年5月14日的 Civ. RTD cio., 1991, 526,授权法官认定此类条款从未出现在合同中。

思想的复兴也使得物价逐步自由化。这场运动始于20世纪70年代末,随着1976年12月23日放宽物价控制的法令以及1977年7月19日竞争法的颁布,自由化运动于80年飞速发展。矛盾之处在于,在1982年采取全面控制物价的做法后,人们普遍希望废止1945年法令所规定的制度。首先1985年12月30日的法律对其进行了修改,1986年12月1日的法令又将其废除,规定了物价自由与竞争自由。因而,根据经济政策,公共经济管理秩序焕然一新,但国家并没有就此放弃对契约自由的限制。

235 竞争法之范例

竞争法很好地诠释了公共秩序在合同邻域的变化与限制。在这方面,法国立法远远落后于其他国家,仅《法国刑法典》第419条涉及禁止联盟的规定,以及自1926年起惩罚扰乱市场自然运行的个人行为。直到1953年8月9日的法令,才在1945年6月30日法令关于物价的第59条第2款与第3款的指导框架内,制定了有关反竞争协议的具体规定。1953年的法令区分了促进经济进步的"善意协议"与有关非法定价的"恶意协议"。该法令建立了协议技术委员会,负责向部长提供建议以进行事后控制,而部长仍可自由启动刑事诉讼。在实践中,反竞争行为并不经常启动刑事程序,而是在大多数情况下,通过修改待达成协议条款的程序进行交易,契约自由因此受到行政部门的限制。

在《罗马条约》的影响下,1963年7月2日的法律完善了上述体系,首次谴责了滥用主导地位的行为。尽管自1971年以来,协议与主导地位技术委员会(la commission technique des ententes et des positions dominantes)的活动日益增多,但这种事后控制似乎鲜有成效。为了填补法国法的空白,平衡物价自由化,最终1977年7月19日的法律设立了竞争委员会，对兼并行为进行事先控制。部长拥有决定经济处罚的准自由裁量权。事实上，政治意愿的缺乏导致该文本很少适用。在自由化发展和行政部门特权削弱的新背景下，1986年12月1日关于竞争条例的规定应运而生，该法令设立了竞争理事会（Conseil de la concurrence），可以对反竞争协议和行为进行民事制裁，比方说使该行为无效。除了规制滥用支配地位以外，该法令新增了禁止滥用经济依赖状态的规定。对兼并行为的控制仍需听从部长的决定。竞争制度旨在增强灵活性和减少惩戒措施，尽管有时可能事与愿违，但这并不妨碍打击那些非法且受到民事制裁的歧视性做法。因此，立法者仍旧以竞争自由为名限制契约自由。

236 特别合同倍增

此外，立法者的干预促使特殊合同法取得重大进展。议会最具创新性的措施主要集中在不动产领域，其经常采取短暂的经济政策以振兴建筑业。自20世纪60年代以来，为改变个人与专业人士间的关系，制定了一系列新合同。有的合同乃从无到有，如1964年的建筑租赁合同、1967年的不动产特许合同、1967年和1971年的期货销售合同以及1971年的房地产经销或个人住房建造合同。更为罕见的是，法律重拾先前存在的实践，抑或是扩大了其适用范围，如1966年的融资租赁合同、1967年销售待完成商品的合同和1984年的租赁买卖合同（location-accession）。在任何情况下，都强制当事人使用其中一种法定方式来规范房地产市场。任何程序都应遵守强制性规定。在"过度监管"的背景下出台了纷繁复杂的规定，违背了极为重要领域内的契约自由。但过度监管并不能防止某些漏洞，例如在消费信贷中使用租赁，这并不符合1966年7月2日关于融资租赁合同的法律的规划。相反，2007年2月

19 日的法律设立了信托合同（见《法国民法典》第 2011—2031 条），在法国法中引入某些为保护受益人利益而将财产转移给受托人的信托技术，用于不具自由性的业务。

在传统的特殊合同领域，立法文本的增多同样对租赁法、销售法、保险法或运输法产生了影响。四十年间出台了 20 多项关于销售的法律，如 1980 年 5 月 12 日关于动产销售中保留所有权条款的可抗辩性之法律，保险法是由 1976 年 7 月 16 日的三项法令编纂而成的。特殊合同的泛滥使得学说开始反思合同法的碎片化是否已经大大限制了合同一般理论的适用范围。然而，大多数作者认为，特殊合同的兴起有助于丰富而非破坏合同理论。

237 商业合同的特殊性

在上述发展过程中，是否应当给予"商业合同"以特殊定位？自 1945 年以降，一场颇具双重性的运动使得民事与商业制度时而背道而驰，时而殊途同归。一方面，如 1980 年 7 月 12 日的法律所示，商业合同法的特殊性得以保留和认可。1953 年 9 月 30 日的法令经过多次修改后对租金修订、续租权以及损失赔偿作出了相关规定，这也突显了商事租约的特殊性。1965 年 5 月 12 日的法律允许"取消租约的用途变更"，这明显同《法国民法典》第 1729 条①相抵触。最后，还存在一系列根据商业惯例而产生的新合同，此类合同很少或近乎没有受到监管，如受欧盟法规制的商业特许合同、保理合同、工程合同或特许经营合同。1989 年 12 月 31 日的法律仅满足于在签订合同前改善特许经营人的信息。另一方面，民法和商法之间愈发相互影响、相互作用。自 1867 年的法

---

① 《法国民法典》第 1729 条："如承租人使用租赁物于非约定的目的，或其使用的方法可能对于出租人发生损害时，出租人得斟酌情形，请求解除契约。"——译者注

律出台整整 99 年后,1966 年 7 月 24 日的法律对商事公司进行了重大改革,在很大程度上影响了 1978 年 1 月 4 日关于民事公司的法律。《法国民法典》第 1832 条及以下条款纳入了上述法律,这部代表性法律包含着适用于所有公司的规定。1985 年 7 月 11 日的法律创立了一人有限责任企业(EURL, l'entreprise unipersonnelle à responsabilité limitée),《法国民法典》第 1832 条也因此修改,该法律还革新了公司的概念,使其可以建立在单方面承诺的基础上。① 在 1990 年 12 月 31 日的法律授权私营公司(sociétés d'exercice libéral)以商业形式运营之前,民事公司就因 1966 年专业公司以及 1971 年建筑公司的发展而重焕活力。此前,根据 1967 年 7 月 13 日的法律规定,协会、工会、民事公司等私法中的法人必须遵守司法解决和资产清算的程序,自 1985 年 1 月 25 日的法律出台以来,手工业者在破产时便交由商事法院管辖。本着同样的精神,1975 年 7 月 13 日的法律废除了利率的双重性,1977 年 1 月 3 日的法律将商业义务的十年时效期限扩展至混合行为。消费法的发展已经跨越了民法和商法的界限,而法院则希望通过债法的一般理论来恢复某些商业合同的平衡,例如特许权或特许经营。

238 介于合同与法规间的劳动法

1945 年之后,劳动法的特殊性愈发显著,个人劳动合同的传统概念让位于关于劳动者特殊"地位"的想法。迪朗(Paul Durand, 1908—1960)于 1947 年发展了企业的制度理论,布兰(Alice Adelaïde Brun, 1904—1990)于 1962 年提出了"企业联系"。在工资、带薪休假和安全方面,社会公共秩序不断发展。1950 年 2 月创建了法国各行业最低保

---

① 《法国民法典》第 1832 条:"合伙为二人或数人同意将若干财产共集一处,而以分配其经营所得利益为目的的契约。"——译者注

证工资(SMIG, salaire minimum interprofessionnel garanti),也就是后来的最低工资(SMIC, salaire minimum interprofessionnel de croissance)。1956年带薪假期延长至3周,1969年为4周,1982年为5周。1946年建立了职业医学机构,1976年12月6日出台了关于预防工伤事故的重要法律。此外,1946年在宪法层面承认了罢工的权利,这与普通合同法相抵触。根据1950年2月11日的法律,罢工并不会中止雇佣合同。无论是1946年12月23日、1950年2月11日和1971年7月13日的法律所涉及的集体协议,还是从创建于1945—1946年间的劳资委员会,甚至是从1968年12月27日的法律关于超过50名雇员的企业必须由工会部门选出职工代表的规定中,都能看出集体劳动关系的重要性日益增强,这也导致合同逻辑的地位下降。

然而,个人劳动合同仍然发挥着重要作用,特别是当集体协议就每次招聘的特殊性做出调整时。尽管1945年11月2日的法令规定,雇员超过20人的企业必须制定内部规章,但判例法在很长一段时间内仍将这些规章纳入劳动合同中,并拒绝扩大法院对所规定的纪律制裁之控制范围。立法者对解雇法的干预进一步证明了个人劳动合同的生命力。关于不合理解雇,在1973年7月13日的法律出台之前,判例法几乎一成不变。随后,立法者取消了单方终止无固定期限合同权利这一原则。为保障雇员的辩护权,法律不仅规定了任何解雇都应遵守强制性形式,并且会对解雇理由进行司法审查,这些理由必须是"真实且严重的"。此外,1975年1月3日的法律规定,出于经济原因裁员必须获得行政许可,同时集体裁员应遵照相对繁琐的协商程序。

在不遵守上述解雇程序的情况下,涉及处罚方式的判例法引起了劳动法与民法之间的重大争议。长期以来,法院援引《法国民法典》第

1142条①,认为违反1945年2月22日的法令解雇员工代表的无效性,并不能导致被解雇员工在企业中强制复职。② 根据 Revêt-sol 案的判决,最高法院允许在此类情况下采用罚款的方式,从而增加了员工复职的可能。③ 另外,在1952年至1974年间,根据《法国民法典》第1184条④的规定,最高法院承认雇主有权要求法院终止劳动合同,而这可能会导致保护职工代表的公共秩序之规则失去效力。佩里耶案(Perrier)的判决推翻了上述判例,标志着劳动法与民法的分崩离析,虽然这种说法略显偏激。⑤ 然而根据1973年7月13日的法律,在不合理解雇的情况下,恢复职位的处理方式并不具有强制性,且鲜少出现。

自1975年以降,由于就业危机和执政党更迭,劳动法发生了翻天覆地的变化。虽然1973年已经重新对《劳动法》进行了修订,但1982年的4部"奥鲁法案"(Auroux)还是修改了这部法律近乎三分之一的内容。"奥鲁法案"试图通过加强集体权利、恢复集体谈判以及限制雇主惩戒权(pouvoir disciplinaire)的范围,在企业中建立真正的民主。内部规章制度丧失了合同性质,且企业中的社会组织得到了加强。相反,合同主义的逻辑大致因放松管制而重新生效。1986年12月30日的法律废除了对解雇的所有行政管控,而1989年8月2日的法律建立了转换权(droit à la conversion)。1985年,最高法院限制法官对解雇实质理由

---

① 《法国民法典》第1142条:"作为或不作为的债务,在债务人不履行的情形,转变为赔偿损害的责任。"——译者注
② Soc. 27 novembre 1952, D., 1953, 239.
③ Soc. 14 juin 1972, D., 1973, 114.
④ 《法国民法典》第1184条:"双务契约当事人的一方不履行其所订定的债务时,应视为有解除条件的约定。前项情形,契约并不当然解除。债权人有选择之权:或者如给付可能时,请求他方当事人履行契约,或者解除契约而请求赔偿损害。债权人的解除契约,必须向法院提起之。法院依情形对于被告得许以犹豫期间。"——译者注
⑤ Ch. mixte 21 juin 1974, D., 1974, 593.

进行评估的审查,但在 1990 年依然不认为"失去信任"本身可以作为解雇理由。最重要的是,就业危机使得定期合同、兼职合同等不稳定合同的数量倍增。立法者一方面力求为雇员提供保障,另一方面又努力鼓励招聘,根据经济形势确立这个或那个目标,例如 1979 年 1 月 3 日的法律、限制性更强的 1982 年 2 月 5 日法令、相对宽松的 1985 年 7 月 25 日法律和 1986 年 8 月 11 日法令。1984 年的社区就业规划(TUC, travaux d'utilité collective)、1985 年的入门职业培训(SIVP, stages d'initiation à la vie professionnelle)、1989 年的中等教育学校(CES, Collège d'enseignement secondaire)等促进青年就业的政策不断发展,在避免政策滥用以及明确这种"就业法"的法律类别时,面临着诸多困难。自 1993 年的"奥布里法"(Loi Aubry)以来,社会规划倍增,因而也产生了大量判例法,随后,1998 年 6 月 13 日和 2000 年 1 月 19 日的法律将每周工作时间减少为 35 小时,这再次冲击了劳动法。2004 年至 2005 年间,超过 9 项法律或法令限缩了 35 小时工作制规则的适用范围,同时,2004 年 5 月 4 日、2005 年 1 月 18 日以及 2008 年 8 月 20 日的法律彻底修改了集体谈判和工会代表法。

239 合同一般理论的更新

在立法者奉行的合同平衡之新概念的影响下,判例法和学说重新思考《法国民法典》的传统规则,此前是根据意思自治来阐述这一规则。首先,上述变化在对合同形成的理解中便有迹可循。消费者保护法的安全需求,以及合同的标准化现象使得形式主义卷土重来。考虑到商业事务中签订事先协议的做法日益普遍,判例法试图确保某些在合同签订前所作承诺的有效性。自 20 世纪 60 年代以来,为了保障合意将宣传材料(documents publicitaires)纳入合同范畴。无独有偶,在消费者保护立法制定的同时,判例法在《法国民法典》第 1135 条①的基础上延伸出提供信息的义务。这是旨在预防合意瑕疵,打击在附合合同中滥用格式条款(clauses prérédigées)的行为,其中专业人员规定了强制性的一般条件,损害了立法者制定的补充规则。

由于知识水平不同,缔约各方常处于不平等的地位,从而影响了合意瑕疵的概念。自 1958 年以降,判例法在认定欺诈时,将范围扩展为构成欺诈性隐瞒当事人之沉默,而他们往往是专业人士。在经济上处于依赖地位或一方当事人紧急避险的情况下,法院对暴力构成的瑕疵存在着较大分歧。②根据《法国民法典》第 1110 条③,当标的物的本质出现错误时,该条款甚至可以由卖方援引,以保护在不知情的情况下处置了著名艺术家之巨作的当事人。④ 部分学者认为,这种承认债务人自身存在错误的做法,类似于合同损害(lésion),因为标的物的本质出现错误时,会导致对其价值的评估产生错误。根据《法国民法典》第 1129 条⑤所规定的特定物的数量,法院通过对标的物的要求来撤销完全由一方当事人定价的合同。自 1978 年起,最高法院便将这一原则应用于需求合同(contrats d'approvisionnement exclusif),以此帮助依赖于大公司的优秀加油站工作人员或啤酒零售商。上述判例法旨在恢复合同平衡,但当其扩展至经济实力相当的公司之间时,却饱受争议。

---

① 《法国民法典》第 1135 条:"契约不仅依其明示发生义务,并按照契约的性质,发生公平原则、习惯或法律所赋予的义务。"——译者注

② Com. 20 mai 1980 (*FCP*, 1980, IV, 285),撤销了巴黎法院关于汽车销售特许权的裁决。

③ 《法国民法典》第 1110 条:"错误仅于涉及契约标的物的本质时,始构成无效的原因。如错误涉及当事人一方愿与之订约的他方当事人个人时,错误不成为无效的原因,但他方当事人个人被认为契约的主要原因时,不在此限。"——译者注

④ Aff. Poussin, Civ. 22 février 1978 et 13 décembre 1983, *D.* 84, 340.

⑤ 《法国民法典》第 1129 条:"债之标的物至少应为种类上特定的物件。物件数量,如有确定的方法时,得为不特定的数量。"——译者注

《法国民法典》第 1134 条的效力范围似乎因意思自治的下降而受到威胁,法官根据这一条款行使调节权,要求缔约双方间秉持"善意"。因此,法院能够拒绝使债权人恶意实施的解除条款发生效力。在劳动法领域,《法国民法典》第 1134 条为 1988 年判例法修改劳动合同实质内容的明显转变奠定了基础。人们逐渐质疑从前与意思自治相关联的合同相对效力的原则。判例法扩大了第三人可以援引合同的案件数量,并支持立法者发展相互依存的合同的做法。

关于合同的履行,判例法在扩大和修改德莫格于 1925 年对行为义务和结果义务之间的界定方面具有决定意义。早在第二次世界大战之前,人员运输的安全义务就被视作结果义务①。此后,将这一原则扩展到游乐场、餐馆和咖啡厅或是吊缆中。虽然自 1936 年以来,医生承担的是行为义务,但在医学分析实验室的常规测试中依然受到结果义务的约束。医生甚至可能在使用设备时,需要承担结果义务,这导致了某些合同的分裂。

根据 1979 年 7 月 13 日的法律以及 1989 年 12 月 31 日关于个人过度负债的法律,债务人的情况因宽限期的增加而得到改善。根据 1975 年 7 月 9 日和 1985 年 10 月 11 日的法律,法官可以减少抑或是增加过度或不足的合同处罚。惩罚性条款的改革,主要是针对包括融资租赁合同在内的附合合同中的苛刻条款,这大大增加了法官修改合同的权力。自 1953 年起,为保护债权人的利益,根据 1972 年 7 月 5 日的法律,判例法在逾期罚款方面的发展限缩了《法国民法典》第 1142 条的适用范围,该条款禁止以胁迫手段强迫债务人履行债务。无论面对什么情况,法官都是这种债务再平衡的赢家。面对一般理论的转变,我们难道

---

① Civ. 1er juillet 1969, *D.*, 1969, 640,将这一义务限制在运输持续的确定期间内。

应当称其为"合同危机",并得出修改《法国民法典》中"成规陈说"的结论吗?绝大多数学者并不这么认为,在他们看来,合同关系日益紧密,因而法院更有必要维持和调整债的一般理论。

240 过错的扩张

自第二次世界大战结束以来,侵权过错的概念因判例法而发生了新的变化。人们逐渐将其扩展为简单的"错误",而这有可能使其丧失规范和道德价值。部分学者抨击"万事皆过错"(poussières de faute)的想法。在1945年6月25日的法令(《刑法典》第63条,重申了1941年10月25日的法律)的影响下,因疏忽而导致的过失案件数量大大增加,上述法令对不向处于危险境地的人施以帮助的行为予以惩罚。相关学说长期以来不愿以这种方式挑战个人自由,它试图区分不作为的行为(action des abstentions)和单纯的有意不为,但判例法对任何不遵守法律规则、监管规定甚至是专业义务的行为都一概论处,例如在布朗利案(Branly)中,一位研究无线电的历史学家因没有引用布朗利的名字而受到指责。① 一般而言,违反职业惯例,如在接受从事危险运动风险的前提下不遵守游戏规则,在很多情况下已然成为一种过错。

意志几乎不会对过错产生影响,这种演变在道德归责(imputabilité morale)方面甚至更为显著。判例法认为精神病患者不承担民事责任,对受害人而言可能显失公正,也有可能因为纷繁复杂的程序导致规则失效,所以为了应对古老而延续至今的判例法,1968年1月3日的法律②根据

---

① Civ. 27 février 1951, S. 1951, 1, 158. 布朗利(Édouard Branly, 1844—1940)是法国发明家,对无线电的发明有重要贡献。——译者注
② 该法律文本被纳入《法国民法典》第489条第2款,不同于改革草案初稿所规定的损害责任(responsabilité derogatoire)制度。

《法国民法典》第1382条①,规定对精神病患者进行损害赔偿。20世纪初提出的法律革命使过错更加客观,更加社会化而非个人化。起初,法院拒绝将这一新原则扩大到幼儿,但后来,在五项庄严的判决中,最高法院承认对损害行为人和受害人而言,幼儿(l'infans)有可能存在过错,从而完全消除了道德归责的条件。② 有的民法学家谈及过错的变形,甚至是淡化。虽然过错的概念在处理意外事故时几乎不具意义,但这仍然是侵犯名誉、个人隐私或工业财产而进行损害赔偿的基础,关于侵犯个人隐私的损害赔偿,在1970年7月17日的法律修订《法国民法典》第9条之前或此后都是如此。有些学者甚至提到了过错的阻力或其"不成熟性"。③

241 无过错责任的扩展

自20世纪70年代以来,替代责任逐渐脱离于过错的概念。1970年6月4日的法律通过父亲与母亲间的连带责任制度,加强了父母对未成年人的责任。在对父母进行过错推定时,会考虑到几乎没有任何实质内容的同居条件,在公立学校寄宿或由祖父母抚养的孩子依然与其父母存在同居关系,自贝特朗案(Bertrand)判决生效以来,这种过错推定方式已然不容置疑。④ 被代理人对代理人的行为负责,且不能因无过错而免除,在风险理论和诉诸保险方式的名义下,上述责任不断扩大。最高法院刑事庭与民事庭就滥用职权的问题展开了历时多年的争

---

① 《法国民法典》第1382条:"任何行为使他人受损害时,因自己的过失而致行为发生之人对该他人负赔偿的责任。"——译者注
② Ass. pl. 9 mai 1984, D., 1984, 525.
③ 1982年10月22日宪法委员会宣布,禁止就罢工造成的损失而对工会采取行动的法律文本是违宪的,这反映了过错的重要性。
④ Civ 2ᵉ, 19 février 1997.

论，考虑到受害人的利益，大会全体会议①决定在提醒受害人对被代理人提起诉讼之前，限制性地承认如果代理人"超越其职能"，则可以免除被代理人的责任②。最后，最高法院承认，在残疾人康复中心，可以根据第 1384 条第 1 款③保留其他替代责任。④ 基于这项"潜力无限"的条款，判例法开创了新的视角。

显然，自 1930 年 2 月 13 日方德尔案(Fand'heur)判决以来，很大程度上由于汽车交通业的发展，行为责任(responsabilité du fait des choses)才成为人们关注的焦点。最初在 20 世纪 40 年代，著名的科诺诉弗兰克案(Connot v. Franck)判决生效后，⑤判例法便试图限制这种对保管人责任推定理论的连锁后果。最高法院不仅认为被盗的所有者不再作为物品的保管人承担责任，而且在财产"纯粹处于被动"的情况下还免除了保管人的责任。依照上述想法，判例法能够根据可以防止损害发生的能力来确定保管人，从而免除保管人在常规地点表现正常时需承担的责任。⑥ 如此，保管人过错推定的概念便不言而喻。保管物发生异常时则往往追究保管人的过错，因其应当有所察觉。在 20 世纪 50 年代和 60 年代初的判例法中，仍然可以发现"对过错的怀念"，如在无偿运输(transport bénévole)或保管人精神失常的情况下拒绝适用责任推定，最重要的是，日益重视将受害人的过错作为免责或免除部分赔偿(indem-

---

① 19 mai 1988, D., 1988, 513.
② 25 février 2000, Costedoat.
③ 《法国民法典》第 1384 条第 1 款："任何人不仅对其自己行为所致的损害，而且对应由其负责的他人的行为或在其管理之下的物件所致的损害，均应负赔偿的责任。"——译者注
④ Ass. plén. 29 mars 1991, Blieck, JCP, 1991, II, 21673.
⑤ Ch. réun, 2 décembre 1941.
⑥ Civ. 5 janvier 1956, Oxygène liquide, D., 1957, 261, 区分了制造商和承运人对易爆物品所负有的责任。

nisation partielle)的事由。可以说最高法院对行人极为苛刻。

1964年到1968年以来,判例法出现了新的发展方向,最高法院最终承认了精神失常者监护人的责任,①甚至是在1968年得到立法确认之前,后来最高法院将行为责任原则适用于无偿运输的情形。然而几年来,似乎无法从根本上动摇最高法院对交通事故受害人过错的认定。对行人丑闻的谴责,受到接受不利方案的简单"自然反射"所限,在很长一段时间内无力改变判例法或立法干预。直到1982年颇具挑衅性的"德马尔案"(Desmares)判决生效,情况才有所转变,根据上述判决,只有不可抗力才能阻却客观责任。② 此后,由于初审法官的抵制,仅凭这一项判决还不足以完全改变往日的审判行为,最终在立法层面通过1985年7月5日的"巴丹泰法"(loi Badinter)。这项法案尚未纳入《法国民法典》,但乍一看,似乎是向自动赔偿(indemnisation automatique)和集体担保原则迈进了一步。在所有涉及机动车的事故中,如果受害人属于16岁以下的年轻人、70岁以上的老年人、残疾人等受保护的人群,则不能再援引不可抗力、第三方行为或受害人的过错。在其他情况下,只有受害人犯有"不可原谅的过错",才能据此抗辩。然而,在部分有关"道路安全"的法案中,法律有所倒退,在车辆的"推定"概念背后,我们可以看到过错概念的重现。③ 此外,"德马尔案"判例的影响并未扩展到其他领域。④

242 赔偿功能的扩张

自1945年以降,在侵权责任法范畴内,与赔偿和受害人命运相关

---

① Civ. 18 décembre 1964, Trichard, *D*., 1965, 191.
② Civ. 21 juillet 1982, *D*., 1982, 449.
③ Civ. 29 janvier 1986, *GP*, 10 juillet 1986, 319.
④ 6 avril 1987, *D*., 1988, 32.

的问题愈发重要。这一现象产生的原因,首先是由于损害现象的倍增。在立法文本没有列出对应于专门赔偿的损害名单时,判例法本着"充分赔偿"的原则,成倍增加了损害的类别。除了传统的物质损失和人身损害外,还增加了新的心理或精神方面的损害,如愉悦损害或毁容损害。由于判例法会对已故受害人的情人所遭受的物质损失进行赔偿,①或将受害人生前遭受的精神损失的赔偿诉讼转由继承人进行,②因此间接受害人的数量也有所增加。

另外,对受害人的同情促使社会风险集体赔偿得以发展。在国家承担战争损失后,主要的变化是1945—1946年社会保障的建立与普及,社会保障涵盖所有导致工作能力丧失的人身损害,尤其是工伤事故,与1898年法律确立的制度所规定相比,社会保障更具自主性。同样,出于分担社会风险的想法,针对无知或未投保的司机造成的事故,在1951年设立了汽车保障基金;并且1977年1月3日涉及部分违法行为的法律、1986年9月9日关于恐怖主义的法律和1991年12月31日关于因输血而传染艾滋病的法律,都作出了赔偿受害人的规定。同时,保险的发展深刻地影响了侵权责任法,汽车保险自1958年起强制执行。基于侵权责任的赔偿和具有赔偿性质的补偿本质上不得合并,但赔偿性补偿不包括关于死亡在内的人身保险。然而,在保险人和社会保障体系承担了相应的责任后,仍存在一定程度的责任。受害人通常保留了采取行动以获得额外赔偿的权利,而"第三方支付人"可向责任人,尤其是保险人追偿。在法庭上,甚至在和解中,保险人代替责任人发挥着决定作用。保险法不是已经超过了逻辑性受许多法学家谴责的民事责任法

---

① Ch. mixte 27 février 1970, *Dangereux*, *D*., 1970, 201.
② Ch. mixte 30 avril 1976, *D*., 1977, 185.

吗？在《法国民法典》第 1382 条至 1386 条中，恢复过错的希望以及集体赔偿的经济成本长期以来仍具重要性。在受理因产前诊断过失的残疾儿童之个人损害赔偿时，"佩吕什案"（Perruche）的判决（Ass. plén. 2000 年 11 月 17 日）提出了可能存在的出生损害问题以及侵权责任法的伦理限制问题。2002 年 3 月 4 日关于"病人权利"和"卫生系统质量"的法律回应了上述判决，该法律指出"任何人都不能仅仅因为其出生这一事实而受损害"。同时，如同 2000 年 12 月 23 日关于赔偿石棉受害人的法律，2002 年的法律创立了国家医疗事故赔偿办公室（ONIAM），从而证明了赔偿功能的发展。

延展阅读

243 经营者对所有者的胜利

法学家认为承租法规是一场真正的革命，参见 P. Esmein, Le statut du fermage (*GP*, 1945, 59) 和 Le statut des baux ruraux (*GP*, 1946, 85); A. Vitu, Propriété commerciale et propriété culturale (*RTD civ.*, 1946, p. 273-297); G. Ripert, Le statut du fermage: du droit contractuel au droit de l'entreprise (*D.*, 1946, Chron. 1); P. Ourliac et M. de Juglart, *Droit rural. Fermage et métayage dans la législation récente* (Paris, 1951); R. Savatier, *Les métamorphoses économiques et sociales du droit civil d'aujourd'hui* (Paris, 2ᵉ éd., 1952)。应当研究该领域内先驱者的直接反应。关于该法规的后续应用意见不一，特别是在判例法方面。参见 J. Carbonnier, *Flexible droit* (Paris, 5ᵉ éd., 1983, p. 198)，该文认为最高上诉法院已经"在相当程度上阻碍了法规的社会化萌芽"。G. Duby et A.

Wallon (dir.), *Histoire de la France rurale* (Paris, Éd. du Seuil, coll. 《Points-Histoire》, t. IV, p. 618) 也支持上述观点, 但 P. Ourliac, Propriété et exploitation: l'évolution récente du droit rural (*Mélanges Marty*, 1978, p. 887) 对此提出质疑。

自1962年以来,关于农业结构控制的立法进一步限制了所有者的权利, 参见 R. de Silguy, Les restrictions au droit de propriété jugées nécessaires au développement de l'exploitation agricole et de l'aménagement du territoire (*GP*, 13 avril 1972, p. 248-253); J. Hudault, Propriété et exploitation dans l'évolution récente de lalégislation agricole (*GP*, 20 juin 1985, p. 336-341); J.-D. Lassaigne, Contrôle desstructures des exploitations agricoles et droit de propriété: réflexions sur une décision du Conseil constitutionnel (*Études réunies en l'honneur de M. de Juglart*, 1986, p. 259-267); L. Lorvellec, *Droit rural* (Paris, Masson, 1988) 以及 P. Ourliac, Les structures agraires et l'aménagement foncier (*JCP*, 1990, 1, 3449)。土地所有权的存在是否受到威胁? 有的分析以细致入微的方式予以回应, 参见 G. Duby et A. Wallon (*op. cit.*, p. 657), 该文涉及土地治理与乡村建设公司(SAFER)的行动, 以及 J.-P. Moreau, L'évolution de la propriété foncière (in *L'évolutioncontemporaine du droit des biens*, 3e journées R. Savatier, Paris, PUF, 1991, p. 31-46)。所有权除了受到农村法的侵犯, 随着环境法的发展, 所有权也受到了限制, 参见 J. Lamarque, *Droit de protection de la nature* (Paris, LGDI, 1973) 和 M. Prieur, *Droit de l'environnement* (Paris, Précis Dalloz, 2e éd., 1991)。

244 城市所有权的幸运与不幸

掌握城市规划法演变的主线可以阅读 G. Marty, Propriété et urbanisme (in *Propriété et urbanisme*, Travaux du IIe Colloque international d'urbanisme de Toulouse, Paris, Dalloz, 1968, p. 29-44); R. Saint-Alary, Les servitudes et l'aménagement de l'espace urbain (ibid., p. 229-243); D. Tomasin, L'évolution de la propriété immobilière (in *L'évolution contemporaine du droit des biens*, op. cit., p. 47-68); J.-B. Auby et H. Périnet-Marquet, *Droit de l'urbanisme et de la construction* (Paris, Montchrestien, 3e éd., 1992)。法学家关注土地征用、行政地役权和优先购买权的进展,如 P. Carrias, Le droit de propriété au point de non-retour (*D.*, 1985, Chron. 293); H. Périnet-Marquet, La propriété à l'épreuve de la décentralisation (*D.*, 1986, Chron. 127); D. Tomasin, Les atteintes portées au droit de propriété (*Administrer*, n° 207, décembre 1989, p. 16-21)。在土地和公寓价格上涨的背景下,社会学家和地理学家则对私有财产的耐力以及土地过度投机行为更感兴趣,如 M. Querrien, La propriété contre l'urbanisme (*Le monde diplomatique*, juin 1976); G. Duby (dir.), *Histoire de la France urbaine* (Paris, Éd. du Seuil, 1985, t. V, p. 87-88)以及 J.-P. Gilli, *Redéfinir le droit de propriété* (Centre de recherche d'urbanisme, 1975),该文论证应为所有权设立明确的限制。

相较于租户,房主的权利也有所下降,参见 A.-M Fribourg, Les grandes étapes de la politque du logement en France(*Administrer*, n° 207, décembre 1989, p. 6-9)。有关 1948 年的法律,可以阅读 G. Ripert, La propriété des maisons d'habitation et la loi du 1er septembre 1948 (*D.*, 1948, 193)以及 F. Marmata, *Les loyers des bourgeois de Paris, 1860-1958* (Paris, 1961)。与 1982 年、1986 年和 1989 年的"华尔兹式"更迭频繁的法律相比,1948 年的法律寿命惊人,参见 Fr. Collard-Dutilleul et Ph. Delebecque, *Contrats civils et commerciaux* (Précis Dalloz, 1991); B.

Gross et Ph. Bihr, *Contrats* (Paris, PUF, coll. «Thémis», 1993, t. 1)以及 F. Warembourg-Auque, Rapports locatifs: l'équilibre introuvable (*JCP*, 1989, II, 3421)。自1948年设立住房补贴以来,住所与家庭政策之间一直联系紧密,参见 J. Rubellin-Devichi, La famille et le droit au logement (*RTD civ.*, 1991, p. 245-261)。租户的续租权使其情况更接近于商人或承租人,但除非得到房东的同意,否则并不存在"可租赁财产",不得转让和转租。

245 所有权还剩什么？

所有权的显著倒退详见 Ch. Atias, Ouverture, et Fr. Terré, L'évolution du droit de propriété depuis le Code civil (*Droits*, n° 1, 1985, p. 5-16 et p. 33-49)。有的人甚至提出要回溯至封建时期的法律原则,将所有权限制在国家的"征用领域"和经营者的"使用领域"之间。参见 H. Lepage, La propriété deux siecles après: qu'en reste-t-il? (*Administrer*, n° 207, décembre 1989, p. 25-28)。当然,私有财产也受到1944—1948年国有化的影响,参见 C. Andrieu, L. de Van et A. Prost, *Les nationalisations de la Libération* (Paris, FNSP, 1987)。而在1981—1982年的国有化过程中,宪法委员会规定了所有权的基本性质。1982年1月16日所作的决定遭到批判,参见 R. Savy, La constitution des juges (*D.*, 1983, Chron. 105)。J.-L. Mestre, Le Conseil constitutionnel, la liberté d'entreprendre et la propriété (*D.*, 1984, Chron. 1)反映了自1789年以来所有权基本性质的连续性,相反1946年4月19日使所有权让位于"社会效用"的宪法草案遭到拒绝。Fr. Zénati, Sur la constitution de laproprièté (*D.*, 1985, Chron. 171),坚持认为财产有两个方面:权利及其对象。宪法委员会的决定还扩大了财产的使用范围,如无形财产。

246 合同法的转变

我们可以通过部分概述勾勒出解放后合同法的演变，参见 P. Durand, La contrainte légale dans la formation du rapport contractuel (*RTD civ.*, 1944, p. 73-97); H. Batiffol, La crise du contrat et sa portée (*APD*, 1968, p. 13-30); J. Mestre, L'évolution du contrat en droit privé francais (*L'évolution contemporaine du droit des contrats. Journées R. Savatier*, PUF, 1986, p. 41-60); Ph. Jestaz, L'évolution du droit des contrats spéciaux dans la loi depuis 1945 (ibid., p. 117-135); B. Berlioz-Houin et G. Berlioz, Le droit des contrats face à l'évolution économique (*Études en l'honneur de Roger Houin*, 1985, p. 3-33) 以及 Ph. Le Tourneau, Quelques aspects de l'évolution des contrats (*Mélanges Pierre Raynaud*, 1985, p. 349-380)。对契约自由的限制必须根据经济和政治形势按照精确的时间顺序，因公共政策的规定常常缺乏效力，因而应当对其加以说明，而人们并不能普遍遵守价格冻结。

应正确看待合同一般理论的危机，这可能是由于特殊合同的无序增长，以及劳动法、消费者法等功能导向的竞争法的发展。消费者法的实例阐明了碎片化民事合同法的局限性，1992年1月19日法律决定的编纂工作沦为对法律的修修补补，法国立法的缓慢为法院依据民法规则留下大量空间，在这一领域，法院受到的影响相对较小，参见 L. Bihl, Vers un droit de la consommation (*GP*, 1974, 2, 754); Droit de la consommation: bilan de dix années (*GP*, 1984, 1, 241) 以及 J. Calais-Auloy, *Droit de la consommation* (Précis Dalloz, 3e éd., 1992)。经过多次失败的竞争法，参见 J.-B. Blaise, *Le statut juridique des ententes économiques* (Paris, 1964); J. Azema, *Le droit francais de la concurrence* (Paris,

PUF, coll. «Thémis», 1981); Ch. Bolze, Le naufrage du droit antitrust francais (*Etudes dédiées à René Roblot*, 1984, p. 181-195); G. Virassamy, Le nouveau régime des pratiques restrictives entreprofessionnels (*D.*, 1988, Chron. 113)。关于民事与商业合同关系的研究,参见 J.-P. Marty, La distinction du droit civil et du droit commercial dans la législation contemporaine (*Revue trimestrielle de droit commercial*, 1981, p. 681-702)。有关劳动法和民事合同法之间的关系,参见 G. Couturier, Les techniques civilistes et le droit du travail (*D.*, 1975, Chron. 151 et 221); G. Lyon-Caen, Défense et illustration du contrat de travail (*APD*, 1977, p. 59-69); le numéro 5 de *Droit social* (mai 1988); G. Couturier, *Droit du travail* (Paris, PUF, coll. «Droit fondamental», 2ᵉ éd., 1993-1994)。

247 侵权责任法的危机

关于判断危机的研究,参见 G. Viney, De la responsabilité personnelle à la répartition des risques (*APD*, 1977, p. 5-22),以及该作者的另一本著作 *Les obligations. La responsabilité: effets* (Paris, LGDI, 1988),还有 H. Mazeaud, La faute objective et la responsabilité sans faute (*D.*, 1985, Chron. 13); Y. Flour, Faute et responsabilité civile: déclin ou renaissance? (*Droits*, 1987, n° 5, p. 30-43); A. Tunc, La responsabilité civile (Paris, Économica, 2ᵉ éd., 1990)。人们特别关注交通事故,尤其是行人作为受害者的案件,1977 年有四分之一的受害者没有得到任何赔偿,参见 1965 年的 A. Tunc, *Sécurité routière*, la jurisprudence Desmares et la loi «Badinter»: Fr. Ewald (*op. cit.*, voir n° 138); Ch. Larroumet, L'indemnisation des victimes d'accidents de la circulation (*D.*, 1985, Chron. 237); H. Groutel, L'implication du véhicule dans la loi du 5 juillet

1985（*D.*, 1987, Chron. 1）; Y. Lambert-Faivre, *Droit des assurances*（Paris, Précis Dalloz, 8ᵉ éd., 1992）。判例法的迂回不前颇受争议，而压力集团的行动阻碍立法者的干预，将欧洲危险产品指令引入法国法律时所面临的困难便可说明这一点。（压力集团，即为保护自受利益，为影响政策或舆论而组织的集团。——译者注）关于"佩吕什案"（Perruche）的判决，参见 G. Viney et P.-Y. Gautier（*JCP*, 2001, 1, 286 et 287）。

人名索引①

阿科拉斯(Émile Acollas):42,45,47,48,53,57,58,60,61,65,67,70,93,94,105,134
阿尔比松(Jean Albisson):7
阿卢(Édouard Allou):141
保罗·阿姆斯勒科(Paul Amselek):204
夏尔·安德莱(Charles Andler):125
阿蒂亚斯(Christian Atias):203,204
奥布里(Charles Aubry):21,34,35,36,44,57,58,59,63,65,72,86,94,123,201
休伯丁·奥克莱尔(Hubertine Auclert):146
奥吉耶(Émile Augier):58,70
奥鲁(Jean Auroux):199,238

巴舍拉尔(Gaston Bachelard):203
巴丹泰(Robert Badinter):199,241
奥诺雷·德·巴尔扎克(Honoré de Balzac):39,45,66,69,71,97
巴贝拉克(Jean Barbeyrac):6

奥迪隆·巴罗(Odilon Barrot):51,60
巴斯蒂亚(Claude-Frédéric Bastiat):42,72,92
巴特比(Anselme Batbie):41,45,71,92,98
波德莱尔(Baudelaire):46
博德里(Gabriel Baudry-Lacantinerie):123
博基耶(Charles Beauquier):148
贝内什(Raymond Osmin Bénech):60
贝朗热(René Bérenger):58,149,161,164
柏格森(Henri Bergson):122
贝利埃(Théophile Berlier):6,8
贝利亚-圣-普利(Jacques Berriat-Saint-Prix):38
贝泰勒米(Berthélemy):150
贝蒂荣(Jacques Bertillon):161
贝塞勒(Georg Beseler):133
伯当(Charles Beudant):123,124,136

---
① 本索引中数字为原著段落编号。

人名索引

比戈·德·普雷阿梅纽(Félix-Julien-Jean-Bigot de Préameuneu)：6

勃朗(Blanc)：58

布隆多(Charles Blondeau)：21，25，37，38，65

莱昂·布卢姆(Léon Blum)：116，160

布瓦绍兹(Boichoz)：71

布瓦索纳德(Bossonade)：43，71

博纳尔德(Louis Gabriel Ambroise de Bonald)：39，45，50

路易-拿破仑·波拿巴(Louis-Napoléon Bonaparte)：5，6，17，19，29，50，84

邦让(Georges Bonjean)：150

博纳卡斯(Julien Bonnecase)：123

布莱·德·拉·默尔特(Antoine Boulay de La Meurthe)：6

布朗热(Boulanger)：127

莱昂·布儒瓦(Léon Bourgeois)：113，135，141，187

布尔热(Bourget)：162

布拉瓦尔-韦里埃(Pierre Bravard-Veyrières)：23

布林兹(Alois von Brinz)：133

布里松(Henri Brisson)：42，141

夏尔·勒·布兰(Charles Le Brun)：67

比弗努瓦(Claude Bufnoir)：38，121，123，132，136

比涅(Jean Bugnet)：24，94

柏克(Edmund Burke)：39

卡邦图(Louis Cabantous)：21，28

康巴塞雷斯(Jean-Jacques-Régis de Cambacérès)：5，7，14，42

卡皮唐(Henri Capitant)：123，129，133，136，138，139，148，162，163，164，193，196，201

勒内·卡皮唐(René Capitant)：135

卡尔博尼耶(Jean Carbonnier)：198，202，205，212，213，214，215，216

卡森(Cassin)：135

皮埃尔·卡塔拉(Pierre Catala)：215

皮埃尔·卡齐奥(Pierre Caziot)：171

朱尔·卡佐(Jules Cazot)：152

沙博·德·拉利耶(Georges-Antoine Chabot de l'Allier)：10

沙布兰(Chabrun)：190

朱尔·沙尔蒙(Jules Charmont)：124，130，136

沙特内(Chastenet)：176

肖当(Camille Chautemps)：116，160

肖沃(Chauveau)：169

米歇尔·舍瓦利耶(Michel Chevalier)：40，86，92

谢松(Émile Cheysson)：138，165，187

克雷斯蒂安-德-波利(Jean-Prosper Chrestien-de-Poly)：39，70

科尔贝(Jean-Baptiste Colbert)：5

科林（Ambroise Colin）：123，129，138，139，142，154，158，162，164，165，201

科尔梅·德·桑泰尔（Colmet de Santerre）：32

奥古斯特·孔德（Auguste Comte）：118，124，131，133

康斯坦特（Constant）：68

科尔德莱（Louis Cordelet）：183

科斯塔（Costaz）：18

保罗·科斯特-弗洛雷（Paul Coste-Floret）：131，135

科泰勒（Louis-Barnabé Cotelle）：29

库隆（Henri Coulon）：142

库尔塞勒-赛奈尔（Jean-Gustave Courcelle-Seneuil）：42，71，92

维克托·库辛（Victor Cousin）：45

阿道夫·克雷米厄（Adolphe Crémieux）：23，51

保罗·屈什（Paul Cuche）：142，193

居维叶（Georges Cuvier）：24

让·达班（Jean Dabin）：201

达盖索（Daguesseau）：5

达拉第（Edouard Daladier）：116，156，160

德西雷·达洛兹（Désiré Dalloz）：28，37，38，43，60，102

德尔索尔（Jean Delsol）：157

德尔万古（Claude-Étienne Delvincourt）：25，28，30，44，65，95，108

德芒特（Antoine-Marie Demante）：23，25，32，47，60，65，70

德莫格（René Demogue）：123，132，239

德莫勒（Charles Demôle）：158

德莫隆布（Charles Demolombe）：21，25，32，35，36，42，44，46，47，48，49，55，57，58，59，60，61，65，70，72，78，81，85，91，93，94，95，96，108，123，209

德内维尔（Denevers）：28

玛丽亚·德雷斯梅（Maria Deraismes）：146

狄东（Henri Didon）：141

多马（Jean Domat）：6，14，30

多农（Donon）：190

杜梅格（Pierre-Paul-Henri-Gaston Doumergue）：188

迪·科鲁瓦（Du Caurroy）：25，37，38

迪富尔（Dufour）：38

杜弗拉耶（François Dufrayer）：37

狄骥（Léon Duguit）：118，124，130，131，133，135，136，139，193

迪马（Dumas fils）：51，58，70

迪潘（Charles André Dupin）：107

安德烈·迪潘（André Marie Jean Jacques Dupin aîné）：25，28，38，43，45，65，98

迪朗东（Alexandre Duranton）：28，32，44，49，60，108

迪朗（Paul Durand）：238

涂尔干（Émile Durkheim）：118，124，135，142，162

迪韦尔热（Duverger）：45，98

迪韦吉耶（Jean-Baptiste Duvergier）：21，60，85，91

埃利希（Eugen Ehrlich）：202

埃梅里（Jean Louis Emmery）：6

埃斯曼（Adhémar Esmein）：114，117，120

埃斯曼（Paul Esmein）：123，162，201，224

法约（Failliot）：179

福谢（Faucher）：71

费利克斯·富尔（Félix Faure）：187

朱尔·法夫尔（Jules Favre）：42，58

弗格森（Adam Ferguson）：31

朱尔·费里（Jules Ferry）：42，141

福楼拜（Flaubert）：46

弗利克斯（Jean-Jacques Gaspard Foelix）：28，93

阿尔弗雷德·富耶（Alfred Fouillée）：118，135

让·富瓦耶（Jean Foyer）：198，211，213，234

弗雷佩尔（Charles-Émile Freppel）：141

盖尤斯（Gaius）：24，37，38

加莱（Galley[R.]）：231

甘贝塔（Léon Gambetta）：134，141，167

戈德梅（Eugène Gaudemet）：114，123，132

惹尼（François Gény）：119，120，122，125，130，136，137，146，153，154，158，161，164，193

亨利·热尔曼（Henri Germain）：98

保罗·吉德（Paul Gide）：38，53，69，121

基尔克（Otto von Gierke）：133

泰奥多尔·吉拉尔（Théodore Girard）：151

吉罗（Giraud）：38

格拉松（Ernest Glasson）：114，134，162，193

朱斯坦·戈达尔（Justin Godart）：180

戈尔诺（Philippe-Joseph Gorneau）：16

埃马纽埃尔·古诺（Emmanuel Gounot）：132，161

格劳修斯（Hugo Grotius）：6，31

格鲁西（Arthur Groussier）：151，193

基佐（François Guizot）：38

乔治·古尔维奇（Georges Gurvitch）：202

居约（Joseph-Nicolas Guyot）：28，29

莫里斯·奥里乌（Maurice Hauriou）：124，133，135，139，144，193，201

奥斯曼(Georges Eugène Haussmann):
  83,90
哈耶克(Friedrich Hayek):203
海内克丘斯(Johann Gottlieb Heineccius):31
昂里翁(Henrion de Pansey):26,43
埃罗尔德(Hérold):42,58,70
于克(Théophile Huc):123
古斯塔夫·胡戈(Gustave Hugo):37
维克托·雨果(Victor Hugo):51,58
弗兰(Paul Huvelin):118

耶林(Rudolf Von Ihering):121,122,127,128,132,133,139

雅克米诺(Jean-François Jacqueminot):5
雅德(Jadé):170
让·饶勒斯(Jean Jaurès):125,184
安托万·扎莫(Antoine Jeammaud):204
热斯塔茨(Philippe Jestaz):203
约瑟夫·巴泰勒米(Joseph Barthélemy):147
路易·若斯兰(Louis Josserand):126,128,129,130,132,133,137,138,139,144,153,162,187
茹贝尔(Barthélemy Joubaire):41
茹尔当(Athanase Jourdan):25,37,45,93,96,97,109

朱利奥·德·拉·莫朗迪埃(Léon Julliot de la Morandière):123,163,196,197,201,205
朱斯蒂尼安(Justinien):24,37,38

卡利诺夫斯基(Georges Kalinowski):204
康德(Emmanuel Kant):37,93
凯尔森(Kelsen):203
克林姆拉特(Henri Klimrath):21,38,45
库恩(Thomas Kuhn):203

拉贝(Joseph Émile Labbé):28,95,121,187
拉布莱(Édouard René de Laboulaye):38,45,145
朱尔·拉科因塔(Jules Lacointa):164
拉费里埃(Louis-Firmin-Julien Laferrière):38,45
朗贝尔(Édouard Lambert):120,125,135
拉龙比耶(Léobon Larombière):93,108
拉萨尔(Ferdinand Lassalle):125
拉索尔(François Lassaulx):28,30,44
洛朗(François Laurent):36,190
赖伐尔(Pierre Laval):150
皮埃尔·勒让德尔(Pierre Legend-

re）：204

勒米尔（Jules-Auguste Lemire）：113，121，136，143，159，161，165

利奥十三世（Léon XIII）：131，141

勒普莱（Frédéric Le Play）：23，40，45，46，61，64，67，70，71，136，140，159，160，164，165，168，187

保罗·勒雷布尔-比中尼埃（Paul Lerebours-Pigeonnière）：123

欧仁·莱米尼耶（Eugène Lerminier）：37

马克西姆·勒鲁瓦（Maxime Leroy）：136

勒泰利耶（Alfred Letellier）：158

雷维雷（Jules Léveillé）：159

爱德华·莱维（Édouard Lévy）：154，155

埃马纽埃尔·莱维（Emmanuel Lévy）：125，136

莱维-布吕尔（Lévy-Bruhl）：118，202

莱尔贝特（Armand Lherbette）：43，98

洛克雷（Jean Guillaume Locré de Roissy）：7，28，29，43，44，46

卢舍尔（Loucheur）：172

路易十八（Louis XVIII）：22，26，43

路易-菲利普（Louis-Philippe）：46

马卡雷尔（Louis Antoine Macarel）：37

马尼奥（Paul Magnaud）：119，142

马勒维尔（Jacques de Maleville）：6，7，22，26，29，43，50

马吕雷（Claude Malhuret）：217

马尔罗（Malraux）：228

维克托·马尔卡代（Victor Marcadé）：36，44，47，48，55，57，59，65，93，94，95，108

马格里特兄弟（Paul Margueritte；Victor Margueritte）：142

路易·马丁（Louis Martin）：150

马蒂（Gabriel Marty）：201

马克思（Marx）：125

马萨比奥（Joseph Massabuau）：161

马塞（Massé）：34

马特（Paul Matter）：129

莫泊桑（Maupassant）：60

马佐兄弟（Henri Mazeaud、Léon Mazeaud）：130，135，138，186，197，201，205，213，215

梅埃涅里（P. Méhaignerie）：199，230，233

梅利纳（Félix Jules Méline）：167，169，179，182

门格尔（Carl Menger）：125

芒东（François de Menthon）：135，196

梅兰（Philippe-Antoine Merlin de Douai）：28，29，49，60，95，102

米歇尔·米亚耶（Michel Miaille）：203

米什莱（Jules Michelet）：38

莱昂·米舒(Léon Michoud):133

米勒兰(Alexandre Millerand):184,185

曼若(Jean Minjoz):209

米拉波(Honoré-Gabriel Riqueti de Mirabeau):10

莫尼(Ernest Monis):151

乔治·莫内(Georges Monnet):169,170,171

孟德斯鸠(Montesquieu):31

蒙洛西耶(François Dominique de Reynaud de Montlosier):39

莫兰(Gaston Morin):124

莫图尔斯基(Henri Motulsky):204

弗雷德里克·穆尔隆(Frédéric Mourlon):36

阿尔贝·德·曼(Albert de Mun):159

马丁·纳多(Martin Nadaud):187

拿破仑三世(Napoléon Ⅲ):23,33,40,42,46,51,83,92

纳凯(Alfred Joseph Naquet):46,51,141

奈尔茨(V. Neiertz):199,234

尼布瓦耶(Jean-Paulin Niboyet):196

诺瓦克(Novack):211

奥尔托兰(Joseph Ortolan):38,43,123

乌多(Julien-Joseph Oudot):43,45

帕尔德叙(Jean-Marie Pardessus):45,81

帕西(Passy):71

佩拉(Pellat):38

佩雷尔曼(Chaïm Perelman):204

乔治·佩尔诺(Georges Pernot):140,147,156,160,161

佩罗(Jean-André Perreau):29

佩蒂翁(Jérôme Pétion):5

保罗·皮克(Paul Pic):125,185,193

皮卡尔·德·普雷布瓦(Picard de Prébois):5

庇护十一世(Pix XI):131

皮若(Pigeau):16

比内(Antoine Pinay):234

普拉尼奥(Marcel Planiol):114,123,127,128,130,133,134,136,138,144,158,182,185,187,193,201

勒内·普莱文(René Pleven):198

雷蒙·普安卡雷(Raymond Poincaré):115

保罗·蓬(Paul Pont):36,48,60

波塔利斯(Jean-Étienne-Marie Portalis):2,5,6,7,8,10,12,17,26,47,74,81,82,93

波塔利斯(Joseph-Marie Portalis):26,43,51

波提耶(Louis-François Portiez):25

波蒂埃(Robert-Joseph Pothier):5,

6，14，30，48，94，96，108
罗贝尔·普里让(Robert Prigent)：208
蒲鲁东(Jean-Baptiste-Victor Proudhon)：25，31，32，57
蒲鲁东，皮埃尔-约瑟夫(P.-J. Proudhon)：72
普芬道夫(Samuel von Pufendorf)：6，31

基约(R. Quillot)：199，233

拉比耶(Fernand Rabier)：181
劳(Charles-Frédéric Rau)：21，34，35，36，44，57，58，59，60，63，65，72，86，94，123，201
劳特尔(Rauter)：93
雷诺(Pierre Raynaud)：201，215
雷贝格(August Wilhelm Rehberg)：37
勒纳尔(Georges Renard)：131
菲利普·勒诺丹(Philippe Renaudin)：161
奥古斯丁·查尔斯·勒努阿尔(Augustin Charles Renouard)：45，86，91，93，101，105，107
勒内·勒努(René Renoult)：147，148
里博(Théodule Ribot)：159，172
里卡尔(Jean-Marie Ricard)：30
莱昂·里歇尔(Léon Richer)：51，146

里佩尔(Georges Ripert)：123，125，127，129，130，131，136，137，138，142，144，153，156，192，201，213，223，224
里韦(Gustave Rivet)：152
罗卡尔(M. Rocard)：227
鲁阿(André Rouast)：123，154，161，164，193，201
保罗·鲁比耶(Paul Roubier)：201
泰奥菲勒·鲁塞尔(Théophile Roussel)：62，149，164
鲁瓦耶(J. Royer)：234
鲁瓦耶-科拉尔(Pierre Paul Royer-Collard)：24

圣克特莱特(Sainctelette)：187
雷蒙·萨莱耶(Raymond Saleilles)：114，121，128，130，131，132，136，138，139，163，187，193
萨尔万迪(Narcisse-Achille de Salvandy)：24
桑德(Sand)：51
马克·桑尼耶(Marc Sangnier)：136
索泽(Sauzet)：187
萨瓦捷(René Savatier)：123，129，144，161，164，201，224
萨维尼(Friedrich Carl von Savigny)：34，37，38，45，48，93，94，133，139
让-巴蒂斯特·萨伊(Jean-Baptiste Say)：92

舒岑贝格尔(Schützenberger):93
斯克里韦内(Ch. Scrivener):199, 234
卡米耶·塞(Camille Sée):145
马塞尔·桑巴(Marcel Sembat):152
塞里奥(Alain Sériaux):203
朱尔·西格弗里德(Jules Siegfried):
    159, 165, 172
西梅翁(Joseph Jérôme Siméon):11,
    51
朱尔·西蒙(Jules Simon):42, 58,
    140, 141, 161
西雷(Jean-Baptiste Sirey):28, 43
苏尔达(Sourdat):95, 108
施塔姆勒(Rudolf Stammler):121,
    124
施特格(Théodore Steeg):153
施特劳斯(Strauss):172

唐吉(Yves Tanguy):160
加布里埃尔·塔尔德(Gabriel Tarde):118, 132
塔里勃勒(Tarrible):15
托利耶(Frédéric-Marc-Joseph Taulier):36
泰特让(Pierre-Henri Teitgen):196
弗朗索瓦·泰雷(François Terré):
    202
塔勒尔(Edmond-Eugène Thaller):
    133, 135, 165, 180, 182, 193
蒂博多(Antoine Claire Thibaudeau):
    6

蒂鲍(Anton Friedrich Justus Thibaut):
    37
梯也尔(Adolphe Thiers):23, 72, 88
奥古斯丁·蒂埃里(Augustin Thierry):38
蒂西耶(Albert Tissier):123, 163
克劳德-约瑟夫·蒂索(Claude-Joseph Tissot):93
托克维尔(Tocqueville):68
托兰(Henri Tolain):158
图利耶(Charles Toullier):25, 26,
    28, 31, 33, 44, 47, 59, 61, 63,
    72, 85, 91, 93, 95, 96, 99, 108
特拉里厄(Ludovic Trarieux):158
特雷亚尔(Treilhard):16
特龙谢(François-Denis Tronchet):6,
    47
特洛隆(Raymond-Théodore Troplong):
    21, 23, 27, 28, 33, 42, 43, 44,
    45, 53, 55, 65, 72, 81, 88, 96,
    98, 105, 109, 110
特罗塔巴斯(Louis Trotabas):131

瓦莱特(Auguste Valette):23, 28,
    32, 42, 43, 55, 57, 58, 59, 60,
    109
瓦雷耶-索米埃(Pascal de Vareilles-Sommières):131, 133, 139
瓦提梅斯米尔(Antoine Lefebvre de Vatimesnil):23, 97
韦代耶(Verdeille):228

韦尔内-普拉索(Verneilh-Puyrasea):
75

维莱勒(Joseph de Villèle): 22, 67,
71

路易·雷尼·维勒梅(Louis-René
Villermé): 107

米歇尔·维莱(Michel Villey): 203

樊尚(Vincens): 101, 110

维奥莱特(Maurice Viollette): 153,
159, 161, 165

鲁(Vital Roux): 16

瓦尔(Albert Wahl): 123

瓦尔德克-卢梭(Pierre Waldeck-
Rousseau): 141, 184, 188

瓦尔安科尼格(Léopold Auguste
Warnkœnig): 37, 45

沃尔夫(Christian Wolf): 6, 31

沃洛夫斯基(Louis Wolowski): 23,
28, 33, 40, 97, 101, 103, 109,
110

勒内·沃姆斯(René Worms): 132,
133

察哈里埃(Karl Salomo Zachariæ):
34, 65, 70

术语索引[1]

不在、缺席(absence)：199

权利滥用(abus de droit)：10，35，81，90，108，123，124，126，127，130，139

工伤事故(accidents du travail)：95，111，128，187，242

尊敬证书(actes respectueux)：11，47，143

法定管理(administration légale)：150，151，214，217

收养(adoption)：6，8，11，27，29，30，31，35，56，60，70，115，116，155，156，164，197，198，199，208，209，210，211，218

通奸(adultère)：11，52，57，141，153，154，216

大学教师资格(agrégation)：25，118，200

长子(aînesse)：22，39，64，66，67，71

沿线、线路(alignement)：82，83

抚养、扶养(aliments)：59，64，152，209

家庭津贴(allocations familiales)：188，208

协会(associations)：16，41，107，113，133，179

保险(assurances)：14，31，41，99，103，109，115，123，180，187，192，194，236，242，247

遗产没收权(aubaine [droit d'])：8，22，65

意思自治(autonomie de la volonté)：14，42，93，124，132，239

亲权、父权、家长权威(autorité parentale)：198，199，214，217，218

无限期复杂租赁(bail à complant)：78

可随时收回的土地租约(bail à domaine congéable)：78，168

世袭租赁契约(bail héréditaire)：78

家庭财产(bien de famille)：159，160，165

---

[1] 本索引中数字为原著段落编号。

生物伦理(bioéthique)：199, 218

善良风俗(bonnes mœurs)：14

专利(brevets d'invention)：16, 86, 91, 102

原因、理由(cause)：14, 94, 123

1814 年《宪章》(Charte)：22, 26, 37, 41

狩猎(chasse)：228

支票(chèque)：98

联盟(coalitions)：16, 18, 102, 107

《商法典》(Code de commerce)：16, 23, 99, 101, 102, 205

《家庭法典》(Code de la famille)：116, 140, 151, 156, 160

《森林法典》(Code forestier)：79

《农村法典》(Code rural)：75, 77, 167, 190

企业委员会、劳资委员会(comité d'entreprise)：196, 238

夫妻共同财产制(communauté conjugale)：12, 53, 54, 55, 148, 199, 213, 217

市镇的(communaux)：77

姘居(concubinage)：11, 35, 49, 68, 115, 119, 126, 144, 152, 162, 199, 216, 217, 218, 242

竞争(concurrence)：102, 235

未亡配偶、未亡人(conjoint survivant)：11, 65, 157, 209

消费(consommation)：179, 199, 234

民事拘禁(contrainte par corps)：23, 33, 41, 98, 101

合同(contrat)：14, 94, 108, 123, 132, 179, 234, 236, 239, 246

集体合同(contrat collectif)：124, 188, 189, 193

婚姻契约(contrat de mariage)：14, 33, 54, 64, 69, 148, 213

共有财产、共有公寓(copropriété)：80, 174, 191, 232

父权惩戒(correction paternelle)：12, 61, 62, 115, 123, 124, 150, 208, 210

法国最高法院(Cour de cassation)：26, 27, 28, 29, 33, 35, 43, 60, 119, 120

经纪人(courtier de commerce)：16, 101

习惯(coutume)：5, 7, 27, 29, 31, 38

信贷(crédit)：97, 98, 109, 234

亲子关系否认(désaveu de paternité)：57, 59, 153, 154, 215, 218

离婚(divorce)：5, 6, 8, 11, 22, 23, 29, 31, 33, 35, 42, 44, 46, 50, 51, 68, 113, 115, 116, 123, 126, 140, 141, 142, 201, 208, 216, 217, 218

赠与(donation)：13, 14, 33, 66, 213

嫁妆(dot)：6, 7, 12, 26, 27, 33,

35, 36, 41, 54, 55, 69, 148, 163, 213

亡夫的遗产(douaire): 54, 157

自然法(droit naturel): 6, 14, 15, 24, 27, 30, 31, 34, 35, 44, 124, 127, 201, 203

罗马法(droit romain): 5, 7, 14, 24, 27, 29, 30, 31, 32, 33, 34, 36, 37, 38, 44, 61

主观权利(droit subjectif): 124, 126, 127, 130, 131, 133, 139, 201, 202, 203

著作权(droits d'auteur): 65, 86

封建权利(droits féodaux): 5, 29, 78

水资源(eaux): 79, 89, 167

交易(échange): 109

长期租赁契约(emphytéose): 27, 41, 75, 78, 167

私生子女/乱伦子女(enfants adultérins ou incestueux): 11, 34, 35, 59, 152, 153, 197, 208, 209, 215, 217

非婚生子女(enfants naturels): 5, 6, 8, 11, 27, 29, 30, 32, 39, 42, 56, 58, 59, 60, 65, 70, 123, 144, 151, 152, 153, 158, 160, 209, 214, 215, 217

法学教育(enseignement du droit): 24, 117, 135, 200, 206

环境(environnement): 199, 228, 243

错误(erreur): 48, 94, 132, 239

贫民窟(établissements insalubres): 85, 177

民事身份(état civil): 5, 12, 22, 43, 68, 198, 210

解经(exégèse): 21, 24, 33, 34, 35, 36, 38, 42, 44, 123

剥夺继承权(exhérédation): 13, 39, 41, 61

征收(expropriation): 10, 17, 22, 83, 178, 228, 229

破产(faillite): 16, 39, 101, 179

家庭(famille): 11, 39, 40, 46, 140, 208

过错(faute): 15, 95, 123, 240, 241

女权主义(féminisme): 39, 51, 146, 163, 213

(土地的)租佃(fermage): 33, 64, 73, 74, 76, 89, 168, 169, 170, 171, 190, 224, 225

婚约(fiançailles): 48

基金会(fondation): 133

经营资产(fonds de commerce): 16, 102, 183

森林(forêts): 79, 89

罢工(grève): 107, 130, 184, 189, 238

低成本住房(habitations à bon marché):

159, 160, 165, 172
法律史(histoire du droit): 24, 36, 37, 38, 45, 200
抵押(hypothèque): 10, 22, 23, 32, 33, 41, 97, 109
法定抵押(hypothèque légale): 53, 97, 213, 217

无行为能力成年人(incapables majeurs): 212
已婚妇女无行为能力(incapacité de la femme mariée): 12, 30, 53, 69, 123, 126, 145, 146, 147, 163
契约(institution contractuelle): 66

犹太人、犹太人的(juif): 18, 29, 116
判例(jurisprudence): 8, 26, 27, 28, 29, 31, 33, 34, 35, 36, 37, 43, 119, 120, 126, 200

准正(承认非婚生子女为婚生子女)(légitimation): 11, 31, 59, 60, 113, 115, 123, 126, 144, 153, 208, 209, 215
收养准正(légitimation adoptive): 156
(合同一方因显失公平所受的)损害(lésion): 11, 41, 96, 132, 183, 239
汇票(lettre de change): 16, 179
自由主义(libéralisme): 41, 92
赠与(libéralités): 19, 49, 59

商业自由(liberté du commerce): 17, 101
工人手册(载明他们假期和履职记录的小册子)(livret ouvrier): 18, 104, 106, 111, 85
住所(logement): 23, 80, 83, 90, 115, 172, 177, 191, 197, 199, 233
租赁(louage): 14, 33, 80, 104, 105, 173, 191, 233, 244

长子世袭财产(majorat): 18, 22, 23, 39, 67, 71
成年(majorité): 11, 39, 214
默示委托(mandat tacite): 31, 69, 145, 147
沼泽(marais): 17, 79
婚姻(mariage): 11, 22, 23, 41, 47, 48, 49, 68, 113, 115, 143, 162, 218
(分成)租佃制(métayage): 73, 74, 75, 76, 89, 168, 190, 224
动产(meubles): 41, 87
矿藏(mines): 17, 84
共同所有权(mitoyenneté): 81, 167
历史建筑(monuments historiques): 176, 228
延期偿付(moratoire): 18, 115, 179
民事死亡(mort civile): 23, 65

国有化(nationalisation): 116, 196,

199, 223

姓氏(nom)：19, 70, 199, 209, 218

义务、债(obligations)：6, 7, 14, 32, 36, 92, 94, 132, 239

工人(ouvriers)：14, 18, 104, 105, 111, 130

奁产外的(paraphernaux)：12, 55, 69, 148

直系卑血亲分割(财产)(partage d'ascendants)：13, 26, 66, 160, 215

财产(patrimoine)：34, 63, 133

建筑许可证(permis de construire)：83, 177, 178, 191, 231

法律人格(personnalité morale)：103, 123, 124, 133

实证主义(positivisme)：44, 118, 124, 127, 135, 137, 203

身份占有(possession d'état)：31, 32, 35, 58, 70, 215, 217

优先购买权(préemption)：170, 171, 224, 225, 227, 228, 229, 230, 233

借贷(prêt)：14, 33, 41, 98, 109, 179

滥用(prodigues)：13, 212

法学教师(professeurs de droit)：25, 118, 135, 206

所有权,财产权(propriété)：10, 16, 17, 23, 30, 34, 42, 72, 78, 88, 123, 130, 131, 139, 173, 174, 175, 176, 177, 178, 223, 227, 228, 231, 232, 245

租赁权物权化(propriété culturale)：170, 224

文学和艺术所有权(propriété littéraire et artistique)：85, 197

土地登记(publicité foncière)：97, 197

夫权(puissance maritale)：12, 42, 53, 146, 147, 163

父权(puissance paternelle)：5, 8, 12, 15, 16, 29, 32, 34, 35, 39, 56, 61, 62, 67, 70, 123, 147, 149, 150, 151, 155, 164, 210, 212

(遗产中)可(通过遗嘱)处分部分(quotité disponible)：6, 8, 11, 13, 22, 27, 33, 35, 42, 64, 65, 66, 67, 71

亲子关系确认(recherche de paternité)：11, 30, 34, 35, 40, 42, 58, 59, 70, 123, 124, 144, 151, 152, 209, 215, 218

立法提请制(référé législatif)：26

工厂规定(règlement d'atelier)：105, 185, 238

土地并合(remembrement)：169, 171

定期金(rente)：78，87

(遗产中)可(通过遗嘱)处分部分 (réserve)：同 quotité disponible

责任(responsabilité)：15，31，95，108，119，124，126，127，128，129，187，194，240，241，242，247

《民法典》修订(révision du Code civil)：114，134，196，197，205

占有(saisine)：65

圣西门主义(saint-simonisme)：39，42，92

社会保险(sécurité sociale)：196，242

(夫妻)分别财产制(séparation de biens)：12，52，53，55，148

别居、分居(séparation de corps)：50，52，57，141，142

地役权(servitude)：74，77，79，81，82，167，175，191，228，229，231

社会主义(socialisme)：23，113，125，131

公司(société)：14，16，23，33，41，64，87，103，110，132，133，192，199，226，237

社会学(sociologie)：40，118，124，135，200，202

来源、渊源(sources)：79

(第三人)替代继承(substitutions)：13，67

继承(successions)：5，6，8，11，13，23，31，39，40，41，60，63，64，65，66，71，113，115，116，157，158，159，160，165，199，208，209，215，217，220

地上权(superficie)：78，232

遗嘱(testament)：12，13，33，40，42，66，197

运输(transport)：100，181，192，236，239

劳动(法)(travail [législation et droit du])：14，62，104，106，107，111，116，185，186，189，193，197，198，199，238

监护(tutelle)：41，147，151，212

特殊监护(tutelle officieuse)：60

城市规划(urbanisme)：82，83，90，178，191，198，229，230，231，244

惯例、用途(usages)：8，76，77，79，89，96，167

高利贷(usure)：23，98，179

共同放牧、公共牧场(vaine pâture)：74，75，77，167

有价证券(valeurs mobilières)：87

出售(vente)：14，17，33，96，109，179，236

相邻关系(voisinage)：31，81，130

图书在版编目（CIP）数据

法国私法史：从大革命到当代 /（法）让-路易·阿尔佩兰著；朱明哲译. — 北京：商务印书馆，2023.4
（2024.3 重印）
ISBN 978-7-100-21606-7

Ⅰ.①法… Ⅱ.①让…②朱… Ⅲ.①私法—法制史—研究　法国 Ⅳ.① D956.59

中国版本图书馆 CIP 数据核字（2022）第 155231 号

权利保留，侵权必究。

法国私法史
从大革命到当代
〔法〕让-路易·阿尔佩兰　著
朱明哲　译

商 务 印 书 馆 出 版
（北京王府井大街36号　邮政编码100710）
商 务 印 书 馆 发 行
南京新世纪联盟印务有限公司印刷
ISBN 978-7-100-21606-7

2023年4月第1版　　开本 880×1240　1/32
2024年3月第2次印刷　印张 14

定价：75.00 元